교회 — 순결한 창녀

JEMIN RI
THE CHURCH – "CASTA MERETRIX"
The Second Vatican Council and The Korean Church
© Benedict Press, Waegwan, Korea 1995

교회 — 순결한 창녀
1995년 12월 초판 | 2011년 1월 6쇄
지은이 · 이제민 | 펴낸이 · 이형우
ⓒ 분도출판사
등록 · 1962년 5월 7일 라15호
718-806 경북 칠곡군 왜관읍 왜관리 134의 1
왜관 본사 · 전화 054-970-2400 · 팩스 054-971-0179
서울 지사 · 전화 02-2266-3605 · 팩스 02-2271-3605
www.bundobook.co.kr
ISBN 89-419-9525-6 03230
값 8,000원

이 제 민

교회 — 순결한 창녀

제2차 바티칸 공의회와
한국 천주교회

분도출판사

머 리 말

 금년(1995년) 12월 8일은 제2차 바티칸 공의회가 폐막된 지 30주년이 되는 해이다. 이 공의회를 특징짓는 표어는 "아죠르나멘토"와 함께 "개방"이다. 공의회는 그동안 닫혀 있던 교회의 문을 세계를 향해 열었다. 그때까지 교회는 세계가 자기를 축으로 해서 돈다고 생각하고 있었는데, 사실은 교회의 본질상 교회가 세계를 축으로 하여 돌고 있다는 것을 공의회가 인식시켜 준 것이다. 이로써 세계와 역사를 대하여 온 지금까지의 교회의 태도에 일대 전환이 일어났고, 교회의 과제도 새롭게 인식되었다.
 공의회가 폐막된 지 30년이 되는 이 시점을 보내면서 "제2차 바티칸 공의회로 교회의 문이 열렸다"고 주장을 되풀이하기에 앞서 "과연 교회의 문은 세상을 향해 열려 있는가" 하는 점을 반성하는 것은 의의가 있을 것이다. 보편교회(로마)는 지역교회를 향해 열려 있으며, 성직자는 평신도, 특히 여성을 향해 열려 있는가? 거룩한 교회는 죄인과 가난한 이들을 향해 열려 있으며 이들 안에서 자기의 모습을 발견하고 있는가? 혹시나 공의회 동안 — 또는 그 직후 얼마간 — 우리에게 신선한 바람을 불어넣었던 "개방"의 소리는 공의회 폐막과 함께 폐막되어 버린 것은 아닌가?
 "개방"은 구호가 아니다. 자기를 희생하지 않고서는 참다운 개방이란 있을 수 없다. 이는 교회가 자기의 본질과 사명을 이해시키기 위해 자신을 소금에 비유한 것과 같다. 소금이 짠맛을 잃으면 무엇으로도 다시 짜게 할 수 없다. 그러나 소금은 "녹기" 위해서 있다. 녹아서 다른 음식물을 간들게 하는 것이 소금의 존재 이유이다. 교회가 세상의 소금이라면, 그리스도교가 문화의 소금이라면, 교회는 짠맛을 잃지 않으려고 온갖 노력을 기울이는 것은 당연하다. 그렇지만 교회는 동시에 소금처럼 세상과 사회에 그리고 인류의 문화에 녹아야 한다. 공의회가 "아죠르나멘토"와 "개방"을 이야기한다면 바로 이 점을 강조한 것이리라.

예수가 이 세상에 오셔서 죄인과 가난한 이들을 불러모으고, 그 불러모은 공동체를 교회라고 하였다면, 이 공동체를 통해 어떻게 교회가 세상 안에, 인간들(죄인들) 마음 안에 "녹아" 들어가야 하는지를 보여주시고자 해서일 것이다. 예수 자신이 그들의 마음 안에 녹아 들어가셨으니, 나중에는 십자가에서 자신을 완전히 녹여 "없애" 버리셨다. 이 예수를 보고 "녹아 없어질 존재라면 세상에 무엇 때문에 오셨는가?", "왜 그런 모험을 하셨는가?" 하고 묻는 것은 소금의 짠맛만을 강조하려 할 뿐 소금이 녹아야 한다는 그 본질을 보지 못하기 때문일 것이다. 과연 죄인들은 세상과 그 안에 사는 죄많은 그들의 마음 안에 녹아 들어오신 예수에게서 큰 위로를 얻었고, 이 위로를 통해 자신들이 변하고 있음을 알 수 있었다.

그런데도 어쩌면 우리는 지금껏 "소금은 짜다"는 것만을 강조하였을 뿐, "소금은 녹는다"는 진실을 보지 못하고, 비변화에 익숙해 있었는지 모른다. 하느님과 교회를 절대불변의 진리로만 못박고 세상과 인간만이 변화하기를 바랐고, 세상과 그 안에 사는 인간들에게 녹아 들어가기보다는 그들이 교회의 품안에 녹아 들어오기만을 바라고 있었던 것이다.

그러나 하느님도 교회도 변한다. 이 변화를 위해 우리는 모험을 해야 한다. 모험이 없이는 불가능한 것이 개방이다. 모험이 없으면 개방이 있을 수 없고, 개방이 없으면 폐쇄만이 남을 뿐이다. 과거에 대한 향수 때문에 이 모험을 감행하지 못하고, 다시 보편원리에 매이고, 보수에 얽매이고, 거룩함에 매여 자기의 문을 자꾸 안으로 닫아 걸려고 하지는 않는지 반성할 때이다.

죄를 향해 열려 있는 마음, 죄를 향해 열 수 있는 마음, 죄를 녹게 하고 위안을 얻게 해 주는 그 마음은 거룩하고 순결하다. 교회가 거룩한 것은 교회가 죄인들과 거리를 두며 자기의 거룩한 위용을 자랑할 수 있기 때문이 아니라, 바로 그들의 마음 안에 녹아 들어가 자신은 물론 이를 통해 그들을 변화시킬 수 있기 때문이다. 교부들은 이런 마음을 지닌 교회를 두고 "순결한 창녀"에 비유하였다. 하느님께서 죄많은 인간들에게 녹아 들어오시어 "죄"가 되신 것처럼 예수의 교회는 죄많은 창녀에게 녹아 들어가 있다. 이 녹아 들어가는 마음은 거룩하고 순결하다. 이 책의 제목을 『교회 — 순결한 창녀』로 한 것은 이때문이다. 순결한 창녀로서의 교회에서 우리는 세계 안에 있는 교회, 세계를 위하여 있는 교회, 권위 부리지 않고 겸손한 교회의 모습을 보게 된다.

제2차 바티칸 공의회는 바로 이 교회를 새로 발견하였다. 로마 중심과 성직자 중심 그리고 제도 중심으로 인해 오랫동안 잊어 온 세상과 인간을 향한 데서 자기의 본 모습을 새로 찾은 것이다. 이런 식으로 교회는 자신이 성령의 교회이고, 구원의 성사이고, 하느님의 백성임을 재인식하였다. 공의회가 평신도의 교회와 지역교회를 강조한 것도 바로 이때문이며, 공의회가 강조하고 있는 개념들인 사목·선교·복음화도 이런 차원에서 비로소 옳게 이해될 수 있다. 이 책은 이런 관점에서, 우리 한국 천주교회는 얼마만큼 이런 온갖 중심주의로부터 벗어나 열린 교회의 모습을 나타내 보이고 있는가, 얼마만큼 죄인을 향해, 얼마만큼 세상을 향해, 얼마만큼 비그리스도인을 향해 그리고 얼마만큼 우리 한국인의 정서를 향해 열려 있는가, 또 교회 안에서 각자는 각자를 향해 얼마나 열려 있는가를 반성하며 그간 여러 잡지에 기고한 글들을 모은 것이다.

이 반성은 비판적이다. 왜냐하면 개방의 실현이 그만큼 어렵기 때문이다. 그러나 필자는 이 비판이 교회를 사랑하는 마음에서 나온 것이기를 바란다. 하기야 "사랑하는 마음이 없으면 비판도 하지 말라"는 말을 자신에게 적용시킨다는 것은 부끄러운 일이다. 가장 정의를 짓밟고, 가장 반민주적이던 5공과 6공도 자기의 정당을 "민주정의당"이라 하지 않았던가? 좋은 말과 옳은 말은 누구나 다 할 수 있다. 누구나 다 자기의 비판이 사랑에서 나온 것이라고 주장할 수 있다. 필자도 그런 부류를 벗어나지 못하고 있음은 인정한다. 그럼에도 필자가 "교회를 사랑하는 마음이 없으면 교회를 비판도 하지 말라"는 말을 한다면, 이 말을 교회를 사랑하고자 하는 우리들 자신의 지표로 삼고 그런 마음으로 이 책을 대해 주기를 바라는 마음에서이다. 사실 이 책에서 필자가 교회에 대하여 한 이야기는 우리들 자신에 대한 이야기이기도 하다. 우리가 교회이기 때문이다. 우리가 바로 "순결한 창녀로서의 교회"인 것이다. 그러기에 교회에 대한 비판도 우리들 자신에 대한 비판이 되어야 하며, 우리는 끊임없이 물어야 한다. 나는 거룩한가? 나는 얼마나 거룩한 창녀인가? 나는 나를 교회에 불러주신 주님께 감사하고 있는가? 그리고 사랑하고 있는가?

세월과 함께 필자의 표현과 비판에 미숙한 점이 많았다는 것을 인정하면서도 일반 독자가 읽는 데 어려운 신학적 전문용어와 중복되는 부분만을 조금 수정하였을 뿐 원문 그대로 실었다. 원문이 처음 기고된 잡지는 차례 뒤(16쪽)에 따로 모아 밝혀 두었다. 각주도 간략하게 달았기에 필요한 분은 원문을 참조하여 주기 바란다. 제1부에서는 공의회의 정신에서 한국 천주교회의 실상을 비판한 글을, 제2부에서는 성직자와 평신도 그리고 여성에 관한 글을, 제3부에서는 선교와 토착화에 관한 글을 다루었다.

이 책을 공의회 폐막 30주년이 되는 날짜 이전에 출판하도록 허락해 주신 분도출판사 사장 강순건 신부님께 감사드린다.

1995년 7월
광주 가톨릭 대학교에서
이 제 민

차 례

머리말 ·· 5

〈실마리〉
교회의 표상으로서의 순결한 창녀

1. 누가 이 시대를 거룩하다 할 것인가? ·· 18
2. 누가 이 교회를 거룩하다 할 것인가? ·· 21
   1) 누가 예수의 집단을 거룩하다 할 것인가? ······························ 21
   2) 누가 베드로를 거룩하다 할 것인가? ···································· 24
   3) 순결한 창녀의 마음 ··· 27
   4) 교회를 향하여 열린 마음 ·· 29
3. 예수만이 던질 수 있는 돌, 아무나 던질 수 없는 돌 ················· 31

제1부
제2차 바티칸 공의회와 한국 천주교회

1 수에넨스 추기경과 제2차 바티칸 공의회의 사목적 전체 윤곽 ··· 39
  1. 수에넨스 추기경: 그 인물 ·· 41
  2. 수에넨스 추기경의 구상 ·· 44
     1) 교황 요한 23세와 수에넨스 추기경 ···································· 44
     2) 수에넨스 추기경의 계획: 세속적 윤곽으로서의 교회 ··········· 46
        인간의 교회 ·· 46
        내향적 교회 ·· 48
        외향적 교회 ·· 50

3. 교의와 사목 : 인간 실존의 문제들 ·················· 51
   1) 수에넨스 추기경 구상의 수용 ················ 51
   2) 교의와 사목의 상호 침투관계 ················ 52
4. 맺는 말: 복음화 과제 ···························· 54

② 제2차 바티칸 공의회와 한국 천주교회의 사목 현장 반성 ······ 57

1. 제2차 바티칸 공의회의 교회 ······················ 59
   1) 하느님 백성으로서의 교회: 교회의 인격성(1) ········ 59
   2) 우리가 교회이다: 교회의 인격성(2) ·············· 62
   3) 교회의 사목성 ···························· 65
   4) 교회의 성사성과 전체성 ······················ 66
2. 제2차 바티칸 공의회와 한국 교회 ··················· 71
   1) 아래로부터의 교회론 ························ 71
   2) 일은 평신도가, 영광은 성직자가! ··············· 71
   3) 역사 없는 본당 ···························· 73
   4) 로마에 대해서 말할 수 있는 용기 ··············· 74
   5) 신학교 교육 ······························ 77
3. 제2차 바티칸 공의회 이후의 한국 교회와 한국 사회 ······ 79
   1) 교회는 세계를 향하여 문을 열었는데 ············· 79
   2) 과제 ····································· 82

③ 제2차 바티칸 공의회와 한국 천주교회의 실정 ··········· 87

1. 공의회 정신의 형성 ······························ 88
   1) 겨울철로의 복귀? ··························· 88
   2) 성령의 교회: 보수와 갈등의 교회 ··············· 93
2. 공의회 정신의 원동력: 봉사와 대화 ················ 94
3. 한국 천주교회의 실정 ··························· 97
   1) 권위와 봉사 ······························ 97
   2) 영성과 열심을 혼동하는 교회 ·················· 103

④ 한국 천주교회의 정체성과 그 실현:
지역교회와 로마 교회의 관계 ················ 109
  1. 로마 중심적 한국 천주교회에 대한 반성: 한국과 로마의 한계 ···· 110
  2. 교황권 지상주의적 교회론 극복 ················ 116
    1) 완전한 사회의 교회론 ················ 117
    2) 교황권 지상주의와 로마 중심주의 ················ 118
    3) 보편적 교회론의 검토 ················ 119
  3. 지역교회 신학에 대한 제2차 바티칸 공의회의 기여 ················ 120
    1) 지역교회 안에서 하느님 교회의 실현 ················ 120
    2) 지역교회들의 가톨릭성의 요소 ················ 121
    3) 지역교회의 부흥을 위한 제2차 바티칸 공의회의 제도적 장려 ·· 123
  4. 교구 지역교회의 본질적 요소 ················ 124
    1) 지역교회 건설에서 성령의 역할 ················ 125
    2) 복음과 지역교회 ················ 126
    3) 지역교회와 교회 공동체의 필요성에 대한 근원으로서의 성체성사 ·· 126
    4) 교회 건설을 위한 사목직의 주기능 ················ 128
    5) 다른 교회들과의 공동체 안에 있는 하느님의 교회로서의 교구 · 128

⑤ 한국 교회와 열린 교회 ················ 131
  1. 탈로마중심과 지역을 향해 열린 교회 ················ 132
  2. 탈성직자중심의 하느님 백성으로서의 교회 ················ 133
  3. 큰 정의를 향해 열린 교회 ················ 134
  4. 가난을 향해 열린 교회 ················ 137
  5. 통일을 향해 열린 교회 ················ 139

⑥ 제2차 바티칸 공의회와 민중신학 ················ 143
  1. 하느님과 그리스도 안에 불림받은 인간 ················ 143
  2. 민중이 모두다 ················ 147
    1) 민중, 해방 ················ 147

  2) 모두가 민중이다: 민중신학의 과제 ·············· 150
  3) 민중의 한(恨): 한[一]의 갈망 ················ 153
 3. 민중의 교회: 민중신학의 교회론적 과제 ············· 155

제2부
성직자와 평신도와 여성

① **제2차 바티칸 공의회의 "하느님 백성" 개념에 나타난 평신도** ·· 159
 1. 평신도 이해와 한국 천주교회에 나타난 문제점 ·········· 160
  1) 한국 천주교회와 제2차 바티칸 공의회의 수용 ········ 160
  2) 평신도의 무능화 경향 ······················ 164
  3) 평신도와 성직자 관계의 이해에 대한 제2차 바티칸 공의회의 수정 ·· 166
 2. 하느님 백성 개념에서 본 평신도 ················· 169
 3. 평신도와 사제의 동격성과 차이 ·················· 173
② **성직자 중심과 남성 중심의 교회에 대한 비판적 고찰** ·········· 179
 1. 성직자 중심주의와 평신도 ····················· 179
  1) 개념으로 본 평신도 ······················· 181
  2) 제2차 바티칸 공의회의 평신도 이해 ············· 183
  3) 일반 사제직과 특수 사제직의 구조적 긴장 속에 있는 교회 ···· 187
   모든 신도들의 동등성 ······················ 187
   성령의 카리스마적이며 위계적인 선물 ············· 189
 2. 남성 중심주의와 여성 ······················· 189
  1) 이중으로 차별받고 있는 여성 ················· 190
  2) 남성 중심적 언어 ························ 192
  3) 남성에 묻어 표현된 존재 ··················· 193
  4) 직무에서 제외된 여성 ····················· 194
 3. 여성 사제직에 대한 전망 ····················· 194
  1) 교도직의 입장 ························· 194

2) 교도직의 입장에 대한 반박 ···································· 195
　　3) 한국의 신화를 통해 본 여성 사제 ···························· 198
　　4) 종합 ·· 201
　4. 맺는 말: 교회로서의 여성 ··· 202
③ **본당신부 실존과 나그네 인생** ·· 205
　1. 본당과 본당신부의 어원 ··· 206
　2. "파로이키아"로서의 공동체와
　　 "파로이코스"로서의 본당신부 실존에 대한
　　 성서적·신학적 고찰 ··· 208
　3. 그리스도인들과 공동체의 "파로이코스" 실존의 변호인으로서의
　　 본당신부 ·· 213
　　1) 본당에 대한 교회법의 정의 ····································· 213
　　2) 본당에 대한 교회론적 고찰 ···································· 214
　　　본당: 순례하는 교회 ·· 214
　　　본당: 세속 안에서 세속의 구원을 위한 교회 ·············· 216
　　　본당: 나그네의 고향 ·· 216
　　　본당: 생성중에 있는 교회 ··· 217
　　3) 본당신부 실존 ·· 219
　　　세상의 나그네, 본당의 손님 ······································ 219
　　　본당신부직의 내적·외적 형상 ··································· 219
　　　독신 ·· 222
　　　본당신부와 휴식 ·· 222
④ **신학교 교육과 한국 천주교회** ·· 225
　1. 신학교 설립과 주교단의 책임 ····································· 225
　2. 신학교 설립에 대한 내용적 반성 ································ 234
　　1) "가톨릭" 명칭에 나타난 신학교의 근본 정신 ············· 234
　　2) 신학교와 대학교 ··· 237

신학생의 대학교육 ··· 237
　　　신학교의 기숙사 ··· 241
　　　평신도의 신학 공부 ··· 242
　　3) 신학교 영성 ·· 243
　3. 방향 모색과 제안 ·· 246
　　1) 신학교 개방 ·· 247
　　2) 신학교의 영성지도 ·· 248

제3부
교회와 세계

1 **문화와 교회** ·· 255
　1. 자연과 문화 ·· 255
　2. 복음과 문화 ·· 259
　3. 복음과 교회 ·· 264
2 **선교의 대상으로서 그리스도인** ·· 267
　1. 100%의 선교를 위하여 ··· 267
　2. 선교의 원리로서의 대화 ··· 272
　　1) 제2차 바티칸 공의회와 종교간의 대화 ······················· 273
　　2) 타종교의 인정: 그리스도교의 평가절하인가? ··············· 277
　3. 종교간의 대화의 자세 ·· 284
　　1) 타종교 인정: 상호 개방과 타종교에로의 건너감 ··········· 284
　　2) 삶의 만남 ··· 287
　　3) 대화와 경쟁 ·· 289
　4. 맺는 말: 세속의 복음화 ·· 291
　　1) 아시아 주교회의가 내어놓은 종교간의 대화를 위한
　　　 몇 가지 전제조건 ··· 291
　　2) 선교와 자기 죽임 ·· 294

③ "갑"과 선교 ·· 297
   1. 가서 그곳 사람이 되어라 ································· 297
   2. 교회 문헌에 나타난 선교 이해 ·························· 300
   3. 제2차 바티칸 공의회와 그 이후의 선교 이해: 모두가 선교의 대상 303
④ 한국 천주교회의 선교 과제 ································· 305
   1. 계시론적 관점에서 본 선교의 내용 ····················· 306
      1) 성속(聖俗)의 일치 ····································· 306
      2) 십자가 ·· 309
   2. 한국에서의 선교 과제 ···································· 313
      1) 인간화 과제 ·· 313
      2) 사회적 과제 ·· 314
      3) 문화적 과제 ·· 316
         빵과 포도주의 토착화 ······························· 322
         세례명의 토착화 ······································ 323
         교회쇄신의 과제 ······································ 326
      4) 영성적 과제 ·· 327
   3. 맺는 말: 선교 — 삶의 발견 ······························ 328

〈마무리〉
눈물 흘리는 반석: 본래의 참된 교회상

1. 어디서 교회의 참 모습을 발견할 수 있을 것인가? ········· 331
2. 자성하는 교회: 제2차 바티칸 공의회의 교회 ·············· 332
3. 반석 위에 세워진 눈물의 교회: 베드로의 교회 ············ 333
4. 교회의 운명: 인간의 운명 ····································· 335

원문 출처

⟨실마리⟩ 『사목』 143호, 42-56

제1부　① 『신학전망』 88호(1990), 60-77
　　　　② 『신학전망』 92호(1991), 46-69.
　　　　③ 정의평화연구소에서 발표(1992년)
　　　　④ 『신학전망』 107호(1994), 24-51
　　　　⑤ 『성서와 함께』 227호(1995), 28-37
　　　　⑥ 미발표

제2부　① 『신학전망』 82호(1988), 33-44
　　　　② 『신학전망』 110호(1995)
　　　　③ 『신학전망』 101호 (1993), 2-21
　　　　④ 『신학전망』 96호(1992), 109-31

제3부　① 『공동선』 1994/7, 54-65
　　　　② 『신학전망』 98호(1992), 110-38
　　　　③ 『성서와 함께』 190호(1992), 15-20.
　　　　④ 서울 장위동 본당에 기고(1993년)

⟨마무리⟩ 『성서와 함께』 186호(1991), 14-9

〈실마리〉

교회의 표상으로서의
순결한 창녀

라합은 구약성서에 나오는 창녀이다(여호 2장). 여호수아가 요르단 강 건너편을 정복하기 위하여 예리고로 정탐꾼을 보냈을 때, 그들을 숨겨주며 정탐의 의무를 다할 수 있도록 도와 준 여인이었다. 이스라엘은 이 창녀의 도움에 힘입어 요르단 강을 건너 예리고를 점령할 수 있었다. 이스라엘은 창녀 라합의 충성스러운 마음 위에 세워진 것이나 다름없다. 말하자면 라합은 이스라엘 건국의 일등공신인 셈이다.

신약성서의 막달레나도 창녀였다. 이 여인은 예수에게 깊은 감명을 받아 창녀생활을 청산하고 죽을 때까지 예수를 따른 여인이었다. 이런 예수를 두고 바리사이파 사람들은 그가 창녀, 세리, 죄인들과 어울린다고 핀잔을 퍼부었지만, 실제로 예수는 이런 하찮은 사람들을 불러모아 교회를 세우셨다. 말하자면 예수의 공동체는 죄인들의 집단이었다.

훗날 교부들은 교회를 이들 창녀에 비유하여 순결한 창녀라고 불렀다. 온갖 인간들이 다 모인 교회의 모습이 더러는 얼룩지고 더러는 형편없어 보일지라도 그 심장부에는 이런 인간들을 불러모으는 하느님이 자리를 하고 있기 때문이다. 이런 식으로 교회는 인간들을 구원으로 이끄는 공동체로서 실제로는 거룩함을 지니고 있다. 사람들은 교회를 통해 이 하느님을 만나뵐 수 있다. 그리고 교회는 자기의 이 연약한 모습 때문에, 그리고 하느님의 이 거룩한 구원의 의지 때문에 겸손해야 한다.

막달레나가 창녀에서 성녀로 변신한 것은 막달레나 자신이 더러운 창녀생활을 벗어버리고 거룩한 삶으로 전환해야겠다고 마음먹었기 때문이 아니라. 그녀의 깊은 곳에 내재되어 있던 순결한 마음을 읽을 수 있었던 예수의 거룩한 마음 때문이었다. 예수의 거룩한 마음이 그녀의 순수한 내면을 감동시켜 정복했기 때문에 막달레나는 창녀생활을 청산할 수 있었던 것이다. 예수의 이 마음 때문에 우리는 오늘도 막달레나에게 기도한다. "성녀 막달레나여, 우리를 위하여 빌으소서"라고.

교회가 거룩한 것은 그 마음 깊은 곳에 숨어 계시는 예수의 이런 마음 때문이다. 만신창이가 된 듯한 이 세상 이 시대를 그래도 우리가 거룩하게 여기며 사랑해야 하는 것도 이 세상 이 시대 한복판에 교회가 서 있고, 또 예수의 이런 거룩한 마음이 자리잡고 있는 까닭이다. 거룩하지 못한 세상, 어지러운 이 시대의 깊은 곳에서 예수는 그 안의 인간들을 애절하게 지켜보고 있는 것이다.

예수의 이 마음을 우리는 교회에서 만날 수 있고, 이 거룩한 교회가 존재하는 한 이 세상 이 시대는 희망을 가질 수 있다고 본다.

1. 누가 이 시대를 거룩하다 할 것인가?

날마다 신문을 펼치면 온통 거룩하지 못한 기사들과 지저분한 광고 그리고 이를 만들어 내는 인간의 저질적인 마음들로 가득 차 있고, 텔레비전 역시 거룩함과는 거리가 먼 화면으로 사람들을 현혹시킨다. 도시든 농촌이든, 정치마당이든 상아탑이든, 산이든 강이든 인간들의 손과 발, 생각이 닿았다 싶으면 자연의 끝 어디에서라도 거룩하지 못한 일들이 벌어지고 있다. 정의니 민주니 통일이니 하는 인간을 위한 거룩한 주제들도 인간의 입으로 거론되기 시작하면 그 개념이 뒤바뀌어 사용 범위가 애매해지기 일쑤이다. 종교를 포함하여 각계각층에서 저마다 자기를 주장하며 내는 큰 목소리에서 우리의 사고는 극도로 혼란되어 버린다. 이런 시대를 우리는 거룩하다고 주장할 수 있겠는가?

독일 작가 횔덜린의 글이 생각난다. 횔덜린은 그의 작품 『히페리온』에서 히페리온의 입을 빌려 독일인을 모질게 비판한다. "직업인은 있지만 인간은 없고, 사상가는 있지만 인간은 없다. 목사는 있지만 인간은 없으며, 주인과 고용인 청년과 어른은 있지만 인간이 없다."¹ 일찍이 횔덜린이 이렇게 개탄했던 독일이 지금은 우리의 부러움을 사고 있다. 직업과 조직이 있을 뿐 인간이 없다던 그 독일이 그들 특유의 인간을 위한 조직과 정직, 근면과 화합으로 통일 독일을 이루어 내고 만 것이다.

　우리 한국은 어떠한가? 어떤 민족보다 적극적으로 평화·통일·민주·인권을 부르짖고 갈망하는 우리 민족은 지금 어떤 상황에 있는가? 직업인도 없고 인간도 없으며, 사상가도 종교가도, 주인도 고용인도 없고, 청년도 어른도, 정치가도 학생도 없는 상황. 그래서 "나"만 홀로 남아 있는 사회 아닌 사회를 형성하고 있는 것이 아닌지 두렵다. 물론 이런 식으로 우리 민족이 마치 어떤 극한 상황에라도 처해 있는 것처럼 비판하는 것은 기우에 지나지 않을 것이다. 그러나 공업 대국·경제 대국·선진 대국 하면서 대내외적으로 힘을 과시하는 정책 속에서 높이 솟은 빌딩, 쭉쭉 뻗은 도로망, 휘황찬란한 네온사인 등 외형적인 변모로 자랑스럽게 사회 발전을 이야기하는 사이, 그 안에 사는 인간들은 어떻게 변해 가고 있는가? 무서우리만큼 인간성이 상실되어 가고, 인간은 신경질적이고 도전적인 존재로 변모하고, 인신매매·유괴·살인·폭력·사기 등 예전에는 상상조차 할 수 없었던 일들이 벌어지고 있지 않은가? 인간들에게 유토피아를 제공해 줄 듯이 우쭐거리며 휘어잡던 과학과 기술과 경제의 위력도 이런 인간성 상실 앞에 속수무책인 것이 또한 부인할 수 없는 우리의 부끄러운 현실이 아닌가?

　여기에, 이런 절망으로 인한 염세와 좌절에 빠진 세상에, 그들에 의해 밀려났던 종교가 다시 희망을 안겨줄 듯 성황을 이루고 있지만 그러나 정작 종교마저 이런 시대 이런 사회로부터 도전을 받고 있다. 세상은 본래 "속된 것"이어서 그렇다 치더라도, "거룩해야 할" 종교마저 세속의 방식으로 운영되며 복음을 전하고, 세속의 방식으로 사랑하고 봉사하며, 세속의 방식으로 인간 이기주의와 영합하고 맞장구치면서 인간을 치켜올리기도 하고 내려치기도 한다. 이리

---

1. F. Hölderlin, 『히페리온』, 홍경호 역, (서울: 범우사 1988), 204.

하여 기대했던 종교에 대한 실망은 다른 어떤 것에 대한 실망보다 더 크게 우리를 상심케 한다. 하기야 종교가 인간을 이 세상 바깥 저편으로 끌어내어 영생을 보장하는 유토피아적 단체가 아니라, 지금 이 세상 안에 살아가고 있는 인간들을 위한 봉사를 그 사명으로 삼고 있는 이상, 가장 거룩한 종교가 가장 속적이어야 한다고 보는 것은 옳지만, 그 안에서 행해지는 예배와 미사와 복음선포를 빼고 나면 세속의 여느 단체와 하등 다를 바 없는 모습을 하고 있다면 누가 그 종교에서 이 시대와 인류의 미래를 읽을 수 있겠는가? 그런데 종교가 서로 세력 다툼을 하고 인간들을 갈라놓고 있으니 종교전쟁이 일어나지 않을까 오히려 두려울 정도이다.

이리하여 오늘날처럼 어지러운 시대에 거룩함에 대해서 이야기한다는 것은 참으로 어렵게 보인다. 도대체 어떤 사람이 우리에게 "거룩함"에 대해서 이야기해 줄 수 있을까? 그럼에도 불구하고 우리가 이 거룩함에 대해서 이야기해야 한다면, 이것은 분명 거룩하지 못한 이 시대에 최면걸 듯 사람들을 부추기어 그들로 하여금 거룩함에 대한 희망을 가지게 하고, 그런 식으로 이 시대를 거룩하게 만들어 보자는 의도에서는 아닐 것이다. 거룩함은 하나의 이상(理想)이 아니기 때문이다. 우리는 진정 이 시대가 거룩하기에 거룩함에 대해서 이야기할 수 있어야 한다. 그리고 우리는 이 이야기가 가능하다고 본다. 이 이야기의 가능성을 앞에서 예를 든 순결한 창녀에 비유된 교회의 거룩함, 하느님의 거룩함에서 본다. 이 비유에서 우리는 거룩함의 참뜻을 깨닫게 된다. 죄값으로 따지면 벌써 멸망하고도 남았을 인류 역사가 아직 소멸하지 않고 이어져 오게 하신 하느님의 사랑에서 우리는 이 시대의 거룩함을 본다. 그리고 거룩함의 참뜻을 깨닫는 데서 비로소 이 시대에 대한 올바른 사명감을 가지게 된다.

그러면 거룩함[聖]이란 무엇인가? 어디서 거룩함의 참뜻을 깨칠 수 있을까? 우선, 거룩함은 단지 속됨[俗]의 반대말만은 아니라는 데서 시작해야 할 것이다. 거룩함에 대한 이야기는 옳은 이에게든 옳지 않은 이에게든 골고루 햇빛을 내려주시는 하느님의 마음과 선한 사람이나 악한 사람을 가리지 않고 모두를 구원하기 위하여 교회로 끌어모으는 하느님의 마음에서만 가능하다.

그래서, 시대의 거룩함을 이야기하기 위해서, 아니 거룩함 자체를 옳게 이해하기 위해서 하느님과 교회의 거룩함을 이야기하고자 한다. 시대가 거룩한 것은 교회 때문이며, 교회가 거룩한 것은 도대체가 거룩하지 못한 인간들을 불러모으는 하느님의 거룩한 마음 때문이다.

2. 누가 이 교회를 거룩하다 할 것인가?

앞에서 암시한 것처럼 오늘날 교회가 돌아가는 실태를 보면 이 교회를 거룩하다고 주장할 용기가 도무지 서지 않는다. 우리는 교회에서 위로를 얻기보다 오히려 실망을 느낄 때가 더 많은 것이다. 이러한 교회가 어떻게 시대적 구원의 상징이 될 수 있을까 하는 회의를 가지게도 된다. 그러나 이러한 실망과 회의를 분석해 보면 대개 교회에 대한 일방적인 기대와 거룩함에 대한 일방적인 이해 때문임을 알 수 있다. 무조건 교회가 "완전하고 거룩하기"만을 바라면서 나름대로 "완전함"과 "거룩함"의 상(像)을 그려놓고 거기에 부합하지 않는 교회에 대한 실망이다. 이런 생각의 근저에는 "거룩함"을 "속됨"의 반대말로만 여기며, 모름지기 교회란 모든 속된 것을 배제한 거룩함 자체여야 한다는 인식이 깔려 있다. 그리고 거기에는 하느님의 뜻이 간과되어 있다. 즉, 인간의 그런 사고는 교회를 세우신 예수의 의도와는 어긋난 것이다. 예수의 교회가 거룩한 것은 거룩한 인간은 물론이고 거룩하지 못한 인간들까지 모두를 포함하는 포용력 때문이다. 이것은 교회를 세우신 예수의 의도에 잘 드러난다.

1) 누가 예수의 집단을 거룩하다 할 것인가?

예수는 하느님 나라를 선포하기 위하여 하느님 백성을 불러모았다. 그리고 하느님 백성을 불러모으기 위하여 하느님 나라의 복음을 선포하셨다. 하느님 나라는 모든 이를 위한 복음이었기에 예수는 소위 잘난 인간들이 그들 공동체에서 제쳐놓은 인간들을 선택적으로 상대함으로써 모든 이가 하느님 백성에 속해 있다는 사실을 나타내 보이셨다. 그리하여 예수가 불러모은 집단은 온통 죄인들의 집합이었다. 이곳에 모인 사람들을 보면 죄인, 창녀, 세리, 과부, 병자, 가난하고 힘 없는 사람 등 전부 소외되고 보잘것없는 인간들이었으니, 이런 인간들로 구성된 집단은 누가 보아도 거룩하지 못한 죄인들의 집단이었다. 이 집단은 바리사이파 사람들로부터 "먹고 마시는 집단"이라는 비난을 받기도 하였다(루가 15,2).

그러나 예수가 이런 인간들을 불러모아 공동체를 이룬 것은 바리사이파나 율법학자들이 그들의 공동체에서 제외시킨 인간들을 포함함으로써 예수의 공동체에는 어느 누구도 제외될 수 없다는 것을 드러내보인 것이다. 다시 말해서 예수의 공동체는 모든 인간을 상대로 한 공동체이며, 거룩한 인간이든 거룩하지 못한 인간이든 한 사람의 예외도 없이 모두를 포함하는 공동체인 것이다.

독일 신학자 로핑크가 그의 저서 『예수는 어떤 공동체를 원했나?』에서 예수는 대조(對照)사회를 원하셨다고 한 것도 이러한 차원에서 이해할 수 있을 것이다.[2] 대조사회란 사람들이 이원(二元)의 선을 그어 만들어 놓은 이원론적인 사회와 대조를 이루는 사회를 말한다. 즉, 이원이 지배하는 사회와 대조된 사회, 더 구체적으로 말해서 인간을 구분하여 누구는 속할 수 있고 누구는 속할 수 없는 사회와 대조되는 사회, 그야말로 성·속, 빈·부, 귀·천, 의인·죄인의 이원이 극복된, 누구나 참여할 수 있는 사회를 말하는 것이다. 이 사회를 두고 바리사이파 사람들은 비웃었다. 그들은 이 사회를 그들의 사회와 대조된 사회로 보았던 것이다. 그러나 예수의 공동체는 바로 이런 바리사이파 공동체와 대조를 이룬 공동체였다. 이 대조 공동체에는 창녀, 세리, 과부, 병자, 가난한 사람 등 보잘것없는 인간들이 모두 포함되어 있었다. 예수가 이들을 불러모은 것은 이들에게만 특별한 사랑을 부어주기 위해서가 아니라 서로 갈라놓고 구분하는 차별적인 사랑에 대한 경계를 없애주기 위한 것이었다. 인간들이 워낙 경계짓기를 좋아하니까 그런 안목으로는 예수의 이 경계 없는 사랑이 도리어 경계짓는 행위로 비쳤을지 모른다. 그러나 하느님의 인간됨[肉化]에 나타나

---

2. G. Lohfink, 『예수는 어떤 공동체를 원했나?』, 정한교 역, (분도출판사 1985), 특히 258 이하 참조.

는 사랑은 하느님과 인간, 하늘과 땅의 구분을 없애주는 사랑이고, 예수가 하느님 나라를 선포하며 하느님 백성을 모은 것은 천국과 지상의 나라를 일치시켜 주는 전체적 사랑이 아니었던가?

이것은 예수 당시 쿰란 공동체 수도자들의 규칙과 비교해 보면 더욱 분명해진다. "어리석은 자, 미친 자, 무지한 자, 마음이 헷갈리는 자, 눈먼 자, 절름발이, 앉은뱅이, 귀머거리, 철부지 등 이러한 자들은 그 누구도 공동체에 받아들여서는 안된다."[3] 그러나 예수는 그들이 받아들이기를 거부한 이런 자들을 위해 오셨고, 이들을 위해 교회를 세우셨다.[4] 이를 복음사가 루가는 이렇게 서술한다:

"예수께서 자기가 자라나신 나자렛에 가셔서 안식일이 되자 늘 하시던 대로 회당에 들어가셨다. 그리고 성서를 읽으시려고 일어서서 이사야 예언서의 두루마리를 받아들고 이러한 말씀이 적혀 있는 대목을 펴서 읽으셨다. '주님의 성령이 나에게 내리셨다. 주께서 나에게 기름을 부으시어 가난한 이들에게 복음을 전하게 하셨다. 주께서 나를 보내시어 묶인 사람들에게는 해방을 알려주고, 눈먼 사람들은 보게 하고, 억눌린 사람들에게는 자유를 주며, 주님의 은총의 해를 선포하게 하셨다.' 예수께서 두루마리를 말아서 시중들던 사람에게 되돌려주고 자리에 앉으시자 회당에 모였던 사람들의 눈이 모두 예수에게 쏠렸다. 예수께서는 '이 성서의 말씀이 오늘 너희가 들은 이 자리에서 이루어졌다' 하고 말씀하셨다. 사람들은 모두 예수를 칭찬하였고 그가 하시는 은총의 말씀에 탄복하여 '저 사람은 요셉의 아들이 아닌가?' 하고 수군거렸다"(루가 4,16-22).

그리하여 예수는 산상수훈을 통하여 언뜻 보아서는 하느님 나라에서 제외되어 있다고 생각되는 사람들, 즉 가난한 사람, 굶주린 사람, 우는 사람, 사람의 아들 때문에 미움을 사고, 내어쫓기고, 욕을 먹고, 누명을 쓰고, 박해받는 사람들의 심금을 울려놓는다. 당시의 사람들이 그들의 공동체에서 제외시켜 놓았던 인간들까지를 포함한 모든 인간들에게 하느님 나라의 주권을 선포한 예수의

---

3. H. Fries, *Fundamentaltheologie* (Graz 1985), 351.   4. 같은 곳.

목소리는 그 그늘진 곳에 있는 사람들에게 가장 큰 위안과 희망을 안겨주었다.

예수의 이 공동체는 잃어버린 것을 마음 아파하고 찾은 것을 기뻐하는 마음 위에 세워진 공동체이다. 잃었던 한 마리 양을 다시 찾아 기뻐하며 돌아오는 목자의 마음(루가 15,4-7), 잃었던 은전 한 닢을 되찾은 주인의 마음(루가 15, 8-10) 위에 세워진 공동체이며, 돌아온 아들을 위해 잔치를 벌이는 아버지의 마음(루가 15,11-32) 위에 세워진 공동체인 것이다. 그리고 이 공동체는 밀과 가라지가 함께 자라는 공동체이다. "하늘나라는 어떤 사람이 밭에 좋은 씨를 뿌린 것에 비길 수 있다. 사람들이 잠을 자고 있는 동안 원수가 와서 밀밭에 가라지를 뿌리고 갔다. 밀이 자라서 이삭이 팼을 때 가라지도 드러났다. 종들이 주인에게 와서 '주인님, 밭에 뿌리신 것은 좋은 씨가 아니었습니까? 그런데 가라지는 어디서 생겼습니까?' 하고 묻자 주인의 대답이 '원수가 그랬구나!' 하였다. '그러면 저희가 가서 그것을 뽑아버릴까요?' 하고 종들이 다시 묻자 주인은 '가만 두어라. 가라지를 뽑다가 밀까지 뽑으면 어떻게 하겠느냐? 추수 때까지 둘 다 자라도록 내버려 두어라. 추수 때에 내가 추수꾼에게 일러서 가라지를 먼저 뽑아서 단으로 묶어 불에 태워버리게 하고 밀은 내 곳간에 거두어 들이게 하겠다'고 대답하였다"(마태 13,24-30). 이 공동체를 두고 어떻게 가라지의 집단이라고 비난할 수 있겠는가?(그러나 우리의 인식으로는 쌀에 보리가 조금 섞인 밥도 보리밥이고 보리에 쌀이 조금 들어간 밥도 보리밥이라 한다).

예수의 공동체는 겉으로는 죄인의 형상이어서 소위 열심한 자와 정의로운 자들에게는 분노를 사고 스캔들이 될 수 있는 단체일지 몰라도 그 안에는 모두를 빠짐없이 구원하려는 예수의 거룩한 마음이 담겨 있고 하느님의 마음이 자리하고 있다. 누가 이 교회를 거룩하지 못하다 할 것인가?

2) 누가 베드로를 거룩하다 할 것인가?

교회는 베드로를 비롯한 그 후계자들로 인해 수많은 곤욕과 수모를 당하였다. 역대 교황 중에는 모든 사람들의 귀감이 되는 훌륭한 인물도 많았지만 더러는 세인들의 손가락질을 받는 인물도 없지 않았다. 그런 비판은 으레 교회 자체에 대한 것으로 돌아온다. 어떻게 저런 사람이 교회의 지도자가 될 수 있겠는가, 그들이 이끄는 교회가 거룩하다 할 수 있겠는가라고. 그런데 막상 성서를 보면 예수는 다름아닌 바로 그런 인물 위에 당신 교회를 세우셨다. 누가 보아도 지도자가 되기엔 부족해 보이는 베드로 위에 교회를 세우신 것이다. 예수는 베드로를 호되게 꾸짖고 질책하면서도 그 위에 당신의 교회를 세우셨다.

신약성서에서 시몬 베드로에 해당되는 대목을 보면 우리는 베드로가 이중적인 인물임을 알 수 있다. 그의 인물 묘사는 거의 대립관계 속에 형성되어 있다. 칭송과 약속의 말에 이어 저주의 말이 대립되어 있고, 반석(petra)과 걸림돌(skandalon)이 베드로(Petrus) 안에 대립되어 있다. 마태오 16,17-19를 보면 예수는 자신의 수난 이야기와 관련하여 베드로 위에 교회를 세울 것임을 약속하고 있다. 그런데 이어지는 16,23을 보면 "사탄아 물러가라. 너는 나에게 걸림돌이다" 하고 깜짝 놀랄 저주의 말을 던진다. 금방 반석이라고 했다가 걸림돌이라고 하신 것이다. 루가 22,32-34에서도 "형제들에게 힘이 되어 다오" 하고 부탁한 데 이어 곧바로 "오늘 닭이 울기 전에 너는 세 번이나 나를 모른다고 할 것이다" 하고 말씀하신다. 요한 13장에서 예수가 베드로에게 사목직을 전수하면서 수차례에 걸쳐 다짐하는 것도 세 번씩이나 반복될 베드로의 배반을 기억한 때문일까? 베드로의 이중 성격은 예수 승천 후에도 마찬가지여서 바울로부터 면박을 받을 정도였다(갈라 2,11-14).

그런데도 예수는 이 베드로 위에 교회를 세우셨다. 예수가 정신이 나갔을까? 베드로의 이중 성격을 뻔히 알면서도 어떻게 그 위에다 교회를 세우고자 하셨을까? 교회가 처음부터 이런 인물로 인해 수난·수모받기를 원하셨던 것일까? 아니라면 이런 베드로 위에 교회를 세우신 진정한 의도는 무엇인가?

이런 물음에 답하기 전에 우리는 이 예수에게서 인간(베드로)에 대한 끝없는 신뢰와 인간적인 사랑을 보게 된다. 예수가 베드로 위에 교회를 세우셨다는 것은 결국 연약한 인간을 끝없이 사랑하고 신뢰하는 당신의 마음 위에 교회를 세우셨다는 뜻이다. 이런 신뢰야말로 인간을 위해 봉사할 수 있는 근본 내용임을 예수는 확신했던 것이다.

여기에 대해 랏칭어(J. Ratzinger)는 이렇게 말한다.: "교황, 베드로의 후계자가 바위(*petra*)이며 걸림돌(*skandalon*), 하느님의 바위인 동시에 걸림돌이었던 것은 전체 교회사를 통해 늘 그렇지 않았는가? 사실 신앙인들에게 문제가 되는 것은 인간의 자랑을 늘 새것에 의해 무색케 하는 하느님의 역설적 행위, 즉 극도의 대립을 보이는 바위와 걸림돌의 긴장을 견디어 내는 것일 것이다. 루터는 사탄의 요인을 질식할 정도로 분명히 인식하였으며, 이것은 단순히 옳지 못한 것만은 아니었다. 그러나 그의 잘못은 반석(*kepha, petra*)과 사탄(*skandalon*)의 성서적 긴장을 견디어 낼 수 없었던 점이다. 이런 긴장은 근본적으로 의로우면서도 동시에 죄인의 형태로 특징지어진 인간, 정의로운 자이면서도 동시에 죄인인 인간 외에는 그 누구도 이해할 수 없는 것이다."[5]

인간이 교회에 대하여 반석인 면만을 기대하며 그저 든든해 주기를 바라는 것은 정당하다. 그러나 이 요구를 충족시키기 위해 걸림돌을 이해하지 못하는 비정한 사람이 될 수는 없으며, 또 이때문에 교만한 사람이 되어서는 안될 것이다. 예수가 반석과 걸림돌의 양면을 지닌 베드로를 그래도 신뢰하고 그 위에 교회를 세우신 것은 이런 비정과 교만을 극복하고 신뢰와 이해를 심어주기 위해서이며, 이것이 바로 교회의 모습이어야 하기 때문이었다. 그러기에 예수 자신이 베드로 안에 나타난 반석과 걸림돌의 긴장을 스스로 인내할 수 있었다. 이것은 교회나 교황의 걸림돌을 변명하고 정당화시키기 위한 포석이 아니다. 실제로 예수가 베드로 위에 교회를 세우신 것은 성급하고 변덕스러운 성격, 그의 나약함을 누구보다 잘 알면서도 끝까지 그를 신뢰했던 자신의 마음을 배우도록 하기 위해서였다. 예수의 이 마음이야말로 가장 흔들리지 않는 바위이다. 베드로 위에 세워진 교회는 예수의 이 마음 위에 세워진 것이다. 그러기에 교회는 겸손을 또 그 근본으로 삼아야 하는 것이다.

예수가 베드로를 반석으로 삼았다 하여 누가 예수의 마음을 거룩하지 못하다 하겠는가? 또 베드로가 반석과 걸림돌의 양면을 함께 지니고 있다 하여 누가

---

5. H. Fries, 위의 책, 393에서 인용.

베드로를 거룩하지 못하다 할 것이며, 그 위에 세워진 교회를 누가 거룩하지 못하다 할 것인가? 베드로 위에 교회를 세우신 예수의 인간적 마음은 그야말로 거룩함 자체이다. 이 거룩함 앞에서 우리는 오로지 겸손해질 뿐이다.

3) 순결한 창녀의 마음

교부들은 교회를 세우신 예수의 거룩한 의도에 따라가지 못하는 인간들에게 많은 실망을 했던 것 같다. 그렇지만 그들은 예수가 세우신 교회에 끊임없는 신뢰와 사랑을 보이며 교회에 충실하고자 했다. 교부들은 이런 교회를 신비로 비유했다.[6] 그들은 교회의 이 신비성을 여러 가지 개념으로 묘사하였는데, 그 중의 하나로 교회를 순결한 창녀(Casta Meretrix)라 한 것을 들 수 있다. 이 비유에서 우리는 그들의 교회에 대한 끝없는 신뢰를 읽을 수 있다. 이 교회상은 구약성서의 창녀 라합(여호 2장)을 두고 비유한 교회의 모상인데 클레멘스 서간, 유스티노, 이레네우스 그리고 특히 오리게네스와 그외 동방과 서방의 교부들도 이에 대해 언급하고 있다. 교부들이 교회를 순결한 창녀로 비유할 때에는 라합이 창녀생활을 청산하고 예언자에 이르게 되는 길을 감동깊게 표현하고자 해서만은 아니었다. 다시 말해 그런 방식으로 과거의 유다인과 이방인의 출처에서 벗어나 현재에 이른 교회를 설명하기 위해서만이 아니라, 창녀의 모습에서 교회의 지속적인 요소를 인식하기 위해서이기도 했다. 교회는 죄를 벗어 던져버린 소위 의인들로 구성된 단체가 아니라 죄많은 인간들의 단체라는 것이다. 그러므로 실제 교회는 창녀와 같은 죄인들의 교회라는 것이다.

그러면서 교부들은 인간이나 교회의 겉모습만을 보지 말고 그 속마음을 들여다볼 것을 요구한다. 이런 의미에서 그들은 아가서를 인용한다. "나 비록 가뭇하지만 케달의 천막처럼, 실마에 두른 휘장처럼 귀엽다는구나. 가뭇하다고 깔보지 말아라. 오빠들 성화에 못이겨 내 포도원은 버려둔 채 오빠들의 포도원을 돌보느라고 햇볕에 그을은 탓이란다"(아가 1,5-6).

---

6. H. Fries, Wandel des Kirchenbilds und dogmengeschichtliche Entfaltung, in: *My. Sal.* IV/1, 223-235 참조.

교회가 죄많은 것은 타락한 인간들 때문이다. 그렇지만 우리가 교회를 대할 때에는 교회의 마음 속 깊이 자리하고 있는 순결하고도 거룩한 마음도 함께 대할 수 있어야 한다. 뭇사내에게 짓밟혀 만신창이가 된 창녀의 모습. 그러나 그 여인을 경멸하며 돌을 던지기에 앞서 만신창이가 된 그 여인의 내면 깊숙한 곳에서 흐느끼고 있는 가련한 여인의 마음, 아직 꺼지지 않은 순결한 마음을 읽을 수 있어야 한다. 그럴 때 사내들은 그 여인을 더 이상 깔보며 짓밟을 수 없을 것이다. 오히려 애처로운 마음으로 감싸주고 위로하며 사랑하게 될 것이다. 뭇 사람들의 타락한 마음으로 인해 이리저리 찢기고 더럽혀진 교회, 많은 인간들로부터 사랑의 고백을 들으면서도 실상은 배신만 당하며 욕을 먹고 있는 교회. 사회 변화에 따라 이리저리 흔들리는 교회의 마음 속 깊은 곳에는 슬프고도 애절한 하느님의 마음이 숨어 있고, 인간에 대한 애달프고도 순결한 하느님의 마음이 흐느끼고 있다. 그 내면 깊은 곳에는 자신의 겉모습을 애달파하면서도 자기 모습을 그토록 상처투성이로 만든 인간들을 위해 기도하는 하느님의 마음이 있는 것이다. 이 처절한 하느님의 마음, 이 울고 있는 하느님의 마음을 느낄 수 있을 때, 인간은 더욱 교회를 사랑하지 않을 수 없을 것이며 이 예수의 마음, 이 하느님의 마음이 숨어 흐느끼는 교회가 진정 우리의 구원이며 희망인 것을 의심할 수 없을 것이다. 이 교회는 하느님만큼이나 거룩하다. 교부들이 교회를 순결한 창녀에 비유한 것은 이러한 마음을 존중해서이리라.

이 교회를 교부들은 또 달의 신비(Mysterium Lunae)에 비유하기도 하였다. 달의 신비로서 교회와 그리스도와의 관계, 교회의 운명과 역사를 설명하고자 했다. 달은 스스로 빛을 발하지 않고 태양으로부터 빛을 받아 발한다. 마찬가지로 교회도 자기 자체의 빛으로 세상을 비추는 것이 아니라 그리스도로부터 빛을 받아 반사한다. 교회가 발하는 빛은 받아서 되비추는 빛이다. 그리고 달이 밤에 비추듯 교회도 어두운 시대, 무명(無明)과 죄악의 세상을 비춘다. 그런가 하면 달은 쉴새없이 변하는 모습으로 나타난다. 곧 차는가 하면 곧 기운다. 마찬가지로 교회의 운명과 역사도 오르막과 내리막을 가지고 있다. 그믐달 모양으로 거의 소멸상태에까지 이를 때가 있으나 달이 완전히 사라지지 않는 것처럼 교회도 그러하다. 그믐은 새로운 시작으로 새로운 보름을 향하여 부풀어 오른다. 교회는 항상 이렇게 새로움과 쇄신으로 희망을 준다. 이것이 교회의 모습이다. 그렇기 때문에 우리는 때때로 그믐달 같아 보이는 교회임에도 불구하고 이 교회에서 위안을 얻게 된다. 우리에게 이러한 위안을 주는 교회는 진정 신비임에 틀림이 없다.

"교회는 인간의 약성으로 고민하는 모든 사람들을 사랑으로 감싸주고, 또한 가난하고 고통받는 사람들 속에서 교회 창립자의 가난하고 고통받는 모습을 발견하고, 그들의 결핍을 덜어주기로 노력하며, 그들 안에서 그리스도께 봉사하기로 마음을 쓴다. '거룩하시고 무죄하시고 깨끗하신'(히브 7,26) 그리스도께서는 죄를 모르시면서도(2고린 5,21), 다만 백성의 죄를 속죄하시러 오셨지만(히브 2,17), 교회는 그 품에 죄인들을 품고 있으므로 거룩하면서도 항상 정화되어야 하겠기에 끊임없이 회개와 쇄신을 계속하는 것이다"(「교회헌장」 8).

죄많은 현실에서 죄범벅이 된 듯하면서도 꺼지지 않고 스스로 회개하고 쇄신하며 인간에게 희망을 주고 인간을 인도하는 교회의 모습은 그대로 인간의 역사를 담고 있는 모습이다. 인간들의 교회, 인간 스스로가 죄인이기에 죄많은 교회, 죄로 얼룩진 지상의 교회, 이 교회의 구조 질서가 바로 천상 질서의 모사(模寫)이며, 그러기에 교회는 성사이다(「교회헌장」 1항). 보이지 않는 신적 실재가 이 교회 안에서 보이는 모습으로 드러나는 것이다.

상처받은 교회를 끝까지 신뢰하고 사랑할 수 있을 때 우리는 하느님을 사랑할 수 있으며, 또 세상을 사랑할 수 있게 된다. 우리가 우리 사회의 정의를 원한다면 먼저 교회부터 사랑할 수 있어야 한다. 교회를 사랑하는 데서 우리는 시대를 사랑하는 것을 배우게 된다.

4) 교회를 향하여 열린 마음

교회를 사랑하는 데서 우리는 일그러진 시대의 겉모습에도 그 안 깊은 곳에는 하느님의 마음이 자리하고 있음을 알게 되었다. 시대와 사회를 사랑해야 할 이유도 나름대로 알게 되었다. 어쩌면 이 시대와 사회가 우리에게 요구하는 사랑은 용감한 사랑, 아름다운 사랑이라기보다 애절한 마음으로 이 시대를 껴안을 수 있는 처절한 사랑인 것이다. 상처투성이의 교회를 사랑할 수 있는 그 애처로운 사랑이 세상을 변화시킬 수 있는 사랑이다. 이 사랑이 곧 시대를 구원할 수 있는 것이다. 그러므로 마지막 물음은 결국 우리 자신에게로 던져진다. 우리는 얼마나 이 애처로운 사랑을 교회와 사회 안에서 실현시키고 있는가?

어쩌면 교회를 먼저 사랑하라는 요구는 너무 추상적이고 막연하게 들릴지 모른다. "시대의 거센 물결" 속에서 아무런 대처 없이 무작정 종교를 사랑하는 마음을 배우며 회개해 오기를 바라는 것은 너무도 소극적인 자세로 비칠지도 모른다. 그러나 곰곰 생각해 보면 우리가 언제 한 번이라도 이 소극성에 적극적으로 달려들어 본 적이 있었는가? 실제 역사에 큰 변화를 안겨준 인물들은 소극성에 적극적으로 달려드는 것이 폭력보다 훨씬 빠른 속도로 사회를 변화시킬 수 있다는 것을 깨달은 사람들이었다. 그러기에 그들은 겉으로 봐서는 더없이 무력하고 연약해 보이는 인간들이기도 했다. 예수가 세계를 정복하고, 그리스도가 그 거대한 로마 제국을 정복할 수 있었던 것은 모두 십자가에 담겨 있는 그 적극적인 소극성 때문이 아니겠는가?

중세의 황폐했던 교회를 떠받쳐 준 것도 교황 그레고리오 7세의 거룩한 쇄신의 사건보다 프란치스코 성인의 가난한 마음이었다는 것을 우리는 알아야 한다. 수도원 출신인 그레고리오 7세가 당시 황폐했던 교회를 다시 일으켜 세우기 위하여 클뤼니(Cluny) 수도원의 정신으로 영적인 것을 부르짖으며 교회쇄신 작업을 진행해 나갔음에도 불구하고, 뒷날 또다시 세속에 대립하는 존재처럼 여겨지게 된 것은 그가 영적인 것을 세속성과의 일치점이 아닌 대립하는 개념으로만 보았기 때문이리라. "영성"을 "세속성"의 대립으로 보면서 세속성보다 우월한 것으로 여기고, 그런 가운데 영성의 힘은 또 다른 하나의 힘 — 세속적 힘 — 과 대등하게 해석되는 결과를 낳게 하였던 것이다. 명칭이야 교회의 "세속성"에서 "영성"으로 바뀌었지만 그 "영성"의 힘과 일은 여전히 세속의 권력과 조금도 다를 바 없었던 것이다. 영성은 단순히 세속성과 반대되는 말이 아니다.

반면에 프란치스코 성인은 영성을 전체 개념으로 이해하였다. 이런 면에서 프란치스코 성인은 그레고리오 7세와는 다른 차원에서 정의와 사랑을 실천해 나갔다. 그는 영적인 것과 세속적인 것이 일치하는 지점에서 교회와 세계를 바라보았다. 가장 보잘것없는 것 안에서 발견한 가장 큰 하느님의 사랑, 더 이상 제국주의나 승리주의의 힘이 아닌, 자기를 버리고 죽음으로써 얻을 수 있는 영성, 자기 헌신에 나타난 맥없는 영성. 이 영성이 교회와 사회를 변화시켰던 것이다.

우리는 이 성인의 마음을 배워야 한다. 세상을 비판하기에 앞서, 세상을 개혁하겠다는 의욕에 앞서, 세상을 사랑하는 하느님의 연약한 마음을 배워야 한다. 그럴 때에 우리는 "남을 판단하지 말라, 판단은 하느님께 맡겨라" 하신 예수의 말이 무슨 뜻인지 알아들을 수 있을 것이고, 그때 우리는 "원수를 사랑하라"는 말의 뜻도 깨닫게 될 것이다. 그리고 그때 우리는 세상을 구원하러 오신 예수가 힘없이 십자가 위에서 죽게 된 이치를 이해하게 될 것이며, 자신의 힘만을 과시하는 인간들 앞에 그 무력한 십자가가 어떻게 구원이며, 어째서 시대의 극복이고 승리의 상징인지 알게 될 것이다. 그리고 또 그때 비로소 왜 십자가가 거룩한지, 왜 이 시대가 거룩한지도 알게 될 것이다.

3. 예수만이 던질 수 있는 돌, 아무나 던질 수 없는 돌

다시 한번 창녀의 이야기로 돌아오자.

"그때에 율법학자들과 바리사이파 사람들이 간음하다 잡힌 여자 한 사람을 데리고 와서 앞에 내세우고 '선생님, 이 여자가 간음하다가 현장에서 잡혔습니다. 우리의 모세법에는 이런 죄를 범한 여자는 돌로 쳐죽이라고 하였는데 선생님 생각은 어떻습니까?' 하고 물었다. 그들은 예수께 올가미를 씌워 고발할 구실을 찾으려고 이런 말을 하였던 것이다. 그러나 예수께서는 몸을 굽혀 손가락으로 땅바닥에 무엇인가 쓰고 계셨다. 그들이 하도 대답을 재촉하므로 예수께서는 고개를 드시고 '너희 중에 누구든지 죄 없는 사람이 먼저 저 여자를 돌로 쳐라' 하시고 다시 몸을 굽혀 계속해서 땅바닥에 무엇인가 쓰셨다. 그들은 이 말씀을 듣자 나이 많은 사람부터 하나하나 가버리고 마침내 예수 앞에는 그 한가운데 서 있던 여자만이 남아 있었다. 예수께서 고개를 드시고 그 여자에게 "그들은 다 어디 있느냐? 너의 죄를 묻던 사람은 아무도 없느냐?' 하고 물으셨다. '아무도 없습니다. 주님.' 그 여자가 이렇게 대답하자 예수께서는 '나도 네 죄를 묻지 않겠다. 어서 돌아가라. 그리고 이제부터 다시는 죄 짓지 말라' 하고 말씀하셨다"(요한 8,3-11).

창녀도 순결할 수 있을까? 창녀에게 돌을 던지는 것이 옳을까, 던지지 않는 것이 옳을까? 인간이 던진 돌이 과연 순결과 부정을 가름할 수 있을까?

순결과 부정, 던짐과 던지지 않음. 이 양극 사이에서 어느 한쪽만을 선택하고, 그리하여 그 어느 한쪽에 자신의 전부를 걸려는 태도, 이것은 지극히 인간적인 태도이다. 그러나 어느 쪽이든 한쪽을 택해 돌을 던지게 되면 자연히 돌이 날아가는 방향만을 바라보게 되어 그 반대편을 포함한 전체를 놓치게 된다. 진리는 어느 한쪽에 치우쳐 있지 않다. 정의·사랑·순결 … 등은 이 치우침 없는 진리에 바탕을 두고 있다. 그렇다고 어느 중간 지점에 고정된 상태로 머물러 있을 수도 없다. 그러기에 순결과 부정, 정의와 불의, 참과 거짓을 가름하는 돌을 던져야 하는지 말아야 하는지 결단을 재촉하는 인간적 물음에 대한 예수의 답변은 "던져라"(행위)이다. 그러나 그 행위는 하라, 하지 말라는 어느 한쪽으로 치우친 선택을 타파한 일치에서 나온 것이어야 한다. 그러기에 예수의 답변은 "던져라"에서 "그러나 죄 없는 자가 던져라"로 이어진다. 전체를 깨달은 자만이 돌을 던질 수 있는 것이다.

예수는 거기 모인 사람들이 돌을 던질 수 없으리라는 것을 알고 있었고, 결국 그들은 뿔뿔이 흩어지고 말 것임을 짐작하고 있었다. 예수는 누구보다도 그들의 마음을 잘 알고 있었던 것이다. 남은 사람은 예수와 창녀뿐이었다. 뭇 사내들에게 짓밟히고 찢기운 순결, 그리고 인생. 그러나 그 더럽혀진 순결의 깊은 곳에는 아직 꺼지지 않은 하느님이 주신 본래의 순결이 남아 있다. 그 "순

32 〈실마리〉

결"이 이제 모든 것을 포괄하는 예수의 "전체", 예수의 "순결"과 만나 눈물을 흘리고 있는 것이다. 그것은 존재 자체의 기쁨이었다. 그녀는 순결을 되찾고 생명을 되찾았으며 기쁨을 되찾은 것이다. 누가 그 순결을 향하여 돌을 던질 수 있을 것인가? 오직 예수만이 던질 수 있는 돌, 하느님만이 던질 수 있는 돌. 이 돌은 아무나 던질 수 없는 돌이다. 예수도 돌을 던지지 않았다.

이런 예수가 복음의 다른 곳에서 이사야서를 인용하여 심지가 꺼져간다고 불을 끄지 말라고 경고한다. 불을 끄는 일은 인간이 할 수 있는 일이 아닌 것이다(마태 12,20: 그는 상한 갈대도 꺾지 않고 꺼져가는 심지도 끄지 않으리라). 이런 예수가 복음의 다른 곳에서 가라지를 뽑다가 밀까지 뽑아버릴까 우려한다. 가라지를 뽑고 뽑지 않고는 하느님께 맡기라고 이르신다. 예수가 탕자의 비유를 들려주시는 것도 이런 맥락에서 이해할 수 있다. 큰아들처럼 제자들도, 그리고 지금의 우리들도 이 비유를 이해하고 실행하기는 몹시 어렵다. 그러나 예수의 말씀인즉, 자기 몫을 다 탕진하고 돌아온 작은아들에게는 황소를 잡아 잔치를 베풀면서 어째서 궂은 일 마다하지 않고 고분고분 충실하게 일만 해온 나에게는 염소 새끼 한 마리 잡아주지 않느냐고 불평을 털어놓기 전에 이렇게까지 하시는 아버지의 행위에서 전체를 포용하는 사랑, 그 전체적인 마음을 바라보라는 것이다. 옳은 이에게나 옳지 못한 이에게나 골고루 비를 내려주시고, 선한 사람이나 악한 사람 가리지 않고 모두에게 햇빛을 주시는 아버지의 그 자비로운 마음을 신앙해야 한다는 것이다. 결국 이 신앙이 세계를 움직이고 거룩하게 변혁시킬 수 있는 가장 위대한 힘이라는 것이다. 이 힘은 비리를 눈감아 주거나 방조하는 힘이 아니라 죄인을 회개시키는 근원적인 힘이기 때문이다.

거룩한 인간이란 이런 신앙인을 말한다. 이 시대가 진정 성인을 요구하고 있다면 이런 일상의 신앙인을 요구하고 있는 것이다. 그렇다. 시대의 성인은 이 시대 안에 살고 있는 가장 평범한 신앙인이다. 이것은 사도 바울로가 고린토 신자들에게 보낸 편지에서도 잘 입증된다. "하느님의 뜻으로 그리스도 예수의 사도가 된 바울로와 교우 디모테오는 고린토에 있는 하느님의 교회와 온 아카이아에 있는 모든 성도들에게 이 편지를 씁니다"(2고린 1,1). 그리고 이 편지의 끝부분에는 이렇게 쓰고 있다. "모든 성도가 여러분에게 문안합니다"(2고린 13,12). 우리 나라 복음서에는 성도라고 번역된 이 말은 그리스어로는 "하기오스"이다. 즉, 모든 거룩한 사람들, 성인(聖人)이다. 이로써 알 수 있는 것은 바울로는 그리스도인을 거룩한 사람, 성인이라고 불렀다는 점이다. 좀더 구체적으로 말하자면 그리스도의 복음을 받아들이고 신앙하게 된 사람들, 세례를 통해 새 생명을 얻은 사람을 바울로는 거룩한 사람, 성인이라 칭했다.

성인이란 보통의 관념대로 업적을 남긴 위대한 사람만이 아니라, 단순히 자기가 살고 있는 곳에서 — 고린토에서, 데살로니카에서, 골로사이에서 — 자신의 삶을 살아나가며 신앙하는 사람, 자신의 나약함을 인정하고 괴로워하면서도 끝까지 하느님의 자비에 매달리는 사람을 말한다. 비참하고 희망없어 보이는 이 시대에 돌을 던지기에 앞서 어버이와 같은 사랑으로 시대를 아파하는 사람, 만신창이가 된 이 시대를 스스로 만신창이가 되어 감싸주신 그리스도의 정신으로 사는 사람, 만신창이가 된 스스로를 바라보아야 하는 그 처절한 하느님의 마음으로 이 시대를 바라보는 사람. 이런 사람은 십자가에 처형당한 그리스도를 사랑하는 사람이고 교회를 사랑하는 사람이며, 진정 이 사회, 이 시대를 사랑하는 사람, 즉 성인인 것이다. 자기 삶에 충실한 이 사람들은 스스로 드러나기를 원치 않지만 세상의 빛이 되는 존재임이 분명하다. 교회는 이런 성인들의 공동체이다. 우리가 「사도신경」에서 "성인들의 통공을 믿으며"라고 고백할 때에 원래 이런 뜻이 포함되어 있다.

이 시대가 성인을 요구하고 있다면, 그래서 성인의 힘으로 이 시대가 거룩하게 변모되기를 원한다면, 우리 스스로가 이런 사람이 되어야 함은 물론, 이런 사람이 존중되는 사회가 되기를 원하는 것이다. 우리는 모두 꺼져가는 생명 하나에서도 하느님의 사랑을 발견하고 신앙하는 인간이 되기를 원하고 있는 것이다. 그때에 이 사회에는 기적이, 기적과 같은 변화가 일어날 것이다. 모든 사람들이 모든 사물과 현실 안에서 하느님의 마음을 발견하게 될 것이며, 이렇게 험한 세상이 과연 선하신 하느님의 창조물인가? 하고 회의하던 마음도 씻기게 될 것이다.

하느님은 세계의 심장이다. 인간만이 아니라 동물도, 식물도, 모든 삼라만상이 다 이 하느님의 마음을 가지고 있다. 우리의 혼탁한 이 시대도 마음을 가지고 있고, 인간이 버린 쓰레기로 온통 오물을 뒤집어쓴 듯한 산하도 마음을 가지고 있다. 세상 만물 모두가 다 이 하느님의 마음으로 호흡하고 있다. 그러므로 이 모든 것이 다시 하느님에 의해 일어나도록 해야 한다. 교회는 이 마음의 소유자이다.

제 1 부

제2차 바티칸 공의회와 한국 천주교회

수에넨스 추기경과 제2차 바티칸 공의회의 사목적 전체 윤곽

1989년 10월 9일, 한국 주교회의의 추계 정기총회는 주일 파공과 금육재 관면을 취소하는 담화문을 발표하고 그해 사순절 첫날인 재의 수요일부터 이를 실시하도록 결정하였다. 취소 이유는 세계 올림픽 대회와 세계 성체대회였다.

"한국 교회는 지금까지 전교지역으로서 빈곤한 경제 사정과 노동계의 형편 등을 고려하여 주일 파공과 금육재를 관면하여 왔습니다. 그러나 이제 우리 한국은 세계 올림픽 대회를 성공적으로 개최할 만큼 국력이 신장되었습니다. 그리고 우리 한국 교회도 세계 성체대회를 성대하게 개최한 성숙한 교회로 성장·발전하였습니다. 그러므로 앞으로는 주일 파공과 금육재 관면을 취소하고 이에 관한 교회 공법을 준수하여야 할 것입니다."[1]

그렇지만 우리는 "세계 올림픽 대회를 성공적으로 치른 나라"라는 표현의 배경과 그 속셈은 물론, 이때문에 얼마나 많은 사람들이 집을 잃고 거리로 쫓겨나는 아픔을 당해야 했던가를 아직도 생생하게 기억하고 있다. 그런데 겨우 1년 남짓한 세월이 흐르는 사이 그 이면의 이런 어두운 일면들은 덮어둔 채 올림픽의 외형적인 성공을 들어 순수한 종교행위인 주일 파공과 금육재 관면이 처리된 것은 보기에도 좋지 않거니와 교회마저 이들의 마음을 멀리한 것처럼 보여 유감스럽게 생각하지 않을 수 없다. 일선의 본당신부가 이 계율을 신자들에게 설득시켜 지키도록 유도하는 일이 얼마나 어려운 일인가는 차치하고, 과연 도시를 제쳐놓은 우리의 시골 본당 신자들의 몇 퍼센트가 이 담화문이 말하

---

1. C.C.K., 「회보」 제55호(1989. 11), 10-1.

는 그런 경제적 빈곤상태를 벗어나 주일날 일하지 않고도 먹고 살 수 있는 부를 누리고 있으며, 금요일 식탁에 오른 고기가 어쩌다 오른 고기가 아니어서, 지금 포기해도 다음날 쉽게 먹을 수 있을 정도로 식생활이 풍요롭게 개선되었는지 의심하지 않을 수 없다. 이 계율이 잘 지켜질 수 있을 것인지는 고사하고 괜히 신자들에게 고백성사감만 늘려준 것이 아닌가, 그리스도교라는 박애의 종교를 다시 옹졸한 계율의 종교로 만드는 것이 아닌가 염려하지 않을 수 없다. 점점 심각해져 가는 도시와 농촌의 생활 격차, 빈과 부의 격차, 이에서 빚어지는 가난한 이들의 소외, 그리고 이제는 이 격차와 소외의 문제성이 교회 안에까지 그대로 침투되어 대도시 교구와 시골 교구, 도시 본당과 시골 본당, 심지어는 도시 사제와 시골 사제의 생활 양태까지 한없이 벌려 놓고 있는 현실을 돌아볼 때, 이번 조치는 한국 교회가 부의 환상에 착각하여 교회 본연의 사목적 사명 감각을 잃어버린 것이 아닌가 하는 느낌을 떨쳐버릴 수 없다. 게다가 성체대회를 그 외형상의 성황을 들어 관면 취소의 이유로 제시한 것은 스스로가 이 대회를 사목적 차원이 아닌 외적인 행사로 평가절하시키는 처사라 하지 않을 수 없다.[2]

여기서 주교회의 담화문을 거론하는 것은 관면 취소 자체를 비판하기 위한 것이 아니라 이 담화문에는 인간을 이해하고 인간을 위하는 사목적 배려, 즉 교회의 "사목성"이 결여된 듯한 인상을 지울 수 없기 때문이다. 이는 교회를 "하느님 백성"이라고 정의하면서 교회의 제도에 인격성을 부여하여 교회의 원래 의미를 되찾고자 했던 제2차 바티칸 공의회의 정신과도 상당한 거리가 있는 것이다. 진정 인간을 사랑하고 포용할 줄 아는, 그야말로 인간을 위한 인격적 교회를 중심으로 한 사목은 현재 한국 교회가 풀어야 할 시급한 과제라 하지 않을 수 없을 것이다. 이런 의미에서 자신의 개념을 "전체 윤곽"으로 제시하면서, 교회와 사회, 성(聖)과 속(俗), 전통과 진보, 사목과 교의, 평신도와 성직

---

2. 한국의 실정을 고려하지 않은 이런 식의 일방적 처리는 가령 1987년도 천주의 모친 축일을 파공으로 정한 것에서도 볼 수 있다. 한국 천주교 신자수는 전 국민의 6% 정도로서, 대다수가 그리스도인인 서구와는 다른 상황에서 생활하고 있다. 그러므로 서구와 똑같이 신앙생활을 할 수는 없는 것이다.

자[3] 등의 이원을 극복하였을 뿐 아니라, 이 이원이 극복된 곳에서 교회를 이해하고 사목을 제시한 제2차 바티칸 공의회에 대한 인식은 우리의 교회의 위상을 정립하는 데 있어서 중요한 과제라 하지 않을 수 없다.

이에 공의회 폐막 30주년을 맞으면서(1965.12.8. 폐막) 이 공의회에 "전체 윤곽"을 열어주는 데 획기적인 공헌을 한 벨기에의 수에넨스(Suenens) 추기경의 구상을 소개하며 공의회의 근본 정신에 한걸음 접근해 보고자 한다.

1. 수에넨스 추기경: 그 인물

수에넨스 추기경은 1904년 7월 16일 벨기에의 수도 브뤼셀 근교의 소도시 익셀(Ixelles)에서 태어났다. 그는 네 살 때 부친을 여의고 외아들로서 모친의 손에서 자랐다. 1921년 메켈렌(Mechelen) 신학교에 입학했으며, 그의 주교는 그의 우수성을 발견하고 로마 그레고리안 대학으로 유학보냈다. 그러나 수에넨스는 그레고리안 대학생활에서 만족감을 얻지 못하였다. 이에 대해 수에넨스는 훗날 추기경이 된 다음 이렇게 회고한다. "여기서 나는 영적 삶을 발견할 수 있기를 희망하였다. 그렇지만 난 이를 발견하지 못하였다. 그레고리안 대학 강의의 일부는 실망감마저 주었다. 철학은 지나치게 공리·공론만 따지는가 하면 너무 추상적이었고 실제 삶과는 무관한 것을 가르치고 있었다. 현대 사고 방향과의 진지한 대질(對質)은 그 어떤 것도 허락되지 않았다. 신학은 지나치게 사변적이었고 또 지나치게 호교론의 사고방식에 묶여 있었다. 완성된 사상과 신학 개론을 일방적으로 머릿속에 주입시킨다는 것은 대단히 참기 힘든 일이었다."[4]

비록 로마의 수업이 수에넨스에게 큰 만족감은 주지 못했지만 그의 인격과 사고 발달에 영향을 끼친 분을 만날 수 있었으니, 분도회 신부 보뎅(Lambert

---

3. 제3부 [1] 참조.
4. K. H. Fleckenstein, *Für die Kirche von morgen. Im Gespräch mit Kardinal Suenens* München (Zürich–Wien,1979), 18f; K. Wittstadt, "Léon-Joseph Kardinal Suenens und das II. Vatikanische Konzil", in: E. Klingert (Hrsg.), *Glaube im Prozeß. Christsein nach dem II. Vatikanum. Für Karl Rahner* (Freiburg–Basel–Wien 1984), 161 참조.

Baudin), 중국 선교사 레브(Vincent Lebbe) 그리고 그를 로마로 보낸 그의 교구장 메르시에(Désive Mercier) 추기경 등을 꼽을 수 있을 것이다. 보뎅은 어린 신학생 수에넨스에게 희랍 교부의 사고에 눈뜨게 해주었으며 삼위일체적 수평을 열어주었고 성령께 대한 사랑을 일깨워 주었다. 후에 수에넨스 추기경이 성령운동을 적극 후원하였음을 상기해 볼 때 이 사상은 이미 그때부터 형성되기 시작한 것이라 할 수 있다. 무엇보다도 중국 선교사 레브한테서 큰 감화를 받았다. "교회가 복음을 효과적으로 선포하고자 한다면 교회는 중국에서는 중국적인, 인도에서는 인도적인 교회가 되어야 한다. 교회는 자기가 처해 있고 활동하고 있는 상황을 고려하지 않은 채 배타적인 자세로 라틴식이나 유럽식 교회만을 주장해서는 안된다."⁵ 훗날 빗트쉬타트와의 대화에서 레브 선교사를 회상하며 한 수에넨스 추기경의 말은 그의 영향을 잘 반영해 준다. 즉, 수에넨스는 레브에게서 교회의 진정한 보편성(가톨릭성)에 대해서 일깨움을 받았던 것이다. 이 감화는 그의 일생동안 지속되었고 또한 바티칸 공의회에까지 영향을 끼치게 된다.⁶

1927년 신품을 받고 1945년 보좌주교로 임명되면서부터 그의 인물됨이 역사적 인정을 받기 시작하였다. 우선 수에넨스는 보좌주교로서 특별히 "레지오 마리애"에 깊은 관심을 보였다. 레지오 마리애에 대한 열성은 대단하여 여가의 시간을 대부분 레지오 마리애를 연구하고 이를 평신도 사도직을 위한 도구로 정착시키는 데 할애하였다. 그의 진보적이며 시대에 대한 혁명적인 사상도 이 시기에 형성되었다. 말하자면 이 시기는 "교회의 쇄신에 대한 반성과 묵상의 준비 기간"이었으며, "땅에 묻힌 씨앗"과 같은 것이었다. 그리고 이 씨앗은 바티칸 공의회와 함께 더불어 움트기 시작하였다. 이 시기에 저술한 책인 『레지오 마리애의 사도직 신학』은 그의 대표 저서로서 이미 30개국 이상의 언어로 번역되었다.⁷

---

5. K. Wittstadt, 위의 책, 161 이하 참조.　　6. 위의 책, 164 이하 참조.
7. 원서: *Théologie de l'Apostolat de la Légion de Marie* (Brügge 1952): 한글 번역판: 『사도직 신학, 레지오 선서문 풀이』, 최익철 역, (크리스찬 출판사 1986³).

수에넨스 추기경에 있어서 복음화란 곧 인간화였으며, 이러한 인간 이해가 교회를 새롭게 이해하는 근본이 되었다. 이것은 그가 사제, 수도자, 평신도의 연대성을 주장한 점으로도 미루어 알 수 있다. 그에 의하면 이들 모두는 그리스도가 위임한 교회를 형성하며 세상에 구원을 전하려는 자들이다. 수에넨스 추기경은 현실적인 감각에도 뛰어난 분이었다. 그는 그리스도인은 두 개의 세계 — 하느님의 세계와 인간의 세계 — 에 속해 있다고 주장한다. 그러기에 하느님과 인간이 예수 그리스도 안에 서로 침투되어 있듯이, 인간은 지상과 천상에 동시에 정박해 있을 때 이 두 세계의 중개자가 될 수 있다는 것이다.[8]

1961년 12월, 수에넨스는 교황 요한 23세에 의해 메켈렌 브뤼셀(Mechelen Bruxelles) 교구의 대주교로, 석 달 후 1962년 3월 19일 추기경으로 임명되었다. 이보다 앞서 1959년, 교황은 바울로 대성전에서 공의회 개최를 예고하고 1962년 10월 공의회를 개최했는데 바로 이런 시기, 즉 공의회 개최 직전에 수에넨스에게 추기경직이 수여되었다는 것은 교황이 그만큼 수에넨스의 능력을 높이 평가하여 그를 공의회의 남은 준비 기간 동안 가까이하며 그의 의견을 청취하고자 한 의도로 해석할 수 있을 것이다. 곧 보게 되겠지만 교황은 수에넨스 추기경에게 공의회 계획에 대하여 초안을 작성하도록 했으며, 추기경은 이에 응하여 바야흐로 공의회의 모든 문제는 교회의 주제, 즉 내향적 교회(교회 자체)와 외향적 교회(교회의 인간에 대한 자세)로 집중되어야 한다고 제안했고, 교황은 이러한 추기경의 계획을 전폭적으로 수용했다. 1963년 6월 3일 교황 요한 23세가 별세하고 같은 해 6월 21일 몬티니(Montini) 추기경이 교황으로 선출되었다(바오로 6세). 새 교황은 취임 얼마 후(9월 15일) 네 명의 추기경을 대회장으로 임명했는데 수에넨스 추기경도 그 중의 한 명이었다. 이는 신임 교황의 공의회의 지속을 위한 의지와 이를 위해 추기경에게 건 기대가 얼마나 컸는가를 보여주는 단면이다.[9] 이들의 임무는 공의회를 이끄는 일이었다.

---

8. 위의 책, 165 이하 참조.
9. 네 명의 추기경은 Gregor Petrus Agagianian, Giacomo Lercaro, Julius Döpfner 그리고 Suenens이다.

2. 수에넨스 추기경의 구상

1) 교황 요한 23세와 수에넨스 추기경

교황 요한 23세가 1959년 제2차 바티칸 공의회 개최 의사를 처음 표명하였을 때 세계는 짐짓 놀라움을 나타내면서도 막상은 냉랭한 반응을 보였다. 교황 자신이 이미 노쇠한 데다가 보수적인 인물로 알려져 있어 새로운 것을 기대할 수 없으리라는 것이 당시의 지배적 여론이었다. 그저 1870년 보불전쟁으로 중단되었던 제1차 바티칸 공의회(1869~1870)의 연장 정도로만 생각하였다. 일단 교황의 명령에 따라 수년간 준비하여 상정한 1962년의 72개 안(案) 역시 시대의 변천 등을 고려하지 않은 진부한 내용들로 구성되어 있었다. 이때 이 72개 안에 제동을 걸고 일대 혁신의 분위기를 조성하는 데 공헌한 이들 중의 하나가 바로 추기경이 된 지 얼마 안된 수에넨스였다.

수에넨스 추기경은 1962년 3월 교황 요한 23세를 알현하는 자리에서 공의회 안건으로 상정된 72개 안에 불만을 표시하였다. 후에 그는 당시의 상황을 돌이켜보며 이렇게 말하였다: "내가 보기에 이 안은 전혀 무의미한 것이었다. 72개 안은 가치면에서 불균형을 이루고 있었고 내용면에서도 부담을 주어, 공의회를 알차고 의의있게 추진하는 데에 처음부터 방해가 될 정도였다."[10] 교황은 추기경의 조언을 경청하였으며, 뿐만 아니라 그에게 문제점들을 찾아내게 하였다. 그러면서도 예안에 기초하여 새로운 제안을 하도록 지시하였다. 수에넨스 추기경은 진실로 사목적인 전망을 공의회에 제시한다는 목적으로 예비 윤곽(Vorentwurf)을 작성하여 1962년 12월 교황께 보고하였으며, 그후 교황의 인준을 얻어 공의회의 과제로 제시하였다. 이 예비 윤곽에 공의회의 전체 윤곽이 드러나 있고, 그후의 헌장과 교령의 윤곽도 여기에 기초하고 있으니, 교회에 대한 공의회의 가르침을 엿볼 수 있다. 이 윤곽에 따르면 교회는 그리스도와 하느님 안에 있는 인간 실존에 대한 메시지의 담지자로 파악되어야 하는데, 이는 교회

---

10. L. J. Kardinal Suenens, Aux origines du Concile Vatican II, *Nouvelle Revue Théologique* 107 (Löwen 1985), 3.

가 견지하고 계속해서 전달하고 있는 가르침이 본질적으로 사목적이기 때문이다. 요한 23세의 주관심사도 이러한 사목적 구상을 교회와 교의학의 여러 분야에서 계발하는 데 있었다. 이것은 1962년 10월 11일 요한 23세가 공의회의 개회사에서 밝힌 그 유명한 프로그램에서도 잘 나타난다.[11] 교황은 이 연설에서 전체적인 그리스도교 가르침에 대해 말하고 있는데, 이 가르침 중 그 어느 부분도 삭제함이 없이 항상 새롭게 받아들이도록 노력해야 하며, 시대의 요구에 따라 연구되고 해석되어야 한다고 강조하였다. 교회의 직무는 사목에 우선을 두어야 하므로 영원한 진리가 어떤 형태로 선포되어야 할 것인지 검토되어야 한다는 것이다. 교회를 그야말로 인간 존재의 전망으로 파악하는 수에넨스 추기경의 계획은 교황의 이 관심사와 부합할 뿐 아니라, 교황의 관심을 구체화시켰고 공의회가 이를 진척시켜 나가는 데 하나의 도구가 되었다. 수에넨스 추기경의 구상에 의하면 교회 안에 있는 인간들에 대한 교회의 정보는, 곧 교회 밖에 있는 인간들을 위한 메시지이어야 하고, 이런 뜻에서 교회는 세속적 세계를 위한 하느님 메시지의 담지자로 이해되어야 한다는 것이었다.[12]

수에넨스 추기경의 계획은 교의사적 의미도 동시에 지니고 있다. 공의회의 전통에 대한 정보를 제공해 주고 공의회가 어떤 입장에 뿌리를 내리고 있고 또 이를 어떤 형태로 받아들일 수 있는가 하는 점을 시사하고 있는 것이다. 그뿐 아니라 이 계획은 그 자체로 교의적 무게를 지니고 있다. "그것은 공의회의 모든 진술에 권위적인 뜻과 그 참된 의미를 견지하는 데 포기할 수 없는 열쇠이며 공의회의 모든 진술들이 새로운 시작임을 보여주기 때문이다. 또한 이 진술들은 72개 안을 단순히 양적으로만 보완하고 있는 것이 아니라, 이를 극복하여 신앙과 교회의 새로운 모델에 대하여 구상하고 있기 때문이다."[13] 이렇게 공의

---

11. *AAS* 54 (1962), 792 참조.
12. Kardinal Suenens, L'église en état de mission, 1955 참조; E. Klinger, Das Zweite Vatikanische Konzil als ein Gesamtentwurf. Der Plan von Kardinal Suenens, in: *Die Kraft der Hoffnung. Gemeinde und Evangelium. Festschrift für Alterzbischof Dr. Josef Schneider zum 80* (Geburtstag–Bamberg 1985), 142-50 참조.
13. E. Klinger, 위의 책, 143 참조.

회는 인간이 그리스도와 하느님 안에 불림을 받았다는 신앙을 고백하게 하였던 것이며, 교회는 이제 이 공의회를 통해서 인간에 대한 신앙을 재발견하게 되었고, 또 교회란 이 신앙을 통해 새로워지고 이 신앙을 위하여 결정하고 이 신앙을 선포해야 한다는 것을 새롭게 인식하게 된 것이다.

2) 수에넨스 추기경의 계획: 세속적 윤곽으로서의 교회

인간의 교회: 그러면 수에넨스 추기경의 계획은 어떠한 것인가? 그것은 — 이미 언급한 대로 — 교회였다. 즉, 교회에 관하여 명백한 의사를 표명해야 한다는 것이 그 테마였다. 이 계획은 ① 제1차 바티칸 공의회와의 연계성을 전제하고, ② 제1차 바티칸 공의회에서 다루어진 교황에 대한 가르침 외에 주교와 신자 전체를 다룸으로써, 교회 자체에 대한 가르침에 대해 더 나은 형평을 끌어낼 필요성을 강조하였으며, 나아가서는 ③ 교회일치 방향에로 수렴되는 길을 내딛게 하였음. ④ 교회 자체를 모든 사목적 행위의 근거지로 정당화하고 있다. 이렇게 수에넨스 추기경이 제안한 계획의 근본은 교회 자체였으니 계속 살아 계시는 그리스도의 교회, 즉 그리스도의 신비체인 교회 안에서 모든 인간들의 동시대인이 되신 그리스도로의 교회 자체가 그 근본 주제였다.[14] 이러한 추기경의 입장은 그대로 받아들여져, 1962년 공의회에 집결한 주교들에게 "이 모든 것을 포괄하는 유일한 물음은, 우리 주교들이 — 또는 주교가 아니라 하더라도 — 우리의 스승이 우리에게 신임한 사업을 충실히 그분에게로 다시 이끄는 것임을 아는 것, 즉 우리가 완수해 주기를 바라신 사업, 그분 자신이 우리를 통해서 완성하고자 하신 그 사업을 그분에게로 이끄는 것임을 아는 것"[15] 이라고 강조되었다. 이에 따라 교회에 관한 스케마는 그 서두에 주교들의 양심 성찰을 촉구하고 있다. 주교들은 그들의 사명이 무엇인지 또 어떻게 이 사명에 임해야 하는지를 스스로 물어야 한다는 것이다. 이렇게 해서 주교들의 근본 물음은 "20세기 교회가 얼마만큼 '가서 복음을 전하라. 성부와 성자와 성신의 이

---

14. 위의 책, 143 참조.
15. *NRTh*, 107 (1985), 12. 다음 인용문도 여기서 인용.

름으로 그들에게 세례를 주고 내가 명한 바 모든 것을 그들이 지키도록 가르치라'(마태 28,19)고 하신 예수의 파견 위임을 만족시키고 있는가" 하는 말로 표현되었다.

예수의 이 파견 위임은 "교회는 어디서 와서 어디로 가는가?"라는 원천과 목표의 두 관점을 포함하고 있으며, 이 위임은 교회의 내적인 면(①)과 외적인 면(②)에 동시에 관련되어 있다. 이에 따르면 교회는 인간들로 구성되어 있고(①) 인간들에게로 보내어졌다(②). 공의회가 정보를 제공해야 한다면 그것은 바로 이 교회, 인간들로 구성되고 인간들에게로 파견된 이 교회에 관한 것이어야 한다. 교회 안에 있는 인간들에 대한 물음(①)은 "이 인간들은 도대체 누구인가? 이들의 임무는 무엇인가? 무엇을 전달해야 하는가?" 하는 것이며, 교회 밖에 있는 인간들에 대한 물음(②)은 "이 인간들은 교회로부터 무엇을 기대하고 있는가? 교회가 전달해야 하는 내용이 이 인간들의 문제를 해결하는 데 어떻게 기여할 수 있는가? 교회는 이들에게 (이들 가운데) 어떤 모습으로 비쳐져야 하는가?"[16] 하는 것이다.

방금 말한 수에넨스 추기경의 취지를 클링어는 이렇게 요약하고 있다. "교회의 원천과 미래는 예수의 파견 위임과 결부되어 있고 그 안에 종합되어 있다. 예수의 파견 위임이 교회의 실존인 것이다. 교회가 자기 자신에 대하여 변호하는 곳에서는 자기가 파견된 인간들과 연관되도록 강요받고 있다. 이를 행하는 가운데 예수에 대한 증언을 제시할 수 있는 것이다. 그렇기 때문에 교회의 내적 본질의 외적 현상에 대한 물음은 예수 자신에 대한 물음이다. 예수의 인품(인격)이 교회의 원천과 미래의 원리이며, 교회에 대한 물음에 대한 답변의 모형이고, 세계가 안고 있는 제반 문제들을 해결하는 교회의 기여이다."[17]

교회에 대한 수에넨스 추기경의 계획은 교회 실존에 대한 진술로서 내적인 동시에 외적이며, 또한 교의적인 동시에 사목적인 양극을 함께 포함하고 있다. 내향적 교회(ecclesia ad intra)와 외향적 교회(ecclesia ad extra)를 말하고 있

---

16. E. Klinger, 위의 책, 143 이하 참조.   17. 위의 책, 144 참조.

는 것이다. 수에넨스에 의하면 교회 실존의 이 양극의 원리는 그리스도이다. 즉, 그리스도가 교회의 원천이며 미래이고, 세상 안에 있는 교회 현존재의 총괄 개념이다. 이런 수에넨스 추기경의 계획에 의하면, 그리스도가 바로 총괄 개념이기에 그리스도라는 인물 안에서 비로소 교회 안에 있는 인간들과 교회 밖에 있는 인간들이 서로 관계를 맺게 된다. 따라서 그리스도는 인간들의 영적이며 세속적인 실존의 총괄 개념이고, 이 그리스도를 원리로 하고 있는 교회는 자연히 영적인 크기이며 동시에 세속적인 현상인 것이다. 또한 교회는 세속적이며 영적인 위임을 동시에 떠맡고 있기에 이 두 위임은 교회의 본질적 구성요소가 된다. 이렇게 해서 우리는 수에넨스에 따라 교회는, 내적이거나 영적인 것, 또는 이 세상과 무관한 저 세상의 것만이 아니라, 내적이고 외적이며, 영적이며 육적인 세계요, 이승과 저승이 만나는 장소인 동시에 이 만남의 원리라는 결론을 얻게 된다. 교회의 이 두 영역이야말로 교회의 본질적 요소이며 교회의 실존을 이해하는 가장 본질적인 관점이다. 이는 교회 자체가 이 두 요소로 구성되어 있기 때문이다.[18]

공의회는 이러한 수에넨스 추기경의 계획에 따라 두 개의 굵직한 주제를 내세우게 되었으니, 곧 내향적 교회와 외향적 교회가 그것이며, 전자는 「교의헌장」에, 후자는 「사목헌장」에 각각 집성되어 나타났다. 이제 이를 좀더 자세히 살펴보자.

내향적 교회: 수에넨스 추기경의 계획 중 첫 부분은 내향적 교회를 다루고 있다. 여기에서는 교회에 속하며 따라서 그리스도의 몸인 인간들로 구성된 교회를 다루고 있다. 이 부분은 4항으로 구성되어 있으며 그 내용은 "그러므로 여러분은 가서 모든 민족들을 제자로 삼아, 아버지와 아들과 성령의 이름으로 그들에게 세례를 베풀고, 내가 여러분에게 명한 것을 지키도록 그들을 가르치시오"(마태 28,19-20)라는 예수의 파견 명령에서 따왔다. 이에 의하면 교회는 "복음을 전하는 교회"(ecclesia evangelizans, 그러므로 가시오), "가르치는

---

18. 위의 책, 같은 쪽 참조.

교회"(ecclesia docens, 모든 민족들을 가르치시오), "거룩하게 하는 교회" (ecclesia sanctificans, 모든 민족들에게 세례를 베푸시오), 그리고 "기도하는 교회"(ecclesia orans, 성부와 성자와 성령의 이름으로)이며, 복음화(선교), 교리, 성사 그리고 전례가 그 주제로 집약될 수 있다.

1부의 중점은 그 1항에 나타나 있다. 즉, 교회는 선교를 위임받았으며 교회의 구성원은 누구나 이 임무를 수행해야 할 의무를 가진다는 것이다. 이 임무는 외향적이며(비그리스도인 상대) 동시에 내향적(교회의 구성원 상대)이다. 그러기에 타인의 양심을 상하게 한다는 핑계로 이 임무를 소홀히하거나 혹은 선교의 입장은 단지 신앙을 보호하기 위한 하나의 신학적 입장일 뿐이라는 사고는 배제된다. 선교는 교회의 본질이기 때문이다.

수에넨스 추기경은 이런 선교적 사목을 이행해야 할 사람은 누구보다도 주교라고 주장한다. 주교는 하느님의 권위로 자기 교구 사목의 장상으로 사도직을 관리하기 때문이다. 그리고 주교 외에 사제들도 이 사목의 위임을 받고 있으며, 따라서 신학교 교육도 이런 사목적 전망에 따라 실시되어야 한다고 주장한다. 그외에 종신부제, 수도자, 평신도에게도 이 임무가 주어졌는데 여기서 평신도를 든 것은 주목할 만한 일이다. 평신도는 세례를 받음으로써 교회의 엄연한 구성원으로 되었기에 자기에게 맡겨진 선교 임무를 깨닫고 더 적극적으로 이를 행해야 할 의무도 가지고 있다. 가톨릭 신자들이 대개 자신의 신앙을 저버리고 사이비 종교에 현혹되는 것을 보면 사이비 종교 안에서 더 나은 평가를 받고 더 막중한 독자적 책임을 떠맡을 수 있다고 생각하기 때문이다. 이는 사이비 종교에서는 신도들의 일반 사제직이 대단히 강조되고 있다는 이유 때문이다. 가톨릭 평신도들도 사제와 수도자와 마찬가지로 자신들이 내어적인 선교의 임무를 본질적으로 가지고 있다는 사실을 깨달아야 할 것이다.[19]

외향적 교회: 수에넨스 추기경의 계획의 두번째 부분은 외향적 교회를 다루고 있다. 인간에 대해서 묻고 이 인간들에게로 파견된 교회를 다루고 있는 것

---

19. 위의 책, 144 이하 참조.

이다. 이에 의하면 교회는 인간들의 어려움과 희망 등 제반 인생사에 대하여 공감해야 한다. 만일 교회가 이들이 일상생활에서 던지는 물음에 대해서 무관심하다면 이들에게 어떤 위로나 해답도 줄 수 없을 것이다. "인간들은 무엇을 찾고 있는가?"라는 물음을 교회는 성실하고도 구체적인 방법으로 다룰 수 있어야 한다. 이 물음에 대한 해답은, 인간들은 사랑을 추구하고 자신과 가족의 생계를 염려하고 안녕과 부를 원하면서 조국과 세계의 평화를 염원한다는 것일 것이다.

이 둘째 부분도 첫째 부분처럼 4항으로 구성되어 있는데 이는, "내가 여러분에게 명한 모든 것을 지키도록 가르치시오"(마태 20,28)라는 예수의 파견 위임의 마지막 부분과도 연관된다. 이것을 토대로 다음과 같은 구체적인 주제들이 제안되었다. ① 교회와 가정: 결혼을 중심으로, ② 교회와 사회: 경제를 중심으로(저개발 국가, 공산주의권 내에서의 진리 등이 시사되어 있다. 가난한 이들의 교회라는 개념도 언급되어 있다), ③ 교회와 국가: 종교의 자유, ④ 교회와 민족들: 교회는 민족간의 평화를 위한 도구임을 천명하고, 결론에 그리스도와 종말론적 관점에서 갈라진 형제들, 비그리스도교인들, 무신론자들에게 보내는 메시지를 담고 있다.

하나의 포괄적인 윤곽을 제시하고 있는 수에넨스 추기경의 계획은 교회는 원래부터 그리스도 안에 있는 인간들의 공동체라는 핵심을 새롭게 포착하고 있다. 교회는 교회에 속한 인간들에 의해 얽매여 있으며 그러기에 인격적 성격을 띠고 있다. 교회가 공의회에 모여 파견 위임을 다하는 주교들의 교회라고 할 수 있는 것도 주교들이 이러한 인격체를 대변하기 때문이며, 주교들의 권위도 이 차원에서 이해되어야 할 것이다.

인간의 교회와 내향적 교회를 종합해서 말하자면 "교회는 내적이며 외적인 양극을 가지고 있으며 이 양극은 교회 안에서 똑같이 본질적인 것이다. 교회의 내면은 그 외면 없이는 나타날 수 없기 때문이다. 교회는 그리스도 안에 있는 인간과 세계의 원천과 미래를 총괄하는 개념이다. 교회는 모든 피조물에게 메시지를 드러내보여야 하는 것이다".[20]

3. 교의와 사목: 인간 실존의 문제들

1) 수에넨스 추기경 구상의 수용

수에넨스 추기경의 계획에 내포된 교회에 대한 전체 윤곽, 즉 그리스도와 하느님 안에 있는 인간 실존의 윤곽으로서의 교회에 대한 프로그램은 공의회의 프로그램이었다. 공의회는 이를 교의적이며 사목적인 면에 중점을 두어서 다루었다.

먼저 교의적인 면에 중점을 두었다는 것은 공의회가 인간들의 교회 자체에 대한 물음에 해답을 주었다는 데서 볼 수 있다. 교회란 무엇인가? 교회는 어디서 와서 어디로 가는가? 인간이 어떻게 교회에 속하며, 교회의 구성원은 상호 어떤 관계에 놓여 있는가라는 물음, 특히 교회 안에서 직무를 가지고 있는 인간들, 즉 교황, 주교, 사제 그리고 평신도들의 관계에 대한 물음, 이런 물음에 대한 답변은 교의적 성격을 띠며 이 답변은 「교회에 관한 교의헌장」(이하 「교회헌장」으로 줄임)에 주어졌다. 교황과 주교의 협동단(collegialitas episcoporum), 주교품의 성사성(聖事性), 평신도의 위치에 관한 물음 및 하느님 백성으로서의 교회에 대한 물음 등, 이 문헌은 하나의 교의적 진보를 보여주고 있으며, 이 답변은 수에넨스 추기경이 구상한 내향적 교회에 상응한다.

한편 사목적인 면에도 중점을 두었다는 것은 공의회가 교회 밖에 있는 인간들에 대한 물음에 답변했다는 데서 볼 수 있다. 인격으로서의 인간의 존엄성, 공동체 구성원으로서의 인간의 책임, 인간사회를 건설하는 데 필요한 노동의 의미 등에 대한 답변은 다분히 사목적인 성격을 띠고 있으며 「현대세계의 교회에 대한 사목헌장」(이하 「사목헌장」으로 줄임)에 주어져 있다. 이 헌장에는 인간의 상황이 분석되어 있으니, 자기 자신에 대한 인간의 물음과 이 물음에 대한 신앙의 답변이 특징을 이루고 있는 것이다. 즉, 하느님께서 그리스도 안에서 인간을 부르셨다는 신앙의 가르침과, 이 가르침을 결혼과 가정생활, 문화적

---
20. 위의 책, 145.

진보의 촉진, 더 정의로운 사회 건설, 정치사회에서의 기본적 인권 실현, 민족 사회의 정의 촉진 등 인간의 삶 전반에 걸친 많은 문제에 어떻게 적응시킬 수 있는가 하는 점이 다루어지고 있다. 또한 교회는 오늘날 세계가 안고 있는 제반 문제들을 해결하는 데 능동적으로 기여해야 한다는 것이 강조되고 있는데, 이는 모든 인간들이 그리스도와 하느님 안에 불리어졌다는 가르침에 공의회의 핵심이 있기 때문이다. 지상의 모든 행위는 이 소명의 성사를 진지하게 받아들여야 할 것이다. 인간들의 인간 자신들에 대한 물음은 외향적 교회의 답변이며 이 답변은 수에넨스 추기경의 외향적 교회라는 구상과 일치하는 것이다.

이상의 두 관점에서 다루어진 인간에 대한 물음을 진지하게 받아들인다면, "교회의 인간"에 대한 물음과 "인간의 교회"에 대한 물음이 교회 안에서 상호 조건의 관계를 맺고 있다는 결론을 얻을 수 있으며, 이 두 물음에 대한 답변 역시 교회의 고유한 실존을 통해서 얻을 수 있다. 그러므로 교회가 교회라 할 수 있는 것은 교회가 인간을 대변해서 말할 수 있을 때이다. "교회는 인간이 인간적으로 살고자 하는 권리, 자신의 삶에 책임있게 결단할 수 있는 권리, 오늘날의 저개발과 전쟁의 위협에서도 안전하게 살아남을 권리의 대변자인 것이다. 그러므로 인간에 대한 물음은 교회 자체에 대한 물음이 되며, 교회는 자신이 인간들로 구성되어 있고 인간들에게 말을 건네며, 그가 선포하는 하느님이 인간이 되어 인간들 가운데 사셨던 한 인간이었음을 잊지 말아야 한다."[21]

2) 교의와 사목의 상호 침투관계

이상 고찰한 것과 같이 「교회헌장」과 「사목헌장」에 나타난 교회는, 교의와 사목이라는 양면이 상호 침투관계를 맺고 있는 존재로 나타난다. 이것은 모든 교의(dogma)는 사목적인 뜻을 가지고 있고 모든 사목은 교의적 의미를 가지고 있기 때문이다. 그러므로 교의를 선포하는 사람은 무언가 행해야 하며, 사목이 고유 가치를 지녔다면 사목적 행위를 주장하는 사람 역시 교의에 바탕해

---

21. E. Klinger, 앞의 글, 146.

야 한다. 요컨대 사목적 행위가 진리의 행위이기 위해서는 하느님이 인간을 부르셨다는 가르침에 근거해야 하며, 이 가르침(교의)이 진리의 소리가 되기 위해서는, 교회의 봉사가 인간 자신에 대한 봉사이며 인간에게 전망을 열어주고 인간들을 "지금 그리고 여기서" 벌써 하느님과 그리스도 안에서의 그 미래로 해방시켜 준다는 실제적인 사목적 행위를 동반해야 한다. 만일 이러한 기본 진리를 망각한다면 사목은 교의를 한낱 이론적인 잔소리로 여겨 자신만을 강조하는 내용 없는 봉사에 그치게 되고, 그 반대로 교의만을 중히 여기다 보면 실천 없는 이론주의에 빠질 위험에 봉착하게 된다.

교의와 사목의 상호 침투관계는 교회에 관한 공의회의 두 기둥과 같은 문헌인 「교회헌장」과 「사목헌장」의 상호 침투관계에서 입증된다. 즉, 「사목헌장」은 교의적 문제를, 「교회헌장」은 사목적 내용을 함께 다루고 있는 것이다.

「사목헌장」의 첫장인 "교회와 부르심을 받은 인간"에는 교의의 모든 주제들이 다루어지고 있다. 신론: 하느님은 인간 존엄성의 근본이며 인간 소명의 구체적 표현이다. 인간은 하느님의 모상이기 때문이다. 그리스도론: 그리스도는 새 인간이며 동시에 완성된 인간이다(22항). 그는 전 인간 역사의 중심적인 계시이며 가장 심오한 신비이다. 성령론: 성령은 인간의 소명과 완성의 원리이다(15항). 그리고 인격적 공동체의 모형으로서의 삼위일체론(24항), 그리스도 안에서 새로워져야 하고 하느님의 가정으로 새롭게 형성되어져야 하는 인간적 공동체의 누룩과 영으로서의 교회론(40항), 새 땅과 새 하늘로서의 종말론(39항)이 「사목헌장」에서 다루어지고 있다. 마찬가지로 「교회헌장」에도 사목과 교의의 상호 침투관계가 이루어져 있으니, 이는 교회가 그리스도 안에 있는 하느님 백성의 공동체라고 가르치고 있기 때문이다. 즉, 교회의 모형은 자기 인격 안에 신성과 인성을 갖춘 그리스도 자신이며(8항), 교회의 모든 구성원은 그리스도의 직무에 참여하며 각자에게 맡겨진 임무와 능력과 가능성에 따라 복음을 전하는 자들이기 때문이다(35항).

지금까지 우리는 교의와 사목이 교의와 사목이라는 개념 안에서 각각 상호 침투의 관계를 맺고 있음을 보았다. 수에넨스 추기경의 견해에 따르면, 이러한 관계를 맺고 있는 사목이 "전체 사목"이다. 전체 사목은 인간에게 그 도래와 미래를 밝혀주며, 인간에게 그리스도를 일깨워주고 인간과 그리스도와의 만남을 가능하게 해준다. 나아가서 그리스도가 세계 안에서 인간의 희망임을 알게 해준다. 공의회는 수에넨스 추기경의 이 구상을 전폭 반영하였으니, 하느님과 그리스도에 대한 신앙을, 인간의 소명과 인간의 생애, 그리고 그 삶에서의 자기 형성과 자기 발견의 구체적 표현으로 이해했던 것이다. 교회 없이는 교의도 사목도 필요없다. 교회는 내향적 교회(교의)와 외향적 교회(사목)의 상호 침투 관계의 모상이며 이 두 관점이 그리스도와 하느님 안에 있는 인간 실존의 교회의 내용인 것이다. 제2차 바티칸 공의회의 구현이 바로 이 "전체 사목"의 구현임은 더 이상 말할 여지가 없다.

4. 맺는 말: 복음화 과제

수에넨스 추기경이 교회를 공의회의 기본 주제로 내세웠던 것은, 교회야말로 신앙인이든 비신앙인이든 모든 인간들에게 이 거대한 사목적 전체 윤곽을 제시할 수 있는 개념이며 그릇이라고 보았기 때문이다. 말하자면 내향적 교회와 외향적 교회, 그러면서도 이들간의 상호 침투관계를 통한 하나의 교회라는 주제에서 주요 문제들, 이를테면 복음화(주교, 사제, 수도자, 평신도를 통한), 교리, 성사, 전례 그리고 가정, 사회, 국가, 민족 공동체 등이 설명되고 있는 것이다. 공의회는 그 전체적 선에서 이 사목적 의도를 충실히 따르고 있다. 빛과 희망으로서의 교회에 대한 두 헌장(「교회헌장」, 「사목헌장」), 그리고 인간의 소명이 하느님과 그리스도를 통한 계시라고 본 인간에 대한 진리 등은 이 전망에서 생각되어질 수 있는 것들이다. 하느님과 그리스도 안에 인간이 불리어졌다는 데에 대한 신앙은 바티칸 공의회를 통해 얻어진 신앙의 새로운 전체 개념이라 할 것이다. 제1차 바티칸 공의회가 신앙으로 고백된 교의의 모든 진리를 의도대로 실현시킬 수 없었던 것에 비해, 제2차 바티칸 공의회는 이 점을 새로운 관점에서 끄집어내어 관철시켰으며 이로써 제1차 바티칸 공의회와 가톨릭

의 모든 가르침을 새롭게 조명하는 근본이 되었던 것이다.[22]

대개 교회 안에서의 진보는 수많은 새로운 오류의 대가를 치르기 마련이다. 그런데도 제2차 바티칸 공의회가 교회와 교회의 신앙에 반대하는 의견과 실천을 대하면서 이들과 건설적이고도 지속적인 논쟁을 거듭했다는 사실은 공의회가 그만큼 인간에 대한 물음과 교회에 대한 물음을 똑같은 비중으로 관찰하였던 때문으로 여길 수 있다. 즉, 교회란 인간들의 공동체, 즉 하느님의 백성으로 불리어진 인간들임을(신앙인이든 비신앙인이든 타종교인이든 무신론자이든), 그리고 이미 하느님 백성에 속한 인간들, 이 모든 인간들의 공동체임을 인식했던 것이다. 공의회의 이런 태도는 교의에 대단한 진보를 가져다준 것으로서 교의적 진보란 계시진리의 인식 가운데에서의 진보임을 재확인하였다.[23]

공의회가 내놓은 열여섯 개의 문헌은 교회 전체 문헌의 집대성이며 인간을 위한 진보로서의 교회의 메시지였다. 교회는 그리스도 안에 있는 하느님 백성으로서 교회의 계시를 계속 전하고, 이 계시를 시공을 초월하여 모든 민족에게 선포하고, 전례에서 그리스도를 찬양하기 때문이다. 그리스도는 교회 안팎의 인간들을 하나로 묶어주는 인간들의 실존으로 이해된다. 공의회의 열여섯 개 문헌은 이런 공의회의 교회를 다루고 있다. 이 공의회의 교회는 교회 자체와 교회의 파견이라는 두 중추적 관점을 가지고 있으므로 공의회 문헌도 크게 두 관점에서 관찰할 수 있게 된다. 교회 자체에 관한 것으로는 「주교들의 교회 사목직에 관한 교령」, 「사제의 직무와 생활에 관한 교령」, 「수도생활의 쇄신 적응에 관한 교령」, 「평신도 사도직에 관한 교령」, 「교회의 선교활동에 관한 교령」, 「일치운동에 관한 교령」 등이고, 세계 안에서의 파견에 관한 것으로서는 「종교자유에 관한 선언」, 「비그리스도교에 관한 선언」 등이다. 교회의 중심은 물론 그리스도 안에서 보여진 계시 자체이며, 교회는 그리스도의 현존을 전례에서 거행한다. 그리스도의 위격은 「계시헌장」의 계시에 대한 가르침과 「전례

---

22. E. Klinger, 앞의 책, 148 참조.
23. 위의 책, 148 참조; E. Klinger, "Der Glaube des Konzils. Ein dogmatischer Fortschritt", in: E. Klinger, K. Wittstadt (Hrsg.), *Glaube im Prozess*, 615-27 참조.

헌장」의 전례쇄신을 특징짓는다. 그리스도야말로 회개와 인간 진보의 총괄 개념인 것이다.

공의회가 발표한 네 개의 헌장, 아홉 개의 교령, 세 개의 선언문은 그 진술에서 이렇게 전체성을 이루고 있다. 교회는 이 전체성을 수용하고 이를 향하여 나아가야 하며 그러한 한 끊임없이 변혁되어야 할 것이다. 교회는 전통에 충실해야 하지만 전통주의에 머물러 있어서는 안된다. 변혁과 진보를 모르는 전통주의는 오히려 교회의 발전에 방해가 되는 가장 위험한 요소인 것이다.

지금까지 서술한 공의회의 전체 사목적 윤곽을 생각한다면 현재 우리 한국 교회의 안팎에서 벌어지고 있는 실적 위주의 전교행위, 권위주의적(제도적) 사목지침, 행사 중심, 성직자 중심의 사목은, 세계에 널리 알려져 있는 교세의 팽창, 전교열, 그 활발한 활동에도 불구하고 얼마나 공의회의 정신으로부터 멀리 떨어져 있는 것인가 반성케 한다. 이런 실적 위주, 권위주의 보수적 "사목"에서 과감히 탈피하지 못하고, 이 탈피를 마치 교회로부터의 이탈처럼 여길 때, 한국 교회는 인간으로부터 유리된 채 제도로만 남게 될 것이며 급기야는 온갖 수모의 대상이 되어버릴 것이다. 인간은 자기를 물건 취급하면서 이용하고 일만 시키는 교회, 고유의 인격을 인정해 주지 않는 그런 제도를 언제까지나 섬길 아량을 가지고 있지 못하기 때문이다. 진정 인간 자체를 위한 사목이 실천되어야 하며 이를 위해 사목이 있음을 명심해야 한다. 이것만이 교회를 살리는 길일 것이다. 실로 한국 교회의 과제는 공의회 정신의 수용과 실현이라 하지 않을 수 없다.

②

제2차 바티칸 공의회와 한국 천주교회의 사목 현장 반성

제2차 바티칸 공의회는 제1차 바티칸 공의회에 이어 같은 장소에서 두번째 열린 공의회라는 역사적인 의미말고도, "교회"의 본질과 사명을 근원적으로 이해하도록 새로운 지평을 열어준 특별한 의미를 지닌 공의회이다. 라너(K. Rahner, 1904~1984)는 이 공의회를 두고 "한 시작의 시작"(der Anfang eines Anfangs)이라고 하였다. 새로운 시작, 이제 결실을 봐야 하는 시작이라는 것이다. 라너는 일찍이 교회사를 제1단계인 초창기의 교회 형성시대와 제2단계인 제2차 바티칸 공의회 이전까지의 시기, 그리고 제3단계인 제2차 바티칸 공의회 이후의 시대로 나누어 생각하면서, 우리는 지금 있는 제2차 바티칸 공의회를 분기점으로 거의 2천 년에 가까운 제1·2단계의 긴 교회사에 종지부를 찍고, 바야흐로 제3단계의 국면을 맞은 벅찬 전환점에 살고 있다고 간파한 바 있다. 라너의 이러한 시각은 물론 어느 정도의 세월이 흐른 후 역사가 평가할 일이다. 그렇지만 이 대신학자에게 시대 구분적 의미를 가진, 이 공의회가 우리에게는 새 시대의 장을 여는 천 년의 운과 이에 대한 사명감을 느끼게 하기보다는 여태 있어 왔던 20여 차례의 공의회 중의 하나 정도로만 여겨지고 있는 것이 아닌지, 공의회 이후에 살면서도 여전히 공의회 이전의 정신으로 살고 있는 것은 아닌지 반성하게 한다. 물론 바티칸 공의회의 시대 구분적 의의가 주어졌다고 해서 금방 교회와 사회가 하루아침에 새롭게 되는 것을 바랄 수는 없다. 제2차 바티칸 공의회의 중요 개념을, 이를테면 하느님 백성이니 교회의 사목이니 하는 것들은 완전히 새로운 것이 아니라 이미 그전부터 늘 사용하던 그대로의 개념들이고, 공의회에서 다룬 주제도 여전히 하느님과 인간, 그리고 교회다. 그렇지만 공의회는 확실히 우리에게 새로운 시야를 열어주었고, "전체적인 윤곽"에서 세상과 교회를 바라보게 해주었다. 이런 점에서 공의회의 옛 개념들은 모두 새로운 것이다.

이 "시작"의 공의회가 1990년 12월로 폐막 25주년을 넘겼다. 그런데 우리 한국 교회는 이 사실에 대해 거의 침묵으로 일관해 왔다. 이 공의회를 시작의 시작이 아니라, 25년 전 이미 "끝난" 공의회로 보았기 때문인가? 사제들의 서품 25주년에 대한 광고와 경축 행사에 대한 기사는 많이 싣는 교회 명의의 신문들에서조차 정작 언급되었으면 싶은 공의회 폐막 은경축에 대한 기사를 찾아볼 수 없었다. 공의회의 정신을 다 소화시켰다고 본 때문일까, "시작이 반이다" 하는 속담에 도취되어 "시작"을 "끝"으로 착각한 때문일까, 우리 한국 교회의 현실과 공의회에 대한 관심사를 훤히 볼 수 있다. 어쨌든 우리 한국 교회가 공의회에 대해서 충분한 반성을 하지 않은 것만은 사실이다. 이에 우리 교회의 사목 현장을 살펴보고 반성하며 공의회의 정신을 되새기고자 한다.

먼저 제2차 바티칸 공의회가 서구 교회의 상황만을 문제삼은, 다시 말해서 서구 전통만을 정식화한, 그래서 동양의 우리 한국 문화와는 거리가 멀고 우리의 관심사 밖일 수밖에 없는 그런 공의회가 아니라는 점을 상기해 볼 필요가 있다. 오히려 그 반대이다. 제2차 바티칸 공의회는 교회를 거의 2천 년에 가까운 "서구-유럽적 교회"의 틀을 벗고 "세계 중심적 교회"로 이해하게 한 획기적 사건이었다. 제2차 바티칸 공의회를 계기로 우리는 교회의 본질을 지역교회에서도 찾아볼 수 있게 되었고, 교회가 누구인지 알 수 있게 되었다. 제2차 바티칸 공의회를 통해 교회와 각 문화, 각 사상, 각 종교 그리고 모든 인간과의 만남(대화)이 가능하게 된 것이다. 제2차 바티칸 공의회는 토착화의 가능성을 새로운 차원에서 열어주었으니, 종전의 선교사업이 "보내는 데"(missio) 치중하였다면, 공의회는 각 문화, 각 사상, 각 종교 안에서 이미 주어져 있는 하느님의 뜻과 교회의 모습을 발견하는 데 그 사명이 있다고 보았다. 토착화의 진행은 각 지역교회가 얼마만큼 제2차 바티칸 공의회의 근본 정신을 수용하고 있는가로써 가름할 수 있게 된 것이다.

토착화의 과제를 안고 있는 한국 교회의 위상을 보기 위해서도 우리 교회가 얼마만큼 이 공의회의 교회를 실현시키고 있는가 반성해 보는 일이 선행되어야 하리라. 이에 오늘의 한국 교회의 사목 현장에서 만나는 평신도와 성직자 그리고 본당의 삶을 — 신학적(학문적)이라기보다 — 사목적 관점에서 반성해 보고자 한다.

1. 제2차 바티칸 공의회의 교회

1) 하느님 백성으로서의 교회: 교회의 인격성(1)

바오로 6세가 아직 교황으로 선출되기 전 밀라노 대주교(몬티니 추기경)로 있을 때였다. 공의회 1회기에 참석하고 돌아온 추기경에게 교구의 사람들은 이번 공의회에서 무엇이 일어날 것 같으냐고 질문하였다. 이에 대해 추기경은 다음과 같이 답변하였다: "공의회에서 교회는 자기 자신을 찾고 있다. 교회는 두터운 신뢰감과 온힘을 다하여 자신을 분명하게 규정하고, 자기 자신이 누구인지 스스로 이해하고자 노력하고 있다. … 2천 년의 역사를 살아온 지금 교회는 세속적 문명에 압도되었고, 세계로부터는 완전히 이질적인 것이 되어버린 듯하다. 따라서 교회는 신선한 힘으로 자기 고유의 길을 다시 찾을 수 있도록 정신을 집중하며, 자신을 정화하고 쇄신할 필요를 느낀다. 그리고 바야흐로 자신을 제시하고 정의하는 동안 교회는 세계를 추구하고 이 사회와 접촉하려고 시도한다. … 이 접촉은 어떻게 실현되어야 할까? 교회는 자기가 활동하고 있는 인간 사회의 어려움에 주의를 기울이면서, 그리고 오늘날 인간의 마음을 움직이는 결핍과 필요, 동정과 좌절, 고통과 희망 등을 주시하면서 세상과의 대화를 새로이 시작하여야 한다."[1] 몬티니 추기경은 제2차 바티칸 공의회가 더 이상 재치있는 호교론이나 사목적 개량주의를 벗어나 "교회 자신의 본질"에 관하여 다루고자 했음을 간파하였던 것이다. 그리고 이 본질은 더 이상 교회를 축으로 하여 세상이 도는 것이 아니라 세계를 축으로 하여 교회가 돈다는 뜻으로 새롭

---

1. M. D. Chenu, "Ein prophetisches Konzil", in: E. Klinger & K. Wittstadt (Hrsg.), *Glaube im Prozeß. Christsein nach dem II. Vatikanum. Für Karl Rahner* (Freiburg 1984), 16-7.

게 인식된다. 그야말로 교회의 본질에 관한 코페르니쿠스적 전환이라 할 수 있을 것이다.[2] 교회가 자기 자신이기 위해서는 자기 울타리에서 벗어나 세계의 관심사와 하나가 되어야 하며, 이 하나됨에서 자신의 정체성을 찾아야 한다는 것이다. 교회는 이를 위하여 설립되었고 존재하기 때문이다. 신학적으로 이야기하면, 교회는 세상 안으로 "보내진" 존재이며, 이 보내짐(파견, 선교)은 외부로 향한 부가된 팽창이 아니라, 그리스도 교회의 본질 안에서 내면적 해결을 통해 이루어지는 것이다. 교회의 본질은 이 사실을 인식할 때에 드러난다. 이로써 교회는 자신을 더 이상 하늘에서 떨어져내린 어떤 조직이거나, 또는 세계와는 무관한 진리를 전하는 성채(城砦), 또는 세상의 지배자, 교회법이 선포하는 대로 "완전한 사회"(societas perfecta) 등으로 파악하는 데서 벗어나게 된다. 이런 선교적 본질이 교회를 인격적으로 이해해야 하며, 이것이 "하느님 백성"이라는 표현에 잘 드러나고 있다.

"하느님 백성"이라는 개념이 제2차 바티칸 공의회의 「교회에 관한 교의헌장」에서 다루어지기까지는 하나의 역사가 있다. 처음 「교회헌장」의 예안(例案)에서 "하느님 백성" 항은 "교계제도" 항의 다음 항에서 다루어지고 있었다. 이것은 그때까지 "하느님 백성"이 평신도를 일컫는 개념으로만 사용되었다는 말이기도 하다. 교계제도(성직자)는 교회이고, 평신도는 교회의 대상이었다고나 할까? 그러나 이 예안은 수에넨스 추기경에 의해 제동이 걸리게 되었다. 추기경에 의하면 평신도만이 아니라 사제, 주교, 교황까지를 두루 포함하는 교회 내의 모든 신분의 사람들이 하느님 백성에 속한다는 것이다. 말하자면 "백성"을 다스림과 대치하는 개념으로 이해해서는 안된다고 주장하였던 것이다. 제2차 바티칸 공의회는 수에넨스 추기경의 이 제안을 받아들였고, 그리하여 본래 평신도만을 대상으로 작성되었던 "하느님 백성" 항을 따로 독립시켜 제2장에서 다루었으며, 이어서 교회의 교계제도와 주교직(3장), 평신도(4장), 수도자(6장) 등을 다루게 되었다.[3]

---

2. 위의 책, 17 참조.   3. 제1부 [1] 참조.

제2차 바티칸 공의회가 이처럼 심혈을 기울여 교회를 "하느님 백성"으로 정의한 것은 교회를 인격적 존재로 보았음을 뜻한다. 하느님 백성은 인격 개념이기 때문이다. 교회는 전인류를 향해 열려 있고 전인류를 포용하며 전인류를 구원하고자 하시는 하느님의 뜻이 표현되는, 또 이 뜻에 따라 모인 인간들의 공동체이다. 교회의 교계제도도 이러한 바탕 위에서 인격적으로 이해된다. 하느님과 인간에 대한 봉사에서 교계제도의 권위의 근거를 찾는 것은 이때문이다. 이런 인격적 이해 때문에 교회는 주변에서 흔히 보이는 건물이 아니며, 세계 또한 교회의 주변에 있는 "어떤 것"이 아니라, 하느님 계획의 경륜 안에서 의식적인 현존의 장소로 파악된다. 하느님은 이 계획을 통해서 인간에게 당신의 관심을 보여주고자 하시며, 더구나 사회적 성장의 리듬 가운데서 인간의 활동과 생산을 끊임없이 받아들이며 관심을 보여주고 계신 것이다. 제2차 바티칸 공의회가 역사와 현실 문제를 교회의 문제로 다룬 것도 이런 까닭에서이다.

"하느님 백성은 현대의 다른 사람들과 함께 직면하고 있는 사건과 요구와 염원을 체험하면서 하느님의 현존과 그 계획의 참된 표지는 과연 무엇인지를 그 안에서 알아내려고 노력한다"(「사목헌장」 11항; 「사목헌장」 4항 참조). 더 나아가 복음화의 원칙에 관하여 이에 준해 말한다: "계시의 말씀을 환경에 적응시켜 설교한다는 것은 언제나 복음선포의 원칙으로 지속되어야 한다. 이로써 모든 나라에 있어서 그리스도의 메시지를 그 나라에 알맞은 방법으로 표현할 수 있는 능력을 길러주고, 여러 민족들의 문화와 교회와의 교류를 촉진시킬 수 있다. 성신의 도우심을 받아 현대세계의 말소리에 귀를 기울이고 그것을 분별하며 해석하고 복음의 빛으로 판단함으로써 계시된 진리가 항상 더욱 깊이 알려지고 더 잘 이해되고 더욱 절실히 표현되도록 노력하는 것은 하느님 백성 전체의 의무이며 특히 사목자들과 신학자들의 의무이다"(「사목헌장」 44항). 그리고 "교회는 이런 교류를 증진시키기 위해서 무엇보다도 사물이 급격하게 변동하고 사고방식이 실로 십인십색인 현대에 있어서는 특히 신자·비신자를 막론하고, 세상에 살며 여러 가지 제도와 학문에 성동하고 그 깊은 뜻을 이해하는 모든 사람들의 도움을 받아야 한다"(「사목헌장」 44항)고 결론짓고 있다.

2) 우리가 교회이다: 교회의 인격성(2)

교회가 "하느님 백성"으로 정의되며 인격적으로 이해된 것은 무엇보다도 "우리가 교회이다"라는 표현에서 잘 볼 수 있다.[4] "우리"는 하느님의 메시아적 백성이다. "우리"는 그리스도 안에서 공동체를 형성하기 위하여 하느님이 부르신 하느님의 백성인 인간이다. "우리"는 단순히 "교회"를 위하여 존재하거나 교회를 보조하고 들러리서기 위한 존재가 아니다. "우리"가 바로 "교회"이다. 이 "우리"는 막연한 인간의 집단이 아니라 현실을 살고 있는 구체적인 "우리"이며, 온갖 고통과 어려움, 기쁨과 즐거움 등을 안고 살아가는 "우리"를 말한다. 그런데 "우리가 교회이다"는 표현이 교회 안에서는 널리 알려져 있지만, 우리 자신이 이런 구체적인 "우리"라는 것을 이해하지 못하고, 한낱 교회를 설명하기 위한 수식어로만 생각하고 있는 것도 부인할 수 없는 실정이다. 이런 데서 교회의 "우리"라는 의미가 아직 잘 실현되고 있지 못함을 본다. 어쨌든 "우리"는 이론이 아니며 피상적일 수 없다. "우리가 교회이다"라는 말은 구체적이다. 그러기에 이 말은 교회 내의 여러 구성원들과 교회와의 관계를 규정하며, 그 실천 방향을 제시해 준다: "교회는 누구인가? 교회는 여성들에게 누구인가? 그리고 여성들은 교회를 위해 누구인가? 교회는 젊은이들에게 누구인가? 교회는 젊은이들의 관심사를 대변하는가? 교회는 젊은이의 목소리로, 그들의 언어로 말하는가? 젊은이는 교회로 방향을 맞출 수 있는가? 각계 각층의 사람들이 모두 이와 같은 질문을 교회에 던질 수 있다. 가난한 이들에게 교회는 누구인가? 부자들에게 교회는 누구인가? 우리에게 교회는 누구이며 우리는 교회에게 누구인가? 교회는 자기 구성원의 걱정과 고민, 그리고 부족함, 신앙과 삶 등 자신이 서 있는 바탕인 하느님 백성들의 문제를 진지하게 받아들이고 있는가?"[5]

제2차 바티칸 공의회가 "우리"를 정말 "우리"로 인정한 것은 교회가 주교와 사제로만 구성되어 있지 않고, 주교와 사제가 속한 전체 하느님 백성으로 구성

---

4. E. Klinger, "Wir Sind Kirche, Das Konzil als kirchliche und Gesellschaftliche Herausforderung", in: *Stimmen der Zeit* 5 (1990), 345-52 참조.
5. 위의 책, 346.

되어 있다고 분명히 말한 데서 볼 수 있다. 주교도 사제도 평신도도 모두가 "우리"인 것이다. 그러기에 이 선언은 우리들 자신에 대한 물음의 답변이 되는 기초이다. 공의회는 우리가 우리들 자신에 대해 명상하고 진술하는 길잡이가 되며, 우리가 인간으로서, 그리스도인으로서, 평신도와 사제로서, 수도자로서, 우리들 신에 대한 부르심에 응답하고 고백할 수 있도록 해준다. "우리"는 교회 행위의 대상만이 아니라 주체이다. "우리"는 교회에 복종하는 하수인이 아니며, 있어도 되고 없어도 그만인 부수적 존재가 아니라 "하느님의 관심사"인 존재이다. 그리스도 안에서 인간이 된 하느님은 우리 가운데 한 분이시다. 그리고 하느님이 그리스도 안에서 인간이 되신 것은 우리가 그와 같은 존재이도록 하기 위해서이다. 오직 "우리"를 통해서만 그리스도는 현 사회에서 이해될 수 있다. 이렇게 볼 때 "우리"는 이 사회 안에서 그리스도 현존의 표징이다. "우리"는 그만큼 위대한 존재이다. 우리는 그리스도를 믿으며 의지하고 또 그리스도는 우리를 신용하며 의지한다. 따라서 그리스도를 일상의 삶터에서 이해하지 않는다면 그리스도는 우리에게 이해될 수 없다. 우리는 교회에 속하지만 그러나 우리가 또한 교회인 것이다.[6] 이것은 대단한 교의의 발전이다.

그리고 이 "우리"에서 교회론을 그리스도 중심의 차원을 넘어 성령론적으로 이해하게 된다. 성령론에 방향을 맞춰 씌어진 교회론의 핵심적 소재는 다음을 가능케 한다. ① 교회를 근원적으로 그리스도인의 "우리"로 생각하도록 해준다. 모두는 각자에게 주어진 성령의 은사에 따라 교회의 건설에 협력해야 한다. 또한 여러 협의회(사목협의회, 사제협의회, 주교협의회 등)도 "우리"의 제도적 형태이므로 거기에 신학적인 근거를 부여해야 한다. ② 다양한 봉사직의 합법회를 가능케 한다. 서품된 직무는 교회 위가 아니라 교회 안에 있는 것이며, 교회를 위하여 절대 필요한 것이지만 그 자체로는 충분한 것이 아니다. ③ 각 지역교회의 공동체 생활은 성령의 선물로 마땅하게 상호 인정되어야 한다. 지역교회의 신앙 증언, 그들의 종교적 관습, 그리고 그들의 봉사 전통은

---

6. 위의 책, 346-7 참조.

성령의 선물로 수용의 대상이 되어야 한다. ④ 오순절의 은사는 동시에 일치와 다양성에 근거를 주며, 영은 선교의 이해를 가능케 한다.[7]

하느님 백성과 성령의 교회에 나타난 이 "우리"에는 "너"와 "나"를 비롯하여 사회의 여러층이 존중되면서도 그 차별성이 극복되어 있다. 이는 예수께서 교회를 설립하신 의도에 역력히 나타난다. 예수께서는 죄인, 세리, 과부, 나병환자, 가난한 사람 등 소외받고 배척받던 이들을 하느님 백성으로 불러모으시며 인간들 사이의 모든 벽을 허셨다. 교회가 "우리"(공동체)로서 존재한다면 그것은 계급, 민족, 언어, 인종을 초월한 만백성의 모임으로서이다. 이 신앙이 하느님에 의해서 세례성사 안에 굳게 되고, 이 공동체가 예수 그리스도 안에 선사된 구원을 세상 앞에 증거할 수 있는 것이다. 스스로 모든 벽을 헐어낸 이 공동체는 자기 안과 자기 밖의 벽도 허물게 된다. 공동체는 자기 자신만이 아니라 남을 향한 봉사를 그 본질로 하고 있는 것이다. 이것이 제2차 바티칸 공의회의 "사목"의 의미이며, 이 사목이 교회의 정체성을 발견하게 해준다.

교황 요한 23세가 공의회를 소집한 것은 이런 교회를 선포하기 위해서였다. 이리하여 모든 인간들이 그리스도 안에서 하느님으로부터 불리어졌다는 것이 제2차 바티칸 공의회의 핵심적인 사고가 된 것이다: "하느님의 백성은 세상에 충만하신 주의 성신께 인도되고 있음을 믿으며 현대의 다른 사람들과 함께 직면하고 있는 사건과 요구와 염원을 체험하면서 하느님의 현존과 그 계획의 참된 표지는 과연 무엇인지를 그 속에서 알아내려고 노력한다. 신앙이야말로 모든 것을 새로운 빛으로 밝혀주고 사람을 부르신 하느님의 의향을 완전히 드러내주며 따라서 참으로 인간적인 해결에로 정신을 이끌어주기 때문이다"(「사목헌장」 11항). 이 부르심은 전체적인 성격을 띠고 있으며, 세속적인 동시에 영적인 위임이다. 그렇기 때문에 우리의 세속적인 삶의 장소인 직장, 가정, 사회, 정치적 태도는 우리의 영성과 일치하여 발달하고 종교적으로 결단을 내려야 하는 장소이다.

---

7. H. Legrand, "Die Gestalt der Kirche", P. Eicher (Hrsg.), *Neue Summe Theologie* 3 (Freiburg–Basel–Wien 1983), 87-95 참조.

3) 교회의 사목성

"우리가 교회이다"라는 정의에서 또한 교회의 사목성이 드러난다. "우리"는 교회 안팎의 모든 인간을 말하며, 사목은 "우리"를 상대로 하기 때문이다. 사목은 "우리"에 대한 봉사이다. 그래서 「사목헌장」도 1항을 다음과 같이 시작한다: "기쁨과 희망(Gaudium et spes), 슬픔과 번뇌, 특히 현대의 가난한 사람과 고통에 신음하는 모든 사람들의 그것은 바로 그리스도를 따르는 신도들의 기쁨과 희망이며 슬픔과 번뇌인 것이다." 그리고 2항에서는 "그러므로 제2차 바티칸 공의회는 교회의 자녀들과 그리스도의 이름을 부르는 모든 사람들뿐 아니라 인류 전체를 향하여 말하기를 주저하지 않으며 현대세계에 있어서 교회의 존재와 활동을 스스로 어떻게 생각하고 있는지를 모든 이에게 설명하고자 하는 바이다"라고 말한다. 이렇게 "하느님 백성"이라는 표현을 이끌어 내고 "우리가 교회"임을 의식시킨 제2차 바티칸 공의회는 "사목"을 새로 이해하는 데 기여하면서 사목적 공의회로서 평가되었다. 교회의 사목과 사목의 권위는 인격적이어야 한다. "우리"의 "부르심"과 "우리"에 대한 "봉사"를 그 내용으로 하고 있기 때문이다. 이런 관점은 앞에 인용된 「사목헌장」 11항 외에도 「사목헌장」 3항에 잘 드러난다. 「사목헌장」 3항은 "인류 가족 전체에 관한 연대성과 존경과 사랑을 웅변적으로 증명하고자" 하며, "인간 전체, 영혼과 육신, 마음과 양심, 지성과 의지의 결합체인 인간"을 중심 테마로 삼는다. 그야말로 거룩한 공의회는 인간이 받은 부르심의 숭고함을 선언하고 인간 안에 내재하는 신적 요소를 천명하는 동시에 이 부르심에 부합하는 보편적 형제애를 확립하기 위하여 교회의 성실한 협력을 인류에게 제공하는 바이다. 교회의 사목은 이 부르심과 이 부르심에 대한 봉사를 위해 있으며 그때문에 인간적이다. 이것은 자칫 교회에 대한 하나의 도전으로 보이기도 한다. 왜냐하면 교회는 종종 자기의 구성원의 소리를 다 듣지 못하기 때문이다. 교회는 가끔 자기에게 속한 인간의 입장에서 이들을 대변하지 못한다. 교회는 이들과 대화하기보다는 일방적으로 이야기하기를 좋아하고 시시만을 내린다. 그렇지만 인간에 대한 신앙은 법 차원을 초월하며, 인간을 판단하기 위해서가 아니라 인간을 해방시키기 위하여 있다.

이런 면에서 볼 때 공의회의 이런 사목적 관점은 교회에 대한 제도적 도전이다. 교회는 이 관점을 관료주의나 제도를 통해서가 아니라 인간화를 통해서 되찾을 수 있다. 교회는 자신이 인간을 위해서 있지 인간이 교회를 위해서 있는 것이 아님을 알아야 한다. 교회는 다른 의견들도 수렴해야 하며 이에 따른 물음에도 답변을 주어야 한다. 교회는 자유와 해방의 변호인이며 모든 억압하는 것들의 반대편이다. 교회가 이런 입장을 대변하지 못한다면 한 마디의 복음도 선포할 수 없을 것이다. 이런 공의회의 입장은 민족적 주제인 정치 문제에 도전적인 자세를 가지게 한다. 왜냐하면 공의회는 인간의 옹호를 신앙의 임무로 삼기 때문이다.[8]

그러나 이런 모든 과제를 교회의 직무자들에게만 일방적으로 지울 수 없다. 그렇게 되면 "우리"가 교회의 주체임을 포기하게 되는 모순에 빠지게 된다. 그들만이 "우리"가 아니며, 그들을 포함한 모두가 "우리"이며 교회인 것처럼 그 직무자들 또한 교회인 것이다. 그렇기 때문에 우리는 교회 안팎의 모든 문제들을 교회의 직무자들에게 맡겨놓고 그들이 해석해 주기만을 바랄 수도 없다. 주교, 사제, 평신도로 구성된 우리 모두가 스스로 자신이 교회임을 묵상하며 이 모두를 실현시켜야 하는 과제를 안고 있음을 인식해야 한다.

4) 교회의 성사성과 전체성

제2차 바티칸 공의회가 내어놓은 개념 중에 "하느님 백성" 못지않게 중요한 개념으로 "성사" 개념을 들지 않을 수 없다. 제2차 바티칸 공의회는 교회를 성사로 정의내리면서 교회와 세계를 본질적이고도 전체적인 차원에서 바라보게 하면서 여기에 사목적인 의미를 부여하고 있다. 계몽주의 이후 인간의 이성이 일방적으로 강조되면서 사람들은 전체성을 간과하게 되었고, 교회의 "신비성"은 그들에게 더 이상 감동을 주는 대상이 되지 못하였다. 이것은 신비의 전체성을 파악하지 못한 데서 연유한 것이기도 하다. 그렇지만 교회 또한 이 신비

---

8. 위의 책, 349-50 참조.

를 신비로 이해하지 못하고 교회의 보이는 면에만 예속시키려 한 인상을 준 것도 사실이다. 볼 수 있는 것, 이를테면 성사와 여러 층으로 구성된 직무들을 구원의 표시로 강조하면서 성사의 보이지 않는 면을 소홀히했던 것이다.

이런 성사의 남용에 대한 반발을 우리는 계몽주의보다 몇 세기 앞서 일어난 종교개혁에서 만나게 된다. 종교개혁은 중세 그리스도교의 분열을 가져온 비극이었지만, 외적으로 나타난 그리스도교의 분열 상황에서 교회의 본질을 끄집어내어 사고하고 반성하는 획기적인 계기를 마련해 주었던 것이다. 그렇지만 개혁자들은 교회의 보이는 것 이면의 보이지 않는 것만을 강조하면서 성사를 부정하기에 이르렀고, 이에 맞선 가톨릭은 또 본래의 의미인 보이는 것과 보이지 않는 것의 일치보다는 보이는 면을 고집하면서 성사론을 펼치게 되었다. 이러한 "보이는 것"과 "보이지 않는 것"의 밀고당기는 상황에서, 제2차 바티칸 공의회는 다시금 이 문제를 본질적으로 반성해볼 필요성을 느낀 것이다. 교회의 가장 심오한 본질적인 내용은 무엇이며, 외부로 나타나는 그 형상은 도대체 어떠해야 하는가 하는 포괄적인 교회론에 대해서 본질적인 욕구가 일기 시작했던 것이다. 제2차 바티칸 공의회가 「교회헌장」과 다른 여러 문헌에서 교회를 성사로 본 것은 바로 이런 욕구에 응답한 것이었다. "교회는 그리스도 안에 있는 성사와 비슷하다. 즉, 교회는 하느님과의 깊은 일치와 전 인류의 깊은 일치를 표시하고 이루어주는 표지요 도구인 것이다"(「교회헌장」 1.9.48항; 「전례헌장」 2.5.20항; 「사목헌장」 48항; 「선교교령」 5항 참조). 이렇게 해서 "교회가 성사이다, 신비이다"는 정식(定式)으로 얻게 되는 결론은 교회를 보이는 것과 보이지 않는 것, 세속적인 것과 거룩한 것, 인간적인 것과 신적인 것이 보이는 것, 세속적인 것, 인간적인 것 안에서 일치하는 것으로 보게 되었다는 것이다. 교회는 보이지 않는 것, 천상적인 것(하느님 나라)과는 다르지만, 이를 이 세상 안에 나타내 보여주는 모임으로 이해하게 된 것이다.

교회는 심오한 하느님의 자유와 인간에 대한 하느님의 사랑에 뿌리를 내리고 있는 신비이다. 교회가 하느님의 이 구원의지를 세상 안에 드러내보이지 못한다면, 그리고 그것을 드러내는 도구가 되지 못한다면 더 이상 교회라 할 수 없는 것이다. 그렇다고 교회를 순수 사회구조로만 보려 하거나 또는 신앙인의 인격적 내면성의 측면과 보이지 않는 공동체의 차원에서만 이해하려 하는 견해도 배제되어야 한다. 교회의 이런 이원의 극을 극복하는 성사성은 교회를 여전히 신비로 남게 하기 때문이다. 그리고 이런 이원이 이미 예수 그리스도 안에서 극복되었다고 볼 때 — 신적인 것과 인간적인 것이 인간 예수 안에서 일치를 이룬다. 그러므로 예수는 하느님의 역사적 표지이다(골로사이서, 에페소서, 요한 1서 참조) — 예수 그리스도는 하느님의 원성사(Ursakrament)이며, 교회는 이 예수와 지속적인 관계 속에서 세상 구원의 근본성사(Grundsakrament)로서 존속한다.[9] 그리고 근본성사로서의 교회는 구원의 표지가 된다. 교회는 예수 그리스도의 구원을 보여주며, 세상 안에서 그리스도의 현존의 탁월한 장소가 되는 것이다. 이러한 구원의 이해, 다시 말해서 세상 구원의 포괄적 성사인 교회가 포함하고 있는 구원 이해에 따르면, 구원이란 세계 도처에서 비참한 상황에 처해 있는 몇몇 개인들의 구제를 일컫는 말이 아님이 분명해진다. "구원"이란 창조와 인류 전체의 최종적인 구제를 말한다(1디모 2,4-6 참조).

교회 자체가 세계는 아니나 교회가 세계에 대립하여 있는 것도 아니다. 교회는 세계를 위한 실제적이며 숙명적인 하느님의 생명과 빛의 표징이다. "하느님은 이 세상을 극진히 사랑하셔서 외아들을 보내주시니 그를 믿는 사람은 누구든지 멸망하지 않고 영원한 생명을 얻게"(요한 3,16) 해주셨다. 교회란 예수 그리스도 안에 역사적으로 나타난 하느님의 구원의지의 살아 있는 길 안내자이며 표지판인 것이다. 교회 밖에도 구원과 은총이 있다. 교회는 교회 자신을 위해서가 아니라 아직 복음에 확실하게 도달하지 못한 사람들 때문에 구원의 표

---

9. 교회가 성사이며 신비라는 사고는 물론 이미 교부들의 신학에 나타나 있다. 교회는 항상 주님의 역사적 신비(Mysterium, 후에 라틴어 "Sacramentum"으로 번역)이다. J. M. Scheeben은 예수 그리스도의 육화와 세례와 성체의 선물을 기억하면서 교회를 "위대한 성사"라고 불렀고, H. de Lubac은 "예수 그리스도가 하느님의 성사라면 교회는 우리를 위하여 예수 그리스도의 성사이다"라고 말했다. 그외 K. Rahner, E. Schillebeeckx, P. Smulders 등의 신학자들은 이 견해를 심화시켰으며, O. Semelroth는 『원성사로서의 교회』라는 책을 펴냈다. 공의회는 교회 안의 칠성사의 전통 때문에 "흡사"라는 단어를 넣어 이 사고를 받아들였다.

지인 것이다. 이렇게 해서 "근본성사인 교회"라는 말은 교회의 증거와 사명에 지대한 자극이 되는 것이다. "성사"란 이렇게 교회와 세계의 관계를 조용히 관찰하게 한다. 여기에 대한 표현이 「사목헌장」 1부 4장에 인상적으로 표현되어 있다. 그리고 교회가 하느님의 질서를 따라서 인간 사회를 건설하는 데에 기여할 수 있는 것도 이때문이다: "교회는 오늘의 강력한 사회운동에서 좋은 것이라면 무엇이나 다, 특히 일치의 진보, 건전한 사회화, 사회적 또는 경제적 연대의식의 진전 등을 인정하는 바이다. 일치의 촉진은 바로 교회의 본질적 사명과 일치한다. 교회는 그리스도 안의 성사와 같은 것으로서 하느님과의 깊은 일치와 전 인류 일치의 표지요 도구이기 때문이다. 이렇게 교회는 사회의 진실한 외적 일치나 정신과 마음의 일치에 기인하고 있음을 세계에 보여주고 있다. 하느님과의 일치 그리고 시대간의 일치는 일그러진 인간적 통교를 없애준다. 때문에 교회는 "성실한 대화를 용이하게 하고 촉진하는 형제애의 상징이다"(「사목헌장」 42항).

　제2차 바티칸 공의회는 "복음의 메시지로 전세계를 비추고 온갖 민족과 인종과 문화의 사람들을 모두 한 성신 안에 모으는 것"을 교회의 사명으로 여긴다. 그렇게 하기 위해서는 "먼저 교회 자체 안에서 사목자나 그밖의 신자들을 막론하고 한 하느님의 백성을 이루고 있는 사람들끼리 풍부한 대화를 나누도록 하고 온갖 정당한 차이점을 인정하고 서로의 존중과 존경과 화목을 증진시킬 필요가 있다. 신자들을 갈라놓은 요인보다 신자들을 일치시키는 요인이 훨씬 강한 것이다"(「사목헌장」 92항: 「일치운동에 관한 교령」 참조). 그뿐 아니라 "우리와 완전히 일치해 살지 못하는 형제들과 그들의 공동체를 포용"(「사목헌장」 92항: 「일치운동에 관한 교령」 참조)해야 한다. 이러한 그리스도교 신자들의 일치는 비단 그리스도인뿐 아니라 그리스도를 믿지 않는 사람들도 바라고 있다고 강조하며, 이 사실을 그리스도인들은 알아야 할 것이라고 역설한다. 왜냐하면 "이 일치가 성신의 강력한 힘으로 진전되면 될수록 그만큼 전세계를 위한 일치와 평화의 징조로 나타나겠기"(「사목헌장」 92항) 때문이다. 이리하여 공의회는 이 일치를 위한 대화가 비그리스도교 또는 교회를 반대하고 여러 모양으로 교회를 박해하는 사람들과도 끊임없이 이루어져야 한다고 강조한다. 그 이유는 "하느님 아버지는 모든 사람들의 근원이시며 목적이신고로 우리는 모두 형제되기 위해 불리었기"(「사목헌장」 92항) 때문이다. 참된 평화 속의 세계 건설은 이 하느님, 이런 사목에서 비로소 가능한 것이다.

제2차 바티칸 공의회는 그야말로 에큐메니칼한 공의회였고 인간을 이해하는 인간의 공의회, 사목적 공의회였으며 세계를 향하여 교회의 문을 활짝 연, 세계를 위한 공의회였다. 그리고 시대의 굵은 획을 긋는 공의회였고, 예언적 공의회였으며, 시작의 시작이었다.

우리는 또 "교회는 성사이다"라는 정의를 "우리가 교회이다"라는 표현과 연결시켜 생각해야 한다. 그럴 때 이 말은 "우리가 성사이다"라는 말도 된다. 교회인 "우리"가 세상에서 교회의 표징이다. 평신도를 포함한 교회의 모든 구성원이 교회의 표징이다. "우리"를 보는 사람들이 "우리"를 통해 교회를 보는 것이다. 우리는 "우리"를 통해서 교회를 보도록 해야 한다. 때문에 교회는 모든 신자들에게 선교의 임무를 부여한다. 이것은 "우리"의 위치를 교회적으로 한없이 상승시킨 기분 좋은 일이긴 하지만 그만큼 우리에게 막중한 책임과 과제를 안겨준 일이기도 하다. 이것이 제2차 바티칸 공의회의 특징이다. 이렇게 보면 공의회는 모든 문제를 해결했다기보다 우리 스스로에게 이런 과제와 책임을 지워주었다고 보아야 한다. 우리는 지금껏 "우리가 교회이다"는 말마디에는 익숙해 있었지만 실천을 요구하는 이런 과제를 별로 잘 수행하지 못했을 뿐 아니라 잘 의식하고 있지 못했던 것도 사실이다.

교회의 구성원은 스스로 교회이면서도 자신을 교회와는 별개의 이질적인 존재로 느낀다. 그들은 교회에서 개인적인 만남을 원하고 추구하지만, 정작 느끼고 발견하게 되는 것은 계명이며, 그리하여 스스로에 대해서 긍지를 가지지 못한다. 그렇지만 그들은 처음부터 왕적이며 사제적이고 예언자적인 위임을 받고 있다. 우리는 이것을 깨닫지 못하고 있는 그런 상황에 만족할 수 없다. 그렇기 때문에 교회의 구조까지를 문제삼는 생활방식과 사고의 변천을 유도하도록 해야 한다.

2. 제2차 바티칸 공의회와 한국 교회

1) 아래로부터의 교회론

교회를 하느님 백성으로 정의하면서 "우리가 교회이다"라는 정식을 성립시키고 또 교회를 성사로 본 제2차 바티칸 공의회는 콘스탄티누스 황제 이후 점점 제국주의적으로 변모한 국가 종교로서의 교회 모습을 그 전체성에서, 다시 말해 인격적이고도 인간적인 모습에서 되찾게 한 사건이라 할 수 있다. 콘스탄티누스 이래 교회는 점점 성직자 중심이며 교황 중심으로 치달았고, 제국주의와 제도주의의 면모로 전환해 갔으며, 그 결과 하느님 백성을 평신도에 국한시켜 성직자의 사목 대상으로만 보게 되었다. 그때의 교회론은 "위로부터의 교회론"이었다. 그러나 제2차 바티칸 공의회에 의해 이 "위로부터의 교회론"은 제동이 걸리어 평신도와 성직자 모두를 하느님 백성으로 보게 되었다. 그뿐 아니라, 평신도 각자가 교회임을 의식하게 해준 "아래로부터의 교회론"이 탄생하게 되었다. "아래로부터의 교회론"은 제2차 바티칸 공의회의 특징이다. 이는 앞서 살펴본 바와같이 교회의 인격성, 사목성, 전체성, 성사성에 잘 나타난다. 교회의 이런 인격성과 동일성, 사목성, 전체성 그리고 봉사를 그 근본으로 깔고, 이러한 것을 한 인격에 갖춘 사람이 저절로 권위있는 인간이 되는 것이다.

우리가 한국 교회에 관하여 반성한다면 바로 이러한 점들을 통해서일 것이다. 우리 교회는 얼마나 이 "아래로부터의 교회론"과 교회의 사목성을 실현시키고 있는가? 한국 교회는 얼마나 인격적인가? 얼마나 "우리"인가? 또 한국 교회는 얼마나 사목적이며 성사적이고 또 전체적인가? 다시 말해서 한국 교회는 얼마만큼 사람들에 인격성과 전체성을 찾아주고 있는가? 이러한 점을 고려하면서 사목 현장에서 만나는 몇 가지 문제점을 반성해 보고자 한다.

2) 일은 평신도가, 영광은 성직자가!

우리는 흔히 제2차 바티칸 공의회가 평신도와 주교의 위치는 한없이 들어올려 놓았는가 하면, 사제의 위치는 애매할 정도로 끌어내려 놓았다고 말한다.

그러나 우리 한국 교회를 둘러보면 이 말은 옳지 않은 것 같다. 한국 교회의 성직자는 그전보다 더 많은 대우를 받았으면 받았지 결코 덜 받지 않는, 여전히 성직자 중심의 교회의 면모를 보여주고 있다. 여전히 평신도는 사목의 대상으로만 다루어지고 있고, 성직자는 그 위에 "권위있게" 군림하는 자로 인식되고 있으며, 교회는 여전히 성직자하고만 동일시되고 있다는 인상을 강하게 풍기고 있다. "교회가 우리다"라는 정식은 여전히 성직자의 수준에서만 이행되고 있다는 것이다. 교회의 일(봉사활동, 선교, 기도)은 평신도가 거의 도맡다시피 하면서도, 평신도는 자신들의 "우리"를 주체적으로 찾지 못하고 쉽게 성직자의 사목 대상만이 되고 있으며, 본당의 평신도협의회는 본당신부의 명령을 이행하는 기관 정도로만 머물고 있다. 평신도는 성직자의 이런 권위에 혹 불만이 있다 해도 교회의 권위로 아주 자연스럽게 받아들이며 당연하게 생각해 버린다. 성직자 또한 그렇게 생각한다. 평신도가 그들의 주체인 "우리"를 찾았든 못 찾았든 그들의 활동상은 높이 평가되어야 하지만, 어쨌든 이들이 아직 그들의 주체인 "우리"를 찾지 못하고 인격적·사목적·전체적 교회를 이해하고 있지 못한 책임은 성직자에게도 있다. 그 이유는 성직자들이 아직 그들의 주체인 "우리"를 찾지 못한 까닭이다. "모든 일은 신부님이 하되 그 영광은 주교님께로 돌아간다"는 식의 말에서처럼 모든 일은 평신도가 하되 여전히 성직자 중심의 교회에 머물러 있다는 것은 정당화될 수 없다. 아래로부터의 교회론이 실현되고 있는 것처럼 보이는 반기도회를 보더라도 — 기초 공동체가 형성되어 아래로부터의 교회의 면모을 보여주는 듯하지만 — 여전히 성직자 중심으로 운영되고 있음을 부인하기 힘들다. "아래"는 바쁘고 "위"는 태만하다는 인상을 가지게 한다. 성직자 생활의 고급화나 흔히 쓰는 성직자의 반말 투도 반성되어야 한다. 권위에 도전해서는 안되겠지만 권위주의는 배격되어야 하며, 교계제도가 무너져서도 안되겠지만 교계제도주의는 비판받아 마땅하다. 자신의 체면을 위해서가 아니라 "우리"를 위해 더욱 그러하다. 우리가 봉사하는 한국 교회를 위해서 우리는 우리를 헌신해야 하는 것이다. 평신도는 성직자 안에서 그들의 정체(正體, 우리)를 보고, 성직자는 평신도 안에서 그들의 정체를 발견해야 한다. 성직자와 평신도는 이런 인격적 관계를 맺고 있는 것이다. 이들 모두가 교회의 "우리"이다.

3) 역사 없는 본당

한국 교회의 각 본당 또한 그들의 전체 교회성을 찾고 있지 못하다. 본당신부가 바뀔 때마다 뒤바뀌는 본당 행정과 사무장의 교체만 보더라도 교회가 아직 본당 신자들의 교회라기보다 본당신부의 교회인 듯한 인상을 받는다. 본당의 역사도 역시 본당신부를 중심으로 기록되고 있다. 가령 제1대 김 신부 시대, 제2대 이 신부 시대 등. 그런가 하면 본당신부 개인에 해당하는 경축 행사 — 영명축일, 사제서품일, 은경축 등 — 도 본당 행사로 치러지고 있다.[10] 본당에서 평신도는 본당신부를 위해서 있는 존재가 아니다. 오히려 그 반대이다.

본당의 행사와 전통은 수시로 바뀌는 신부에 따라서가 아니라 본당이 위치한 지역의 문화와 전통을 중심으로 형성되어야 한다. 본당이 주임신부의 역사가 아닌 본당 자체의 역사를 가져야 한다는 것은 본당신부가 그 지역을 위해 일해야 한다는 것을 전제로 한다. 지역교회는 단순히 어떤 지역 안에 위치하는 교회가 아니다. 지역 사회, 지역 문화, 지역 상황은 지역교회를 통해서 전체교회의 차원으로 해석되어야 하고, 그것이 바로 사목의 목적이자 의미이다.

전체교회 의식의 결여는 "주고받음"의 결여에서도 볼 수 있다. 교회가 성사라는 것은 성사에 주어진 "주고받음"의 본질이 교회의 구성요소임을 암시하여 주고 있다. 교회 안에 주고받음이 없다면 교회성이 없다는 말이 된다. 이런 의미에서 한국 교회 안의 도시 교회와 시골 교회, 도시 사제와 시골 사제 사이에 크게 벌어진 생활양상의 격차는 심각히 반성되어야 할 것 중의 하나이다. 교회

---

10. 만일 대통령이 자기 생일을 국가적 행사로 치른다고 생각해 보라! 그리고 자신의 경축일을 신문 광고로 알린다고 생각해 보라! 누가 이를 가장 먼저 비난하고 나서겠는가? 평신도가 이런 행사를 통해 성직자를 위하고 교회를 사랑하는 마음을 나타내는 것은 높이 평가될 수 있겠으나, 사제가 그런 식으로 위로받는다고 생각한다면 그야말로 "위하는 삶"과 "봉사하는 삶"의 바탕 위에 세워진 사제직에 대한 오해가 아닐 수 없다. 한국 교회 사제들의 앞길은 사제 자신들의 봉사에 대한 굳은 의지가 물론 중요하지만 평신도들에게도 그 책임이 있다는 것을 평신도들은 알아야 할 것이다.

안에서 이런 문제를 해결하지 못하면서 어떻게 사회의 빈부 격차 문제를 비판할 수 있겠는가? 대도시 교회가 시골 교회의 어려움을 헤아리며 내 교회의 관심사로 삼게 될 때 각 인간이 교회이며, 부분교회가 전체교회임을 인식하게 될 것이다.

4) 로마에 대해서 말할 수 있는 용기

지역교회가 자신을 전체교회로 의식하고 있지 못한 까닭에 지역교회는 그들의 책임을 다하기보다는 모든 것을 "위"에서 해결해 주기를 바라게 된다. 이것이 잘 표출된 예로 거의 10년의 준비를 거쳐 1994년에 펴낸 『표준교리서』를 들 수 있다. 물론 여기에서 이 교리서의 내용 자체를 비판하고 싶지는 않다. 다만 이 교리서가 나오게 된 동기에서 지역교회에 대한 인식이 결여되어 있음을 지적하고자 하는 것이다. 로마가 이 교리서를 저작하게 된 것은 제3세계 주교들의 청탁에 의해서이다. 1985년 세계 주교 시노두스에서 한국 주교단을 포함한 제3세계 주교는 『표준교리서』가 없어서 사목과 전교에 어려움이 많다는 고충을 토로하면서 로마에 공통된 『세계 표준교리서』를 주문하고 로마는 이를 수락하였다.[11] 제3세계 주교단이 『표준교리서』를 주문하고 로마가 이를 수락한 데에는 문제점이 없지 않다. 첫째 『표준교리서』가 로마의 구상이 아니라 제3세계 주교단의 요청에 의한 것이라는 데에서 로마는 제3세계에 간섭하려 든다는 혐의에서 일단 벗어날 수 있다고 하더라도, 거기에는 다양한 문화의 세계교회를 다시 서구 중심적인 교회로 만들려는 의도가 깔려 있으며, 제3세계 지역교회의 사목적 노력을 믿지 못하고 있다는 의혹은 지울 수가 없다.

라너가 주장하듯이 교회는 비교적 짧은 유다 그리스도교의 첫 기간(期間) 후

---

11. J. B. Metz & E. Schillebeeckx, "Weltkatechismus oder Inkulturation?", in: *Cocilium* 25 (1989), 294: 『표준교리서』의 필요성 여부에 관한 비판적인 글로 H. Pissarek-Hudelist, "Ein Katechismus für die Weltkirche? Bemerkungen und Rückfragen zu einem römischen Entwurf", in: *Herder Korrespondenz* 44 (1990. 5), 237-42가 있고, 이에 대한 답변으로 Joseph Kardinal Ratzinger, "Ein Katechismus für die Weltkirche? Eine Stellungnahme von Joseph Kardinal Ratzinger", in: *Herder Korrespondenz* 44 (1990. 7), 341-3 등이 있다.

거의 2천 년이나 지속되어 온 서구 유럽식 그리스도교의 제2의 기간에서 벗어나 제2차 바티칸 공의회와 함께 세계교회를 여는 교회사(敎會史)의 제3단계에 접어들고 있다. 그리고 멧츠가 옳게 지적했듯이 서구의 "단원 중심적 교회"에서 벗어나 문화적으로 다양하게 뿌리내린 "다원 중심적 세계교회"로 옮아가고 있다.[12] 제2차 바티칸 공의회가 타종교와의 대화를 장려하고 각 문화를 존중하면서 복음화와 토착화를 강조하는 것도 세계 문화를 향하여 열려 있는 교회의 이런 본질 때문이다.[13] 물론 토착화와 다원 중심적 상황을 고려한다 하여 단순히 "유럽적인 옷을 벗는 것"으로만 생각한다면 이 또한 잘못이다. 왜냐하면 그리스도교는 하나의 역사를 지니고 있기 때문이다. 유럽 문화와 역사를 벗는 것을 토착화라고 생각한다면 스스로 아무 옷도 입지 말아야 한다는 결론을 낳게 되며, 그리스도교를 역사와 문화 없는 종교로 만들어버릴 위험이 있기 때문이다. 구체적인 문화와 민족의 옷을 벗어버린 순수한 그리스도교, 그래서 역사 이전의 순수 그리스도교를 찾아 거기에 내 민족의 옷을 입힌다는 착상은 그럴 듯하게 들릴지는 모르나, 그것은 하나의 허구(虛構)에 지나지 않는다. "문화와 역사 이전에 선재한 그리스도교, 문화적으로 벌거숭이가 된 그리스도교란 있을 수 없다."[14] 그러므로 지역교회가 토착화를 위해 유다적이며 희랍-헬라적 전통에서 형성된 서구 문화의 옷을 다 벗어버리겠다고 생각한다면 스스로 모순에 빠지게 되는 것이다.

그렇지만 남의 문화를 인정해 주는 문화가 형성되지 않고서는, 다시 말해서 민속학적(문화적) 다원성의 창조적 문화를 인정하지 않고서는 토착화가 불가능하다. 그러므로 이러한 인정을 전제하지 않는 토착화는 자칫 이방 민족의 문화와 영혼을 지금까지와는 다르게 부드러운 양상으로 식민지화한다는 혐의를 벗지 못하게 된다. 이런 의미에서 『표준교리서』의 출판은 교회의 문화적 식민지화가 아닌가 하는 불신을 낳게 하며, 토착화 과제를 너무 성급하게 "위"에서

---

12. J. B. Metz, "Einheit und Vielfalt: Probleme und Perspektive der Inkulturation", in: Concilinm 25 (1989), 337-42.
13. 「비그리스도교에 관한 선언」 참조. 14. J. B. Metz, 앞의 책, 338.

해결하려 한다는 느낌을 떨칠 수 없게 한다. 과연 로마는 제2차 바티칸 공의회가 장려한 지역교회에 의한, 지역교회를 위한, 지역교회의 토착화를 원하고 있는가? 또 지역교회 주교들은 책임있는 토착화(복음화)를 위해서 사명감을 가지고 노력을 기울여 왔는가? 주교들은 로마에 순명은 하되 민족 복음화의 문제까지 로마에 의뢰할 필요는 없다. 토착화(복음화)는 지역교회 주교에게 주어진 사명이며 의무이다. 그러므로 어떤 면에서 로마가 지역교회 사정에 맞지 않는 요구를 해올 때에는 — 예컨대 파공일 수를 늘리는 일과 같은 경우에는 — 과감히 로마에 대하여 자기 지역교회와 그 삶을 위하여 할말을 할 수 있는 용기도 가져야 한다. 지역교회의 실정은 로마보다는 지역교회의 주교가 더 잘 알고, 또 주교가 바로 교회이고 주교단도 이런 의도에서 형성되었기 때문이다. 주교단으로 인해 교황과 주교의 수평적 형제관계가 이루어지고, 각 지역교회의 주교의 전체교회성과 인격성이 강조된 것도 제2차 바티칸 공의회의 결실 가운데 하나이다.

지역교회의 주교에게 주어진 권위는 "아래"를 향하여만 유효한 것이 아니라 "위"를 향하여도 유효해야 한다. 권위는 상하 좌우를 연결시켜 주는 사목적 힘이기 때문이다. 이럴 때 지역교회 주교에게 주어진 권한은 "전체교회"를 실현시키기 위한 책임있는 "힘"이 될 수 있을 것이다. 이럴 때 주교의 권위는 가뜩이나 필요 이상으로 갈라져 있는 한국 교회의 교구간의 벽을 형제적 사랑(주교단)으로 극복하여 다른 교구의 사목적 어려움을 자기 교구의 관심사로 바꾸는 데 사용할 수 있을 것이다. 이렇게 될 때 주교의 권위는 "아래"를 향한 명령과 복종의 차원을 벗어나 저 아래의 가장 단순한 신앙인들의 권위를 인정하고 보호하며 봉사하는 사목적 권위가 될 수 있을 것이다.

제2차 바티칸 공의회의 다음의 구절은 언제라도 되새겨 봄직하다: "오늘에 와서 인간은 인격의 존엄성을 나날이 더 의식하게 되었다. 그리하여 행동함에 있어 강제를 받지 않고 오직 의무의 의식감(意識感)에서 자신의 판단과 책임있는 자유를 향유하고 구사할 것을 요구하는 이의 수가 늘어가고 있다"(「종교자유에 관한 선언」1항).

5) 신학교 교육

　교회가 세계를 향해 문을 열었다면 사목자를 길러내는 신학교도 세계를 향해 열려야 한다는 것은 당연한 일이다. 이런 의미에서 유럽의 신학교들은 점점 개방된 상태에서 사제 양성을 하고 있는 추세인 데 반해 제3세계의 신학교는 예나 다름없이 개방되지 못한 상태에 있다는 것은 이해하기 힘든 부분이다. 제3세계의 교회가 유럽의 교회보다 미숙하기 때문에 더 많은 보호를 받아야 한다고 생각하는 까닭일까? 그러나 성숙은 개방과 함께 이루어져야 한다. 어차피 사제는 "서품"과 동시에 개방된 사회 속에서 살아야 하는 존재이므로 신학교 테두리 안의 교육만으로 완전한 사제를 기대하기란 어렵다. 사제는 신학교와 세상 사이에서 형성되어야 하며, 사제의 영성도 신학교와 세상 사이에서 갖추어져야 한다. 신학교의 세속성과 세속의 신학교성의 일치를 신학교 안에서 체험하게 해주어야 한다. 이럴 때 사제는 신학교 교육 후 세속에서 신학교의 세속성과 세속의 신학교성의 일치를 실현해 나갈 수 있을 것이다. 이런 의미에서 세계 속의 신학교, 신학교 속의 세계가 형성되어야 하며, 이런 일을 건전하게 촉진시키기 위해서 신학생은 신학교 안에서 세계의 학문과 두루 대화할 수 있는 기회를 충분히 가질 수 있어야 한다. 다른 학문과의 단절 속에서 행해지는 신학교 교육은 자칫 편협한 인격 형성 및 일방적인 영성만을 심어줄 우려가 있다.

　이런 의미에서 라너가 그의 생애 마지막 단계에 와서, 그의 60년 신학을 되돌아보며 신학도들에게 남긴 충고는 가슴 속 깊이 새겨둘 만하다: "문학, 예술, 심지어 역사를 포함한 모든 학문에서 인간의 체험과 지식은 신학하는 자라면 능히 알아야 하는 것이지만, 실제로는 그렇지 못하고 극히 미미하게 알고 있을 뿐이라고 할 수 있다. 그러면 대뜸 신학자(종교인)라면 신학에 대해서 알면 되지 않느냐고 반문할지 모른다. 하지만 신이 하나의 추상적인 개념이 아니라는 것을 인식한다면, 신이 세상의 창조자로서, 그리고 역사의 주인으로서 자신을 제시하셨다는 사실에 관심을 가지지 않을 수 없을 것이다. 물론 신앙심에 가득 차서 자신의 구원만을 바라면서 신을 찾는 것이 아니라, 신 자체 때문에 신을 사랑한다면 우리의 관심사를 오직 성서 한 권에만 국한시킬 수는 없을 것이다. 신께서 당신의 창조사업을 통해 피조물 안에서 당신을 청취하도록 하신 모든 것에 관심을 가져야 함이 마땅한 것이다. 그렇기 때문에 소위 세속적인 학문인 과학, 문학, 예술 등에도 관심을 가져야 하며, 정치, 사회, 경제에도 무관심할 수 없는 것이다. 신의 관심사에 관심이 없는 자라면 진정으로 신에 대하여 관심있는 신학자라고 말할 수 없다. 그럼에도 우리는 이런 것에 대하여 아는 것이 너무 적다. 과학, 문학, 철학, 음악, 미술 등등은 궁극적으로 신에 대해 이야기하는 것이지만 — 왜냐하면 모든 학문은 알게 모르게 신의 피조물에 대한 표현이기 때문이다 — 신학자들은 이들의 체험과는 동떨어진 신학을 하고 있는 실정이다. 그때문에 신학자들이 다루는 순수한 의미로서의 신학은 온갖 노력에도 불구하고 대단히 추상적이며 피상적일 수밖에 없고, 실제 인간 세계가 추구하는 것으로부터 멀리 떨어져 겉돌게 된다.[15]

그러므로 이런 세속 학문과의 대화를 단순히 신학생 각자의 관심에만 떠맡겨 해결할 것이 아니라 신학교 자체가 이를 체계적으로 제시해 줄 필요가 있다. 다른 학문과 격리된 신학만 가지고서 이 사회, 이 현실을 이끌고 봉사하는 사제를 양성한다는 것은 기대하기가 어렵다. 그런 의미에서 오래 전부터 논의되어 오던 종합대학교 안에 — 아니면 여러 과를 가진 대학 안에 — 신학교가 들어가는 것이 바람직하다고 본다. 이런 시대적 요청이 있음에도 불구하고 한국 교회의 현 실정은 종합대학교 안에 신학교 하나 두지 못하고 있으며, 각 교구마다 경쟁이나 하듯 신학교를 세우려 함으로써 그 가능성마저 막고 있는 실정이다. 이것은 신학을 사회로부터 분리, 독립시키는 것이다. 신학교 설립을 추진하는 주교들은 성소자가 많으므로, 한국 교회의 발전을 위해서, 그리고 타교구에 위탁교육을 시키지 않기 위해서라고들 그 이유를 밝히고 있지만, 이유가 단지 그것뿐이라면 기존의 신학교에서 신학생을 더 많이 수용하고 기숙사 시설을 늘여나가면 될 것이다. 그리고 그 비용을 활용하면 부족한 교수난도 어느 정도 해결할 수 있을 뿐 아니라 한국 실정에 맞는 다양한 과목의 증설도 가능

---

15. 이제민, 「K. 라너 사상 접근 — 그의 서거 5주기에 부쳐」, 『종교신학연구』 제2집 (분도출판사 1989), 150-1.

해질 것이다. 한국 교회의 미래는 사제의 양에 있는 것이 아니라 사제의 질에 달려 있음을 결코 간과해서는 안된다.[16]

3. 제2차 바티칸 공의회 이후의 한국 교회와 한국 사회

1) 교회는 세계를 향하여 문을 열었는데 …

제2차 바티칸 공의회가 세계를 향하여 교회의 문을 활짝 열었을 때 사람들의 기대와 희망은 대단했었다. 그런데 공의회가 끝나고 25년(1990년의 시점에서)이 흐른 지금 사람들이 공의회에 관해 다만 건성으로 이야기할 뿐 공의회가 잊혀지고 있다는 인상을 주는 것은 기대가 컸던 만큼 실망도 컸기 때문일 것이다. 공의회는 세계를 향하여 그처럼 훌륭하게 교회의 문을 열었는데, 교회는 왜 이처럼 자기의 문을 꼭꼭 닫아 걸어 교회 안팎의 사람들에게 실망만 주는 것일까? 그뿐인가? 사람들은 이제 교회 안에서 가톨릭주의의 내면적 일치가 사라져 버린 것은 아닌가 우려하면서 조심스레 지켜보기에까지 이르렀다. 물론 이것은 한국 교회만의 문제가 아니며 전세계의 교회가 이런 진통을 겪고 있다고 보아도 과언은 아닐 것이다. 공의회에서 새롭게 고무된 열정이 교회 수에 비해 그토록 적은 결실만을 맺고 있는 것은 무슨 까닭일까? 두 가지 원인을 지적할 수 있을 것이다.

첫째, 교회는 — 앞에서도 언급하였듯이 — 자신의 성사성을 깊이 묵상하지 못했다는 점이다. 제2차 바티칸 공의회도 이 점을 우려하며 다음과 같이 말하고 있다: "그러므로 제2차 바티칸 공의회는 먼저 신비를 더 깊이 이해하려고 노력한 다음, 이제는 교회의 자녀들과 그리스도의 이름을 부르는 모든 사람뿐 아니라 인류 전체를 향하여 말하기를 주저치 않으며 현대세계에 있어서의 교회의 존재와 활동을 스스로 어떻게 생각하고 있는지를 모든 이에게 설명하고자 하는 바이다"(「사목헌장」 2항). 세계에 대한 참여는 먼저 자기 자신에 대한 깊

---

16. 제2부 **2** 참조.

은 반성과 함께 세계를 직시하는 행위가 따라야 한다는 것이다. 이것이 교회의 신비를 나타내준다. 교회의 신비는 내향적 교회와 외향적 교회의 일치를 그 본질로 한다. 다시 말해서 내면적으로 주님께 고백하는 교회의 바로 그 점 때문에 바깥쪽으로 세계를 향하여 문을 열어야 한다는 원리인데 이는 그리스도론에 근거한 것이다. 폐쇄된 교회론이란 있을 수 없다. 교회가 세계 구원의 근본성사로서 하느님과 인간의 화해와 인간끼리의 화해의 장소가 되는 것은 이런 교회론에 근거해서이다. 이 점은 제2차 바티칸 공의회로 인해 새롭게 인식하게 되었다. 교회, 특히 그 구조와 제도에 대해서 가지는 반발이나 거부감은 대개 교회 자신이 이런 성사성의 모습과 일치의 원리를 제대로 드러내지 못한 채 오히려 자기 울타리 안에 갇혀버린 데 대한 실망과 반항으로 알아들을 수 있을 것이다. 이런 태도는 자칫 복음화를 부르짖으면서 사회, 풍습, 문화, 제도 등이 마치 극복되어야 할 대상인 것처럼 여기며 사회를 부정적 시각으로 보게 하며, 복음화를 무조건 양적인 팽창이라고 여기게 만든다. 사실 이런 현상은 현재 한국 교회 안에 심각하게 나타나고 있다. 교회는 사회와 세계를 복음화의 "대상"으로만 대할 것이 아니라 교회 자신이 사회와 일치할 때, 교회와 사회의 본 모습이 드러난다는 것을 깨닫게 해주어야 한다. 신비인 교회가 세상을 향하여 문을 열었다면 신비가 세상을 향하여 문을 열었다는 말도 된다. 교회는 세계의 신비성을 찾아주어야 한다. 그러므로 교회 자신의 신비성에 대한 묵상과 반성이 깊이 따라야 하며, 그렇지 못할 경우 교회는 오히려 이 세계의 힘에 휩쓸려 들어가며 굴복당하고 말 것이다.

  교회의 제도는 성사로부터 이해된다. 교회가 자신의 성사성을 깨달을 때 사람들의 기대를 충족시켜 줄 수 있을 것이다. 그리고 사람들도 이것을 바라고 믿어왔다. 왜냐하면 제도로서의 교회는 근원적으로 성사의 교회, 성령의 교회이기 때문이다.

  둘째, 교회는 자기 자신을 깊이 반성하지 못한 만큼 세계의 세속성에 대해서도 과소평가했다는 점이다. 세속화 과정은 종교의 진리나 인생의 의미에 관한 물음을 허용하긴 하지만 종교를 사회의 전영역에서 개인의 좁은 공간으로 밀어넣었다. 그리하여 많은 사람들이 종교 없이도 행복한 삶을 누릴 수 있다고 믿는가 하면, 이런 상황에서 이루어지는 종교적이며 교회적인 쇄신운동은 번번이 벽에 부딪치며, 쓰라린 실망과 고통을 체험한 채 끝난다. 그런가 하면 또 인간의 욕망, 소비 형태, 사고방식, 여가 이용 등은 이제 신앙의 가르침에서 벗어나고자 하는 데 일조를 한다. 이러한 공동상태(空洞狀態)에서 제도로서의 교회는 사람들로부터 외면당하고 비판받게 되며, 미신과 우상이 창궐하기도 한다. 삶의 의미에 관한 추구는 점점 더 어려워지고 해방강령에 관한 회의도 점차 증가하게 된다.

이런 상황에서 사람들은 교회가 세상을 향하여 문을 열었는데 세상은 왜 여전히 이 모양이며, 오히려 교회가 세상을 닮아가는 것이 아닌가 하는 의혹을 가지게 되며, 교회의 무능이나 의지의 결여를 비난하게 된다. 그러나 이 비판은 잘못된 것이다. "교회가 문을 열었는데 교회는 왜 계속 이 지경인가?" 하는 물음은 "교회가 문을 열었는데 세상은 왜 달라진 것이 없는가?" 하는 물음과 함께 생각해야 한다. 세상이 바뀌지 않은 것은 교회 탓만이 아니다. 전적으로 교회가 세상을 복음화시키지 못한 때문만도 아니다. 세상 탓도 크게 작용하고 있는 것이다. 세속화의 성격 때문이다. 어쨌든 교회는 이런 비난에 당황하여 성급하게 무언가를 행동으로 보여주고자 하기도 한다. 교회가 세상을 향하여, 세계의 물음과 인간적 진보와 인간적 상황을 향하여 문을 열면서도 현대세계가 그렇게도 많은 어려움을 안고 있으리라고는 충분히 의식하지 못했던 것은 사실이다. 인간적 진보의 이중성, 악의 세력, 윤리적 변화에 대한 기존 태도의 저항, 그리스도교 이후 세속화된 세계와의 관계 등에 관해서는 더 깊게 계산하지 못하였다. 현대세계에 익숙지 못한 상황에서 교회가 이런 문제를 전문적으로 다루려다 보니 결과적으로 신학적 구조의 정치화 현상과 정치적 프로그램의 신학화 현상이 생겨나게 되었다. 이러한 상황에서 정치·사회적 문제에는 관여하지 않으면서 개인의 명성만을 추구하려는 경향도 생겨났다.[17]

---

17. K. Lehmann, "Kirche wozu – Enttäuschung oder Hoffnung?", in: P. Gordan (Hrsg.), *Die Kirche Enttäuschung und Hoffnung* (Graz 1982), 23-68. 여기서는 366-40 참조.

더군다나 한국 사회는 유럽이 겪었던 세속화의 과정을 거치지 않은 상태에서 갑작스레 현대 과학기술을 도입하였기 때문에 문제는 더욱 심각한 양상으로 나타났다. 사회가 세속화의 과정을 소화시키지 못한 데다가, 교회도 세속화를 소화시키는 과정이 짧거나 결여된 상황이어서 한국 교회는 공의회에서 오가던 논쟁점을 제대로 파악하지 못한 것은 물론이고, 그 해결 과제를 수용하는 데에도 역부족을 드러내었다. 그리하여 한편으로는 사회의 세속화로 인한 교회의 세속화 — 종교의 상업화, 여가선용의 방편으로서의 종교 등 — 를 겪어야 했고, 다른 한편으로는 이에 대한 반발로서 이를 극복하려는 노력보다는 쉽게 그 이전의 상태로 되돌아가려는 보수적인 움직임을 크게 보이게 되었다. 그렇지만 교회 안에서도 얻지 못한 삶의 의미를 교회 밖이라고 해서 얻을 수 있는 것은 아니다. 오히려 큰 좌절과 실망을 안게 될 경우가 더 많다. 여기에 교회의 과제가 새로 주어진다. 즉, 세계의 세속성과 교회의 교회성을 어떻게 연결시키며, 어떻게 세계의 교회성과 교회의 세속성(사회성)을 찾아줄 수 있을 것인가?

2) 과제

이 두 가지를 다시 연결시킬 때 교회는 사람들이 교회에서 받은 실망을 씻어주고 기대를 충족시킬 수 있을 것이다. 이것은 교회의 세속성(사회성)과 세계(사회)의 교회성이 서로 뗄 수 없는 일치의 관계에 놓여 있음이 새로 인식되는 데서 가능하다. 왜냐하면 이때 교회는 세계를 단순히 극복되어야 할 대상으로 대하지 않게 될 것이고, 세계는 또 교회를 인간 삶의 한 귀퉁이에 자리하는 좁은 공간으로만 여기지 않고 삶의 본질적인 요소로 대하게 될 것이기 때문이다.

그러면 그 일치란 무엇인가? 제2차 바티칸 공의회는 그 일치를 앞에서 본대로 "성사"로 설명한다. 왜냐하면 교회의 성사성으로 인해 교회 안의 볼 수 있는 현실과 보이지 않는 구원의 현실 사이의 긴장이 해명되기 때문이다. 그리고 또 교회가 "교계제도로 조직된 단체이며 동시에 그리스도의 신비체이고, 볼 수 있는 집단이며 동시에 영적 공동체이고 … 인간적 요소와 신적 요소로 합성된 하나의 복잡한 실재를 구성"(「교회헌장」 8항)하고 있다는 것이 설명되기 때문이다. 이 성사성은 교회와 사회의 정체성을 각각 되찾게 해준다. "성사성"은 교회의 본질이며 또 교회의 실천원리이기도 하다.

한국 교회가 공의회 이후 지난 수십 년 동안 사회 전반에서 일어나는 갖가지 문제에 — 아픔과 고통에 — 동참해 왔으며, 많은 분야에서 좋은 성과를 거두기도 하였지만 모두 성공만을 거두었던 것만이 아닌 이유도 어쩌면 교회가 자기의 성사성을 찾지 못한 때문일 것이다. 교회를 향하는 세계의 작용과 세계를 향한 교회의 작용, 이 두 상호 침투작용은 숨을 들이쉬고 내쉬는 행위와 같다. 숨을 깊이 들이마신 사람이 더 많은 숨을 내쉴 수 있는 것처럼 신앙의 뿌리 영역으로부터 깊은 숨을 들이마시는 사람이 더 깊숙히 세계 안으로 숨을 내뿜으며 자신을 줄 수 있을 텐데 이 숨쉬기 운동이 순조롭지 못했다고나 할까? 세계를 변화시키려면 그만큼 더 깊숙히 교회 속으로 빨려들어가야 한다. 그럴 때 비로소 그 속에서 세계를 발견하게 될 것이다.

그런데 교회는 세계의 세속성에 준비없이 덤벼들기도 했던 것이다. 세계는 우리가 생각했던 것처럼 그렇게 선과 정의를 향하여 크게 변화하지는 않았으며, 오히려 이때문에 세계와 교회에 대한 비판의 소리가 드높아지기도 하였다. 실망에 비례한 체념과 무관심의 태도가 나타났는가 하면, 세속성을 저버린 영성의 영역으로 자신을 제한시키는 데서 교회와 구원의 의미를 발견하려는 경향도 생겨났다. 이러한 현상은 세상과 교회의 관계를 너무 안이하게 생각하고 세계로 뛰어들거나, 교회 안으로 자신을 맡기려는 데서 생겨난 것이다. 교회가 오로지 자기 밖에 있는 세계의 절망과 욕망만을 상대하게 될 경우 자기 자신에게서 아무것도 얻지 못할 것이다. 교회는 세계와 관계를 맺는 운동에서 진실로 믿지 교회 자신이 되이야 한다. 그렇지 못한 교회의 사회 참여는 지칫 세속화된 교회로서의 사회 참여이거나 또는 그 반대로 사회의 교회화를 요구하게 된다. 그렇게 되면 교회는 세계를 불의의 집단이라며 경원하게 되고, 세계는 교회를 위선의 집단으로 보며 외면하는 악순환이 계속되고 말 것이다.

우리가 교회를 희망과 구원으로, 세상의 빛과 소금으로 보는 것은 교회가 스스로 일치의 성사이기 때문이다. 교회와 세계는 서로 대립관계에 있을 수 없다. 교회는 전체 개념이기 때문이다. 신약에서 보는 초기 공동체가 작고 보잘 것없는 것처럼 보였지만 모든 이를 위한 우주적 구원의 희망일 수 있었던 것은 교회를 전체로서 이해했기 때문이다. 교회를 세우신 예수 자신은 "모든 사람들의 구세주"(1디모 4,10)이시고, "많은 사람들의 죄를 없애"(히브 9,28)주려고 오셨다. 예수 안에서 "모든 사람에게 구원을 가져다주는 은총"(디도 2,11 참조)이 나타난다.

바울로는 자기 자신의 이익을 위해서가 아니라 모든 사람들의 이익을 위해서 구하며, 결국 그들을 구하고자 한다(1고린 10,33 참조). 이 사고는 디모테오 전서 2,1-4에 종합되어 나타난다: "나는 무엇보다도 먼저 모든 사람을 위해서 간구와 기원과 간청과 감사의 기도를 드리라고 권하는 바입니다. 왕들과 높은 지위에 있는 모든 사람들을 위해서 기도하시오. … 하느님께서는 모든 사람이 다 구원을 받게 되고 진리를 알게 되기를 바라십니다." 로마서 11,32-33에서도 이와 비슷하게 언급한다: "하느님께서는 모든 사람을 불순종에 사로잡힌 자가 되게 하셨습니다. 그러나 결국은 그 모두에게 자비를 베푸셨습니다. 오! 하느님의 풍요와 지혜와 지식은 심오합니다. 누가 그분의 판단을 헤아릴 수 있으며 그분이 하시는 일을 이해할 수 있겠습니까?"[18]

진실로 세계의 구원을 원한다면 우리는 세계를 구원의 "대상"으로 삼으며 "설교"하고 설득시키려고만 들 것이 아니라 세계 안에 있는 모든 인간들 사이의 벽, 그들과 나 자신의 벽을 헐어야 한다. 이런 의미에서 원수 사랑은 세상의 구원과 정의를 원하는 이들의 행동지침이 된다. 우리가 세상의 구원과 정의와 평화를 진정으로 원한다면 진실로 교회를 사랑하는 법을 새로이 배워 나가야 한다. 교회야말로 원수와 이웃, 미움과 사랑, 배반과 용서 등의 이원을 극복한 성사이기 때문이다. 교계제도에 대한 온갖 실망에도 불구하고 교회는 주님의 교회이기에 우리는 교회를 사랑해야 한다. "우리는 교회를 자랑하거나 부끄러워할 수 있는 하나의 기업으로 보아왔다. 우리가 거의 모든 것을 만들고

---

18. K. Lehmann, 앞의 책, 61-2 참조.

생산할 수 있으므로 교회 또한 그 범주 안에서 관찰해 왔던 것이다. 그러나 이것은 옳지 못한 사고이다. 교회는 먼저 인간에 대한 하느님의 측량할 수 없는 무한한 사랑이 예수 그리스도의 얼굴에서 빛난 역사적 장소이다. "제도"의 일차원적 측면 뒤에 있는 예수 그리스도를 유일한 교회의 주님으로 다시 발견할 때에 우리는 비로소 그리스도인으로서의 존재와 교회의 내면적 종합을 새롭게 체험하게 될 것이다.[19]

이제 라너의 예언적 말을 인용하면서 이 장을 마무리하고자 한다:
"우리는 교회를 사랑하는 법을 배워야 한다. 그러나 동시에 교회를 받아들이는 법도 배워야 한다. … 우리의 천진난만한 유아적 신앙이 성숙되기 위해서는 먼저 교회를 사랑하고 받아들이는 법을 배워야 한다. 교회가 지시하고 제시하는 대로 살아가려는 우리의 신앙은 때때로 유혹받고 시험되고, 당황하고 경악하게 되는 걱정에 부딪치기도 한다. 교회는 신앙의 장애물이 될 수도 있다. 왜냐하면 우리는 교회가 더 영적이고 더 매혹적이고 더 깊은 감명을 주기를 바라는 유혹을 받기 때문이다. 우리는 이미 몬타니즘에서 얀세니즘에까지 그리고 오늘날도 우리 마음의 깊은 곳에 순수정신의 교회에 대한 향수를 가지고 있다. 하느님의 나라를 이 지상에서 이룩하고, 오직 영광스러운 메시아에게만 감탄하며, 자기가 겪는 좌절을 영적인 교회 또는 세계에서 성공을 거둔 교회, 통계적으로 진보를 한 교회, 다른 종교에 대하여 경쟁 능력을 지닌 교회를 찬양하는 데로 미룬다는 것은 극악한 유혹이다."[20]

제2차 바티칸 공의회는 교회를 "하느님 백성"이라고 재차 규정하면서 교회는 단순히 건물이나 제도 이상의 것으로, 교회는 곧 "우리"라는 인식을 모든 신자들에게 심어주었다. 우리는 이 말을 액면 그대로 받아들여야 한다. 그야말로 "우리 모두"이다. "우리"의 정체성을 발견하기 위해서는 우리 안에서 신학과

---

19. 위의 책, 63.
20. K. Rahner, *Die Kirche, Kraft Gottes in menschlicher Schwäche* (Freiburg 1957), 13; K. Lehmann, 앞의 책, 65-6.

사회학, 신성과 세속성, 성성과 속성의 일치를 깨달아야 한다. 우리는 단순하게 교회에 속한 사람만이 아니다. 우리는 교회에 속한 사람으로서 교회를 사랑하는 것만이 아니라, 다시 말해서 소속감 때문에 교회를 사랑하는 것만이 아니라 바로 교회 자체에서 내 본 모습을 깨달을 수 있기 때문에 교회를 사랑하는 사람이어야 한다. "나"는 교회와 세계를 연결시켜 주는 존재이다.

이런 의미에서 제2차 바티칸 공의회는 세계 교회를 향하여 문을 엶으로써 그리스도교의 가시적 일치에 일대 전환점이 되었으며, 그 자체로 각 지역교회의 과제가 되었다. 그러므로 이 시점에서 한국 교회가 얼마만큼 제2차 바티칸 공의회의 교회를 실현하고 있는가를 반성해 보는 것은 의의가 있으리라 본다.

그리고 이 글에서 언급하지는 않았지만, 제2차 바티칸 공의회는 에큐메니칼 운동에 역점을 둔 공의회였다는 것을 우리는 잊지 말아야 할 것이다. 제2차 바티칸 공의회는 역사 과정을 통해서 형제들과의 갈라짐(분열) — 동방교회, 개신교 — 때문에 잃어버렸던 "부르심"을 다시 발견하는 데 결정적인 계기가 되었다. 우리 한국 교회는 — 개신교든 가톨릭이든 — 얼마만큼 에큐메니칼한가?

제2차 바티칸 공의회와
한국 천주교회의 실정

나는 지난 공의회 폐막 25주년 되던 해에 한국 교회가 이에 대해서 아무런 언급 없이 지나쳤던 일을 지적한 적이 있다.[1] 그후에도 공의회에 관한 이야기가 많이 나오긴 했지만 사실 공의회 정신에 대한 깊은 고찰은 별로 없었다. 공의회 개막 30주년을 맞는 금년(1992년) 역시 마찬가지로 보인다. 공의회의 개폐막 몇 주년 기념 행사를 펼치는 것이 꼭 공의회의 의미를 잘 되새기고 있다는 증거는 아니지만, 공의회 개막 30주년에 즈음한 한국 교회의 반성이 교회 공식 기관이나 대학에서 다루어지지 않고 한 연구소에서 주관되고 있다는 것이 이를 잘 말해주고 있다.[2] 제2차 바티칸 공의회의 정신이 과연 한국 교회에 얼마나 깊이 뿌리를 내리고 있는지 그 현주소를 짚어보고자 한다.

본론에 들어가기 전에 먼저 몇 가지 점을 이야기해 두고자 한다. 먼저 제2차 바티칸 공의회의 정신이 한국 교회 안에서 얼마나 실현되고 있는가 하는 물음은 공의회의 정신에 따라 추구되어야 한다는 점이다. 개방과 아죠르나멘토를 알린 바티칸 공의회는 과거의 여느 공의회와는 달리 비판과 단죄의 차원을 넘어 방향제시적이었으며, 모든 것을 — 무신론자와도 — 대화로 해결하려 하였다. 그러므로 우리 교회가 얼마나 공의회의 정신을 수용하고 있는가 하는 것은 우리 교회가 우리 사회에 대해 얼마나 방향제시적인가 하는 물음과도 연결된다. 공의회 이후 많은 사람들이 "공의회" 이름으로 교회를 비판하지만 곧 보수나 진보의 어느 한쪽에만 치우쳐 공의회를 보수나 진보 어느 한쪽의 공의회로

---

1. 제1부 [2] 참조.   2. 이 글은 정의평화 연구소에서 발표한 것임.

만들어버리기 일쑤이다. 이런 태도는 비록 "공의회"를 이야기하고 있다 해도 공의회적이라 할 수 없다. 이 강연은 이런 식의 비판을 지양하고 문제제기와 방향제시적 차원에서 진행하고자 한다.

둘째, 나는『신학전망』을 통해 제2차 바티칸 공의회의 정신에서 한국 교회의 사목 현장을 반성하면서,[3] 주로 외적인 현상들을 예로 들어 문제를 다루었었다. 이번에는 그런 현상을 빚게 한 근본적인 면, 말하자면 내면적인 원인에 초점을 맞추고 반성해 보고자 한다. 이를 위해서는 먼저 공의회의 정신이 무엇인지 조명되어야 하겠고, 그 다음 반성적 질문과 방향제시가 따라야 할 것이다.

1. 공의회 정신의 형성

1) 겨울철로의 복귀?

공의회 정신을 살펴보기 위해 공의회 개최 당시의 분위기를 느껴볼 필요가 있다. 그 이유는 공의회 개막 30년이 지나면서 나오기 시작한 공의회에 대한 다양한 평가와 이로 인해 빚어지는 교회의 분위기가 공의회 이전의 상황과 비슷한 인상을 주기 때문이다. 공의회에 중요한 역할을 한 랏칭어 추기경은 공의회 후 시대를 1973년을 전환점으로 비현실적 행복의 시기와 옳게 이해된 복귀의 시기라는 두 기간으로 나눈다.[4] 비현실적 행복의 시기란 교회가 개방의 분위기에 젖어 그만 자기의 실재를 잊은 시기이고, 복귀란 교회가 다시 자기의 이성을 찾기 시작한 시기를 말한다. 랏칭어가 이렇게 보는 것은 지난 10년간 교회의 개방과 함께 교회 안에 일어났던 일(해방신학 등)에 대한 부정적 인상 때문이며, 그 원인을 공의회와 공의회 후 몇 년간의 교회 변화에 돌리고자 한 때문이다. 이런 주장은 바티칸의 보수-복구적 현 정책을 정당화시키기 위한 것으로 보인다. 랏칭어는 자신의 주장을 정당화하기 위하여 공의회 후 몇 년간의

---

3. 제1부 ② 참조.

4. H. Vorgrimler, Vom "Geist des Konzils", in: K. Richter (Hrsg.), Das Konzil war erst der Anfang. Die Bedeutung der II. Vatikanums für Theoloogie und Kirche (Mainz 1991), 40 이하 참조.

세상에 대한 개방 의지를 부정적으로 평가하였을 뿐 아니라 나아가서는 공의회 자체에 대해서도 부정적인 평가를 내리려 하였다. 랏칭어에 의하면 공의회 정신에는 이미 비구원적 예언이 잠재하고 있었다는 것이다. 랏칭어는 보통 사람들이 말하는 공의회 정신을 공의회의 비-정신(非-精神, Un-Geist)이라고 부르며, 공의회 기간과 그 이후 사람들은 실제로는 비-정신이라고밖에 말할 수 없는 공의회 정신에 사로잡혀 혼란한 교회의 시기를 빚어냈다고 주장한다. 랏칭어는 공의회의 개방 정신을 전통을 부정하는 행위로 보았고, 교회가 이 세계에 대하여 아무런 대책 없이 개방부터 하였다고 보기 때문이다.[5] 이렇게 해서 랏칭어는 교회의 위기를 극복하기 위한 대책으로 "보수에로의 회귀"를 들고 나오게 된다. "합법적인 교회 교계제도"에 대한 복종의 필요성을 강조하고, 교계제도의 권위를 내세운다.

어떻게 보면 랏칭어가 교회에 대해서 걱정하고 염려하는 것은 이해가 된다. 그의 주장대로 교회는 정당이나 클럽이 될 수 없으며, 교회의 구조는 민주주의적이 아니라 성사적, 따라서 교계제도적이어야 하기 때문이다. 공의회와 함께 거의 2천 년에 가까운 세월 동안 닫혔던 교회의 문이 세상을 향해 열리기 시작하면서 그 개방의 속도가 가속을 더하게 되자 교회 당국자는 가톨릭성의 상실을 느끼며 당혹감과 두려움을 가지게 되었다는 것은 충분히 이해할 수 있는 일이다: 공의회 이전의 수련은 빠른 속도로 상실되어 갔고, 수많은 사람들이 직무를 포기하는가 하면 교회 직무에 대항하는 행위 등이 표면화되었고, 공의회 이전의 것은 무조건 진부하고 부당한 것으로 여겨졌으며, 시간의 연속성을 잃고 현재만을 생각하고 현재만을 위해 모든 것을 던지려 하는 사람들이 늘고, 또 다른 한편으로는 탈신죄화, 세속화, 정치신학, 해방신학 등에서처럼 신학적 유행이 가톨릭 신학 안으로 강하게 밀려들게 되었으니, 이런 상황에서 불안을 느끼고 과거의 것을 고수하려는 방어적인 자세를 취하는 것도 어쩌면 필연적이라 생각될 수 있다. 그렇지만 이런 상황에서 교회가 취할 수 있는 태도가 꼭

---

5. 위의 책, 41 이하 참조.

보수로의 U턴 현상으로 나타나야 하는 것일까? 왜 보수와 진보의 갈등을 두려워해야만 하는가? 왜 갈등을 시대의 고민으로 읽으려 하지 않는가? 너무 쉽게 — 고민 없이 — 사목하려 하는 것은 아닌가? 그러기에 나는 이런 신보수적 태도는 시대 정신을 읽지 못하는 교회의 무능력의 표현이며 변화하는 현대세계에 대해 겁먹은 모습으로 보고 싶다. 다시 말해서 우리가 정작 우려해야 할 것은 개방과 현대화의 정신이 아니라, 이 정신을 실현시키지 못하는 교회의 무능력이 아니겠는가? 사실 신보수주의의 등장은 교회 안에 급진주의자와 신보수주의자간의 첨예한 대립을 불가피하게 불러왔으며, 교회와 제2차 바티칸 공의회에 큰 상처를 입혔다. 각자는 각자의 참호에 틀어박혀 빠져나올 생각이나 대화할 생각은 않고 서로 상대를 향하여 너무 진보적이다, 너무 보수적이다, 비공의회적이다 하며 서로 공의회의 이름으로 공박하며 혈전을 벌였던 것이다. 대화하고자 하는 마음은 계속 상처를 입고 달팽이 껍질 속으로 다시 기어들어가 그 안에 안주하는 것이 상대의 공격에서 벗어나는 안전한 길이라고도 생각하였다.[6] 결과적으로 이런 안주는 상대를 더욱 보수주의자로, 더욱 급진주의자로 몰아가게 할 뿐 아니라, 교회를 사회 단체와 동일시하거나 또는 개인 열심만을 강조하여 사회에서 고립시켜 버린다. 이는 교회와 사회에 비극을 안겨줄 뿐이다. 보수가 진보를, 또 진보가 보수를 막기만 해서도 안된다. 보수가 과거로의 회귀일 수만은 없고 진보 또한 과거 없는 미래일 수만은 없는 것이다. 이같은 상황에서 이런 갈등을 일으키게 한 신보수의 경향을 걱정하는 것은 당연하다 하겠으며, 이에 공의회가 내세운 대화의 정신은 어디로 갔는가 묻는 것은 필연적이다.

    1980년 칼 라너가 과거로의 복귀는 겨울철로의 복귀만이 있을 수 있다고 신보수 경향을 우려한 것은 오늘날 우리에게 하나의 예언적 목소리로 다가온다.[7] 라너는 지금의 교회, 보수와 권위를 주장하는 교회에서 겨울의 찬바람을 느낀다고 말한 것이다. 교회는 "오랜 전통을 보존하기만 할 것이 아니라 예수로부

---

  6. K. Lehmann, Evangelium und Dialog, *Herder Korrespondenz* 45 (1991), 81 참조.
  7. H. Vorgrimler, 앞의 책, 47 참조.

터 받은 전권을 행사하여 시대의 요청과 건전한 신학에 부응하는 새로운 전통을 창조하는 데 지치지 말고 매진해야 할 것이다".[8] 제2차 바티칸 공의회는 보수와 진보의 갈등에서 진보를 향하여 내딛거나 또는 진보의 방향을 가로막으며 오직 보수만이 교회의 정신이라고 일깨워준 일종의 시험 무대로서의 공의회가 아니었다. 그러므로 "공의회 뒤로 되돌아가거나 아니면 공의회를 섣불리 앞지르자는, 그래서 일치를 깨뜨리고 교회의 길을 허물어 버리는, 그런 극단적 입장"[9]은 부정된다. 과거로의 회귀설이 설령 로마로부터 강압적으로 나온다 해도 공의회의 정신은 결코 중단되지 않을 것이다.

그러기에 우리는 공의회 정신을 새삼 새롭게 해석할 과제를 안게 된다(사실 우리는 이 일을 너무 게을리하고 있다). 한 사건이 죽은 과거에 머물지 않고 계속 살아서 작용해야 한다면 그 정신에 대해 물어야 한다. 제2차 바티칸 공의회의 여러 문헌은 교회에 새 봄을 알리는 내용이었다. 교회의 봄이 계속되거나 또는 다시 새로 시작되어야 한다면 이 정신은 지속적으로 해석되어야 한다.

라너는 공의회 개최 직전 오스트리아 빈 교구장 쾨니히(F. König) 추기경으로부터 공의회 준비위원회가 마련한 예안을 검토해 달라는 부탁을 받고 이에 대한 소감을 다음과 같이 쓰고 있다. 여기서 당시의 분위기를 느낄 수 있다: "이들(예안)은 모두 옹색한 스콜라 신학의 결과였다. … 현대인의 마음과 정신을 읽는, 밝고 빛나는 선포의 카리스마는 보이지 않았다. 예안을 작성한 사람은 이를 전혀 느끼지 못하고 있었다. 아니, 그들은 이를 느낄 수 없었다. 어떻게 이를 느낄 수 있었겠는가? 그들은 현대인의 실제 어려움으로부터 수만 마일 떨어져 살고 있었던 것이다. … 그들은 '고민하는' 무신론자들의 곤경과 신앙하기를 원하나 신앙할 수 없다고 생각하는 비그리스도인과 비가톨릭인의 고민을 한 번도 앓아본 적이 없었다. 그들은 다만 그들이 어렸을 때 익힌 상투적 형식을 반복하고 있었다. … 이렇게 옳은 상투적 형식을 반복하는 것이 무슨 큰 의미가 있는가? 도대체 누구를 위해서? 이런 형식을 한 번도 의심해 본 적

---

8. 왈벗 뷜만, 『볼 눈이 있는 사람은』, 정한교 역, (분도출판사 1992), 107.
9. 위의 책, 7.

이 없는 선한 가톨릭인을 위해서? 이런 형식을 어차피 이해하지 못하게 될 비그리스도인을 위해서? 도대체 무엇 때문에 이런 세목들을 반복하고 있는가! 이 세목들은 그리스도교의 궁극적 근본 진리를 신앙하고 있는 그리스도인에게는 어차피 자명한 것이고, 비신앙인에게는 어차피 문제가 되지 않는 것 아닌가? 이들 비신앙인은 이 진리를 이해하고 신앙하게 되면 이 모든 것을 믿게 될 것이 아닌가? 마음을 찌르는 어떤 단어도, 어떤 언어도, 어떤 통로도 찾아볼 수 없었다. 정말 다르게 이야기할 수는 없을까?"[10]

라너에 의하면 제1차 바티칸 공의회도 똑같은 억양에 똑같은 개념에 똑같은 관점에서 이 모든 것을 이야기할 수 있었다는 것이다. 그런데 이를 제2차 바티칸 공의회가 반복한다는 것은 교회의 언어가 100년이라는 과거의 시간으로 되돌아가 묶여 있다는 것을 뜻한다는 것이다. 이렇게 해서 라너는 준비위원회가 작성한 이 예안은 현대인의 신앙의 곤경을 나누기를 거부하는 교수들의 작품, 현대성서학과 현대철학의 문제 때문에 불안을 느끼는 인간들의 작품, 성실하고 열심하고 개인적으로 겸손하고 헌신적이지만 현대의 상황을 모르는 게토 정신을 지닌 인간의 작품이라고 비판하였다.

요한 23세는 이런 분위기를 예언적으로 느낀 분이었다. 개방에 기초를 둔 사목은 그의 큰 관심사였다. 교황은 교회의 가르침이 모든 인간과 인간활동의 모든 범위에 도달할 수 있도록 하기 위해서는 교회가 현대를 주시하는 것, 즉 새 생활태도와 생활형식, 그리고 이들이 현대세계를 통해 어떻게 조성되고 있는지를 주시하는 것은 필연적임을 간파하였다. 그리고 교회의 교도 전통을 현대에 활동적으로 내어놓기 위해서 지금까지의 것을 반복만 하는 것은 무의미하다고 보았다. 신앙의 심화뿐만 아니라 신앙 내용의 번역, 즉 현대세계의 상황에 맞게 번역하는 것, 아죠르나멘토도 교황의 관심사였다. 그러기에 교황은 신앙의 선물은 "학문적 방법으로 연구되고 현대 사고의 언어 표현 형태로 서술"되어야 한다고 주장하였다. 이것이 그의 "아죠르나멘토" 구상이다.[11] 이와 함께 교황은

---

10. K. Rahner, *Sehnsucht nach dem geheimnisvollen Gott*, hg. v. H. Vorgrimler, (Freiburg–Basel–Wien 1990), 111 이하.

자기의 과제가 감독과 수련(교육)보다 "사목"에 있다고 보았다. 이런 사목을 하기 위해서는 자신을 성령에 맡길 수 있어야 한다. 그러므로 자신을 성령에 맡기는 것은 곧 공의회의 근본 자세였다.

2) 성령의 교회 : 보수와 갈등의 교회

교회는 위험을 피해 배를 항구에 안전하게 묶어두려는 인간의 손이 아니라 성령의 힘, 하느님께 대한 신뢰에 달려 있다. 현재화는 성령의 뜻이며, 그러기에 제2차 바티칸 공의회는 보수와 진보의 갈등을 인간의 힘으로 해결하려 하지 않고 성령의 힘에 맡긴 공의회였다. 성령에의 위탁에서 교회의 참 모습뿐 아니라 현대의 교회가 세계에 대해 취해야 할 근본 자세가 발견된다. 사실 우리는 교회를 운영하면서 걱정이 너무 많다. 교회가 세상을 향해 문을 열면 교회는 어떻게 될 것인가? 그리하여 우리는 쉽게 의기소침해지고 현실의 여러 문제에 대해서 용기를 잃고 만다. 그리고 다시 돌아선다. 그러나 용기는 성령 칠은 중의 하나가 아닌가? 보수주의자들이 볼 때 거친 바다 물결을 헤치고 항해해 가는 교회의 모습이 위험하게 비칠지 몰라도 배를 항구에 묶어두어서는 목적지에 가닿을 수 없다. 보수주의자로 알려져 있던 고령의 교황 요한 23세가 공의회로 교회의 문을 열 수 있었던 것은 바로 이 용기의 성령 때문이었다. 그는 모든 것을 성령에 맡겼다. 교황은 이렇게 말한다 : "미래의 진단을 위하여 시간을 잃지 말라. 미래의 건설을 두고 걱정을 하지 말라. 그리스도의 대리자는 그리스도께서 자기에게 기대하시는 것이 무엇인지를, 그것은 곧 나날의 과업을 수행하는 것임을 안다. 나는 그분 앞에 나아가 조언을 드리거나 계획을 내놓으려 해서는 안된다. 니에게 기대되는 것은 오직 주님의 놀라우신 일들을 기꺼이 받아들이는 자세이다. 내 일생의 가장 큰 은혜로 둘을 헤아리건대, 내가 조금도 추구하지 않았던 교황직을 평온한 마음으로 받아들일 수 있었다는 것, 그리고 언제나 주님께서 불어넣어 주시는 좋은 생각들을 따를 수 있었다는 것이다."[12]

---

11. H. Vorgrimler, 앞의 책, 31 이하 참조.
12. 와 다음의 인용, 왈벗 빌만, 앞의 책, 282.

그리고 1959년 1월 25일 전혀 뜻밖의 공의회 소집을 공고한 다음에도 "누군가 나에게 넌지시 일러준 바라도 없고 보면, 나의 결정에 가장 놀란 것은 나 자신이었다"며 그것은 불현듯 성령께서 불어넣어 주신 생각이었다고 술회한다.

우리가 이제 공의회의 정신을 묻고 그 토착화에 대해 반성하고자 한다면 우리 교회는 얼마나 성령의 힘에 맡겨져 있는가를 함께 물어야 한다. 성령의 활동은 보편적임을 알아야 한다. 그런데 우리는 혹시나 교계제도나 권위만을 성령이 주신 선물로 이해하는 바람에 스스로 권위와 교계제도만을 "제도"의 산물로 고정시켜 버리는 것은 아닌가? 성령을 저버린 것은 아닌가?

2. 공의회 정신의 원동력: 봉사와 대화

개방과 아죠르나멘토를 알린 공의회는 교회 내 쇄신, 새로운 교회일치 운동, 변화된 세계 이해의 세 영역에서 변화를 가져왔으며, 공의회가 내놓은 열여섯 개의 문헌은 이 세 영역을 변호하고 있다. 이 세 영역에서 내면적인 일치를 제시하는 것은 봉사와 대화이다.[13]

① 봉사는 세계 안에 있는 교회 행위를 이해하게 하는 근본 카테고리이다. 교회는 자기 자신을 위한 존재가 아니라 전세계를 위한 구원의 "도구"이다. 그러므로 봉사는 교회 안에만(교회 안의 봉사직) 국한시키지 않고 교회의 안과 밖을 연결시킬 수 있을 때, 그리고 사목을 성직자의 평신도에 대한 봉사가 아니라 성직자와 평신도가 함께 교회 안팎의 모든 인간들을 위해 펼치는 봉사로 이해할 때, 그래서 언제부터인가 우리 교회 안에 형성하기 시작하여 거의 굳어버린 성직자(교회 당국) 직무와 평신도의 엄청난 대립이 극복될 때 — 물론 그들 고유의 과제를 희생시켜서는 안된다 — 많은 열매를 맺을 수 있게 된다.[14]

② 대화는 단순한 대화나 대담이 아니다. 대화는 담판과는 달리 진리를 공동으로 추구하고 인정하는 데에 봉사하기 위한 것이다. 이런 대화는 진리와 자유

---

13. K. Lehmann, 앞의 책, 91 참조.   14. 위의 책, 85.

의 원칙을 향하여 나아가며, 대화 상대자 쌍방이 똑같은 기대를 가지고 동등한 위치에서 자유가 보장되고 완전히 개방된 상황에서 서로 이야기할 때 진솔하게 이루어진다. 그러므로 대화에 임한다는 것은 일종의 모험이다. 자기의 생각을 관철시키고 남을 자기와 같이 생각하도록 강요하는 폭력적 사고를 극복할 수 있을 때 가능해진다. 대화는 벌써 강생의 신비에 뿌리를 내리고 있다. 하느님 자신이 이 세상에 보내진 말씀으로서 이 세상 안에 들어오셨다. 이는 대단한 모험이었다. 예수 그리스도가 자신을 이 세상의 권력에 부치시고 넘겨주신 것처럼 교회도 자기를 자기와는 다른 세계에 세워야 하며, 이 세계와 논쟁해야 한다. 그렇지 않고서는 분리와 오해의 벽을 결코 허물어 낼 수 없다. 왜냐하면 "하느님께서는 세상을 그처럼 사랑하시어 자기의 외아들을 희생시키셨고, 세상을 단죄하기 위해서가 아니라 세상을 구원하기 위해 그 아들을 보내셨기 때문이다"(요한 3,16-17). 하느님은 인간과 어려운 대화를 하였으며 공의회는 이런 대화를 근본 주제로 삼았던 것이다.

바오로 6세는 「에클레시암 수암」(*Ecclesiam suam*)에서 이렇게 말한다: "교회는 자기 자신의 영역 안팎에서 좋은 뜻으로 다른 사람들과 대화할 자세를 갖추어야 한다. 어떤 모양으로든지 교회의 마음에서 멀어지는 사람은 없어야 한다. 교회는 자기 사명과는 관계가 없다는 듯이 사람들을 관찰해서는 안된다. 아무도 교회의 적일 수 없으며 이들은 스스로가 교회의 적이고자 하지 않는다. 그렇게 되면 교회가 보편적이라고 한 것은 헛말이 되며 또 세계 안에서 일치와 사랑과 평화를 추구한다는 것도 보장 없는 것이 되어버린다. … 신앙은 하느님의 선물이다. 그리고 하느님만이 홀로 이 세계에서 구원의 외연(연장)과 시간을 정한다. 교회는 세계의 씨앗, 누룩, 소금, 빛이라고 의식하고 있다. 교회는 현대의 광란하는 혁신을 알고 있다. 그러나 신뢰심을 가지고 역사의 흐름을 지켜보고 있으며 사람들에게 '나는 여러분들이 찾고 있는, 여러분들이 가지고 있지 않는 것을 가지고 있다'고 말한다."[15]

---

15. 위의 책, 86.

③ 대화와 봉사는 그 자체로 우리에게 메시지를 전달해 준다. 예수 그리스도 안에서 하느님이 인간에게 자기 자신을 드러내고 전달하시고자 한 바 모두를 말씀하셨다는 메시지. 이 메시지를 우리는 "복음"이라고 부르며,[16] 복음화는 하느님께서 예수 그리스도 안에서 우리 인간에게 가까이 다가오셨다는 신앙에의 초대이다. 다시 말해서 복음은 하느님의 인간에 대한 봉사와 인간의 하느님에 대한 대화를 내용으로 하고 있으며, 이런 의미에서 봉사와 대화는 그 자체로 복음적 성격을 지니고 있다. 그러므로 복음화는 대화적이고 봉사적으로 일어나야 한다. 상대를 대화의 상대로 인정하고, 달리 생각하는 이들, 소외된 이들을 인정하는 것 자체가 복음화의 과정이다. 마치 하느님이 비신적인 것을 창조하시고 받아들이시고, 이를 인정하시어 예수 그리스도 안에서 역사적으로 인간에게 접근하여 오심으로써 이 세상을 복음화하신 것처럼. 이런 의미에서 우리 한국 교회가 얼마나 복음화되었는가 하는 물음은 우리 교회가 얼마나 대화적이고 얼마나 봉사적인가 하는 물음과 상통한다. 복음화는 남을 나처럼 만드는 것이 아니라 오히려 그 반대로 "자기 자신"을 벗어나 남에게 다가가는 것이다. 그리고 자기 자신을 벗어나고 희생시키고 죽임으로써 "자신"을 찾도록 해주는 일이다. 우리 한국 교회는 얼마만큼 자신을 죽이고 있는가? 얼마만큼 자신을 민족의 밑거름으로 내놓고 있는가? 만의 하나 자신의 영광만을 생각하고 있는 것은 아닌가?

공의회는 교령과 법률로써가 아니라 복음의 정신으로 봉사와 대화로써 현대의 여러 문제를 해결하고 방향을 잡아주려 하였다. 국외자들을 위해 자기의 모습을 변화시켰으며, 이리하여 공의회 이전까지는 내외적으로 전혀 불가능하게 여겨졌던 쇄신운동이 일어났다. 공의회는 교회가 변화하고 쇄신하는 것이 가능하다는 것을 보여주었다. 즉, 공의회는 밖을 향해 쇄신을 부르짖기만 한 것이 아니라 스스로 변화해 가며 교회 구성원이 복음의 원점에서 사고하고 행동할 수 있도록 해주었다. 그러므로 우리 교회가 얼마나 제2차 바티칸 공의회의 정

---

16. 위의 책, 86.

신을 수용하고 있는가 하는 것은 우리 교회가 우리 사회를 위해 얼마나 자신을 변화시키고 쇄신하려 하고 있는가, 또 우리 교회가 얼마만큼 이런 복음적이고 대화적인 구조를 형성하려고 애쓰고 있는가 하는 물음과 직결된다.

3. 한국 천주교회의 실정

이제 우리 한국 교회가 얼마만큼 대화적이고 봉사적인가 살펴봄으로써 우리 교회가 얼마만큼 공의회의 정신을 수용하고 있으며 실행하고 있는가, 공의회 정신이 한국 교회에 얼마나 토착화되어 있는가 하는 물음에 답해 보고자 한다.

1) 권위와 봉사

① **힘의 낭비**: 우리 한국 교회는 그 구성원을 볼 때 충분히 봉사하기 위한 준비 자세가 서 있다고 본다. 그렇지만 이 봉사는 아이러니칼하게도 성직자 중심의 교회 구조 때문에 저촉을 받을 때가 많다. 즉, 우리 교회 안에 실행되고 있는 봉사는 대개 지시된 봉사일 경우가 많다. 평신도들은 봉사를 위해 성직자들이 명령내려 주기를 기다리고 또 성직자는 평신도들에게 으레 봉사를 강요한다. 성직자는 교회에 몸바쳤다는 이유로 이미 봉사를 다한 것으로 생각하고, 평신도들은 성직자가 더욱더 교회를 위해 봉사할 수 있도록 성직자들에게 봉사하는 것을 교회에 대한 봉사로 생각할 때가 많다. 이런 봉사에서 우리는 성직자 중심주의를 엿볼 수 있다. 그러나 이런 봉사에는 "평신도가 교회다"라는 공의회 정신이 증발되고 없다.[17] 봉사가 평신도와 성직자의 관계를 넘어 말씀과 제대에의 봉사(성직자)와 사회에의 봉사(평신도)의 분리를 넘어, 드디어는 성직자 중심주의의 교회를 넘어 평신도와 성직자가 함께 — 때로는 세속의 때가 묻은 손발로 — 인류와 세상에 헌신하는 일로 이해될 때 토착화된 한국 교회의 모습이 발견될 수 있을 것이다. 다시 말해서 신자들이 성직자들에게 쏟는 정성

---

17. 제1부 ① 및 제2부 ① 참조.

을 ― 신자들은 이 정성을 교회에 대한 봉사로 본다 ― 인류와 세상을 향하여 쏟을 수 있도록 유도하는 것은 한국 교회의 과제이다. 토착화된 한국 교회의 모습은 교회 안에서 소모되는 성직자 중심주의적 에너지를 얼마만큼 교회 밖 인간들에게도 돌릴 수 있는가, 어떻게 교회 안팎의 모든 사람들의 고통과 번뇌에 헌신적으로 동참할 수 있는가에서 찾을 수 있다 하겠다.

우리는 "교회 밖에는 구원이 없다"(extra ecclesiam nulla salus)라는 교의를 잘 알고 있다. 그러나 이 교의가 폐지되지 않고 영원한 진실인 것은 "세상 밖에는 구원이 없다"(extra mundum nulla salus)가 동시에 이야기되고 있기 때문이다. 즉, 교회와 사회가 서로 다른 극과 극에 놓여 있는 그릇이 아니라 서로가 서로에게 열려 있으며 이 열려 있음에서 자기의 본질(정체성)을 볼 수 있기 때문이다. 제2차 바티칸 공의회는 이를 깨달았으며 그러기에 제2차 바티칸 공의회는 교회의 문을 세계를 향하여 열 수 있었다. 그리하여 「사목헌장」 3항에서는 교회는 세상의 관심사를 자기의 관심사로 삼아야 한다고 강조한다. 세상을 교회의 눈으로 바라본다는 것은 세상의 일, 시대의 징표를 읽을 수 있을 때 가능하다. 세상 없이는 교회의 존재 이유도 사라지고 만다. "교회 밖에는 구원이 없다"가 변치 않는 옳은 교의이기 위해서는 반드시 "세상 밖에는 구원이 없다"가 함께 이야기되어야 한다. 이럴 때 우리는 세상이 무조건 교회로 들어와 주고 자기가 구원의 도구임을 들어 세상만이 그들의 마음을 바꾸기를 강요하는 것이 오히려 세상에 대한 폭력일 수 있고, 또 교회에 대한 불신을 고조시켜 교회를 그들과는 거리가 먼 아예 별개의 것으로 만들어 버릴 수 있다는 것을 알게 될 것이다.

그런데 우리 한국 교회 안에는 봉사가 교회 안에만 제한되어 성직자 중심주의적으로 행해지고 있다는 인상을 짙게 풍긴다. 이것은 교회 안에 만연되어 있는 소위 집단이기주의적인 모습에서도 찾아볼 수 있다. 교구와 교구의 벽이 자꾸 높아가고 있을 뿐 아니라 한 교구 안에서도 너무나 많은 에너지가 성직자 중심주의적, 이기주의식으로 소모되고 있음을 본다. 앞에서 언급한 성직자에 대한 평신도들의 봉사 외에, 현재 한국 교회 안에서 유행처럼 되어 있는 신학교 건립으로 인한 힘의 낭비도 그 대표적 예이다. 신학교 건립을 추진하고 계시는 주교들은 자기 교구 내 성소자가 많아서 신학교를 더 많이 세울 수밖에 없다고 하지만 기존의 신학교만으로도 정원을 채우지 못하고 있는 오늘의 신학교 실정을 보면 그것은 설득력이 없다. 더 나은 사제, 더 깨끗한 사제를 양성해 내기 위해서라는 이유도 내세우지만 이 또한 기존의 신학교나 사제들에 대한 불신을 조장할 뿐더러, 세상과 분리된 사제를 양성할 위험성을 안고 있다. 또 "조그만" 신학교를 내세우고 있지만, 이는 "통제"하기는 좋을지 몰라도 토착화를 연구할 수 있는 분위기나 개방된 마음을 심어주지는 못한다. 뿐만 아니라 이런 식의 신학교 설립은 세상 물정을 모르는 사제를 양성할 우려를 내포하고 있기도 하고, 처음부터 평신도와의 만남을 차단하므로 영원히 성직자중심주의의 사제를 길러내는 양성소로 전락시킬 위험도 안고 있다. 더구나 평신도들의 신학교육을 영원히 막아버릴 수도 있다. 신학교야말로 사제 양성소로서 평신도와 성직자, 세상과 교회가 만나는 곳, 사제의 영성을 만날 수 있는 곳이어야 한다. 그런데 지금 우리 교회 안에서 벌어지고 있는 신학교 설립 계획은 이런 차원의 사목과 영성을 전혀 고려하지 않은 교구 중심의 집단이기주의의 발로로 행해지고 있다. 이렇게 세워진 신학교에서 어떻게 인류와 세상에 대해 헌신적으로 봉사하며 사목하는 진정한 사제 — 자기 생명을 바치는 사제 — 를 기대할 수 있겠는가? 사제들의 봉사는 단순히 제단에서 미사를 봉헌하는 것만으로는 부족하다. 신학교 건립에 소모되는 에너지를 교회 안팎의 인간들의 인간사에로 돌려 쓸 수 있을 때, 사제들의 축일과 미사 예물이 — 아무리 근본 뜻은 사제들의 생활을 위한 것이라지만 — 인류를 위해 쓰여질 때, 교구의 벽을 헐고 타교구를 내 교구처럼 생각할 때, 토착화된 한국 교회의 모습을 볼 수 있게 될 것이다.[18]

② **대화와 권위**: 봉사와 사목은 참된 대화를 전제로 한다. 사목이 대화와 봉사의 권위에 바탕하지 못하고 이기적인 권위에 바탕한다면, 그 교회는 이해

---

18. 신학교 교육에 관하여 더 자세한 것은 제2부 **4** 참조.

심을 상실하게 되고 신도들과 세계로부터 신뢰를 잃게 된다. 평신도와 평신도, 평신도와 사제(본당신부), 사제와 사제, 사제와 주교, 주교와 주교, 주교와 교황간의 대화, 그리하여 드디어는 교회와 하느님과의 대화가 잘 이루어져야 한다. 그러므로 한국 교회의 토착화를 원하는 우리가 숙고해야 할 점은 우리 교회 안에 얼마나 대화가 잘 실행되고 있는가 하는 것이다. 만의 하나라도 대화를 위로부터의 명령이나 "권위주의"로 대체하려 하지는 않는지?

그러나 권위는 봉사이고 봉사는 권위이다. 봉사적일 때 권위는 저절로 드러난다. 주교의 권위를 인증해 주는 성령은 사실 평신도들에게도 말을 건네온다. 독일의 신약성서학자 슈낙켄부르크(R. Schnackenburg)는 만일 부활하신 예수가 제자들에게 숨을 불어넣어 주면서 "성령을 받으시오. 여러분이 누구의 죄든지 용서해 주면 그들은 용서받을 것이요, 여러분이 누구의 죄든지 그대로 두면 그대로 남아 있을 것입니다"(요한 20,22-23) 하고 말했다면, 이때의 제자들은 전체 신앙인의 공동체를 말하는 것이지, 배타적인 직무자들만의 공동체를 말하는 것이 아니라고 해석한다.[19] 주교만이 아니라 평신도도 이런 면에서 권위가 있다. 이런 권위와 봉사의 조화가 깨어지는 곳에서 라너가 표현한 "겨울바람"을 느끼게 된다. 교회 지도부가 마치 자기만이 교회인 양 이야기할 때, 자기에게 부여된 성령의 특별한 협조를 자부하면서 다른 그리스도인들 안에 살아 계시고 활동하시는 성령에게는 영광을 드리지 않을 때 찬바람을 느낀다. 권위는 찬바람을 일게 해서는 안된다. 그런데 우리 교회 안에는 신학교 문제, 파공 축일, 금육제 등이 권위의 이름으로 명령되면서 이런 찬바람을 일으키고 있는 것은 아닌가? 그들은 이 계획을 실현하기 위해 신자들에게 교육을 강요하지만, 실상 그들 자신은 교육을 받을 준비가 되어 있지 않다. "우리가 교회다"는 말은 교육용이며 실상 그들은 교회 위에 있다고 생각할 때가 많다.

③ **주교단 문제**: 제2차 바티칸 공의회는 우리에게 봉사와 대화와 권위, 그리고 이에 근거한 사목을 옳게 인식하도록 해주었다. 그 증거가 주교단(Col-

---

19. H. Vorgrimler 앞의 책, 49 참조.

legialitas episcoporum)의 형성이다. 공의회는 주교들에게 주교단을 형성해 지역교회를 전체교회로 바라볼 수 있도록 하는 절호의 기회를 제공하였다: "제1차 바티칸 공의회에서는 오로지 하나이요 거룩하고 공번되고 사도로부터 이어오는 교회만을 다루고, 이 교회에다가 교황 무류성과 보편관할권이라는 교의로써 강력한 중앙통치권 체제를 부여했다. 제2차 바티칸 공의회는 그러나 보완적으로 고대교회의 상태에 의지하여 주교직과 여러 지역교회 안에서 또 그들에 의하여 보편교회가 구체적으로 존재한다는 신학을 전개했고, 따라서 주교들이란 단순히 로마 중심부의 확장 부서에 지나지 않는 것이 아니라 사도들의 후계자로서 자기네 교회의 진정한 목자들이므로 교황은 그의 권한을 동료성 안에서, 주교들과 단합하여 행사해야 한다고 강조했다. 그러므로 이전에 지나치게 강조되었던 중앙집권주의에 대응하여 어느 정도 지방분권화가 따라와야겠다는 것이다.[20]

공의회가 주교단을 형성하였다면 이는 교회가 권위를 벗어나 봉사와 대화로 신도들을 사목하도록 하기 위해서이다. 그리고 지역교회의 주교들에게 이런 사목적 권한이 주어졌음을 인정하는 것이다. 이는 로마가 지역교회에 보여준 신뢰이다. 그런데 우리 주교단은 이를 잘 인식하지 못한 것 같다. 이 기회를 십분 활용하기는커녕 이 권한을 포기하고, 그래서 자신에게 주어진 지역교회에 대한 책임을 회피하는 것 같은 인상을 준다. 그러한 대표적 예가 로마에 『표준교리서』를 신청하고, 또 금육제, 1월 1일의 파공일 지정 등이다. 이렇게 해서 우리 교회는 위로는 아부하고 아래로는 군주적인 교회에 머무는 듯한 인상을 준다. 여전히 중앙집권식 권위주의에 젖어 있다. 그러나 이것이야말로 공의회가 "주교단" 형성으로 극복하고자 한 바이다. 주교단이 공의회 정신에 따라 운영되지 못하고 있는 것은 아직 우리 교회가 공의회와 한국 교회에 대해 신뢰심을 가지지 못한 때문이라 할 수 있으며, 이런 풍토에서 신뢰를 대신한 권위가 자리하게 되는 것은 어쩌면 당연한 귀결이리라.

---

20. 빌만, 앞의 책, 37.

뷜만의 다음 말은 우리 교회에도 적용이 된다: "우선 첫째로 이것은 주교들에게 적중한다. 주교들은 참으로 자기 교회를 책임지고 있는 목자들이다. 제2차 바티칸 공의회가 말한 대로, 주교란 단순히 로마 당국의 임무를 대행하는 기관일 따름이 아니다. 과연 교회법과 로마의 발표들을 엄숙히 받아들여야 하지만, 그러나 그때에도 주교 자신이 책임을 지고 사목적으로 긴급한 사태를 위하여 올바른 일이 무엇인지를 스스로 결단해야 하며, 필요하다면 알력을 겪어내면서라도 그 결단을 고수해야 한다. 법전보다는 자신이 목자로서 느끼는 바와 자기 양심에 더 순종해야 하는 것이다. 주교들은 더 나아가 다른 친밀한 동료 주교들에게 대해서나 로마에 대해서나 예언자적인 발언도 해야 한다. 온 세계 주교단의 동료로서 공의회 정신의 수행을 위하여 책임을 느껴야 하며, 저 중앙집권주의, 보수주의, 합법주의를 덮어놓고 받아들여서는 안된다.[21]

전체 한국 교회를 고려한 차원에서 볼 때도 자기 교구를 더 구체적으로 사랑하기 위한 주교들의 새삼스런 용기와 분발이 아쉽다. 그렇지 않으면 그들에게 이 예언자 말씀이 적중하게 된다: "집 지킨다는 개들은 짖지도 못하는 벙어리, 드러누워 공상이나 하다가 졸기가 일쑤이구나"(이사 56,10). 말썽 없이 고분고분한 가운데 누리는 평온. 이것이 우리 한국 교회의 모습은 아닌가? 로마에게는 굴복적인 우리 교회가 아래로는 전형적인 권위주의적 처신을 보이고 있다.

물론 이런 결과를 초래한 데에는 로마의 책임이 크다. 공의회 후 세월이 지나면서 지역 주교들이나 주교단들이 지역교회다운 구체적 조처를 취하려 들기가 무섭게 로마에서는 부정적 태도를 보였던 것이니, 제2차 바티칸 공의회가 구축한 제3세계 주교단에 대한 신뢰를 다시 감독과 권위로 제압하겠다는 것이다. 그런데 우리 한국 교회는 이에 대해 저항할 용기조차 가지고 있지 못하였다. 오히려 한술 더 떠 마치 로마만이 교회인 것처럼 우리 교회를 대하고 있다. 로마 교회에 대해 아시아 민족의 문화와 정신을 대변하고자 노력하는 아시아 주교회의 내용을 대하면서 우리 한국 교회는 마치 자기가 아시아 교회 밖에

---

21. 뷜만, 앞의 책, 308 이하.

있는 듯한 착각을 하고 있는 것은 아닌가 하는 생각이 들 정도이다. 한번 더 강조하건대 한국 사회의 현실을 가장 잘 이해하는 것은 로마가 아니라 한국 교회이다. 이런 사고는 결국 우리 주교단 내의 문제로 등장한다. 우리 주교들은 과연 서로를 동료로 생각하고 있는가? 만날 때는 그저 얼버무리고 헤어져서는 서로 "자기 교구"의 이익만을 염두에 두는, 자기 교구의 벽 속에 갇혀 있는 것은 아닌가? 동료 의식이 결여되고, 전체 한국 천주교회를 위한 구상마저 결여된 주교 동료단 부재 현상에 놓여 있지는 아니한가? 주교단 내의 형제 의식 결여, 전체 한국 교회를 위한 대화와 봉사 의식의 결여가 이야기되고 교구 이기주의 현상이 이야기되는 한, 우리 한국 교회에서 토착화를 이야기한다는 것은 요원하다고 본다. 그러므로 로마 중심주의와 이기적인 자기 교구 중심주의를 벗어난 전체 한국 교회를 위한 작업을 구상하고 연구하는 것은 토착화에 이르는 가장 바람직한 지름길일 것이다.

한국 교회의 토착화를 위해 에큐메니즘 운동의 관심도도 지적하지 않을 수 없다. 혹시나 에큐메니즘을 이제 한물간 먼 과거의 일로 돌리고 있지는 않는가? 그리하여 이제 이 땅을 서로 협조하면서 건설하기보다는 서로가 경쟁자로서 이 땅을 나누어 가지려는 그런 비그리스도교적 마음이 작용하고 있는 것은 아닌가?

2) 영성과 열심을 혼동하는 교회

한국 교회가 제2차 바티칸 공의회의 정신에 얼마나 깊이 뿌리를 내리고 있는가 하는 물음에 대한 답은 교회가 지금 우리 교회 안에 일고 있는 여러 신심운동에 어떻게 대처하고 있는가 하는 물음으로 답변된다. 우리의 잘못된 영성이 지금 우리 주변에서 수없이 체험되는 굴절된 신앙 — 시한부 종말론, 사적 계시 등 — 에 원인을 제공하고 있는 것은 아닌가? 영성은 사회성과 현실을 존중하는 데 반해, 영성 없는 열심은 광신을 불러일으키게 되고 종교를 비현실적인 사물로 만들기 십상이며, 신심을 가정과 사회와 현실로부터 고립시키고 사유화하게 된다. 그런데 우리 교회는 개인주의적이고, 영신주의적이고(영혼 구제),

초자연적인 신앙만을 설교하면서 현대인들의 아픔을 같이 나누지 못하고, 영성과 열심을 구분하지 못하고 영성 대신 열심만을 강요하며 세속과 동떨어진 열심만을 부추기고 있었던 것은 아닌가? 지금 교회 안에서 확산되고 있는 성령쇄신 운동, 마리아 신심, 철야 성체조배 등 일련의 신심운동은 옳게 전개되고 있는가? 정치와 사회에 대하여 언급만 하면 이를 "그리스도교 영성"에 어긋나는 것으로 보며 종교를 마치 인간을 현실 밖으로 유인해 내는 마술 정도로 이해하려 했던 것은 아닌가? 가톨릭 신자들이 개신교 신자들보다 쉽게 사이비 종교에 빠져드는 근본 이유는 교회가 신도들에게 올바른 영성을 심어주지 못하고 그저 열심만을 강조하였기 때문은 아닌가? 얼마 전 한국 천주교 주교회의 산하에 있는 신앙교리위원회에서는 브라질 교리서 번역판에 대한 검열이 있었다. 그러나 실상 우리를 혼란스럽게 하는 것은 우리의 현실 감각을 무디게 하는, 봇물처럼 쏟아져 나오는 신심에 관한 책들이 아닌가? 그리고 이 신심을 영성으로 오해하고 있는 때문이 아닌가? 우리는 "현실"을 되찾게 해준 공의회를 잊어서는 안 된다. 영성은 사회성과 영성의 일치성 안에서 발견된다. 이런 일치를 찾지 못하는 데서 종교는 자칫 윤리·도덕 단체로 전락하고 만다. 사랑 대신 율법과 교의와 권위만을 내세우게 된다. 사회의 여러 현실에는 묵묵한 교회가 유독 윤리적인 면에는 민감한 반응을 보이는 것이 이를 잘 말해준다.

바오로 6세는 1964년 8월 6일 회칙 「에클레시암 수암」에서 이렇게 말한다: "교회는 자기가 지금 살고 있는 세상과 대화를 해야 한다. 교회는 자신을 말씀으로, 소식으로, 대화로 만들어야 한다"(60항).

교회(종교)는 현대의 위급한 정신적 상황에서 인간에게 해방과 자유를 찾아주어야 한다. 성서의 하느님이 정치에 개입하시고 가난한 이들을 편드시며 당신 백성의 부르짖음을 듣고 에집트의 정치적·경제적 역경에서 이끌어 내셨고, 가난한 이들을 위한 투신을 촉구하신다는 것을 마음에 새겨야 한다. 우리는 마르크스주의자들이 자기들은 현세를 위하여 싸우는 사람들이요 그리스도인들은 내세를 희망하며 사는 사람들이라고 주장한 것이 왜 잘못된 것인지 지적할 수 있어야 한다.[22] 그러므로 교회가 전지구적인 전쟁 준비, 가난한 이들에 대한 잔혹한 착취, 창조계의 전면적인 파괴, 이런 "세상의 죄"에서 인간을 해방하고 자유를 찾아주고자 스스로 변화를 요구하며 싸우지 않고 수수방관만 하며 세상의 불의에 대해서 무관심한 신심만을 강조하고 있다면, 이는 종교의 사명을 잃은 처사라 하지 않을 수 없다. 그런데 우리 교회는 이런 일에 아직도 그리 적극적이지 못하다. "교회 밖에는 구원이 없다"만을 강조할 줄 알았지 "세상 밖에는 구원이 없다"는 함께 생각하지 못한 것이다. 우리는 교회를 살리기 위해서 세상의 일을 외면하거나 희생시켜서는 안된다. 세상의 모든 백성이, 교회 안팎의 모든 인간들이 하느님 백성의 구성원임을 우리는 깨달아야 한다.

나는 여기서 남미의 해방신학을 구태여 언급하고 싶은 생각은 없다. 다만 경제적으로 비참한 곤궁 속에서, 흔히 정치적인 독재 아래에서, 또 교회적으로나 그밖의 모든 면에서도 결코 이상적이기만 한 처지에 살고 있지 못한 남미의 교회가 어쩌면 서방교회보다 제2차 바티칸 공의회를 더 용감하게, 더 큰 활력을 가지고 수행해 오고 있다는 뷜만의 주장에 공감하고 싶을 뿐이다. 뷜만은 서방교회는 공의회를 만들었으나, 즉 문서를 작성하고 인쇄했으나, 남방교회들은 공의회를 삶에 실천하는 모습을 보여주고 있다고 주장한다.[23]

---

22. 뷜만, 위의 책, 144 이하 참조.
23. 메델린에서 열린 라틴아메리카 주교단 총회(1968년)에서는 공의회를 구체적으로 이 대륙에 적용하고자 모색하면서 정직한 양심성찰을 하면서 종래에 강조되던 성직 위계적 교회는 이제 공의회의 노선에서 훨씬 더 하느님의 백성을, 평신도를 바탕으로 삼는 교회가 되어야 한다는 통찰에 이르러, 그 해결책으로 교회 밑바닥 공동체들을 제시했다. 나아가 종래에 강조되던 부유한 교회는 훨씬 더 가난한 이들을 향해 자세를 취해야 한다는 통찰에 이르러, 가난한 이들을 우대하는 선택을 제시한 것이다. 게다가 공의회 자체가 길을 닦아주기도 했다. 첫 회기중인 1962년 가을에 볼로냐의 레르카로 추기경은 요한 23세의 영감을 받아서 큰 주목을 받는 발언을 하였다: 예수께서는 두 가지 방식으로 특별히 교회 안에, 즉 성차례 안에 그리고 가난한 이들 안에 현존하신다고, 그분은 단순히 가난한 이들과 연대하셨을 뿐 아니라 완전히 일치하셨다고. 그러나 지금 만일 그분이 모든 초안 문서의 문장들에서 가난한 이들에 관한 생각을 찾아보려 하신다면 헛수고를 하시리라고. 이 생각이 모든 문서에서 뚜렷이 드러나야 한다고. 그리고 과연 그렇게 되었다! 거의 모든 문서에서, 정확히는 23개 관련 대목에서 우리는 교회의 가난한 이들에 대한 관계에 관하여 찾아 읽을 수 있다. 이렇게 이미 공의회 동안에 "가난한 이들의 교회" 운동이 레르카로, 몬티니, 수에넨스 추기경들과 헬더 카마라 대주교를 필두로 해서 생겨난 것이다.
메델린에서 가난한 이들을 우대하는 선택이 밝히고자 한 깃은 그리므로, 가난한 이들의 관심 속에서 이해하고 수행해야 한다는 것이다. 가난한 이들을 "위해서"가 아니라 가난한 이들과 "더불어" 무엇인가를 해야 한다는 것이요. 가난한 이들을 편들되 부자들을 적대하

우리 주변에는 너무도 많은 가난한 이들이 있다. 우리는 그들을 그저 자선단체에 맡겨두어서는 안된다. 우리는 무엇인가를 그들에게 던져주기만 할 것이 아니라 우리 자신을 주도록, 구조를 변화시키고 가난의 뿌리를 뽑아내기 위하여 우리의 지혜와 정력을, 우리의 예언자적 발언과 행동을 바쳐야 한다. 사목은 이런 인간을 중심으로 다루어야 한다. 그러나 우리 교회는 중산층화되어 가고 있고 스스로 중산층으로 자부하고 있다. 그러나 교회가 부를 축적하고 가난을 멀리한다면, 그 안에서 아무리 금육제가 지켜진다 하더라도 교회의 생명력은 끝나게 된다. "내가 바라는 것은 단식이나 금육이 아니다. 분향제가 역겹다. 내가 원하는 것은 정의와 사랑이다"고 시편을 통해 말씀하시는 하느님의 의향에 우리는 귀를 기울여야 한다. 교회는 교회 밖의 현실들을 읽고 해석해야 한다. 이것이 요한 23세가 내세운 "아죠르나멘토"의 의미이다. "시대의 징표"에 바탕하여 "오늘의" 교회가 되어야 한다.[24] 교회는 교회 안에만 갇혀 있어서는 안되며 참된 의미에서 가톨릭적이어야 한다. 즉, 개방되어야 한다. 가톨릭은 벽이 없다는 말이며 개방을 말한다. 그런데 우리는 자꾸 가톨릭이라는 게토를 형성한다. 자유보다는 구속을 더 강조하고 있는 느낌을 받는다. 세상의 구원을 위해서 책임지기보다는 주일 의무는 충실히 이행하면서도 세상의 일에는

자는 것이 아니라, 부자들은 이제 가난한 이들에 대하여 스스로 어떤 구실을 할 줄 알아야겠다는 것이다. 사실 부자들이 함께함이 없이는 가난한 이들의 문제들을 해결할 수 없는 것이다. 교회는 그러므로 그 설 자리를 바꾸는 일을 이루어 내었다.
메델린이 라틴아메리카 교회를 순식간에 머리로부터 발끝까지 바꾸어 놓았다고 주장할 사람은 아무도 없을 것이다. 그러나 반갑게도 많은 일이 이루어졌다. 대부분의 나라에서 이제는 교회가 체제에 대하여 비판적인 거리를 지키는 관계에 들어갔고 목소리 없는 사람들의 목소리가 되었다. 비단 노-대주교 헬더 카마라만이 — 공의회 전에 이미 — 가난한 이들을 향한 "회심"을 수행한 것이 아니라 그와 함께 많은 주교들도 그렇게 한 것이다.
신학자들도 — 특히 수도자들이 — 가난한 이들에게로 돌아서서 해방신학이라고 부르는 새로운 성격의 신학을 전개했다. 해방신학은 전통신학에 모순되는 것이 아니라 보완하는 것으로 자처하면서 복음 전체를 가난한 이들의 입장에서 궁리하며, 무엇보다도 신앙을 가르치지 않고 실행하고자 한다.
그런데 소박한 사람들이 무리를 지어 모여서 자기네 구체적인 삶의 정황을 분석하고 복음서에서 빛과 힘을 얻어서 이 정황을 걸음걸음 조금씩 바꾸어 나가고자 모색하고 있는 것이다. 해방신학은 이러한 해방 실천을 사후에 반성하는 일로 자처하고 있다(뵐만, 앞의 책, 150-3 참조).

24. 위의 책, 176 참조.

"나 몰라라" 하는 사람만을 원하고 있는 것은 아닌가? 교회는 결코 윤리와 도덕의 조직으로 그 본질이 퇴색되어서는 안된다.

어디서 우리는 공의회의 정신을 느끼는가? 공의회는 우리에게 미래일 뿐 아직 오지 않았다고 말한다면 과언일까? 현재로의 개방, 현재에 대한 감각은 찾아보기 힘들며, 오히려 현재의 감각에 대해서 방어적이며, 기껏 윤리적인 차원에서 벌어지는 운동만이 연일 강조되고, 성직자 중심주의·교구 중심주의·권위주의·집단이기주의·로마예속(지향)주의가 우리의 현실인 한, 우리는 봉사하는 교회, 대화하는 교회, 사목하는 교회의 모습을 볼 수 없으며, 이러한 뜻에서 공의회는 아직 우리에게 미래이다. 교회는 하느님 백성이며 주교뿐 아니라 평신도를 포함한 모두가 교회라는 가르침을 인식할 때, 부르주아적 교회를 탈피하고 현재로의 감각을 찾을 때, 개방과 현재화를 두려워하지 않을 때, 그래서 드디어는 가톨릭(종교)을 "틀 없는 종교" 내지 "틀을 탈(脫)한 종교"로 인식할 때, 우리는 교회와 인류에 대한 참다운 봉사를 펼칠 수 있을 것이며, 거기에서 이 민족에 토착화된 교회의 모습을 볼 수 있게 될 것이다. 왜 교회가 세상 구원의 도구인지를 알게 될 것이다. 이에 나는 1992년 5월 광주 가톨릭 대학 개교 30주년에 행한 윤공희 대주교의 말씀으로 이 글을 맺고자 한다.[25]

"여러분은 먼저 교회를 사랑하는 법을 배우도록 하십시오. 여러분이 교회를 비판한다면, 그것은 비판을 위한 비판이 아니라 사랑을 위한 비판이어야 할 것입니다. 여러분이 비판하는 교회는 항상 여러분을 사랑하고 있다는 사실을, 그리고 그 교회는 바로 여러분 자신이라는 것을 잊지 마십시오. 여러분은 사목을 하면서 여러분 자신의 힘에 의존하지 말고 제2차 바티칸 공의회처럼 성령의 바람에 여러분을 맡기는 법을 배우도록 하십시오. 그러기 위해서는 여러분 스스로 마음을 여는 법을 터득해야 할 것입니다. … 그리고 여러분은 여러분의 개방된 그 마음을 세계로 향하는 법을 배우도록 하십시오. 교회의 벽을 넘어, 세

---

25. 윤공희,「사목자에게 바란다」,『신학전망』97(1992 여름), 5 이하.

계의 모든 인간에게로, 특히 온갖 어려움과 질병에 신음하는 인간들, 희망과 절망이 엇갈린 인간들에게로 향하는 법을, 그리고 이들에게 목자적 사랑으로 봉사하는 법을 배우도록 하십시오. 그렇게 되기 위해서는 여러분 스스로가 이들 인간과 하나가 되어야 합니다.

가난한 자들의 편에 서는 것만으로는 부족합니다. 여러분들 스스로 가난을 **선택**해야 합니다. 오늘날 우리 교회가, 우리 성직자가 그 어느 때보다 가난과 정의를 부르짖고 있지만 그 실현이 잘 되지 않는 것은, 그만큼 우리가 **가난**을 **선택**하지 못하였기 때문이 아니겠습니까? 예수님은 **가난**과 **가난한 자**를 선택하셨습니다. 그리고 십자가를 선택하셨습니다. 우리는 … 예수의 이 **선택**을 따라야 합니다. 개혁은 이런 선택에서만 그 실현이 가능하게 될 것입니다.

여러분은 또 다르게 생각하는 사람들, 다른 종교를 가진 사람들을 향하여서도 마음을 여는 법을 배우십시오. 그리고 이들과 대화하는 법도 배우십시오. 이런 대화 없이는 3000년대를 향한 민족 복음화와 토착화는 불가능할 것입니다. 이리하여 여러분은 사목자로서 폭넓은 가톨릭인이 되십시오. 가톨릭인은 온갖 벽과 장애를 헌 인간입니다. 참다운 사목자는 이런 가톨릭인이 되어야 합니다. 사목자는 결코 마음의 문을 닫은 옹졸한 인간일 수 없습니다. 지금 우리 민족이, 그리고 우리 사회가 간절히 요구하는 인간은 이런 사목자라는 것을 여러분은 잊지 마십시오. 교회가 너무 보수적이다. 교회가 너무 제도적이다. 교회가 너무 권위적이다. 너무 성직자 중심주의다. 이기적이다. 너무 돈만 안다. 세계를 모른다. 대화를 모른다는 생각이 들 때마다 여러분은 스스로 폭넓은 인간, 누구나 진정한 사랑으로, 목자적 사랑으로 다 포용할 수 있는 관대한 마음의 사목자가 되도록 덕을 쌓으십시오.

교회는, 여러분이 이렇게 비판하는 그 교회는, 남이 아니라 바로 여러분 자신이기 때문입니다. **우리 모두가 교회인 것입니다.** 주교가 교회이듯이 여러분 하나하나도 교회인 것입니다. 한마디로 여러분은 제2차 바티칸 공의회 정신을 그리고 그 사목을 여러분 몸으로 배우십시오. 개방적이고 봉사적인 사목을 배우십시오. 그리고 이 정신이 이 땅에 실현되도록 정진하십시오."

④

한국 천주교회의 정체성과 그 실현:
지역교회와 로마 교회의 관계

지금 한국 사회를 보면 "세계화"라는 구호 아래 그 어느 때보다도 우리 민족 고유의 사상과 정신을 잃어가는 듯하여 안타까움을 느끼게 한다. 우리 민족의 정신과 전통 및 문화를 잃고 나면, "한국" 전부를 잃을 것이 당연한데도, 우리는 기준 없는 세계화를 외치고 있는 것은 아닌가? 세계화의 의미는 세계를 통해 한국을, 한국을 통해 세계를 찾게 하는 데 있을 것이다. 이런 혼란스런 상황에서 2000년대를 기다리며 대비하고 있는 우리 교회가 올바른 방향을 제시해 주지 못하고 무능함을 표출하고 있는 것은 안타까운 일이다. 교회가 이렇게 무력하게 된 근본 중의 하나로 필자는 우리 교회가 아직 한국인을 위한 한국인의 "한국적" 교회를 형성하지 못한 점을 들고 싶으며, 여기에는 로마라는 뛰어넘지 못할 장벽도 크게 작용하고 있음을 지적하고 싶다. 이에 필자는 한국 천주교회가 서 있어야 할 자리와 몫에 대해서 신학적으로 고찰해 보면서 그 방향을 모색하고자 한다. 물론 필자는 여기서 한국 천주교회는 더 이상 로마 교회가 아니어야 한다고 주장하지는 않는다(그럴 수는 없다). 그렇지만 한국 천주교회는 단순히 한국 사람으로 구성된 로마 교회, 그래서 한국적 특성이라고는 없어도 되는 로마 교회의 한국 지점 정도일 수는 없다는 것을 강조한다.

한국 천주교회에서 "한국"이라는 단어에는 한국인의 삶과 전통, 문화와 사상이, 또 우리의 가난하고 한 맺힌 서민들의 정서가 담겨 있어야 하며, 그러기에 한국 천주교회는 서구-로마가 아니라 마땅히 한국의 전통과 문화 및 삶을 대변해야 한다. 그런 의미에서 한국 천주교회는 유럽이나 남미의 천주교회, 아니 소위 로마 교회와도 다를 수밖에 없으며 그 분위기도 다를 수밖에 없다. 한국인은 유럽인이나 남미인이 아니며, 한국 천주교 신도는 소위 로마인이 아니기 때문이다. 사실 로마 천주교회에서 로마라는 단어는 이탈리아에 위치한 지역적 의미를 가진 로마나 유럽을 대변하는 형용사가 아니라, 전 가톨릭, 풀어서 말하자면 전세계의 지역교회를 대변하는 단어이다. 이 단어는 획일이 아니라, 포용을 위한 단어이다. 이런 의미를 살려서 우리는 지역교회와 보편교회의 관계를 신학적으로 살펴보면서 로마 교회에 대한 한국 교회의 자세 및 지역교회에 대한 로마의 정책을 비판하고, 나아가 우리 교회의 정체성을 제시하고자 한다.

1. 로마 중심적 한국 천주교회에 대한 반성: 한국과 로마의 한계

한국에서 복음화는 대체로 로마 집중과 성직자 중심으로 펼쳐지고 있으며, 일반 신도들은 이 중심에서 밀려나 이들의 사목 대상으로만 여겨지고 있다. 그렇지만 민족과 가난하고 한많은 대중을 떠나 로마의 제도(실상은 서구의 제도)와 성당 중심으로 펼쳐지는 복음화에서는 한국 교회의 미래를 기대할 수 없다.

1994년도『경향잡지』8월호에는 윤이흠 교수와 최석우 신부의 대담이 실렸는데 거기에 대충 다음과 같은 내용이 나온다. 깊이 공감이 가는 견해이다. "외국 사람들 손에 들어 있는 교회 안에서는 한국인의 정서와 분위기를 느낄 수가 없다. 자연히 민족과의 관계도 소원해진다. 한국에 들어온 대부분의 선교사들은 한국 민족을 이해하지 못하였고 또 이해를 하려고 하지도 않았다. 그들은 한국인의 정서보다는 인류라는 보편개념을 역설하는 데에 바빴다. 그래서 교회가 역사적 기로에 놓였을 때 교회는 자기의 체제를 수호하는 데에만 힘썼지 우리 민족을 생각해 주지는 못했다." 오늘날도 나아진 것이 없다. 1994년 교황대사가 광주교구의 지역 교구장의 만류에도 불구하고 나주의 윤 율리아를 방문하여 물의를 일으킨 것도 로마가 지역인들로 하여금 지역교회를 이끌고 경영하도록 한 공의회의 정신을 대사가 소화하지 못한 탓도 있지만 무엇보다도 한국의 정서를 존중하지 못한 때문이다. 한국적 정서를 한국인만큼 잘 아는 사람은 없다. 우리 교회의 지도자들은 이들보다 더 나은가? 오히려 한국의 상황과 실정에 관심을 보이려고 노력하기보다는 오히려 우리의 정서를 로마에 맞추기에 바쁘지는 아니한가? 한국의 경우 금육제의 실시가 그렇고 정월 초하루를 의무축일로 지정한 것이 그러하며, 이 조그마한 땅 위에 일곱 개나 되는 신학교를 허락한 것이 그러하다. 또 상주의 데레사 위에 수도원을 설립하도록 허락한 것은 어떠한가?[1] 이때문에 얼마나 많은 사람들이 불편을 느끼고 있으며, 또 신앙에 혼란을 일으키고 있는가? 1992년에 나온 가톨릭 교리서도 그렇다. 지금 우리가 필요한 것은 로마의 표준교리서가 아니라 한국의 한국 교리서이다.

피어리스의 다음 말은 우리의 현실을 그대로 표현하는 듯하여 씁쓸하다:

"아시아 주교단에서 흰 얼굴이 줄어들고 까맣고 노랗고 갈색 얼굴로 점차 대치되면서 그것이 바로 교회가 아시아화하는 증거라고 여기는 것은 교회론상으로 이단이다. 본방인(本邦人) 성직자라고 해서 반드시 본방인 교회의 표지라는 말은 못한다. 우리의 그리스도교 공동체를 참으로 토착화의 교회, 본방인의 교회, 지역교회로 만드는 것은 우리가 아시아의 문화사에 능동적으로 또 위험 부담을 안고 말려들고 참여하는 행동이다. 아시아의 문화사는 오늘날 대부분 비그리스도교도인 아시아 국민들의 손으로 형태가 갖추어져 가는 중이다. 그런즉 아시아에 타당한 해방의 신학은 해방에 관한 교회의 행동정식을 반영하는 삶의 형식(formula of life)으로서 등장한다. 교회의 해방의 행동정식은 입으로 공언하는 고백적 형식으로 정립되기 전에 이미 전례 속에서 상징적으로 행해짐으로써 부단히 내면화되기 마련이다."[2]

"이런 프로세스가 바로 공식교회 외변에서 부상중인 인간 기초 공동체들(그리스도인가 비그리스도인을 회원으로 하는) 속에서 싹을 틔우고 있다. 바로 그곳에 본연의 아시아 지역교회와 타당한 아시아 해방신학이 행동정식이라는 같은 배[腹]에 쌍둥이로 수태되어 있다."[3] 그런데 "아시아에 있는 지역교회 대다

---

1. 이제민, 「사적 계시의 신학적 의미와 그에 대한 태도」, 『신학전망』, 104 참조.
2. A. Pieris, 『아시아의 解放神學』, 성염 역, (분도출판사 1988), 259.
3. A. 피어리스, 259.

수가 아직도 아시아의 지역교회는 못되었고 아시아에 확장되어 있는 유럽-아메리카 지역교회들일 따름이기 때문이다. 따라서 로마의 아시아 지부 회원들에 불과한 우리 가톨릭 신도들은 로마 지역교회의 지역신학이 아니고는 공식적인 신학을 가질 도리가 없다".[4]

주교가 제3세계인이라 하여 다 제3세계인의 마음을 대변하는 것이 아니다라는 말이다. 로마가 전면에 내세운 제3세계인 교회 지도자들이 이 땅에서 펼치는 사목적 배려는 실상은 제3세계인을 위한 것이 아니라, 로마의 체제를 주장한 것인 때가 더 많다. 한국의 경우 제2차 바티칸 공의회의 정신에 따라 세상을 더 잘 이해하려고 노력하기보다는 오히려 복잡한 세상의 일에는 침묵하고, 쉽게 정부의 방침에 편승하고, 말하기 좋은 도덕 문제나 개인 신심에만 큰 관심을 일으켜 그것만이 참다운 종교심인 것처럼 강조하고 있다. 사람들을 교회로 불러모아 본당 중심의 온갖 사업을 펼치는 데에 사목의 무게를 두고, 이를 위한 희생만을 강조하지, 종교심과 사회성의 일치에 근거한 영성은 잘 모르고 있다. 로마로부터 칭찬받기를 좋아하며 로비와 업적 위주의 정치적 사목을 펼칠 때가 많다. 한국 교회는 자기의 한국 정서를 찾는 데서 가능해진다.

안타까운 것은 로마가 지역교회를 자기의 지점쯤으로 여기며 자기가 내세운 주교들의 소리를 그대로 제3세계 사람 전체의 소리인 양 받아들인다는 사실이다. 불행히도 로마는 그들의 소리에 가리어 그곳 민중들의 소리를 듣지 못하고 있다. 여기에는 우리 한국 교회를 비롯한 제3세계 교회의 실정에 어두운 로마의 한계도 한몫 거든다. 물론 로마에서 나온 것이 전부 다 지역교회를 외면하고 있다는 것은 아니다. 그러나 한국 교회가 한국인을 위한 한국적 교회에 한계를 느끼는 데에는 로마의 책임도 크다는 것은 부인할 수 없다. 피어리스는 이를 다음과 같이 갈파하고 있다. "아시아에서도 비(非)셈족 문화권에 사는 가톨릭 신도들이 해방에 대한 로마 체험, 그 체험에 대한 로마 표현에 동질성과 내면적인 근사성과 심원한 감정이입을 체험하지 않으면 안되는 것처럼 되어 있

---

4. A. 피어리스, 259-60.

다는 사실이다. 그러니 비록 장차 토착화된 교회들까지도, 적어도 비셈족 지역에서는, 로마식 해방 관념의 아시아 번역판을 고수하게 되리라는 가능성이 상당히 크다."[5] 걱정이 아닐 수 없다.

피어리스는 이런 발언을 하게 된 이유로 두 가지를 들고 있다: "첫째 이유는 … 우리 아시아 가톨릭 신도들은 마음과 뜻, 교리와 예배에 있어서 4세기 반 동안을 로마의 지역신학에 의해서 틀이 잡혀 왔다. 가톨릭 신도로서 숨쉬기 시작한 이래로 다른 신학은 도무지 알지 못하였다. 로마의 지방신학이 우리네의 성스러운 전통이 되고 우리네의 권위주의적인 과거가 되고 우리네의 정통성의 판단의 기준이 되어왔다.

둘째 이유는 더 비중이 크고 이 논조의 골조가 되는 것이다. 힌두교, 불교, 자이나교, 도교 같은 아시아의 영지적인 종교, 즉 비셈족의 종교들이 남아시아, 서남아시아, 극동아시아의 민중종교심과 지역 문화에 깊숙히 침투되어 있다. 그런데 이 종교들은 로마의 해방관과 의견이 같은 것으로 보인다. 따라서 아시아의 교회들이 남부와 동부 지역에서 아시아의 종교심 속에, 그 종교심을 통해서 문화순응이 되고자 노력한다면, 그때는 로마의 해방관이 과거에 그랬던 것처럼 전적으로 계속 받들어질 것이다."[6]

그러므로 피어리스는 신학자들과 교회 지도자들을 설득하여 두 가지 중요한 사실을 묵살하지 말도록 노력할 임무가 우리에게 있다고 주장한다. 하나는 아시아의 종교심에 관련된 것이고, 다른 하나는 아시아 신학에 직접 해당된다.

"첫째 문제에서 우리가 기억할 것은 아시아의 실재가 단순히 대종교들에 환원되어서는 안된다는 점이다. 이 종교들이 우리 대륙에 끼친 결정적 영향과 더불이 이 종교들의 고상한 형태, 초우주적 형태로 아시아의 가난한 사람들의 (우주적) 종교심에도 똑같은 관심을 기울이지 않으면 안된다. 아시아의 가난은 그 나름대로 활력이 있다. 아시아의 실재는 종교심과 가난의 상호 작용이라 할 수 있다. 두 요소는 각각 상대방과의 상호 관계에서 파악해야만 한다. 가난한

---

5. A. 피어리스, 259.   6. A. 피어리스, 259-60.

사람들의 해방, 그들을 가난하게 붙들어놓는 것으로부터의 심리-정신적 자유, 사회-정치적 자유라는 것이 아시아 신학에서는 본질적인 관심사가 된다. 그러므로 아시아 교회의 토착화는 아시아 현실의 한 가지 측면인 초우주적 종교심만을 고려했다가는 결코 이루어지지 않는다. 가난한 사람들의 종교심과 종교적 대중의 가난은 함께 복잡다단한 현실(아시아 신학의 모체)을 구성하고 있다.

둘째 문제는 아시아의 종교심은 셈족의 인간 해방 태도도 내포한다는 사실이다. 셈족의 해방사상은 성서 특히 구약성서와 신약의 공관복음서에 명확하게 진술되어 있다. 바로 이 성서적 구원사상이 라틴아메리카 신학자들이 우리 대신 새로 발견해 낸 내용이다. 그들은 원천적으로 돌아갔기 때문에(reditus ad fontes) 또 그곳 국민들의 가난 — 이 가난은 남미 신학자들의 성서해석학에서 초점이 되고 있다 — 에 몰입하였기 때문에 이것을 발견할 수 있었다. 가난은 계시의 발원지이다. 가난은 하느님의 말씀이다. 가난은 우리의 엄연한 과거요 현재에 대해서 그 정통성을 판단하는 규준이기도 하다. 가난이야말로 해방에 대한 종교적 체험, 철두철미 아시아의 언어로 표현된 우리의 체험이다."[7]

피어리스에 따르면 이 둘은 우열을 가리어 양자택일할 성질의 것이 아니다. "해방의 두 모델, 로마의 모델과 성서적 모델의 대립을 (로마의 신학적) 전통과 (계시를 내리는) 성서 사이의 오래된 긴장관계로 봄은 너무 유치한 발상이다. (로마) 교도권과 (라틴아메리카) 신학자들의 대립으로 보는 것도 그렇고, 아시아 종교심의 테두리에서 주장하는 문화순응의 신학 — 표면상으로는 로마의 해방신학과 상응하다 — 과 아시아 민중이 겪는 가난과 억압에 응답하려는 해방의 신학 — 라틴아메리카 사람들이 정립한 성서신학이다 — 사이의 갈등으로 보는 것도 사람을 실망시킨다."[8]

1984년 세상을 떠난 라너가 공의회 직후 교회의 역사를 세 단계로 나누면서 지금 우리는 막 맞이한 제2차 바티칸 공의회와 함께 교회 역사의 세번째 단계에 들어섰다고 공언하며 세계 각 지역 속의 교회와 그 중요성을 이야기했을 때

---

7. A. 피어리스, 261-3.   8. A. 피어리스, 263.

만 해도 라너는 아직 세계 속의 유럽 교회를 생각하고 있었을지도 모른다. 그러나 역사는 너무 빨리 흘러 지난 십 수년간 라너가 말한 그 단계도 과도기처럼 지나가고 있다. 지역교회를 위해 서구 교회는 제3세계에서 누룩처럼 없어져야 한다는 견해가 제3세계는 물론 이제 유럽에서도 대두되고 있는 것이다. 지역교회는 로마-유럽 교회의 지점일 수 없으며, 그 자체로 보편적 교회이다. 옛날 로마-유럽식으로 잘 무장된 선교사들은 제3세계에 들어가서 그리스도교의 씨앗을 그 땅에 심되 씨앗을 썩이려고 하지는 않고, 오히려 이를 고이 간직하고 보존하려고만 하였다. 그들의 고유 문화와 종교를 인정하고 살리기보다 자기네의 문화만을 내세우려 하였던 것이다. 그리하여 본래의 "예수 그리스도"의 그리스도교를 "서구"의 배타적 종교로 만들었고, 예수께서 이 세상에 오셔서 자신을 썩어 없애버리심으로 새 생명을 탄생시키셨다는 사실을 희석시켰다.[9] 그런데 지금 우리의 한국 교회는 오히려 로마-유럽보다 더 이 땅에 유럽식 교회를 고집하고 있는 것이 아닌가? 이 땅에서 새로 태어날 교회는 유럽 교회와는 달라야 한다. 한국 교회는 "한국 안에 있는 유럽 교회의 지점"이 아니다. 이 지점(支店)에서 우리는 우리의 정서를 느낄 수가 없다. 한국인의 한국적 교회는 우리의 과제이다. 필자는 여기서 배타적 민족주의의 교회를 주장하고 있는 것이 결코 아니다. 오히려 우리의 교회가 이런 "한국적인 것"을 잃을 때 보편적·세계적 의미 또한 잃게 되리라는 것을 강조하고 있는 것이다.

그리고 로마는 지역교회를 로마 중심으로만 다스리려 할 것이 아니라 지역교회의 발전을 독려해야 할 것이다.[10] 이에 로마 중심의 교회가 역사적으로 어떻

---

9. 제3부의 ②와 ④ 참조. 예수께서는 이 세상에 들어오시며 자기를 죽이고 없이하셨다. 그런데 우리는 우리 안에 오셔서 없어진 그리스도를 선포하면서 남에게 가서 없어지기를 거부하는 것은 아닌가? 예수를 선포하는 그리스도교의 특징은 "가서 없어지는 것"이다. 그렇지 못할 때 그리스도교는 예수의 생명을 전하지 못한다.

10. 지역교회와 그 문화에 대한 불신은 로마에서부터 더욱 고조되고 있으며, 주교 임명 사건으로 표면화되고 있다. 로마는 "로마에 절대 충성하려는 주교들을 지명함으로써 그 노선을 고수하고 관철해 나가려 하고 있다. 한 후보자가 '인간의 생명'이나 사제 독신제나 여성 사제 서품 같은 문제에서 언젠가 로마와 달리 표현한 바라도 있었다면 — 바티칸에는 이 모든 혐의점이 전산화되어 있다 — 다른 점에서는 그가 아무리 천거할 만한 자질을 가졌다고 할 수 있다 하더라도 자동적으로 고려 대상에서 떨어져 나가고 마는 것이다. … 한 단

게 극복되었는지를 살펴보고, 공의회에 따라 지역교회와 보편교회의 관계를 살펴보고자 한다.

2. 교황권 지상주의적 교회론 극복

교회는 처음부터 자신을 지역교회로 이해했다. 그러기에 지역교회의 강조가 결코 반(反)로마적인 것은 아니다.[11] 이스라엘이 구약의 하느님의 교회를 처음부터 부분적이며 동시에 보편적으로 이해했던 것처럼, 신약의 그리스도 안에 있는 하느님의 교회도 자신을 처음부터 보편적이며 동시에 지역적인 것으로 이해했다. 부분과 전체의 변증법은 교회의 본질에 속한 것이어서 지역에 있는 교회(공동체, 모임)는 보편적 교회의 한 부분, 한 대표가 아니고, 또 보편적 교회는 지역 공동체의 합계에서 비로소 형성된 교회(연합으로서의 보편적 교회)가 아니다(「교회헌장」 13 · 23항 참조). 바울로가 교회 개념을 단수와 복수로 사용한 것에서도 지역교회가 전체교회임이 입증되고 있다. 바울로에게는 개별 지역교회인 가정교회도[12] 그 자체로 그리고 완전한 의미에서 하느님의 교회(1데살 1,1; 1고린 1,2)이며 초지역적 공동체의 의미를 지니고 있다.

공의회 문헌에는 가톨릭 · 보편적 · 전체적 개념이, 또 지역교회와 부분교회의 개념이 혼동되어 사용되고 있는데,[13] 이는 가톨릭 교회 안에서 지역교회에 대한 물음이 비교적 새롭다는 사실을 시사해 주고 있는 것이다. 제2차 바티칸

게 더 높이. 추기경 임명에서도 같은 정책 노선을 확인할 수 있다. 벌써부터 다음 교종 선거가 준비되고 있는데, 이 노선을 지지하는 후계자가 뽑히도록 미리 손을 써 두기 위해서 이다"(빌만, 앞의 책, 296-7) 주교 임명에 관해 함세웅의 「교회쇄신을 위한 근원적 성찰. 교회 내의 민주화를 지향하며」, 『사목』 132 (1990), 43-59 참조.

11. 이 장과 다음의 2항과 3항은 주로 H. Legrand, "Die Gestalt der Kirche", P. Eicher (Hrsg.), *Neue Summe Theologie* (Freiburg–Basel–Wien 1989. 3), 87-95를 참조하였음.

12. 로마 16,5.14 이하; 1고린 16,19; 사도 1,13; 2,46 참조.

13. 공의회 문헌에는 교회의 형용사로서 "가톨릭"(catholic)은 45번, "보편적"(universalis)은 25번, "전체"(universa)를 23번 사용하고 있다. 지역교회(ecclesia localis) 개념은 여덟 번 사용되고 있는데 그 중에서 네 번은 교구를 의미한다(그 중에 한 번은 본당을 의미). 부분교회(ecclesia particularis)는 24번 사용되는데 그 사용이 통일되어 있지 않다. 이 중 12번은 교구를, 나머지 12번은 문화 환경 가운데 있는 교회를 말하는데 이 중에서 다섯 번은 비라틴어 의식을 가진 가톨릭 교회를 가리키고 있다.

공의회는 지역교회와 전체교회의 관계에 대해서 완성된 교의를 내놓지는 않았지만, 이와 관련하여 두 가지 점을 강조하고 있다: 교회는 구체적으로 지역교회에서 실현된다는 것과 이 지역교회는 원칙적으로 완전하고 포괄적인 의미에서 가톨릭적이라는 것이 그것이다. 이로써 지금까지 통상적으로 교회를 완전한 사회(societas perfecta)로서 그리고 그 위에 근거하여 교황권 지상주의(ultra-montanismus)적으로 이해하던 것이 그 근거를 잃게 되었다. 공의회는 교회에 대한 이런 새로운 이해를 구체적으로 생활화하기 위해서 지역교회에 왕성한 활력을 주고자 하였고 그런 목적으로 제도들을 설립하고 강화하였다. 제2차 바티칸 공의회의 결실이기도 한 주교 형제단도 지역교회가 전체교회임을 강조한 그 대표적 예이다. 또 "이 부분교회들 안에서 이 교회들로써 유일 단일한 가톨릭 교회가 성립한다"는 「교회헌장」 23항에서도 이를 볼 수 있다.

1) 완전한 사회의 교회론

19세기에 교회는 종종 자신을 완전한 사회로 이해하였고 또 그렇게 선포하였다. 교회를 이런 사회적 개념들로 이해한 것은 무엇보다도 계몽주의와 프랑스 혁명으로 밀려들기 시작한 새로운 사회에 대항하는 가운데서 일어났고, 이는 중세기, 특히 트리엔트 공의회 이후 시대(베라르민)에까지 소급된다. "완전한"(perfecta)이라는 표현은 도덕적 의미보다는 국가에 대한 교회의 완전한 독립을 보증한다는 의미에서이다. 국가가 자기 질서에서 완전한 것같이 교회도 그렇게 완전하다는 것이다. 무엇보다도 교회는 완전한 사회로서 자기의 목표를 실현하기에 필요한 수단과 권한을 구비하고 있고, 불평등의 원칙 아래 엄격하고 교계제도적으로 구성되었다는 것이다. 이리하여 목표에 도달하기 위한 수단은 오직 성직자들 손에 있고, 평신도들은 성직자의 지배 아래 놓이게 되었다.

국가는 교회의 첫 유사체(Analogon)로 간주되었고, 그 결과 교회의 조직적인 면만이 대단히 강조되었다. 완전한 사회는 국가의 "다른 나"(alter ego)이다. 교회는 생활 공간에서 형성되는 구체적이고 고유한 인간적인 것과 문화적인 것을 자기의 본질적인 것으로 여기지 않고, 이들을 다만 교회활동을 위해 유익하거나 경우에 따라서는 불리한 토양으로 대하였다.
    그런 식의 교계제도 조직에서 평신도들은 오직 성직자들에게 종속된다. 그들은 성직자들에 의해 지도받고, 가르침을 받으며, 또 성직자들로부터 성사를 받는다. 이런 견해는 근원적으로 교회 개념 자체에도 분열을 자아내게 된다. 신앙인은 이를테면 성직자들의 사목의 대상으로 격하되고, 성직자와 평신도를 결합시키고 그들과 함께 "우리"를 이야기하고 거기에 상응하는 행위를 가능케 하는 구원의 공동체는 약화된다. 교회를 사회로 여기는 견해는 교회를 공동체로서 인식하는 견해와는 모순을 보인다. 나아가 그런 "사회의" 개념 영역에서는 지역교회로서의 교회를 교회의 전 구성원이 실현시킨다는 것은 인정을 받지 못한다. 거기에는 교황 중심적 요인이 그 근원임을 숙고해야 할 것이다.

2) 교황권 지상주의와 로마 중심주의

    교황권 지상주의라는 개념에는 교황의 권위를 모든 것 위에 세우고, 교회 법규와 로마의 절차를 따르도록 모든 교회에 압박을 가하는 의도가 들어 있다. 제1차 바티칸 공의회(1869~1870)는 이런 흐름을 완전히 충족시킨 공의회였다. 그 이후 보편적 교회는 절대적이고 오류를 범할 수 없는 — 무류의 — 교황에 의해서 다스려졌다. 이런 상황에서 지역교회 신학에 대한 관심은 줄어들었다. 외적으로 볼 때 가톨릭 교회는 점점 하나의 유일한 거대한 로마 교회, 교황의 교구로 나타났다. 주교들은 이를테면 로마의 중심적 위치를 실현시키는 중개자에 지나지 않았다. 주교들이 그들의 재치권(裁治權)을 교황의 재치권에 근원하고 있다고 판단할수록 더욱 그러했다. 단순한 신앙인들은 자신들을 완전히 "로마 가톨릭" 신도라고 표시하였다. 교황은 이 세계적인 교구 안에서 모든 교회와 모든 신도들에 대해 직접적인 주교의 권위를 향유하였다. 물론 제1차 바티칸 공의회는 이를 명시적으로 가르치지 않았다. 그렇지만 적어도 이는 실제의 삶에서 제2차 바티칸 공의회 이전까지 보여진 해석이다.
    이런 중앙화 현상은 지역교회가 보편적 교회의 건설을 위해 진정한 동반자로서 동행한다는 의식과 또 지역교회 공동체도 교회라는 관점을 희석시켰다.

3) 보편적 교회론의 검토

제2차 바티칸 공의회는 지역교회 안에 전체교회가 드러난다는 교회론을 세워 교회에 대한 종전의 교황 중심적 이해를 변화시키는 데 큰 역할을 했으며 성공적 결실을 거두었다. 이미 공의회의 첫 문헌에서 우리는 지역교회와 관련된 중요한 표현을 보게 된다. 「전례헌장」은 이렇게 말한다: "사제단과 복사단에 둘러싸인 주교의 주례하에 하느님의 거룩한 백성 전체가 같은 전례집전, 특히 미사성제에서 함께 기도하고, 한 제단에서 전심으로 또한 능동적으로 참여할 때에는, 성교회가 가장 탁월한 방법으로 드러난다는 것을 확신해야 한다"(41항). 가히 코페르니쿠스적 전환이 아닐 수 없다. 왜냐하면 이제부터는 지역교회가 보편교회를 축으로 도는 것이 아니라 하나의 하느님 교회가 지역교회의 전례 안에 현재하기 때문이다. 아니 이보다 더한 것이 주장되었으니, 교회의 구성원은 능동적 혹은 수동적 구성원으로 구성되거나 집전자와 보조자로 구분되지 않고 모두가 능동적 전례거행자라는 것이다. 공의회가 이렇게 개회 처음부터 완전한 사회에 대한 가르침을 질문대 위에 세우는 일이 어떻게 가능했을까? 이는 공의회에서 지역교회가 능동적인 그리스도인들의 공동체로 묘사되고, 더욱이 이 지역교회가 하느님의 교회와의 관계에서 단순히 종속되거나 불완전한 부분이 아니라 바로 이 교회를 각 지역에서 능동적으로 현재화시킨다는 것이 진지하게 숙고된 까닭이다. 이런 숙고는 19세기 소수 의견으로 밀려났던 묄러(J. A. Möhler, 1796~1838)와 뉴먼(J. H. Newman, 1801~1890) 같은 학자들로 대변되는 교회론적 사유로 소급된다. 이들은 교부들의 원천으로 돌아가 교회를 유기적·영성적·성령론적·성사적으로 이해하고자 했다. 교회에 대한 이들의 견해는 교회 역사의 처음 천 년 동안 교회가 성도들이 공동체(communio sanctorum)와 교회들의 공동체(communio ecclesiarum)로 이해되었다는 것이 얼마나 핵심적이었는가를 성서적·역사적·전례적으로 연구한 결과와 일치하는 것이었다. 그렇지만 그들의 사유는 소수 의견으로 머물고, 교회는 자신을 완전한 사회로, 교황권 지상주의적이고 로마 중심적으로 이해하였다. 그러다가 제2차 바티칸 공의회에 이르러 그들의 견해는 빛을 보게 되었다.

3. 지역교회 신학에 대한 제2차 바티칸 공의회의 기여

1) 지역교회 안에서 하느님 교회의 실현

완전한 사회의 교회론은 그 개념성 때문에 필연적으로 보편적 교회의 교회론이었다. 이에 반해서 제2차 바티칸 공의회는 지역교회와 전체교회의 관계에 눈을 돌렸고, 이 관계에서 교회론의 쇄신이 제시되었다. 제2차 바티칸 공의회는 보편적 교회가 지역교회들의 공동체가 아니라면 직접적인 실재일 수 없다고 강조하였다. 말하자면 지역교회가 이미 그리스도의 교회의 현존(現存)이며, 충분한 묘사라는 것이다. 이 점에 대해「주교교령」은 이렇게 말한다: "교구는 주교가 사제단의 협력을 받아 사목하는 하느님 백성의 한 부분이며 이들은 자기 주교를 따르며 주교는 성신 안에서 복음과 성체로써 그들을 모아 하나의 지역교회를 이루는 것이므로 그 안에는 하나이요 거룩하고 공변되고 사도로부터 이어오는 그리스도의 교회가 참으로 내재하여 활동하는 것이다"(11항).

이 정의에는 교구적 지역교회 또는 지역교회적 교구는 다만 전체교회의 한 부분이라는 사고가 배제되어 있다. 이 관점에 이르기까지는 여러 번의 수정 제안이 있었다. 그 과정에서 처음에 제시된 "하느님 백성의 부분"(Populi Dei pars)이라는 표현이 "하느님 백성의 배당"(Populi Dei portio)이라는 표현으로 대체되었다. 여기서 "하느님 백성의 배당(몫)"이라는 표현은 전체의 특성과 고유성을 간직하고 있는 부분을 암시한다. 이런 방식으로 교구 지역교회는 훈령이 나열한 조건들 아래 — 즉, 복음과 성령과 성령의 선물을 받아들이고 성체성사를 거행하고 사목봉사를 이행한다는 조건 — 하느님의 교회를 현재화하고 묘사하는 것으로 간주되었다.

하느님의 교회는 지역교회들 안에서 실현되기에「교회헌장」은 부분교회가 전체교회의 모습대로 형성되었다고 선언한다(23항). 확실히 지역교회와 전체교회의 이런 상호관계는 재래의 교회론에 비추어볼 때 코페르니쿠스적 전환을 의미한다. 이와 함께 지역교회를 전체교회에 종속된 부분 실현으로 보는 것이 중단되었다. 더 정확하게 말해서 하느님의 교회는 교구적 지역교회 안에서 완전히 제시되므로 전체교회는 교회의 지역적 실현들로부터 이해되어야 한다고 선언하게 되었다. 전체교회는 구체적으로 교회들의 공동체 안에서 그리고 상호 수용을 표명하는 증거 안에서 실현된다.

2) 지역교회들의 가톨릭성의 요소

제2차 바티칸 공의회는 지역교회의 가톨릭성에 대한 진술에 중요한 가치를 두고 있다. 이로써 완전한 사회로서의 교회에 대한 보편적 교회에 비추어 주목할 만한 두번째 변화가 일어났다. 완전한 사회로서의 교회 테두리 안에서는 가톨릭성이 보편적 교회의 특성이었다. 즉, 보편성과 가톨릭성은 동의어처럼 여겨졌다. 이에 대한 증거로는 신앙고백문(Credo)을 번역하는 과정에서 나타난 논쟁을 들 수 있는데, 여기서 교회의 가톨릭성은 전세계에 걸쳐 교회가 전파되어야 한다는 것을 의미하는 것이었다. 그렇지만 이는 가톨릭성의 부수적인 의미일 뿐이다. 왜냐하면 가톨릭성은 본질적으로 신앙의 충만, 틀 없음, 다른 교파들과의 공동체, 신앙과 종교들 가운데 인간의 문화를 인정하고 받아들이는 것 등을 내포하고 있기 때문이다. 이 가톨릭성의 의미에 대해서는 「선교교령」이 새로운 방식으로 잘 제시해 주고 있다. 이 교령은 선교의 보편성을 강조하면서 다양한 인간 문화들을 신실하게 받아들일 것을 호소하고, 이로써 지역교회의 특색을 촉구하고 있다. 「선교교령」은, 교회는 성령강림 이후 "모든 언어를 말하며 또 그 모든 언어를 사랑으로 이해하여 받아들인다. 이렇게 하여 이 교회는 바벨의 분열을 극복한다"(4항)고 선언한다. 또 교회는 선교를 하면서 "구원의 신비와 하느님께서 주신 생명을 모든 사람에게 제공하기 위해, 그리스도 자신이 당신외 수육(受肉)으로 말미암아 같이 사신 동향(同鄕) 사람들의 특정의 사회적·문화적 상황에 당신을 적합시키신 것과 같이 그런 열정으로 이런 모든 사회 안에 자기를 침투시키고"(10항) 싶은 충동을 받는다고 서술하고 있지만, 이 훈령에 시종일관 깔려 있는 주장은 "신도들의 이 집단은 자기 민족의 고유한 문화의 무를 지니고 그 백성 안에 싶이 뿌리를 박아야 한다"(15항)는 것이다. 지역성과 지역 문화의 존중에서 보편성이 가장 잘 드러난다는 것이다.

그러므로 교회의 가톨릭성은 합법적인 인간의 문화를 신실하게 받아들이도록 간청하는 것이다. 따라서 지역교회는 비판 없이 서구 교회를 옮겨심는 식의 토착화에 끝장을 낼 때 비로소 가톨릭적이라 할 수 있다. 이는 구별의 선물을 요구한다. 즉, 각 사람들은 각각 문화와 풍습과 사회에서 무엇이 장려되고 무엇이 정화되고 통합될 수 있는지 볼 수 있어야 한다. "사회-문화면의 광대한 영역"(22항) 안에서 "더 깊은 순응의 길"(22항)이 지역교회에 열려야 한다. "이와 같은 방법에 의해 모든 종류의 혼합주의와 거짓 개별주의가 배척되며 그리스도교적 생활이 각 민족의 문화의 재능과 특질에 적합될 것이며 또 개개의 전통이 각 민족의 복음의 빛으로 비추어진 고유의 특질과 더불어 가톨릭적 일치에 흡수될 것이다. 이와같이 하여 마침내 … 고유의 전통으로 풍부하게 된 새로운 부분교회들이 교회적 상통 중에 자기들의 자리를 발견할 것이다"(22항). 전체교회의 가톨릭성은 지역교회의 가톨릭성을 통해 풍부해진다: "이 보편성으로 말미암아 각 부분(singulae partes)은 그 고유한 은혜를 다른 부분들과 온 교회에 제공하여 전체와 각 부분이 모든 것을 서로 나누어 가지며 일치의 완성을 함께 지향하면서 자라게 된다"(「교회헌장」 13항).

지역교회의 특성을 존중하는 것은 마침내 교회일치의 의미도 가지고 있다. 공의회가 지역교회를 강조하는 데에서 갈라진 그리스도인들의 일치를 회복하려는 충동을 강하게 일으킴을 알 수 있다. 왜냐하면 지역교회란 전체교회의 모습대로 형성되었으며, "이 부분교회들 안에서 그리고 이 교회들로부터 유일·단일의 가톨릭 교회가 성립"(「교회헌장」 23항)되기 때문이다. 그러기에 「일치교령」은 이렇게 가톨릭 신도들에게 권고한다: "가톨릭 신자들은 갈라진 형제들에게서 발견되는 참된 그리스도교적 보화들을 공동유산에서 이어받은 것으로 알아, 그것을 기쁜 마음으로 인정하고 높이 평가할 필요가 있다. 그리스도를 증거하며, 때로는 피를 흘리기까지 하는 그들의 생활 안에서 그리스도의 풍요하심과 그들의 덕성스러운 업행을 인정하는 것은 마땅한 일이다. … 또한 갈라진 형제들 안에서 성신의 은총으로 이루어지는 것은 무엇이나 다 우리 자신의 교화에도 이바지할 수 있음을 잊어서는 안된다. …"(4항).

이처럼 제2차 바티칸 공의회에 따르면 사회적·문화적 특성은 지역교회의 신학적 정의에 속하는 것이다. 이러한 사실은 중요하다. 왜냐하면 첫째, 이것은 기쁜 소식(복음)과 사회적·정치적·문화적 영역(환경) 사이에 단순한 만남 이상의 것이 일어나고 있음을 의미하기 때문이다. 즉, 복음은 이런 사회적·정치적·문화적 삶의 공간 안에서도 이 안에 살고 있는 사람들의 구원을 위한 기쁜 소식이며, 이들 인간은 현존재의 집합적인 차원에 속할 수 있고 또 있어야 하는 것이다. 둘째, 이 사실은, 바벨탑을 무너뜨리기 위해서는 이미 설치되고 또 보편적으로 유효한 것으로 정해진 일정한 장소에 제한된 그리스도교적 삶의 유형에 익숙해지는 것보다 더한 것, 예컨대 라틴어 전례를 각 나라마다 그들 나라의 언어로 번역하는 것과 같은 것이 요구된다는 것을 의미한다. 이는 대단히 복잡한 일이다. 이는 하나의 다른 그리스도교를 선포하거나 사는 일 없이 그리스도교를 토착화하고 또 문화들을 그리스도교화하는 일이다. 이런 상황에서 제2차 바티칸 공의회가 준비한 지역교회와 지역교회들의 상호 접촉을 위한 정규적인 교회 기관은 대단히 가치있는 것으로 평가된다.

3) 지역교회의 부흥을 위한 제2차 바티칸 공의회의 제도적 장려

제2차 바티칸 공의회는 지역교회 신학에 깊이 새로운 방향을 설정하였다. 물론 제2차 바티칸 공의회는 지역교회를 체계적으로 정리하지는 않았다. 제2차 바티칸 공의회의 주요 관심은 지역교회에 대한 근원적 반성 이전에 교황의 수위권과 주교직(「교회헌장」)의 관계, 교회와 세계와의 관계(「사목헌장」)에 있었기 때문이다. 지역교회에서 지역교회가 처한 문화와의 관계에 이르는 길, 또 거기서부터 교황직과 주교직의 관계에 이르는 길 여러 관점에서 — 역사적·교회일치적·개념적 등 — 신학적으로 결정적인 것이었을 것이다. 그럼에도 제2차 바티칸 공의회는 신학을 통해서만이 아니라 일련의 새로운 제도적 방향 설정을 통해서 지역교회의 부흥을 위한 원칙을 제시하였으며, 이것이 또 공의회의 원의(願意)였다고 보는 것은 틀린 일이 아니다. 과연 제2차 바티칸 공의회는 이런 방식으로 이미 실존하고 있는 주교회의(conferentia episcoporum)를 더 이상의 신학적 설명 없이 보증하고, 이 회의의 상황을 강화하고 그 설립을 의무화시켰다(「주교교령」 36-38항). 그러면서 이 회의가 국가의 차원을 넘어 서로 좋은 관계를 맺도록 원하였다(「주교교령」 38항 5). 제2차 바티칸 공의회는 또 이를 넘어 교구 지역교회 안에 사제단을 설립하도록 요구하였고(「사제교령」 7항), 모든 계층의 하느님 백성을 대변할 사목위원회(「주교교령」 27항) 및 평신도협의회(「평신도교령」 26항)가 조직되기를 원하였다. 또 교구 시노두스나 주교들의 지역회의(concilium provinciae)나 총회(concilium plenarium)를 구성하기를 강구하였다(「주교교령」 36항). 마지막으로 공의회는 교황이 지역교회의 소리를 더 잘 들을 수 있도록 주교 시노두스를 소집할 것을 제안하였다. "주교들은 이른바 주교 대의원회(주교 시노두스)라 불리는 모임에서 교회의 최고 목자에게 더 효과적인 협력을 제공한다. 이 회의는 가톨릭 주교단 전체를 대표하느니만큼 모든 주교들이 교계적 교류로써 세계 교회를 함께 돌보고 있음을 보여준다"(「주교교령」 5항).

4. 교구 지역교회의 본질적 요소

위에서 우리는 지역교회 안에 전체교회인 그리스도의 교회가 드러나 있음을 보았다. 이 지역교회는 구체적으로 교구로서 설명되는데, 그렇게 볼 때 지역교회의 본질적 과제는 전체교회와 밀접한 관계를 가지고 있다. 「주교교령」 11항은 그 요소와 과제를 "성령 안에서 복음과 성체로써 그들을 모아 하나의 지역교회를 이루는 것"으로 서술하고 있다. 지역교회는 그 자체로 성령 안의 모임이고, 성령은 복음과 성사들[14]에 의한 교회의 첫 건축가이며, 주교는 그 봉사자이다. 이 과제는 외부로부터 통제될 수 없는 것이다. 이를 구체적으로 보기 위해 이 요소들을 간단히 살펴보자. 지역교회의 이해에 본질적인 것이기 때문이다.

---

14. 「주교교령」에서는 성체성사만 언급되나 성체성사는 다른 성사 특히 세례성사와 나누어질 수 없다.

1) 지역교회 건설에서 성령의 역할

지금까지의 가톨릭 교회론이 교회 건설에 대해 이야기한 것을 보면 성령의 역할이 대단히 약소하게 다루어졌음을 시인하지 않을 수 없다. 제2차 바티칸 공의회에서도 성령론은 충분히 다루어지지는 않았다. 그렇지만 그 중요성은 원칙적으로 보장되었으니, 특히 「교회헌장」 안에서 분명히 나타난다.[15]

교회 안에서 성령의 작용은 오순절에 사도들의 설교를 청취하였던 다양한 무리들의 형태에서 분명히 보인다. "예루살렘에는 천하의 모든 민족들 가운데서 (모여온) 경건한 유대인들이 살고 있었다. … 그들은 각자 사도들이 그들의 지방 말로 말하는 것을 듣고 어리둥절하였다"(사도 2,5 이하). 성령은 교회에 온갖 문화들을 공급하며 종말의 시간에 교회가 이를 완성시키도록 그 과제를 교회에 지운다. 그러므로 교회의 보편성은 항상 구체적인 보편성을 띤다. 교회는 오직 지역교회의 특성과 다양성 가운데서 실존한다. 지역교회의 신앙 증언과 종교적 관습 그리고 그들의 봉사의 전통은 수용의 대상이 되어야 한다. 초기 교회는 이런 모습에 충실하였으니, 시리아 교회, 희랍 교회, 라틴 교회, 콥트 교회, 아라메아 교회, 에티오피아 교회, 인도 교회는 다른 곳에 있는 교회를 무분별하게 흉내냄이 없이, 오순절의 활력으로부터 그들의 문화 환경을 가진 좁은 생활 공동체 안에서 전례, 성가집, 신학, 법을 형성하였다. 다양성과 단일성이 서로 밀접하게 관계하고 있음을 보여준 것이다.

그러므로 우리는 로마가 혹시나 서구-그리스도교 문화를 지나치게 획일적으로 이해하면서 그것을 다른 문화에 강요하여 다양성과 단일성의 관계를 소홀히 한 것은 아닌지 물어야 한다. 그리스도인들은 자기들이 살고 있는 지역의 그 고유한 문화 안에서 참으로 그리스도교적 통찰을 발전시켜 나가야 한다.

---

15. 교회 단일성의 삼위일체적 관점을 통해서이다: "이로써 온 교회는 '성부와 성자와 성신의 일치에 바탕을 두고 모인 백성'으로 나타나는 것이다"(「교회헌장」 4항). 그밖에 교회의 세 근본적 모상, 즉 하느님 백성, 그리스도의 몸, 성령의 성전도 교회에 대한 신학에 새로운 구조적 역할을 한다. 성령을 교회 설립의 원칙으로 인식하게 되면서 일방적으로 그리스도론적으로 묘사되던 교회론이 성령론적으로 재평가되었다.

2) 복음과 지역교회

교회는 복음으로부터 탄생했다. 동시에 이 복음을 세상 끝까지 선포할 사명을 지니고 있다. 복음은 말씀과 소식뿐 아니라 실천을 내용으로 하고 있다. 기쁜 소식임과 동시에 또한 교회와 교회 주변 환경에서 최선을 다해 통치의 폭력과 부당한 제명의 폭력을 거슬러 행동해야 하는 것을 그 내용으로 가지고 있다. 복음은 구체적인 삶인 것이다. 그렇지만 복음은 또 은총의 실재인데, 이 은총의 실재를 통해 하느님은 당신과 우리 사이에 그리고 우리와 그리스도의 형제 자매들 사이에 새로운 관계, 공동체를 세우신다.

말씀과 실천과 공동체의 이런 상호 영향은 지역교회의 신앙 증언에 중요하다. 실천과 생활한 공동체 없는 말씀은 우리를 감동시키지 못하는 말일 뿐이며, 하느님의 말씀에 뿌리를 내리지 못하고 주님과의 공동체로 나아가지 못하는 실천은 쉽게 순수 인간주의적인 행동으로 굴절될 수 있다. 그리고 말씀 안에 근거하지 않고 또 실천적 삶에 영향을 미치지 못하는 공동체는 순전히 기만과 환영일 뿐이다.

3) 지역교회와 교회 공동체의 필요성에 대한 근원으로서의 성체성사

성찬의 공동체는 교회의 몸의 결정적인 근원이다. 성찬례는 신앙의 신비에 대한 세례받은 사람들의 고백이며, 같은 빵과 같은 잔을 나눔으로써 그들의 특성을 살린 가운데 한 지역에 결합시키고, 이로써 공동체(코이노니아, κοινωνια)를 형성케 한다. 실제로 이미 그리스도의 몸에 가입시키는 세례는 성찬에 공동으로 참여하는 데에서 그 목적이 달성된다. 이를 제2차 바티칸 공의회는 이렇게 말한다: "성세 지원자는 성체성사에 참여하도록 인도되는 것이며, 이미 성세와 견진으로 영적인 인호를 받은 교우는 영성체로써 그리스도의 '몸'에 온전히 결합되는 것이다"(「사제교령」 5항). 또 "기도의 집은 성체성사가 거행되고, 성체가 안치되어 있으며, 신자들이 모이고, 우리를 위하여 희생의 제단에서 바쳐지신 우리의 구세주, 천주 성자의 현존(現存)이 신자들의 도움과 위로를 위하여 흠숭받으시는 장소이다"(「사제교령」 5항).[16.]

성체성사는 그리스도교 생활의 절정이며,[17] 지역교회는 성체성사에 뿌리를 내리고 있다. 성체성사는 일정한 장소에서 실현되는 것이다. 이때문에 지역교회는 하나의 나눌 수 없는 그리스도의 몸을 지역에서 보이게 한다. 이를 바울로는 "도대체 그리스도가 갈라졌습니까?"(1고린 1,13) 하며 교회의 분열을 웅변조로 꾸짖는다. 신앙인들은 그리스도를 받아모실 때 그리스도의 한 부분이 아니라 그리스도의 전부를 받아모신다. 쪼개진 성체가 그리스도 몸의 한 부분이 아니라 그 자체로 온전한 그리스도의 몸인 것처럼, 마찬가지로 지역교회는 교회의 한 부분이 아니라 전부를 드러낸다.

제2차 바티칸 공의회의 「교회헌장」은 지역의 성찬 공동체 안에 그리스도의 교회가 현존한다는 것을 분명히 표현하고 있다: "그리스도의 이 교회는 신자들의 모든 합법적 지역 집회에 존재하며, 각기 자기 목자들과 결합된 이 집단들도 신약에서 교회라고 부른다. … 이런 공동체가 가끔 작고 가난하고 혹은 여기저기 흩어져 있어도 그 안에 그리스도께서 현존하시며, 그리스도의 능력으로 하나이요 거룩하고 공번되고 사도로부터 이어져오는 교회가 조직되는 것이다. 왜냐하면 "그리스도의 몸과 피"를 나누어 받는다는 것은 우리가 받아모시는 그리스도의 몸과 피로 우리가 변화되는 것이기 때문이다"(26항).

그러므로 지역교회의 다양성이 그리스도의 몸을 가르는 것일 수 없다. 최후의 만찬 때 그리스도를 중심으로 모인 조그마한 제자단이 진실한 하느님의 교회, 그리스도의 몸이었던 것처럼, 지역교회의 모임도 그러하다. 한편 성체성사는 자급자족적 지역교회, 자기만을 위해 있는 교회가 불가능함을 제시하며 이로써 교회들의 공동체를 견지한다. 하나의 유일한 교회는 지역교회들의 공동체이며 지역교회도 인격들의 공동체라는 사실이 성체성사로부터 드러난다. 신도들은 지역교회들과 공동체를 이루고 있는 교회의 구성원이며 이로써 모든 교회들과의 공동체 안으로 받아들여진 것이다.

---

16. 공의회의 이런 이해는 바울로의 다음에 근거하고 있다: "여러분은 그리스도의 몸이고 여러분 하나하나는 그 지체입니다"(1코린 12,27). 이 문장의 첫 부분은 성체성사와, 그리고 둘째 부분은 세례와 관련이 있다.
17. 「교회헌장」 11항, 「주교교령」 30항, 「전례헌장」 10·14항.

4) 교회 건설을 위한 사목직의 주기능

성령, 복음, 성체성사와 같이 사목직도 지역교회의 구조에 속한다. 앞의 셋에 비하여 주교의 사목직에는 봉사하는 역할이 주어져 있다. 주교는 교회의 보이는 우두머리로서 교회를 이끌기 위하여 은총과 직무를 받는다. 사도들을 따르는 가운데서 받은 카리스마가 주교를 교회의 목자(Munus regendi)로서, 그리고 복음선포를 위한 책임자(Munus docendi)로서 일하게 한다. 주교는 카리스마의 능력으로 지역교회의 우두머리인 것이다. 주교는 이 교회로부터 다른 그리스도인들과 함께 선포하는 말씀을 받는다. 주교는 자기 교회의 성찬 모임에서 윗자리에 있지만, 그리스도의 몸과 피를 축성하는 자로서 그 모임을 위해서 모임과 함께 그리고 모임 안에 있을 뿐 아니라 그 모임을 거행한다. 그래서 주교는 그리스도의 종이다. 그는 주님의 몸에 의해서 공동체를 형성하고 있는 것이다.

우리는 이미 주교의 지역교회가 신학적으로 다른 교회들의 공동체와 분리될 수 없다는 것을 보았다. 이것은 주교직에서도 입증이 된다. 초기 교회의 주교품이 이를 보여주고 있으니, 주교는 한편으로는 자기가 장상으로 있는 지역교회에 의해 선출되거나[18] 적어도 그 지역에 의해 받아들여졌는가 하면, 다른 한 편으로는 이웃 교회들의 장상인 주교가 안수하는 것이 필수적이었는데, 이렇게 해서 주교는 다른 모든 교회와 연대성을 가지게 된 것이다. 주교는 자기 자신의 교회에 대해 전체교회를 대변하고 또 다른 모든 교구에 대해 자기 교회를 대변한다.

5) 다른 교회들과의 공동체 안에 있는 하느님의 교회로서의 교구

요약하여 말하면 이렇다: 교구의 지역교회는 하느님의 교회의 완전한 묘사이며, 나아가 가장 비상하고 가장 농도 짙은 표현이다. 그렇지만 이 교회는 고립될 수는 없다. 오직 다른 지역교회와의 연대를 유지하는 한 참으로 가톨릭 교

---

18. 주교 선출 또는 임명에 관해서 이 장(章)의 각주 10 참조.

회이다. 그러므로 "지역 교구이기주의"의 캡슐에 갇혀 스스로 만족하는 지역교회는 더 이상 완전한 의미에서 하느님의 교회일 수 없다.

지역교회로서의 한국 교회는 한국인의 정서와 삶의 고향이어야 한다. 그러므로 마땅히 한국인의 삶과 문화와 전통 및 사회·경제·정치 현실에 깊은 관심을 가져야 한다. 그럴 때 그 안에 전체의 그리스도 교회가 보이는 것이다. 우리 교회가 우리 문화에 소극적인 관심을 보이게 된 이유야 많겠지만, 이는 무엇보다도 우리 교회가 지역교회성을 찾지 못한 때문이다. 제2차 바티칸 공의회의 「교회헌장」에 보편교회가 지역교회들 안에서만 파악되고 실현된다(23항)고 강조된 것을 한국 교회는 깨닫지 못하고 있는 것이다. 한국 교회가 문화를 실행하는 교회이기 위해서는 지역교회 안에서 보편교회가 존재한다는 것을 알고, 지역성을 실현시켜 나가야 한다. 한국 교회는 자기의 이중 소속 — 한국과 그리스도교 — 을 심도있게 인식하고 더 이상 한국을 뺀 로마 교회만의 모습을 보여서는 안된다. 가톨릭은 합법적인 인간의 문화를 신실하게 받아들일 수 있게 해주며 지역과 지역의 문화에 관심을 가질 수 있게 해준다는 것을 신뢰해야 한다. 복음과 문화는 단순한 형식적인 만남일 수는 없다. 복음은 사회적·정치적·문화적 삶의 공간 안에 사는 사람을 위한 기쁜 소식이다. 이를 알고 그 실현을 위해 힘을 모을 수 있을 때 한국 천주교회의 모습이 드러날 것이다.

이런 의미에서 그리스도교는 자기의 토착화를 정당화하기 위해서라도 자신을 그곳 문화를 인정하고 그 안에 계시는 하느님을 발견하도록 도와 주는 도구로, 나중에는 그리스도 때문에 없어져 버려야 할 도구로 생각할 수 있는 사고의 전향을 일으켜야 한다. 오늘날 우리 시대의 특정인이 트리엔트 공의회의 형태의 교회와 서구식만의 교회를 이 사회에 원하고 고집한다면, 이는 각 시대의 현재에, 살아 있는 그리스도의 복음을 전하는 것을 포기하고, 이를 고색창연한 정취가 남아 있는 저 박물관 물품으로 보관하겠다는 것밖에는 되지 않을 것이다. 물론 우리는 그리스도교가 남긴 과거의 흔적과 증인들이 우리의 생활 배경에서 지워져 버렸을 때 우리 인간들이 맞이해야 할 빈곤은 어떠할 것인지에 대해서도 생각해야 한다. 그러나 토착화는 그곳의 자연과 문화의 보존에 관심을 가질 때 가능하다. 「사목헌장」은 문화 개념에서 문화적 성분이 상실되었다는 것을 지적하면서 인간의 자유를 실현시키기 위해서는 문화적 삶의 과정에 있는 교회가, 인간으로 하여금 종교적 요구를 향하여 자신을 열도록 도와 주고, 영적인 개방성 안에 — 말씀을 듣는 자로서 — 자기의 신권을 향하여 길을 재촉할 때에만 길 안내의 비판적 기능이 정당하다고 주지시킨다. 교회는 문화로 개방되어야 한다. 개방이 의미하는 것은, 시간 안에서 절대시간을 향하여 포괄적으로 여는 것,[19] 공간 안에서 다양한 문화적 맥락과 다른 인종이나 다양한 사회체계와 사회계층, 다른 언어와 표현방식의 차이, 남자와 여자로서(「사목헌장」 60항 참조) 그들의 불림에 따라 의미 충족을 표현하는 모든 인간들을 향하여 가능한 한 넓게 여는 것이다.

이런 차원에서 우리는 한국 천주교회가 얼마나 자신을 고유의 전통으로 풍부하게 하고 있는가(「선교교령」 22항), 자연과 문화에 얼마나 충실한가, 자연 파괴와 향락 문화 등에 어떤 반응을 보이고 있으며, 문화와 생명살리기 운동에 얼마나 관심을 보이고 있는가, 언어의 파괴(TV 등에서의 언어 장난)와 예술의 상품화 풍조에 직면하여 언어와 예술에 얼마나 관심을 보이고 있는가, 혹시나 복음화를 여전히 서구식 양적 팽창, 즉 지배욕에 근거하여 실천하려고 하지는 않았는가 하는 질문을 진솔하게 던져야 한다. 남이 아니라 자기 자신에게. 그러면서 우리는 이런 질문 앞에서 웅크려든 우리 자신을 발견하게 된다.

한국 교회는 단순히 한국 안에 있는 로마 교회(The church of Rome in Korea), 그래서 로마 교회의 한국 지점이 아니라, 한국인의 한국적 교회(The Korean church)이다. 한국인의 느낌은 그 누구도(로마도, 교황도) 대신 느껴 줄 수 없고, 한국인의 삶은 그 누구도 대신 살아 줄 수 없다. 한국인만이 가장 진실하게 한국적으로 느끼고 한국적으로 살 수 있다. 교회는 이를 위해 있다.

---

19. K. Rahner, "Fragment aus einer theologischen Besinnung auf den Begriff der Zukunft", *Schriften* VIII, 555-60; "Die Frage nach der Zukunft", *Schriften* IV, 519-40.

⑤

한국 교회와 열린 교회

현정부는 개방화를 내세우며 발족하였다. 그후 1년이 지나면서 국제화를 그리고 얼마 전에는 세계화(globalization)를 내세웠다. 그때마다 기업인과 정치인도 환심을 사려는 듯 대통령의 구호를 되뇌었다. 이 모든 것들은 우르과이 라운드, 세계무역기구(WTO) 등 국내외의 정세에서 밀릴 수밖에 없던 상황에서 무능한 대통령이 내세운 도피용 구호일 뿐이라는 인상을 짙게 준다. 이는 이 구호가 나올 때쯤 대통령의 명을 실천에 옮기기 위해 국회가 보여준 새해 예산안의 날치기 통과에서도 입증되니, 이런 행위는 국제화와 세계화를 지향하는 방향과는 소원한 것이었다. 세계화라는 것은 안을 향한 검토 없이는 성취될 수 없다. 대통령의 그런 구호와 함께 종교계에서도 국제화와 세계화에 대한 이야기가 끊임없이 일었다. 그러나 교회가 세계화된다는 것은 도대체 무슨 뜻인가? 한국 교회를 세계적으로 알리겠다는 뜻인가? 국내 무대가 좁으니 그리고 이제 우리도 성장할 만큼 성장했으니 무대를 세계로 옮겨 뛰어보겠다는 것인가? 정치인들의 구호 방식대로 교회가 국제적이고 세계적일 수는 없다. 오히려 구호가 난무한 시대에 교회는 자성의 소리를 내며, 이 사심없는 반성에서 비로소 세계를 향한 열린 마음이 가능하다는 것을 알도록 도와 주어야 할 것이다.

그러므로 교회가 제2차 바티칸 공의회를 계기로 자성하면서 자기의 신원을 세계로 향해 개방했다는 사실을 되새기는 것은 의미심장하다. 개방으로 교회는 세계의 관심사가 곧 자기의 관심사임을 인식했던 것이다. 온 세계를 자기의 좁은 가슴에 품기라도 할 수 있는 듯한 교만한 자세를 바꾸어 세계의 가슴 속에서 자기의 정체를 찾으려 한 공의회의 이 정신은 그야말로 코페르니쿠스적 선환이 아닐 수 없다. 그런데 공의회가 끝난 지 올해(1995년)로 30년이 되건만 우리 교회는 교회의 이런 세계적 개방을 수용하지 못하고 있음은 물론, 좁은 한국 교회 안에서조차 내 교구와 네 교구, 내 신학교와 네 신학교, 내 본당과 네 본당, 내 신자와 네 신자로 갈라져 지역이기주의의 현상을 보이고 있다. 이런 마음으로는 통일이 곧 분단을 뜻할 수밖에 없다. 여기에 우리 한국 교회의 한계를 실감하게 된다. 그 한계는 우리 교회의 로마 중심적이고, 성직자 중심적인 구조에서 보듯이 "… 중심주의"를 벗어나지 못한 것과 무관하지 않다. 이에 이 점들을 비판적으로 고찰하면서 세계 속의 한국 교회를 구상해 보고자 한다.

1. 탈로마중심과 지역을 향해 열린 교회

여기서 탈로마는 한국 교회가 이제 더 이상 로마 가톨릭 교회가 아니어야 함을 주장하는 것이 아니다. 교회가 세계를 향하여 문을 열었다는 것은 구체적으로 세계의 지역교회를 향하여 문을 열었다는 것을 의미할진대, 이것이 로마 집중으로 방해를 받고 있음을 지적하고자 한 것이다. 한국인 교회 지도자들은 제2차 바티칸 공의회의 정신에 따라 한국과 세상을 더 잘 이해하려고 노력하기보다는 로마에 더 충실하고, 로마도 지역교회의 감정과 정서와는 무관한 사목지침을 내릴 때가 많다.[1] 얼마 전에 우리 나라 말로 번역되어 나온 『그래도 로마가 중요하다』라는 랏칭어의 책의 제목만도 그렇다.[2] 이 책은 1984년 메쏘리가 랏칭어 추기경과 대담한 것을 내용으로 한 것이다. 이 책의 원제목은 이탈리아어로 *Rapporto sulla fede*이고, 곧 독일어로 *Zur Lage des Glaubens*(『신앙의 상황』)라는 제목으로 번역 출판되었다. 한국판의 『그래도 로마가 중요하다』라는 제목은 이 책의 원제목과는 전혀 상관없는 것이며, 이 책의 내용상으로도 그럴 수 없다. 이 책의 한 부분에서 랏칭어 "그럼에도 불구하고 로마"라고 한 말이 나온다(그러나 한국어 번역판에는 이 말조차 번역이 되어 있지 않다). 여기서 랏칭어가 "그래도 로마가 중요하다"라고 한 것은 메쏘리가 대화중 잠깐

---

1. 제1부 ④ 참조.
2. 랏칭어, 『그래도 로마가 중요하다』, 정종휴 역, (바오로딸 1994).

쉬는 동안에 "다소 농담 섞인 질문"으로 "혹시 이탈리아가 아니고 독일에 본부를 가지는 교회를 가졌으면 하는지"라는 질문에(교황청의 재정난은 심각하며 독일 교회로부터 많은 도움을 받고 있다), 그래도 교황청은 "북쪽 사람들이 매혹당하는 과도한 조직, 엄격한 구조"보다는 이탈리아 정신의 로마에 있는 것이 낫다는 뜻에서 랏칭어가 한 말이다. 그러니 농담에 대한 랏칭어의 이 발언이 한국에서 책명이 된 것은 하나의 스캔들이다. 그럼에도 이 책이 "로마"의 명찰을 달고 한국에서 발행되었다면, 여기에는 한국 교회는 "그래도" 로마 중심적(지향적)이어야 한다는 저의가 깔려 있는 것으로 보인다. 랏칭어를 인용하며 랏칭어보다 더 랏칭어적이고, 로마를 인용하면서 로마보다 더 로마적인 우리 교회의 현실임을 잘 반영해 주고 있는 예이다. 한국 교회는 "그래도 로마가"가 아니라 "그래도 한국이 중요하다"고 말할 수 있어야 한다. 그리스도는 로마만에 속해 있지 않고 우리가 지금 고생하며 살고 있는 이 한국, 이 민족의 마음 안에 와 계시는 것이다. 사실 제2차 바티칸 공의회의 의미는 여기에 있다. 공의회는 지역교회의 중요성을 강조했다. 그런데 우리의 교회 지도자들은 공의회가 마련해 준 지역교회의 모습을 스스로 저버리고 우리 교회를 로마 교회의 한 지점처럼 여기고 있으니 공의회의 정신을 크게 빗나간 것이다. 이러한 교회에서는 세계화의 구상이 나올 수 없다.

세계를 향해 문을 연 한국 교회는 제2차 바티칸 공의회의 정신을 되찾은 교회이며, 유럽 로마 중심적인 "한국 안에 있는 서구 교회의 지점"일 수 없다. 그러기 위해 우리 스스로 우리 교회를 "한국인의 한국적 교회"임을 인식해야 할 것이다.

2. 탈성직자중심의 하느님 백성으로서의 교회

이런 논리는 그대로 성직자에게도 적용된다. 지역에 충실하지 못하면서도 교구 이기주의를 벗어나지 못한 주교들이 자기 교구에 작은 교구청을 만들어 교황청보다 더 보수적이고, 더 로마적일 수 있듯이, 주교의 권위에 노선하고 비판하는 신부들이 본당에서 작은 교구청을 만들어 놓고 주교보다 더 권위적으로 신자들에게 군림하는 경우를 우리는 가끔 체험한다. 우리 교회가 로마 중심에서 벗어나야 하듯이 성직자들은 한국 지역교회의 봉사자가 되어야 한다. 성직자중심주의는 우리가 벗어버려야 할 제도교회의 산물이다. 이미 제2차 바티칸 공의회는 하느님 백성의 공동체를 강조함으로써 탈성직자 중심을 제시하고 있다. 하느님 백성 공동체는 성직자 중심주의, 건물과 제도만의 교회의 탈피를 암시한다. 긍정적으로 표현해서 인격 공동체, 인간 공동체이다. 교회를 하느님을 가둘 수 있는 공간으로 생각해서는 안된다. 예수님은 감실 밖 사람들과 만나고 싶고 그들과 하나가 되고 싶은데도 이를 도와 주어야 할 우리가 오히려 그분을 감실 속에 가두어놓고 이를 방해하고 있는 것은 아닌지? 어느 신부님은 미사에 늦게 오는 사람에게는 성체를 쪼개어 준다고 한다. 그는 자기의 직권으로 예수를 자기가 나누어줄 수 있는 것으로 생각하며 그분의 다리를 부러뜨리는 것도 자기의 특권으로 생각한 것 같다. 우리는 이 성직자 중심의 교회에서 한계를 느낀다. 로마가 교회의 지역화를 두려워 말아야 하듯이, 성직자는 성직 중심주의의 권위에서 해방되는 것을 두려워해서는 안된다.

3. 큰 정의를 향해 열린 교회

세계를 향한 세계적 교회가 되기 위해서는 먼저 정의의 교회가 이루어져야 한다. 왜냐하면 정의는 네것과 내것의 구분을 벗어나 밖을 향할 수 있을 때 비로소 가능하기 때문이다. 지금 우리 나라가 그 어느 때보다도 분열을 보이고, 교회가 혼란을 보이는 것은 저마다 자기가 정의롭다고 주장하는 이기주의 때문이다. 반대자의 의견을 일축하지 말고 거기에 귀를 기울이는 것은 정의와 불의를 가리는 것만큼 중요하다. 분리됨으로 사람들이 내편과 네편으로 갈라지고, "자기 주장에 붙들려 남을 듣지 못하는 행동은 자칫 자기의 편을 게토화시키는 불행을 자아낼 수 있다. 지금 우리 사회의 가장 골치아픈 문제도 따지고 보면, 정의냐 불의냐보다 이런 게토화로 인한 민심의 분열일 것이다. 우리 민족의 특성은 시(是)와 비(非)를 가리는 서구식의 양자택일과는 달리 조화와 화해의 원리에 있다. 정의로운 사회를 위해 우리가 할 수 있는 것은 나와 다른 의견에 정면으로 맞서기보다는 그런 편협한 발상을 뛰어넘는 대안을 제시하는 일일 것이다. 그것을 우리는 옳음과 그름을 뛰어넘는 "큰 정의"에 근거한 민족의 화합이라 할 수 있을 것이다. 이런 "큰 정의"는 마태오 5.45에서 예수께서 이미 우리에게 제시해 주셨다. "하느님은 악한 사람들에게나 선한 사람들에게나 당신의 해를 떠오르게 하시고, 의로운 사람들에게나 의롭지 못한 사람들에게나 비를 내려주십니다." 하느님은 선과 악을 가리고 정의와 불의를 가리는 정의로운 분이시지만 동시에 불의를 저지른 인간에게 한없이 자비로우신 분, 구세주이시다. 하느님의 거룩함과 정의는 죄인들에 대한 자비와 밀접한 관계가 있으며, 그러기에 하느님의 정의는 동시에 하느님의 자애이다.

이런 큰 정의는 남을 억압하기보다는 포용한다. 박노해 시인이 쓴 「이불을 꿰매면서」라는 시는 이런 포용력있는 정의를 어떻게 실천할 것인지에 대해 많은 것을 우리에게 생각케 해준다. 이를 인용해 본다.

> 이불 호청을 꿰매면서
> 속옷 빨래를 하면서
> 나는 부끄러움의 가슴을 친다.
>
> 똑같이 공장에서 돌아와 자정이 넘도록
> 설거지에 방청소에 고추장단지 뚜껑까지
> 마무리하는 아내에게
> 나는 그저 밥 달라 물 달라 옷 달라 시켰었다.
>
> 동료들과 노조일을 하고부터
> 거만하고 전제적인 기업주의 짓거리가
> 대접받는 남편의 이름으로
> 아내에게 자행되고 있음을 아프게 직시한다.

명령하는 남자, 순종하는 여자라고
세상이 가르쳐 준 대로
아내를 야금야금 갉아먹으면서
나는 성실한 모범 근로자였다.

노조를 만들면서
저들의 칭찬과 모범 표창이
고양이 꼬리에 매단 방울소리임을
근로자를 가족처럼 사랑하는 보살핌이
허울좋은 솜사탕임을 똑똑히 깨달았다.

편리한 이론과 절대 권위와 상식으로 포장된
몸서리쳐지는 이윤 추구처럼
나 역시 아내를 착취하고
가정의 독재자가 되었다.

투쟁이 깊어갈수록 실천 속에서
나는 저들의 찌꺼기를 배설해 낸다.
노동자는 이윤을 낳는 기계가 아닌 것처럼
아내는 나의 몸종이 아니고
평등하게 사랑하는 친구이며 부부라는 것을.
우리의 모든 관계는 신뢰와 존중과
민주주의적이어야 한다는 것을.
잔업 끝내고 돌아올 아내를 기다리며
이불 호청을 꿰매면서
아픈 각성의 바늘을 찌른다.

개신교 여성신학자 정현경은 이 시를 이렇게 해석한다.

"노동자 박노해는 노동운동에 참여하면서 자신이 아내를 억압하고 있음을 깨닫기 시작했다. 그는 자신이 가정 안에서는 독재자임을 발견했다. 공장에서 자신이 착취당했던 것처럼 그는 아내를 착취했었다. 그러나 이제 그는 생활태도를 바꾸었다. 소위 여자들의 일을 시작했다. 그는 이제 이불을 꿰매며, 속옷을 빤다. 왜냐하면 아내는 결코 하녀가 아니며, 해방은 가정 안에서도 역시 체험되어야 한다는 것을 깨달았기 때문이다. 그는 '남을 지배하는 죄로부터 스스로를 해방시켜 자신의 아내도 문화적인 굴레로부터 자유롭게 하고 새로운 삶의 형태를 찾아내기 위해' 남성으로서의 특권을 포기했다. 그는 자기 비판을 통해 억압의 올무를 알아보았고, 남성과 여성이 '신뢰와 존경, 민주적인 나눔'으로 살아가는 새로운 공동체의 비전을 보게 되었다. 아시아 여성은 결코 공동체를 파괴하고 싶어하지 않는다."[3]

그리스도인은 이 시의 남편과 같은 그런 정의의 인간이 되어야 한다. 밖으로 정의를 부르짖는 우리가 혹시 안으로는 독재자가 아니었는지 반성해 보아야 할 것이다. 우리는 단순히 정의를 외치는 사람만이 아니라, 스스로 "정의"의 인간이 되는 것이다.

4. 가난을 향해 열린 교회

교회의 세계화 외침이 정당화되기 위해서는 예수의 복음인 가난을 찾고 가난을 실현하는 교회가 되어야 한다. 그렇지 못할 때 교회는 기업의 일종일 뿐, 구원의 교회는 되지 못하고 말 것이다. 그런데 교회의 일부에서는 대부분의 사람들이 설내빈곤에서 벗어났다고 하면서(그것이 사실인지 모르지만), 사제도 교회도 이제 부자로 살아도 되는 듯한 논리를 펴고 있다. 이는 복음적이 아니며, 비교회적인 것이다. "가난"은 교회의 본질이고 생명이다. 가난은 우리가 결코 벗어버릴 수 없는 것이다. 교회가 세계를 향할 수 있는 것도 바로 이 가난 때

---
3. 정현경, 『다시 태양이 되기 위하여』「아시아 여성신학의 현재와 미래」, (분도출판사 1994), 64.

문이다. 우리는 지금 서구 교회가 제도화되었다고 비난하고 있지만, 서구가 그렇게 된 가장 커다란 이유 중의 하나가 그들이 이 "가난을 포기하고 스스로 중산층의 부요를 택한 데서 비롯된 것"임을 우리는 잊지 말아야 할 것이다. 가난에 영적인 의미만을 부여하고 실제로는 가난에 시달리는 마음과 거리를 둘 때 그리스도의 가난은 더 이상 주장할 수 없게 되며, 세계의 가난한 실정에 동참할 수 없게 된다. 그런데 지금 우리 한국 교회는 가난한 사람들과 변두리 인생이 발붙이기에는 너무 힘들 뿐 아니라 오히려 사회로부터 소외받은 가난한 이들은 거기서 다시 소외감을 느낄 정도이다. 이렇게 해서 그들은 만년 동정의 대상이 되고 교회는 철저히 이기주의적인 집단이 된다. 대도시에서는 현대의 사교장이 되어버린 듯한 느낌까지 준다.

"가난한" 교회란 구체적으로 "가난한 성직자"에서 시작된다. 기업은 망해도 기업주는 망하지 않는다는 비아냥거리는 말이 교회는 가난하게 되어도 성직자는 가난하게 되지 않는다는 식이 되어서는 안될 것이다. 성직자가 가난해지지 않고서 교회는 결코 가난해질 수 없다. 스스로 가난해지지 않으면서 백성들에게 가난을 요구할 수 없으며, 가난한 이들의 대변자가 되어 정의를 부르짖을 수 없다. 이런 면에서 성직자가 골프를 치는 것은 생각해 봐야 할 문제이다. 그것이 가난을 살아야 하는 성직자의 직분에는 어울리지 않는 사치성 스포츠인 것은 사실이다. 맑은 공기를 쐬고 많이 걷고 정신을 모아 공을 치고 하다 보면 건강에 도움이 될 수는 있을 것이다. 그러나 그 이유가 건강 때문이라면 가난한 이들이 유지하는 건강요법을 받아들이는 편이 훨씬 마음편하고 사목적일 것이다. 도대체 유지하고 싶은 그 건강이 누구를 위한 것인가? 골프를 끊지 못하면서 가난을 부르짖는 우리 교회의 성직자의 모습에서 우리는 세계적 교회의 한계를 느낀다. 건강과 질병, 명예와 치욕, 가난과 부, 장수와 단명을 초월하여 살라는 이냐시오 성인의 말이 그립다. 가난을 위해 사제의 몫으로 돌아가는 미사 예물에 대해서도 진지하게 언급해 보고 싶다. 자기 아들이 입시에 붙게 해달라고, 죽은 어머니를 위해 기도해 달라고 낸 미사 예물이, 그리고 이를 위해 미사에 참여하러 온 신자들이 함께 기도한 그 미사 예물이 사제 개인의 몫

이 되어서야 하겠는가? 사제는 "돈"이라는 그 예물에서 봉헌자의 가난한 마음을 읽어야 할 것이다. 어떤 사제는 그런 식으로 수억을 축적했다고도 하는데 진실이 아니기를 바랄 뿐이다. 사제의 영명축일이나 회갑, 은경축 등의 축의금 등도 세계를 향하여 열려 있는 교회의 모습에 방해되는 요소들이다. 신도들은 그런 성의로 사제를 속되게 해서도 안될 것이다.

5. 통일을 향해 열린 교회

2000년대에 우리는 통일된 조국에서 살고 있을지도 모른다. 통일이 되면 교회는 지난 반세기 동안 반목하고 적대시하며 체험해 온 절망을 넘어 이 민족에게 희망을 주어야 한다. 그리고 다시 화합하고 일어설 수 있는 용기를 주어야 한다. 북한 선교에는 예수의 선교 원칙이 절대적으로 지켜져야 할 것이다. 그것은 "가라"에 충실한 선교이다. 마치 19세기말 우리 나라에 서구 교회가 물밀듯이 밀려와서는 각 종파가 자기의 이익을 위해 또는 세력 확장을 위해 불꽃튀는 경쟁을 했듯이 그런 식으로 2000년대의 교회가 북으로 정복자처럼 밀려가서는 안된다. 사람을 (내 편으로) 모으고 그래서 그들을 나처럼 그리스도교화시키겠다는 선교방식은 철저히 버려야 한다. 오히려 배타적인 자세를 벗어나 남을 위해 자기를 죽이는 법을 보여주어야 한다. 그곳에 그리스도교가 탄생하기를 진심으로 바란다면 그리스도교는 북으로 가서 없어질 준비까지 되어 있어야 한다. 그것만이 한민족이 더불어 살 수 있는 길이다. 통일된 민족의 마음을 이용하여 각 종파가 경쟁하듯 북으로 달려가 펼치는 교회 상업주의가 행해져서는 절고 안된다. 북을 각 종파의 진쟁디로 민들이시는 안된다. 그런데 그런 조짐이 보이며 서글픈 한계를 느낀다. 우리는 세계적 교회와 교회일치의 차원에서 이 일을 그리스도교적으로 협력해야 한다.

　독일의 개신교 신학자 몰트만은 유럽 공산국가의 몰락 후, 즉 새 유럽 탄생이 이루어진 5년을 지켜보면서 다음과 같이 말한다. "공산국가의 몰락 후 수많은 세계 교회회의가 열렸다. 그렇지만 지난 수백 년 아니 천 년간 갈라져 온

상처를 50년 안에 치료할 수는 없었다. … 공산주의의 붕괴로 더 큰 일치의 공동체를 이룰 기회가 주어졌다. 그러나 그 순간 의혹은 더 커졌다. 동구의 몰락과 사회주의국가의 민주화 이후 새 규정이 탄생했지만, 1989년의 사건(독일 통일)에 대해서 교회들이 보인 반응은 어떠하였는가? 그것은 '무신론적인 공산주의'에 대한 승리의 순간이 아니었다. 그것은 편협한 교파심과 사회로의 전향이 폭발한 사건이었다. 그것은 새 규범을 위한 그리스도교 일치운동 연합의 시간이어야 한다. 그렇지 않으면 교회는 언젠가 극복될 유물의 한 부분이 되고 말 것이다. 우리는 유럽의 일방적인 가톨릭적 '새 복음화'나 개신교적 새 복음화를 필요로 하지 않는다. 우리가 필요로 하는 것은 전(全)그리스도인이다."

통일이 그 어느 시기보다 심도있게 논의되는 이 시점에서 교회일치 운동은 그 어느 때보다도 중요하다고 본다. 통일된 민족의 교회는 교회일치 운동의 차원에서 펼쳐져야 한다. 우리 그리스도교는 그리고 모든 종교는 서로에게 문을 열어야 한다. 우리는 종파심에서 벗어나야 한다. 파벌과 통일은 반대되는 개념이 아닌가? 어떻게 통일을 바라고 통일을 사는 이 민족이 종파와 교파로 갈라져 적대감을 가지고 대치할 수 있겠는가? 교회는 스스로 세계를 향한 열린 마음을 보이고 배타와 이기주의를 넘어 통일된 모습을 보여야 한다. 그런데 한국 그리스도교는 한국의 시간(kairos)에 정면으로 거슬러 가고 있는 듯한 느낌을 지울 수 없다. 제2차 바티칸 공의회와 그 직후의 교회일치 운동의 열정은 어디에 갔는가? 각자 제 갈 길을 가기에만 바쁜 것은 아닌가? 한국의 그리스도교는 통일을 바라보면서 "그리스도교 일치운동 연합" 대신에 개인주의와 이기주의적인 그리고 편협한 교조주의에 빠지고 있는 것은 아닌가? 온갖 개방을 막고 있는 것은 아닌가? 남과 북의 한 민족 사이에 흐르는 강물의 흐름을 기어코 막아 버리려 하는 것은 아닌가? 새로운 근본주의적인 가톨리시즘과 프로테스탄티즘을 원하고 있는 것은 아닌가? 우리의 한계인가?

지금까지 현재 우리 교회의 모습을 어떤 결론이나 방향제시 없이 몇 가지 점에서 반성, 검토해 보았다. 열린 교회의 사목은 서구 교회의 과거를 답습하기보다는 한국인의 신원과 우리의 정서를 되찾는 데서부터 시도되어야 한다. 그것은 이분법적인 사고의 바탕에 서 있는 서구의 교회에서는 찾아볼 수 없는 우리 민족의 특징인 조화와 화해의 정신을 실천하는 것일 것이다. 그것은 또 예수의 큰 정의의 실천이기도 하다. 우리가 서구를 닮아가고 서구에 종속될수록 우리는 우리 민족의 이 근본 정신과 정서를 잃어가게 될 것이다. 양자택일의 논리는 우리의 정서가 아니다. 이는 우리가 꼭 넘어야 할 벽이다. 우리는 다시 큰 정의를 배우고 큰 정의를 익히고 가난을 살며 우리의 지역(한국)교회를 설립해야 한다. 세계화를 외치면서 지역교회를 이처럼 강조하는 것은 이 두 면이 결코 분리될 수 없는 교회의 요인이기 때문이다. 안과 밖의 조화에 "우리의 느낌과 정서"가 담겨 있다. 우리 민족의 정서는 안과 밖을 갈라놓는 서구적 사고를 처음부터 초월하는 장점을 지니고 있다. 그러기에 이는 단순한 민족주의의 차원에서 부르짖는 소리가 아니다.

   세계를 향하여 열려 있는 교회의 모습은 아직 우리에게는 미래이다. 그렇지만 미래의 시작은 현재의 반성에서 시작된다. 우리는 현재 어떠한 미래를 기대하는가? 미래의 젊은이와 교회는 어떠하기를 지금 원하는가? 현재 우리가 가지는 온갖 어려움에도 불구하고 화해적인 교회의 모습이면 화해적인 교회를 미래에 넘겨줄 수 있을 것이고, 우리가 감정적이고 대결적이면 그러한 교회를 유산으로 넘겨줄 수밖에 없을 것이다. 우리가 무엇을 넘겨주는가에 따라서 미래의 교회의 모습도 달라질 것이다. 그리고 현재 교회가 주는 유산에 따라서 미래의 세대와 교회는 열려 있거나 혹은 닫혀 있거나 할 것이며, 또 그 형태에 따라 우리를 두고 칭찬하든지 욕을 하든지 할 것이다. 물론 우리는 미래의 비판이 두려워서 지금의 행동에 제약을 받거나 업적을 남기기 위한 눈가림이나 눈치볼 일은 아니다. 어쩌면 미래의 그들은 우리보다 더 관용이 있어 우리가 어떤 것을 넘겨주든 모두 "조상의 슬기"로 받아들일지도 모를 일이기 때문이다. 어쨌든 미래의 교회는 현재 우리의 삶에 뿌리를 내리고 있다. 교회의 세계화를 원하는가? 닫힌 자기의 마음을 열라. 세계를 향하여. 교회의 온 관심사는 곧 세계에 대한 관심사이어야 하기에!

제2차 바티칸 공의회와 민중신학

민중신학을 제2차 바티칸 공의회 정신으로 평가한다는 것은 첫눈에 부당하게 보인다. 왜냐하면 민중신학은 한국에서 발생한, 그것도 주로 개신교 신학자들을 주축으로 전개되고 있는 신학인 데 반해, 가톨릭 교회에서는 이에 대해 아직까지 이렇다 할 견해를 표명하고 있지 않기 때문이다. 거기다가 제2차 바티칸 공의회 자체가 가톨릭에 의한 가톨릭의 공의회여서 개신교와는 무관한 것처럼 보이는 까닭이다. 그렇지만 제2차 바티칸 공의회는 가톨릭 교회 내부 문제만을 다룬 공의회가 아니다. 세계를 향하여 교회의 문을 열었고, 그리스도교 안의 여러 종파들과의 대화는 물론, 타종교와 타문화와의 대화까지도 가능케 하였으며, 그들과의 만남에 활기를 불어넣어 준 공의회였다. 공의회의 이런 개방성을 감안해 볼 때, 그리고 남미의 해방신학이 이 공의회에 의해 가능하였고 한국의 민중신학이 직접 간접으로 해방신학의 영향을 받아 태동하였다는 사실을 고려해 볼 때, 민중신학을 제2차 바티칸 공의회의 정신으로부터 평가해 보는 일은 지극히 당연한 일이라 할 수 있을 것이다.

그러면 제2차 바티칸 공의회의 관점(관심사)은 무엇인가? 민중신학을 투시할 제2차 바티칸 공의회의 핵심 주제는 무엇인가? 이를 인간론적인 관점(1, 2)과 교회론적 관점(1, 3)에서 살펴보고자 한다.

1. 하느님과 그리스도 안에 불림받은 인간

제2차 바티칸 공의회는 사회의 정의를 구현시키고자 모든 인간을 부르신 하느님 나라의 하느님을 선포하는 동시에 모든 사람이 하느님 나라 건설의 동업자임을 선언하였다. 제2차 바티칸 공의회는 스스로 완전한 인간으로서 죽음과 부활을 통하여 새 인간이 되시고, 완전한 인간을 달성하신 하느님 나라의 예언자이며 하느님의 아들인 그리스도를 선포하였으며, 전 인류가 그리스도와 함께하는 공동체로 불리었음을 선포하였다. 이 공동체를 하느님의 새 백성, 메시아적 민중, 새 하늘과 새 땅의 묘판(苗板), 전세계의 구원의 성사로 이해한다. 이렇게 제2차 바티칸 공의회는 하느님, 예수 그리스도, 교회를 선포하는 가운데 하느님에 대한 가르침(신론)에 나타난 자연과 초자연, 하늘과 땅의 역사적 관계, 완전한 인간이며 새 창조의 모델인 그리스도에 대한 가르침(그리스도론)에 나타난 인간과 하느님의 역사적 관계, 그리고 하느님과 그리스도 안에서 완전한 인간이 되도록 불림을 받은 인간의 존엄성에 대한 가르침(인간론)과, 그리스도와 공동체를 이루는 모든 인간들을 위한 구원의 성사인 하느님의 새 백성인 교회(교회론)에 나타난 인간과 교회의 역사적 관계를 핵심 주제로 삼고 있다.

   이 주제에서 보듯이 제2차 바티칸 공의회는 인간을 위한 사목적 공의회로서, 인간을 단순히 교회를 위하여 있는 존재라거나, 교회를 보존하고 들러리 세우기 위한 존재로서가 아닌, 교회의 핵심 내용으로 다루고 있으며, 마침내 "우리(인간)가 교회다"라는 정의를 내리기에 이른다. "우리"는 교회만큼 가치있는 존재인 것이다. 공의회는 이 "우리"를 막연한 인간 집단이 아니라, 현실을 살아가고 있는 "우리"로, 희로애락(喜怒哀樂)을 안고 살고 있는 구체적인 인간들로 이해한다. "우리가 교회다"라는 정식에는 여성은 누구이며 젊은이는 누구인가, 노동자는 누구이며 가난한 자는 또 누구이며 민중은 누구인가 하는 물음들이 총체적으로 함축되어 있다. "우리"로서의 교회는 모든 인간들의 고민과 고통, 어려움 등을 포함한 신앙의 문제와 인간의 모든 삶을 자신의 문제로 삼으며, 자신의 삶을 이들의 삶과 동일시한다. 이러한 공의회의 관점은 교회를 설립하신 예수가 민중을 하느님 나라 선포의 대상으로만 여긴 것이 아니라, 자신을 그들과 동일시한 데에(마태 25,31 이하 참조) 근거한 것이기도 하다.

   이렇게 해서 하느님과 그리스도, 그리고 교회 안의 모든 인간이 불림을 받았다는 제2차 바티칸 공의회의 가르침은 소외받고 한많은 민중들에게 절실한 가르침이 되며, 정치적·경제적·사회적 그리고 종교적으로 핍박받고 수탈당하는 민중들에게 특별한 정치적 의미를 가지는 공의회로 평가받게 된다. 이것은 공의회가 가난에 대해서 새롭게 이해하도록 지평을 열어준 데서 분명해진다. 부자들의 눈에 가난은 재물을 다루고 소유하는 데 대한 무능력의 결과로 비칠 뿐이고, 그러기에 그들의 눈에 비친 궁핍은 경감시킬 수는 있으나 제거될 수 없으며, 따라서 가난한 자란 단지 자선을 필요로 하는 대상에 지나지 않는다. 그래서 부자는 가난한 자들에게 자비는 베풀 수 있을지 몰라도 정의로울 수는 없다. 이런 견해를 가지고 있는 부자는 결코 가난의 상황을 변화시킬 수 없다. 이에 반해서 가난한 자들의 눈에는 가난이란 천성적인 무능력이 아니라 불의로 비친다. 가난은 온후한 자비로서가 아니라 법률로 극복될 수 있다. 가난한 자는 자발적인 후원과 자선적 복지사업에만 의존하는 존재가 아니라, 스스로 토지를 소유할 수 있는 권리와 재산에 대한 권리, 교육받을 권리, 자유로운 의사 발언권, 인간적인 삶에 대한 권리를 가지고 있는 존재이다. 가난한 자는 부자들의 관심의 대상일 뿐만 아니라 해방의 주체인 것이다. 부자들의 눈에 가난한 자는 역사의 주인공이 아닐지 모르나 가난한 자 스스로는 늘 자신을 역사의 주인공으로 인식해 왔으며, 이를 이제 제2차 바티칸 공의회가 인정한 것이다. 그런데 지난 역사를 돌이켜볼 때, 교회는 가난하고 소외된 자들에게 관심을 보이며 자선을 베풀긴 하였으나 그들의 입장에서가 아니라 가진 자와 지배자의 입장에서 대해 왔던 것도 사실이다. 교회가 가난에 대하여 이해할 때 가진 자의 견해를 따랐다는 점을 감안할 때, 제2차 바티칸 공의회는 실로 가난한 이들뿐만 아니라 교회의 주체를 찾아준 해방의 공의회라 하지 않을 수 없다.

이렇게 가난을 발견하고 가난한 이들의 입장과 그들의 전통과 문화를 자신의 입장과 동일시한 제2차 바티칸 공의회의 교회는 민중의 소리를 듣고, 착취당하고 억압받는 민중의 변호인이 되고자 한다. 이런 의미에서 제2차 바티칸 공의회의 교회는 우리 사회의 하느님 백성의 소리라 할 수 있으며 정치적 의미를 가진다. 인간들이 무엇으로 고통당하고 있으며, 어떻게 이들이 정치적·경제적·사회적·문화적 그리고 종교적으로 착취당하고 있는가, 어떻게 이들이 정의를 위해서 싸우고 있으며, 가진 자들과 동등하고자 하는지를 표명하는 것은 이 공의회의 교회의 관심사이며, 이로써 교회는 민중의 교회임을 의식케 한다. 제2차 바티칸 공의회에 의하면 정치에 관심없는 신학은 신학이 아니며, 신학에 관심없는 정치란 정치가 아니기 때문이다. 정치적 입장은 신학적으로, 그리고 신학적 입장은 정치적으로 규정될 수 있어야 한다. 인간 행업의 역사 안에는 자연과 초자연이 밀접하게 관계를 맺고 있기 때문이다. 인간은 하느님으로부터 불림을 받았고, 교회는 그리스도 안에서 새롭게 되고 하느님의 가정으로 변형해 나가야 하는 인간사회의 누룩이며 영혼인 것이다.

공의회의 이런 가르침을 진지하게 받아들인다면 억압받는 이들과 연대감을 가지고 협동할 수 있어야 하고, 빼앗기고 뺄 없는 인간들의 인격과 그들의 존엄성을 존중해야 하며, 죽음으로 저주받은 이들에게까지도 새 생명을 선포하지 않을 수 없는 것이다. 가난하고 한많은 소외된 민중들의 소리는 공의회의 소리이다. 이들은 공의회에 정치적 활동을 할 수 있는 정당한 의미를 부여하며, 교회가 공의회의 메시지를 배반하거나 포기하지 않도록 용감하게 공의회의 편을 들며, 이를 교회와 사회 앞에서 고백하도록 격려한다. 가난하고 한많은 민중들은 공의회가 선포한 쇄신의 원동력이다.

민중신학은 가난하고 소외된 이들과 이들의 위치를 하느님 앞에 정당화시킨다. 그리고 민중의 입장을 대변하고, 스스로 이들의 소리가 되고자 한다. 그러한 한 민중신학은 공의회의 소리라 할 수 있다. 민중신학은 공의회의 새로운 점을 막연하게가 아니라, 창조적이고도 구체적으로, 그러면서도 예언적으로 전달해 준다. 소외받는 이들의 편에서 그들이 안고 있는 당면 과제를 돕고자 결정한 민중신학은 그들 가운데서 그들을 만나야 할 의무를 알고 있다. 어디에 그들의 가난하고 억압받는 한(恨)이 어려 있고, 어디에 그들의 아픔이 있는지, 그리고 어떤 지역적·사회적·정치적 문제를 안고 있는지 알고 있다. 그리고 또 복음이 현대사회의 가난한 이들을 위한 하느님의 설계라는 것을 견지한다. 나아가서 교회가 가난한 이들에게 관심을 보이는 곳에서, 또 가난한 이들에 의해서, 교회는 회개한다고 주장한다. 즉, 가난한 이들은 교회에 하느님 나라를 선포하고 교회는 이 복음을 받아들인다. 교회는 메시아적 민중의 길을 가며 가난한 이들의 교회가 되는 것이다.

이렇게 해서 민중신학은 자신을 가난한 이들의 신학으로 확신하며 해방신학이라 정의한다. 이 신학은 정치적 폭파력을 지니고 있으니, 이는 하느님 나라에서 정의(正義)를 대변하고 고발하는 자가 아니라, 고발당한 자들의 입장에서 정의의 소리를 내지르기 때문이다. 이 신학은 또 신학적 독창성을 지니고 있으니, 이는 가진 자들로부터 회개를 요구하고 가난한 이들에게 해방을 약속하는 하느님 나라에 대한 예수의 복음을 반성하고 있기 때문이다. 그리고 또 이 신학은 제2차 바티칸 공의회를 가난한 이들의 형상 안에서 구체화하기 때문에 사목적 결연성을 지닌다. 이 신학에 의하면 가난한 이들은 교회와 정치에서 가난한 자이도록 불림을 받은 자들이다.

민중신학은 민중을 신학적으로, 신학을 민중적으로 이해한다. 그러기에 정치적으로, 신학적으로 그리고 교회적으로 중요한 의미를 가진다. 민중신학은 확실히 공의회의 보증일 뿐만 아니라, 공의회 정신을 창조적으로 관철시키고 있다. 공의회가 말하는 인간 실존의 이해를 규정하고, 교회는 인간 이해를 하느님 자신으로부터 밝힌다고 한 것을 규정하고 있기 때문이다.

2. 민중이 모두다

1) 민중, 해방

앞에서 살펴본 민중신학의 관점은 "민중"이라는 개념 이해에서 역력히 볼 수 있다. 우선 "민중이라는 낱말을 사용할 때 잘 정리된 어떤 개념을 생각하는 것이 아니라, 구체적으로 살아 있는 사람들을 머리에 떠올린다. 예를 들면 시골의 가난한 농부들, 시골에서 견디다 못해 도시나 공장 지대나 탄광촌으로 삐어져 나온 사람들, 언제 쫓겨날지 모르는 꼬방동네 사람들, 넝마주이, 청소부들, 창녀나 포주, 깡패, '닭장'에서 '칼잠' 잔다고 하는 젊은 남녀 직공들, 특히 영세 업체의 여직공들, 교도소에 갇혀 있는 사람 등이다. 이렇게 사회의 가장 밑바닥에 깔려 있는 사람들을 생각하는 것은 그들이 우리 사회의 부조리를 가장 먼저, 가장 분명하게 나타내 보여주기 때문이다".[1] 그러니까 민중이란 무조건 억압당하는 사람들이라기보다(부자와 권력가도 억압당하고 소외될 수 있다) 대체적으로 사회의 밑바닥에 눌려서 구체적으로 사는 사람들이다. 그러나 민중신학은 이들을 단순히 "당하고 있는 층"이라고 학술적 또는 이론적으로 정의하는 데에 자신의 과제와 사명을 두고 있는 것이 아니라, 이들의 "주체성"을 찾아주는 데에서 자신의 사명을 발견한다. 이들은 비록 "가뭇하다고 하나"(아가 1,5-6) 하느님의 자녀들이다. 뿐만 아니라 이들에게서 "그렇게도 참혹한 상황에 있으면서도 인간으로서의 존엄성을 지니면서 살아남으려는 … 용기와 지혜"[2]를 꿰뚫어볼 수 있게 된다. 이렇게 해서 소위 엘리트만이 할말이 있는 것이 아니라, 권력도 명예도 사회적 지위도 없고 교육도 받지 못한 사람들도 할말이 있으며, 그들에게서 배울 것이 많음을 느끼게 해준다.[3] 이들은 사회와 하느님 나라의 주체인 것이다.

　민중신학은 민중의 주체성을 한민족(韓民族) 역사 안에서도 보고 있다. 우리 민족의 역사와 문화를 볼 때, 민중은 늘 천대받아 왔고 "더럽고 치사하고 추하고 저질적인 것"으로 무시당해 왔으며, 그리스도인들마저 그리스도의 복음과 사랑을 전하고 자선을 베풀 때 민중을 마치 거지 다루듯 동정의 대상으로 여겼지 하나의 주체로 인정하지는 않았다. "그들의 소리와 춤을 전통 문화로 지정하고 우리의 자랑거리로 선전하고 관광 자원으로 팔아먹으면서도 그런 문화재를 만들어낸 사람들과 그들의 삶 자체는 반대로 부끄러움으로 알고 감추려고 한다."[4] 하지만 민중은 그런 악조건 속에서도 주체성을 잃지 않았다. 오히려 그들은 자신을 늘 민족의 주체로 인식하고 있었으니, 예컨대 탈춤에 나타난 그들의 여유에서 잘 입증된다. 김지하의 희곡 『말뚝』을 보면, 민중은 지배자에게 먹히지만 그러나 민중을 먹은 지배자가 배탈을 일으킴으로써 승리자는 오히려

---

1. 현영학, 『민중, 고난의 종, 희망』, 한국신학연구소 편, 1980년대 한국 민중신학의 전개, 한국신학연구소, 1990, 13.
2. 현영학, 『민중신학과 恨의 종교』, 한국신학연구소 편, 1980년대 한국 민중신학의 전개, 447.
3. 위의 책, 446 참조.　　　　　　　4. 위의 책, 451.

민중이 된다.[5] 주체를 빼앗긴 듯한 민중이 여전히 역사와 사회의 주체로 남아 있는 것이다. "탈놀이하는 민중들은 지배층과 지도층을 풍자할 뿐 아니라 자기 자신들의 처지와 자기들의 종교(巫敎)마저도 풍자한다. 풍자는 그 대상에 대한 비판이고, 그리고 거기에 대한 웃음은 웃는 사람의 여유와 초월, 그리고 동시에 용서를 의미한다."[6] 이 여유는 부자들이 돈으로, 권력가들이 힘으로 살 수 있는 그런 것이 아니다. 그 여유는 삶의 기쁨과 진실을 담고 있기 때문이다.

이렇게 해서 민중은 오랜 기간 동안 지배 세력의 대상으로써 역사의 표면에 그 모습을 나타내지는 못하였지만, 전(全) 역사의 흐름과 그 방향이라는 맥락에서 볼 때 그들은 역사의 밑거름이었으며, 한 번도 역사와 민족으로부터 소외되었던 적이 없었다. 지배층이 민중들을 두고 그들과는 다르다며 아무리 소외시키려 하였어도, 소외된 것은 오히려 그들 지배층이었을 뿐 민중이 아니었다. 역사와 인간사회에서 소외된 것은 오히려 지배층이었던 것이다. 민중 없이는 사회의 존립 자체가 불가능했던 것이다. 민중신학은 이 민중의 존재 가치와, 민중의 의미, 민중의 힘, 민중의 역사적 위치를 새롭게 인식한 것이다.

이리하여 민중신학은 민중이 늘 이 민족의 주체였음을 자랑스럽게 여긴다. 민중은 그리스도의 복음선포나 자선의 대상일 수만은 없으며, 스스로 그리스도의 복음을 여유있게 즐기는 주체로서 이에 대한 자긍심을 가지고 있다는 사실을 간과하지 않는다. 이 민중은 제2차 바티칸 공의회의 인간이다. 왜냐하면 민중신학은 소외받는 이들의 주체성을 밝혀줌으로써 모든 인간이 하느님과 그리스도 안에 불리었다는 사실을 천명하였으며, 민중을 신학과 교회의 주체임을 깨닫게 해주기 때문이다. 민중신학의 민중은 하느님만이 아니라 인간도 믿는다. 이들은 민중을 통하여 신학의 주제인 하느님을 만나고, 또 그들을 통하여 예수가 선포한 하느님 나라와 그 하느님이 누구인지를 알게 된다. 민중신학이 신학의 장소를 — 아직 그리스도를 알지 못하는 — 민중으로 설정했다는 것은 높이 평가받아야 할 것이다.

---

5. 서남동, 『민중신학의 탐구』, 한길사, 1983, 72 참조.
6. 현영학, 『민중, 고난의 종, 희망』, 22.

민중신학은 이 민족을 성서적으로 이해하고자 한다(특히 안병무). 그것을 보면 첫째, 민중은 성서의 가난한 사람이라는 것이다. 그리고 성서는 가난한 자가 하느님 나라의 주인이 될 것임을 선언하였으며, 민중이 역사의 주인이라 선포하였다고 강조한다. 즉, 가난한 자, 민중이 역사의 주인인데 지금까지는 반민중적 인간들이 역사의 표면에 서 있었다는 것이다. 이렇게 해서 하느님 나라의 도래는 이 민중의 해방을 위한 것이라고 본다. 하느님 나라의 도래와 역사의 주체로서의 민중의 자기 실현 과정은 상호 종속관계에 있는 것이다. 한국의 민중은 정말 가난한 자들로 해석할 수 있을까? 예수가 하느님 나라를 선포한 것은 전체 하느님 백성을 불러모으기 위한 것이었으며, 가난한 자들을 부른 것은 하느님 백성에는 아무도 제외될 수 없음을 강조한 것이다. 민중은 정말 이런 민중인가? 민중 자체는 그렇다. 그러나 역설적이게도 민중신학의 민중은 그렇지 못한 것이 아닌가?

둘째, 예수의 집단성이다. 예수를 집단 속에서 역사적으로 이해하자는 것이다. 예수는 민중이었으며, 그의 언어는 민중적이었고, 그의 죽음은 민중의 죽음, 부활은 민중의 부활이었다는 것이다.

셋째, 민중에 대한 예수의 편애.

넷째, 민중은 구원의 객체가 아니라 주체이다. 인간의 구원은 가난한 자로 상징되는 민중의 절규를 듣고 그것에 호응하여 자신을 개방하고 그들과 일치할 때 주어진다.

2) 모두가 민중이다: 민중신학의 과제

물론 민중신학에는 약점도 많이 있다. 하나의 "신학"이 되기 위해서는 안고 있는 과제도 많이 산적해 있다. 가령, 민중으로부터 소외된 지배층, 부자들을 어떻게 불림받은 인간으로 포용할 수 있는가라는 문제가 그것이다. 만일 소외된 지배층을 포용하지 못한다면 민중신학은 또 다른 소외계층을 만들게 되어 소외받는 인간을 위한 신학이라는 의도는 의심받게 된다. 이런 극화(極化)의 예는 서남동의 다음과 같은 가난에 대한 이해에서 역력히 보인다. "예수는 부자도 권력자도 아니었고, 그들 편에 선 적도 없다. 예수의 하느님은 부자도 가난한 자도 같이 믿고, 누르는 자도 눌린 자도 함께 예배하는 그런 하느님은 아니었다. 하느님은 항상 가난한 자, 눌린 자의 하느님이다. … 먹을 것이 많은 부자가 이런 기도(= 주기도문)를 흉내내는 것은 하느님을 모독하는 짓이다. … 부자와 권력자는 「주기도문」을 드릴 자격이 없게 되어 있는 것이 기독교다."[7] "부자는 결코 천당에 갈 수 없다."[8] "지식인은 민중이 될 수 없다."[9] 정말 그럴까? 정말 이것이 예수의 의도였을까? 정말 예수는 부자와 권력자와 대적하기 위하여 가난한 자들의 편에 서셨을까? 서남동의 이런 주장은 빈부를 극단적으로 대치시킨 것이며, 가난한 자와 부자를 극화(極化)시킨 것이다. 이런 식의 가난과 부에 대한 이해는 해방과 구원도 일방적으로 이해하도록 한다.

송기득은 민중의 구원은 "민중이 지배계층으로부터 벗어나는 것이고 소외를 극복함으로써 인간화를 실현하는 것이다. 이리하여 민중의 구원은 민중의 자유와 해방을 의미한다"[10]고 말한다. 이렇게 되면 자칫 민중과 지배계층 사이에 계급이 형성되어, 한때 지배층이 민중에 대해서 쌓았던 벽이 이번에는 민중이 민중편에서 벽을 쌓는 격이 되어, 결코 무너질 수 없는 벽만 더 두터워질 뿐이다. 민중을 "전체 인간"으로 이해하지 못하고 지배계급에 대하여 극화시키는 것은 민중을 주체로 여기는 수준을 넘어 이렇게 또 다른 세력을 형성하여 서로 대적하는 악순환을 낳게 된다.

민중신학이 전체신학이기 위해서는 이런 극화를 극복할 수 있어야 한다. 이 극복은 민중이 지배층에 대해 여유있는 주체였으며, 이들을 포용할 능력을 가지고 있다는 점을 견지할 때 가능하다. 사실 민중은 지배 세력에 대한 또 하나의 다른 극이 아니다. 민중은 가난한 자들의 편에 서신 하느님을 알고 있으며, 하느님이 가난한 자들의 편에 서셨다는 것은 하느님이 어느 한쪽에 서셨기에 다른 한쪽을 구원에서 제외시켰다는 말이 아님을 알고 있다. 하느님께서는 오히려 그들이 소외시킨 인간들까지를 받아들임으로써, 인간이 갈라놓은 빈과

---

7. 서남동, 앞의 책, 12-3.   8. 위의 책, 195.   9. 위의 책, 178.
10. 송기득, 『민중신학의 정체』, 한국신학연구소 편, 1980년대 한국 민중신학의 전개, 73.

부, 지배와 피지배의 경계를 없애버리신다. 그러기에 진정한 해방은 가난에서 부유로, 피지배에서 지배로의 탈출이 아니라, 가난과 부유, 지배와 피지배, 정의와 불의, 성(聖)과 속(俗), 선(善)과 악(惡)을 가르는 이원(二元)에서의 해방이다. 예수의 하느님은 "악한 사람에게나 선한 사람에게나 똑같이 햇빛을 주시고 옳은 사람에게나 옳지 못한 사람에게나 똑같이 비를 내려주시는"(마태 5, 45) 분이시다. 이 하느님을 지나쳐서는 신학을 이야기할 수 없다.

그러므로 교회와 함께 가난하고 억압받고 소외당한 이들의 편에 선다는 것은 부자를 포함한 권력층과 지배층을 적대해서 그들을 구원에서 제외시키기 위해서가 아니다. 구원은 오로지 하느님께 맡기고, 그들이 쌓아올린 이원(二元)의 벽을 헐어내어 그들 스스로 가난한 자들의 편에 서서 가난한 자가 되도록 해주어야 한다. 민중신학이 민중의 이 "전체" 개념을 지배층의 반대 세력으로만 생각하고, 해방도 지배층으로부터의 해방으로만 해석한다면, 이는 해방의 의미를 축소시킬 뿐 아니라, 민중의 긍지를 잘못 이해한 것이 될 것이다. 민중신학이 부르짖는 해방이란 이들로부터의 해방이 아니라, "민중에로의 해방"이어야 하기 때문이다. 다시 말해서 민중신학은 민중해방만을 부르짖는 데 그치지 않고 "모두가 민중이 되어야 한다"는 사실을 근본 주제로 삼아야 한다. 모두는 민중이 되어야 한다. 민중은 모두이기 때문이다. 하느님 안에는 소외받고 제외된 사람이란 있을 수 없기 때문이다. 이리하여 민중이란 당하고만 있는 인간 집단만은 아니며, 그렇다고 피지배와 억압과 수탈에서 해방되기 위해 싸우기만 하는 인간 집단만으로도 만족할 수 없음을. 민중은 스스로 전(全) 인간이기에 가진 자든 못 가진 자든, 지배자든 피지배자든, 권력이 있든 없든 모두를 포용할 수 있는 인간 집단임을 입증할 수 있어야 한다. 따라서 민중신학은 그 과제를 지배 세력으로부터 민중을 해방시키는 데에만 두는 것이 아니라, 도대체 모든 인간을 "지배"의 카테고리로부터 해방시키며, 지배자들에게도 해방의 가능성을 열어주는 데 두어야 할 것이다. 소위 지식인으로 자처하는 민중신학자들도 민중인가? 혹시나 민중에 대해서 이야기하는 것만 좋아하지, 스스로는 자신을 민중과 동일시하고 있지 않은 것은 아닌가? 민중신학이 풀어야 할 과제이다.

지금까지의 이야기를 다시 종합해 보기로 하자. 민중신학의 대화 상대자는 "아무것도 아닌 인간"이다. 즉, 현대사회 질서 안에서 제대로 인간 취급받지 못하는 인간들: 착취당한 계급, 변두리 인생, 지역적으로, 학업 수준 등으로 천대받는 인간들이다. 민중신학은 이러한 인간들을 지배자나 부자, 권력을 쥔 자들에 대적해서 변호할 뿐 아니라, 그들 안에 있는 하느님을 발견하게 하고, 그 하느님이 곧 사랑이시며, 이 사랑이 우리 모두를 한 형제 자매로 만들었다는 것을 입증하고자 한다. 하느님은 민중들 가운데 정의이시기에, 하느님을 신앙하는 자는 민중을 사랑해야 하고 하느님을 사랑하는 자는 민중을 신앙할 수 있어야 한다고 주장한다.

민중은 신학의 주체이면서 또 구원 역사의 주체이다. 민중신학은 민중의 고유한 역사와 이 역사의 고유한 가치와 문화를 가지고 있으며 이를 존중한다. 한맺은 민중과 연결시켜서 생각할 때, 민중신학은 민중의 역사와 문화와 전통을 "한"(恨)의 것으로만 보지 않고 거기서 긍지와 자랑을 느끼며, 민중 자신을 하느님의 최초의 창조로 자부하게 한다. 이것이 민중신학이 이루어야 할 과제이다.

이 과제를 이루기 위해서는 어떠한 한에서 민중의 구체적 상황을 예수를 해석한 것으로 볼 수 있을까 하는 해석학적 물음이 근원적으로 해결되어야 한다.

3) 민중의 한(恨) : 한[一]의 갈망

민중신학이 민중을 이렇게 이해할 때, 민중신학이 안고 있는 또 하나의 주제인 한(恨)에 대해서도 적극적인 의미를 부여할 수 있게 된다. 민중신학은 한맺힌 사람들의 신학에만 만족히지 않고 한을 맺히게 한 사람들을 위한 신학이기도 해야 한다. 민중 자신의 주체를 발견하는 데서 남(지배층, 권력층, 부자…)의 주체까지를 찾아주어야 한다. 그럴 때라야 맺힌 한이 근원적으로 극복될 수 있을 것이다. 다시 말해서 민중신학은 단순히 억압하고 짓누르는 이들의 맞은편에 서서 반항하기만 하는 소극적이고 비판적인 신학의 차원을 넘어 전체 인간을 포괄하는 모든 인간의 신학이어야 한다. 그렇게 되기 위해서는, 민중신학이 민중을 여유있고 포용력있는 인간으로 이해하였듯이, 한을 전체를 이루게 하는 개념으로 해석할 수 있어야 한다. 즉, 민중의 의식 속에 깊이 뿌리내려져 있는 한이 단군 이래 한민족의 핏속에 흐르고 있는, 전체를 포용하는 홍익인간 사상과 정신, 그리고 문화를 얼마만큼 대변하고 있는가? 이 물음이 풀리지 않을 때, 한(恨)은 한많은 민족의 억눌린 감정의 표현은 될지 몰라도 한민족의 삶과 사상을 대변하는 근본 개념은 되지 못할 것이며, 이를 바탕한 신학은 잠시 유행하는 신학은 될 수 있을지언정 영원한 신학은 되지 못할 것이다.

이런 과제를 실현시키기 위하여 한(恨)을 또 다른 한[一]개념과 연관시켜 연구하는 것은 중요하다 하겠다. 즉, 한[一]을 이루지 못한 데서 한(恨)이 생겼다고 할 수는 없을까? 한(恨)을 극복하고자 하고, 한(恨)풀이를 하는 것은 한[一]에 도달하기 위한 것이 아니겠는가? 고로 한(恨)이 극복된 상태를 한[一]의 상태라 할 수 있지 않겠는가? 한(恨)많은 민중은 사실 이런 한[一]을 알고 있다. 그러기에 그들은 한(恨)을 가지고도 여유가 있었고, 자신들의 존재에 긍지와 자부심을 가질 수 있었다. 민중신학이 민중의 이런 주체를 인정한다면, 자신이 펼치는 신학은 반항과 투쟁의 차원을 넘어 화해와 사랑의 신학, 한[一]의 신학이 되어야 함이 자신이 실현시켜야 할 과제라는 것을 알게 될 것이다. 이렇게 민중신학이 화해의 신학으로 발전할 때 민중신학의 민중은 — 힘없는 민중은 — 모든 인간을 포용하고 감싸안는 위대한 힘, 예수가 십자가로써 성취한 그 힘을 발휘할 수 있을 것이다. 그때 한에 시달리던 민중은 "조상 때부터 대대로 물려받으면서 축적된 한과 아픔을 그들의 가냘픈 몸매에 지니고 아파하는" 인간, "민족의 죄를 자기의 것인 양 짊어지고 있는" 인간, "민족의 한을 자신의 한이기나 한 듯이 껴안고 있는" 인간, "억울하게도 한국 역사의 죄를 짊어진 고난의 종"으로 이해될 수 있을 것이다.[11] 그리고 민중의 "한"은 그냥 실의와 절망의 표현이 아닌 하나(전체)를 이루는 "한"이 될 수 있다. 민중은 한(恨)만이 아니라 한[一]의 주체이다. 여유와 화해와 평화의 주체인 것이다. 민

---

11. 현영학, 『민중, 고난의 종, 희망』, 17 참조.

중에게서 사람들은 한(恨)만을 보는 것이 아니라 한(一)을 찾는다. 이것이 민중신학의 과제이다.

3. 민중의 교회: 민중신학의 교회론적 과제

이런 해석학적 작업이 옳게 이루어질 때 민중신학은 교회 안팎의 모든 인간에게도 관심을 가져야 한다는 제2차 바티칸 공의회의 정신과 일치하여, 교회가 개인생활의 내밀한 영역 안에만 안주하는 것을 비판하며, 나아가서 사회정의를 이룩하기 위해서는 정치적 현실에도 관심을 가져야 한다고 강조한다. 민중신학은 인간이 자기 자신을 위해서나 사회를 위해서 원천적인 책임을 지며, 그러기에 사회를 함께 형성하며 사회 안에서 옳게 처신해야 함을 알고 있는 것이다. 민중신학의 교회는 사회적 문제를 영적으로, 영적인 문제를 사회적으로 해석할 능력을 갖추고 있으며, 스스로 사회적 존재의 영적 진리를 포착함과 동시에, 영적 존재의 사회적 현실을 주제로 다룰 능력을 가지고 있다고 본다. 사회적 의의가 없는 영적인 것이나, 영적인 의미를 가지지 않은 사회적인 것이란 있을 수 없다. 민중신학의 교회는 사회적 존재의 영적 현실의 뜻과 의미를 밝히면서, 영적 존재의 사회적 현실의 뜻과 의미를 밝혀준다.

민중의 교회는 또 민중을 자기와 동일시하는 데서 서구식 수직적 교회관으로부터 벗어난 수평적 교회관을 형성하고 있다. 이는 예수 그리스도에게까지 거슬러올라가는 교회관이다. 왜냐하면 예수는 모든 인간을 불러모으기 위해 하느님 나라를 선포하고 교회를 세우셨기 때문이다. 예수의 관심사는 하느님 백성이었던 것이다. 그러기에 민중신학은 교회가 때때로 오만한 선입견에 사로잡혀 민중은 아무것도 모르는 오로지 보호받아야 할 존재이고, 주교와 사제들은 이들을 통제 지도해야 한다고 생각했던 과거를 비판한다. 이런 교회는 민중의 권리를 부정하는 것이고, 결국 민중의 후원자되기를 거부하는 것이며, 민중을 다시 변두리 소외 지역으로 되놀려놓는 것이기 때문이다. 이렇게 해서 민중의 교회는 변두리로 밀려난 민중을 다시 중심으로 모은다.

이럴 때 제도교회가 아니라 민중의 교회가 교회의 과제라고 말할 수 있게 된다. 왜냐하면 민중의 교회 안에서 민중은 교회의 이름으로 이야기할 수 있고, 교회는 또 전 민중의 이름으로 나타나기 때문이다. 교회는 민중의 미래를 보증하고, 하느님 나라와 해방을 위해 눈뜨게 하는 민중의 공익을 위해서 있다. 민중의 교회는 이런 변화, 인류가 벌써부터 준비해 오고 예언해 오던 이 변화가 이제 일어나고 있음을 알리는 징표이다. 이런 민중의 교회는 제2차 바티칸 공의회가 말하는 하느님 백성을 해방시키는 도정에 있는 하느님 백성 교회의 근본 성사(根本聖事)이다. 민중의 교회 안에서 교회는 그리스도 안에서의 하느님과 인간을 상호 연계시키는 성사가 된다. 민중의 교회는 성령의 성사이며, 현재와 함께 하느님의 계획을 관철시키는 공동체. 그래서 "해방의 역사적 성사", "묵시의 백성"인 것이다. 민중의 교회는 하느님 나라의 의미에서 새 사회를 건설하고자 한 교회의 신비이다. 즉, 새 하늘과 새 땅의 성사이다. 이 안에서 억압받고 짓눌리며 소외된 자들이 희망을 가지게 된다. 하늘나라의 하느님은 이 땅의 하느님이며, 이들의 해방이기 때문이다.

그렇지만 민중의 교회는 아직은 과제로 남아 있다. 민중을 교회와 동일시하는 것이 그만큼 어렵기 때문이다. 그 과제란 가난하지 않으면서 가난을 부르짖고, 스스로 민중이지 못하면서 민중을 부르짖는 기성 교회에 대하여, 그리고 민중을 주체로 이해하는 것이 아니라 어디까지나 교회의 대상으로만 보겠다는 태도에 대하여 끊임없이 이 동일성을 증명해 보이는 일이다. 수십억 원짜리 성전(?)에서 기천만 원씩의 헌금(?)을 주무르며 초호화판 한풀이를 하면서는 민중을 대변하고 민중의 아픈 곳을 어루만져 줄 수 없다. 민중의 교회는 민중의 문제를 사회적으로 해결하는 데 대해서도 끝없는 관심을 보여야 하겠지만, 경제적 부를 축적하는 상업 집단으로 전락해 가는 교회에 대해서 경종을 울리며 반성할 수 있도록 이끌어야 할 과제, 즉 교회를 교회이게 하는 과제를 안고 있다. 민중의 구원을 부르짖는 교회는 참으로 자신이 민중과 하나라고 보는가? 민중신학이 풀어야 할 과제가 아닐 수 없다.

제 2 부

성직자와 평신도와 여성

제2차 바티칸 공의회의 "하느님 백성" 개념에 나타난 평신도

지역교회의 실현을 위해 한국 교회가 로마 집중에서 벗어나는 것 못지않게 중요한 것은 성직자 중심에서 벗어나 한국인 평신도의 위상을 찾는 일이다. 제2차 바티칸 공의회와 함께 교회 안에서의 평신도의 위치는 포괄적으로 규정하고 있다. 평신도는 교회의 여러 과제를 떠맡고 있을 뿐 아니라, 그리스도의 사명과 직무(왕직, 사제직, 예언직)에도 참여한다. 공의회가 끝난 지 20여 년이 지난 1986년 10월, 세계 주교 시노두스에서는 평신도 문제가 그 중심 의제로 다루어졌다. 이것은 평신도 문제가 교회의 본질을 이해하는 근본적인 개념임을 시사한 것이라 할 수 있다. 그러나 공의회의 이런 규정 이전에도 평신도는 스스로의 사명과 위치에 대한 견해를 가지고 있었다. 즉, 평신도들도 그들 자신이 누구인가, 교회와 동일시되는 존재인가, 아니면 교회를 구성하고 지탱하는 요소로서의 단순한 기능인(技能人)인가 하는 질문을 던지고 있는 것이다.[1] 그러므로 평신도는 스스로를 누구라고 보고 있으며 그들 자신에 대한 공의회의 표현을 어떻게 받아들이고 있는지 살펴보는 것도 바람직한 일이며 평신도를 이해하는 출발점이 되리라 본다. 여기서는 직접 이 문제를 다루지 않고 현재 한국 천주교회 안에서 평신도들이 받는 위치(대우)와 함께 성직자 계급으로 인한 평신도의 무능화 경향을 살펴보는 것으로 대신한다. 아직까지 평신도가 사목의 주체가 되지 못하고 그 대상으로만 여겨지고 있는 상황에서 공의회의 정신에 따라 이 개념을 정리해 봄으로써 교회를 이해하는 데 도움이 되고자 한다.[2]

---

1. 양한모, 「교회 안의 신도」, 『신학전망』 79호 (1987), 54-67 참조.
2. 이 글은 E. Klinger, *Die Kirche der Laien* (Würzburg 1987)를 주로 참조한 것임.

1. 평신도 이해와 한국 천주교회에 나타난 문제점

1) 한국 천주교회와 제2차 바티칸 공의회의 수용

한국에서의 성직자 중심은 "로마식" 교회의 권위주의와 한국의 양반-관료적 위계 문화가 맞아떨어진 독특한 현상을 보인다. 우리의 평신도는 공의회가 끝난 지 30년이 지나도록 성직자 중심의 교회에 가리워 자신의 위상을 정립하고 표명할 만큼 성숙하지 못하고, 자신을 교회 안의 한 무리, 한 계층, 교회 구성의 일부로만 여기고 있을 뿐, 스스로가 교회를 이루는 교회 자체라는 가르침을 제대로 의식하지 못하고 있는 실정이다. 그들은 — 성직자의 명령에 따라 — 교회의 일부 기능을 수행하고 이행하는 것으로 그들의 사명을 다하고 있다고 여기며 그것으로 만족하고 있는 것이다. 그들은 교회 안에서 독자적인 활동은 하되 여전히 스스로 교회를 구체화하는 기능을 다하지 못하고 있는 것이다. 성직자는 평신도를 자기의 사목 방침 정도나 채워주는 아랫사람으로 여기고 평신도는 이를 완수하는 것으로 자기 할 일 다했다 생각할 때가 많다. 아래로부터의 교회가 강조되고 그래서 많은 평신도들이 이 일에 헌신적으로 참여하지만, 이 일은 거의 예외없이 성직자들의 구상에서 나오며 또 성직자들의 최종 허락을 받아야 할 때가 많다. 따라서 평신도는 교회의 본질을 규정하는 힘도 되지 못하고 있다고 본다. 그렇지만 평신도는 지역교회의 사목이 펼쳐지는 현장의 주체이다. 평신도의 교회를 간과해서는 참다운 한국 지역교회를 생각할 수는 없는 것이다. 평신도의 사명과 삶은 그 자체로 참된 교회적 사건이다. 평신도의 교회적 위치를 정하는 것은 부차적인 그 어떤 봉사 수행이 아니라 평신도 자신이 교회의 구원의 선포자인 그리스도의 신비를 이 세상 안에 나타내 보이고, 하느님의 부르심에 순종하며 교회의 새로 벌어지는 상황에서 이 신비를 준비하는 것이다.

평신도의 위치와 과제에 대한 이런 기능적인 이해의 부족은 근본적으로 공의회의 정신에 대한 이해 부족에서 나온다. 사람들은 기존의 교회 구조(제도)에 익숙해 평신도의 신원을 이해하지 못하고 곧바로 사제의 위치를 질문대 위에 세우기도 한다. 지금까지 사제들이 누려왔던 영광과 권위 존경이 무너짐을 피부로 느끼게 되기 때문이다. 이들은 공의회가 말하는 특수 사제 직무에 대한 물음을 진지하게 반성하고 있지 못한 것이다. 이는 성령의 은사의 다양성을 말하면서도 성직자도 평신도도 은총의 차원에서 이야기되어야 함을 깨닫지 못했음을 말해주는 것이다. 사실 사제 직무는 은총의 차원에서 이해되어야 한다. 사제 직무를 개인의 능력과 관련시키는 데서 그 우월성이 나오고 그때문에 평신도들 위에 군림하려 하는 것이다.

공의회 정신에 대한 이해 부족은 한국 천주교회 자체에도 그 책임이 있다 하겠다. 한국 천주교회가 평신도를 그렇게 대하고 있고 또 그렇게 가르치고 있는 것이다. 이것은 각 본당의 사목 실태를 살펴보면 금방 드러난다. 본당은 성직자 중심으로 운영되고 있어 성직자의 교회이고 평신도는 사목의 대상일 뿐이라는 인상을 지울 수 없게 한다.[3] 평신도 사도직협의회가 구성되어 있긴 하지만, 이는 본당신부의 사목 방침을 실현시키기 위한 조직으로서의 기능과 그 역할을 할 때가 많다. 이런 현상은 교회가 평신도에게 아직도 공의회의 정신에 따라 그들의 본질과 임무를 충분히 인식시키지 못했음을 입증하는 것이다. 아직도 공의회에 나타난 평신도상(像)과 교회상(像)을 소화해 내고 있지 못함을 단적으로 보여주는 것이라 하겠다. 물론 이는 한국에서만 그런 것이 아니다. 전세계 교회의 현상인지도 모른다. 이를 뷜만은 이렇게 쓴다.

"얼마나 많은 본당 협의회들이 한 차례 임기 후에 이미 손을 들고 말았던가? 한때는 밑바닥의 주도 행위가 생기를 얻고 되살아나는 장소로서 비롯했던 단체들이 무엇보다 아무 일도 없도록 조심하는 기구로나 설치되어 있게 되었다고 해서 누가 놀라는가? 본당 공동체들은 협력과 자문만이 허용되어 있는 한 희망

---

3. 한국 교회처럼 평신도가 크게 활동하고 있는 교회는 세계 어디서도 찾아보기 어렵다고 한다. 그러면서도 또 한국 교회처럼 성직자 중심의 교회도 찾아보기 힘들다. 이것은 한국 교회가 평신도를 사목의 주체로서가 아니라, 성직자의 사목 대상으로 여기며, 교회를 제도적으로, 위계적으로만 대하고 있다는 데 주된 원인이 있다 하겠다. 사목은 얼마만큼 평신도를 잘 부려먹고 얼마만큼 평신도가 성직자의 명령을 잘 이행할 수 있도록 하는가 하는 성직자의 역량에 달려 있는 것이 아니라, 평신도와 성직자가 함께 인간에게 봉사하는 데 있다.

의 장소가 될 수 없다. 이들은 교회 지도층의 말장난에서 미묘하게 속셈을 드러내며 생겨난 낱말들일 따름이다."[4]

방금 지적한 평신도에 대한 이해 부족은 무엇보다도 공의회가 제시한 "교회"가 인격적 개념임을 깨닫지 못한 데서 그 원인을 찾아볼 수 있다. 본래 교회는 인간들의 공동체로서 인격적 개념이다.[5] 그럼에도 불구하고 교회가 어디까지나 제도로만 간주되고 있는 실정이어서 하느님 개념이 인격적 의미에서 통용되고 있지 못함은 부인할 수 없는 사실이다. 교회 공동체에 소속된 그대로의 구성원이 참된 교회이고(평신도가 교회이고), 그래서 교회는 하나의 인격체인데도 그렇게 생각하는 사람은 드문 것이다. 비근한 예로 "교회에 간다"는 말은 하여도 "내가 교회다"라고 자신을 교회와 동일시하여 말하는 사람은 거의 없다. 오히려 이 표현은 생소하여 틀린 것처럼 들린다. 평신도만이 아니라 수도자, 사제, 주교에 이르기까지 이런 식으로 교회의 개념을 사용하고 있는 것이다.

이렇게 교회가 제도로서만 이해되는 상황에서는 교회의 직무자들이 그리스도의 과제를 평신도와 함께 나누어지기보다는 오로지 평신도와 교회를 관리하는 위치에 서게 되고, 그 결과 평신도는 사목의 대상이 되고 성직자는 사목의 주체가 되는 이원화 현상이 불가피하게 된다. 그뿐 아니라 평신도가 실제 몸담고 살고 있는 사회와 신앙의 교회, 다시 말해 일상과 신앙의 이원적 대립 현상도 피할 수 없게 된다.[6]

이런 이원화된 상황에서는 교회의 사명을 완수하기 위한 "전체"로서의 "하느님 백성"의 책임이 강조되긴 하지만, 이 하느님 백성이 인간들이며 그 자체로 교회라는 점은 망각하게 된다. 그래서 인간에 대한 봉사는 부르짖되 그 인간들은 단순히 봉사의 대상으로만 보여질 뿐 인격의 만남은 되지 못하고 만다. 그

---

4. 뷜만, 앞의 책, 85.   5. 교회가 인격적 개념이라는 데에 대해 제1부 **2** 참조.
6. "교회에 간다", "교회 갈 시간이 없다"는 표현은 이런 이원화(二元化)된 현상의 대표적 예다. 일단 일상을 떠나야 교회에 갈 수 있다는 사고(思考)에서 일상과 교회의 이원(二元)의 벽은 더욱 극화(極化)된다. 교회인(人)으로서 일상을 살고 일상인(人)으로서 교회에 참여한다는 의식은 아직 실현되지 못하고 있다. 이 이원(二元)의 극(極)이 극복되어야 "나는 교회다"라고 말할 수 있게 된다.

런 교회는 하느님 백성의 공동체라기보다는 차라리 하느님 백성을 심판하는 법정(法廷)으로 행세하게 된다. 평신도와 교회의 개념이 이처럼 비인격적으로 사용되는 한 시행착오와 책임감 결여는 물론이고 어떤 발전도 기대하기 어렵다.

실제로 이런 시행착오는 가정, 노동, 청소년, 여성 등 제반 분야에서 심각하게 나타나고 있다. 제반 사회 문제들이 현실 속에 살고 있는 평신도를 직접 둘러싸고 있고 또 교회도 이와 관련하여 문헌을 발표하면서 관심을 보이고 고심하지만, 교회가 스스로를 인격체로 체험하지 못하고 또 평신도가 사목의 대상으로만 취급되는 데서 실제로는 "노동자의 교회", "청소년의 교회", "여성의 교회"가 되지 못한다. 한마디로 교회가 이들과의 인격적 일치를 이루지 못하는 데서 교회의 기쁜 소식이 직접 노동자, 청소년, 여성, 가정 등에게 친밀하게 느껴지는 기쁜 소식이 되지 못하고 마는 것이다. 청소년은 교회의 위임을 통한 교육의 대상일 뿐 그 주체로 인정받지 못하고, 교회는 여성이 모여드는 곳일 뿐 교회 자체가 여성적이며 여성의 교회라는 점은 잊게 된다는 말이다. 여성의 인격이 그대로 하느님의 백성으로, 인간으로 대접받는 곳이 교회임에도 불구하고 여성의 교회가 되지 못하는 것이다.[7]

지금까지 지적한 몇 가지 점에서 교회의 개념을 인격적으로 이해하는 것이 얼마나 중요한가를 알 수 있게 된다. 제2차 바티칸 공의회가 높이 평가되는 것도 바로 여기에 있다. 공의회는 교회를 하느님 백성으로 정의함으로써 교회를 인격적으로 바라보게 하였고 교회 안의 이원화 양상을 극복하는 데 획기적인 기여를 하였다.

이에 성직자와 평신도의 관계를 반성하고 그 다음 하느님 백성 개념을 살펴보면서 공의회의 평신도상을 성직자와의 올바른 관계를 제시해 보고자 한다. 평신도가 그들 자신에 대해서 올바른 견해를 가지도록 하기 위해서는 공의회의 정신을 깊이 연구하는 것이 급선무라 하지 않을 수 없다. 앞에서 지적했듯이 이런 일을 추진하기 위해서는 성직자의 협조가 절대적으로 필요하다고 본다.

---

7. 제2부 **2** 참조.

성직자와 평신도가 함께 하느님의 백성의 개념을 반성하면서, 나아가 공의회가 이원의 극을 어떻게 극복하였는지를 보면서, 그 수평에서 성직자와 평신도가 함께 인류에 봉사하기를 희망하는 것이다.

2) 평신도의 무능화 경향

그리스도교에서 주교-사제-부제의 직무는 교회 안에서 곧 고유한 성직계급이 되었는데, 이는 창설자를 가지고 있는 모든 종교의 공통된 현상이기도 하다. 그러나 성직자의 신원은 평신도의 위치를 격하시키는 것과 밀접한 관계가 있다. 성직자들은 자신을 선택받은 존재로 의식하면서 자신들의 우월성을 주장하고, 평신도는 아무것도 모르고 아무것도 할 수 없다는 그릇된 인식을 심어준다. 이런 현상이 그리스도교에서 체계화하여 나타난 것은 박해 시대가 끝나면서이다. "콘스탄티누스 전환 후에는 그러니까 저 봉사자들(Ministri)이란 존칭과 영토와 특권을 가진 한 신분이 되었다. 봉건 영주인 주교들이 되어 지극히 공경하올 자애로운 나으리, 각하, 전하들로 불리게 되었고, 저택 안에 알현실과 고문실들을 지었으며, 이런 일이 세속화 시대에야 비로소 또 마침내 교회의 뜻과는 반대로 '악한 세상' 덕택에 끝장이 났던 것이다. 일치사상도 성직자들(Klerikern, 영적 직무에 한몫을 하게 된 덕분에 제비를 뽑은 사람들)과 평신도들(Laien, 유대교계에서는 사제도 레위인도 아닌 사람들을, 헬라 문화권에서는 어리석은 백성들을 뜻했다)이 구분되면서 배신을 당했다. 전자는 '위계'(Hierarchia, 신성한 지배계급)라고도 일컬어졌는데, 이제는 이들이 교회 내의 모든 직무를 독점하여 교회와 동일시되기에 이르렀으며, 평신도들은 힘과 품위를 잃고 전전긍긍하며 영원한 구원에 대한 걱정이나 할 뿐, 달리 교회 안에서 아무 발언권도 없었다. 그들이 할 일이란 미국 사람들 말마따나 그저 늘 기도하기와 복종하기와 헌금하기(to prey, to obey and to pay)일 따름이었다. 종교개혁가들이 이런 교회 구조들을 훌륭한 이유를 가지고 쏘아대기 시작하자, 그럴수록 더욱 반종교개혁에서는 직무가 중심에 놓이게 되었고 천주교회의 특징으로서 호교론적으로 옹호되었다."[8]

이런 성직자 우월성과 평신도의 무능력화는 복음 정신과는 거리가 먼 것임에도 불구하고 이런 경향은 이미 교회사 초기에서부터 벌써 나타난다. 시리아-안티오키아 지역에서 디아스칼리아는 3세기초에 이렇게 규정한다: 주교의 위치는 "전능하신 분을 대신한다. 여러분은 주교를 하느님처럼 떠받들어야 한다". 1세기 후 「사도헌장」은 선언한다: "주교는 하느님에 따라 지상의 하느님이다." 요한 크리소스토모는 성직자의 탁월성을 칭송하기 위해 『사제직무』에서 이렇게 쓰고 있다: "조금도 과장 없이 말하거니와 영혼의 목자와 그의 양떼 사이의 심연은 이성을 가진 인간과 이성이 없는 가축의 차이만큼이나 크다." 물론 우리는 이 말마디만을 따로 떼어내어 지금의 사고방식으로 사제와 평신도 관계를 이해할 수는 없다. 그와 거의 같은 시대의 북아프리카, 라틴 교회에서는 복음 정신에 따른 교회 내 분위기도 있었다. 아우구스티누스의 말을 들어보자: "내가 여러분을 위하여 있다는 사실은 나를 겁나게 하지만, 내가 여러분과 함께 있다는 사실은 나를 위로해 줍니다. 나는 여러분을 위하여 주교이지만, 여러분과 함께 나는 그리스도인입니다. 전자는 직무이고 후자는 은총이며, 전자는 위험을 나타내지만 후자는 구원을 나타냅니다." 어떤 주교 성성식에서 아우구스티누스는 이렇게 강조한다: "우리 주교들은 여러분의 종이며 반려자입니다. 왜냐하면 우리는 같은 스승을 모시기 때문입니다. … 우리 주교들은 종이며 신하들입니다. 우리가 여러분에게 도움이 되는 한에서만 우리는 장상입니다. … 만일 주교가 이 과제를 채우지 못하면, 그는 다만 이름으로만 주교일 뿐입니다." 아우구스티누스는 말하자면 성직자의 사회론적 역학을 완전히 뒤엎어 놓았다. 성직자가 아니라 신앙인들을 특별히 다루고, 성직자의 그리스도교적 사업을 신앙하는 그리스도인으로 재론한 것이 그가 염려하는 바였다.

이런 아우구스티누스의 견해는 트리엔트 공의회 후 가톨릭 교회에서 장려되지 못하였다. 얼마 전까지만 해도 사제는 규칙적으로 영원한 사제(Sacerdos in aeternum)와 제2의 그리스도(Sacerdos alter Christus)로 표시되었다(제2차

---

8. 뷜만, 『볼 눈이 있는 사람은』, 정한교 역, (분도출판사 1992), 83.

바티칸 공의회는 이를 거부하였다). 이것이 신품성사의 불가해적 성격을 설명하는 이유이기도 하였다. 그러나 이 두 표현양식은 사제와 평신도 사이에 상징적으로 엄청난 거리를 두게 하는 결과를 가져왔다. 성직자의 높임으로 평신도는 상대적으로 평가절하되었다. 아모스의 비안네는 이런 범주를 벗어나지 못하였으니, 그는 이렇게까지 말하였다: "본당을 20년만 본당신부 없이 비워 보라. 사람들은 짐승들을 숭배하게 될 것이다." 이는 세례의 은총을 별것 아닌 것으로 여겨버린 것이다.[9]

3) 평신도와 성직자 관계의 이해에 대한 제2차 바티칸 공의회의 수정

제2차 바티칸 공의회는 성직자의 자율화와 평신도의 무능력화를 배척하였다. 그들은 그리스도와의 결합에 힘입어 사도직을 수행할 권리와 의무를 가지고 있고, 또 교회 안에서 평신도가 지니고 있는 본연의 책임을 "오인할 수 없는 성령의 역사" 덕이라고 강조했다(「평신도교령」 1항). 「교회헌장」의 차례에서 하느님 백성의 장(2장)이 교계제도(3장) 앞에서 다루어지고 있고, 무엇보다도 공의회는 평신도를 체계적으로 재평가하였다. 「교회헌장」은 평신도가 그리스도의 왕직, 사제직, 예언직에 참여한다는 것을 여섯 번이나 반복하여 이야기한다(10.11.12.34.35.36항). 세례도 모든 그리스도인들에게 똑같은 품위를 부여하는 것으로 새로운 의미에서 이해된다.

"교회 안에서 모든 이가 같은 길을 가는 것은 아니지만, 모든 이가 성덕을 닦도록 불리었고, 하느님의 은총으로 같은 신앙을 가지게 된 것이다. 그리스도의 뜻을 따라 어떤 사람은 남을 위하여 교사나 신비의 관리자나 목자가 되었지만, 그리스도의 몸을 건설한다는 점에서 모든 신도들에게 공통된 품위와 활동은 누구에게나 참으로 평등한 것이다. 주께서 성직자와 나머지 하느님 백성을 구별하셨지만 그 구별은 동시에 결합을 내포한 것이어서, 목자들과 다른 신도들이 공통의 필연관계로 서로 맺어져 있기 때문이다. 교회의 사목자들은 주님

---

9. H. Legrand, 118-20, 125-6.

을 거울삼아 사목자들을 서로 도와 다른 신도들에게 봉사할 것이며, 신도들 또한 사목자들과 스승들에게 협력을 기꺼이 제공할 것이다. 이와같이 다양성을 지니면서도 모든 이가 그리스도의 몸의 기묘한 단일성을 증거하게 되는 것이다. 은총과 봉사와 활동의 다양성 자체로써 하느님의 자녀들이 하나로 뭉치게 되는 것이니 '이 모든 것이 한 분이신 같은 성령의 활동이기'(1고린 12,11) 때문이다"(「교회헌장」 32항).

여기에 종전의 성직자 자율화를 주장하는 대신에 평신도와 성직자의 상호 밀접한 관계가 분명하게 언급되고 있다. 평신도들의 재평가로 성령의 은사의 다양성이 강조되었고,[10] 이는 평신도들은 교회 봉사에 불림을 받았다는 데서[11] 더욱 분명해진다. 같은 것을 「사제교령」 9항에서는 사제가 자신을 벗어나 평신도들을 향하도록 한다. "사제들은 또한 다른 신자들과 마찬가지로 주의 제자들이며 하느님의 은총으로 하느님 나라에 참여하도록 불림을 받은 사람들이다. 사실 침례의 샘에서 재생한 모든 사람들과 함께 사제도 서로 형제와 같은 사이이며, 그리스도의 같은 한 몸의 지체이며, 그 몸의 건설은 모든 사람들의 책임인 것이다."

사제단(「주교교령」 27항), 평신도협의회(「평신도교령」 26항) 그리고 평신도들의 조언자가 되는 주교 시노두스의 설립을 통한 제도적 형태는 이런 것과 관계하고 있다.

"모든 세례받은 이의 일반 사제직과 모든 신도들의 동등한 품위가 성서에서, 공의회에서, 또 새삼 1987년 평신도에 관한 주교 대의원회의에서도 표현되고 있다. 그런데 이런 이론적 표현들은 행동기술적으로 구체화되어야 하고, 이 원직적 동등성에 실효성을 기저올 그런 사목 형시들을 생각해 내어야 하며, 그것을 또다시 불안해하면서 제약들을 가하여 거짓이 되게 해서는 안된다. 이 점에서 복음서는 교회법보다 훨씬 대범하다. 예수는 '열둘'을 특별히 수임자로 삼아 파견하셨는데(마르 6,7), 그러나 일흔두 제자들도 같은 임무를 띠고 떠나게

---

10. 「교회헌장」 4.7.12.13항.
11. 「교회헌장」 18.33항; 「평신도교령」 10.22항; 「선교교령」 15항.

하셨다(루가 10,1-12). 그러니까 예수의 가르침에 감명을 받은 보통 남자들을 보낸 것인데 — 아마 여자들도 있었을 것이다 — 그들은 기꺼이 마을과 도시들로 들어가서 복음을 전파하였다. 또다시 그때 예수는 특별한 구실을 맡기려고 작정한 한 사람에게 말씀하신다: '그대는 베드로(바위)입니다. … 그대가 땅에서 매는 것은 하늘에서도 매여 있을 것이요, 그대가 땅에서 푸는 것은 하늘에서도 풀려 있을 것입니다'(마태 16,18). 그리고 그 다음 얼마 멀지 않은 대목에서는 다음과 같이 말씀하신다: '여러분이 땅에서 매는 것은 하늘에서도 매여 있을 것이요, 여러분이 땅에서 푸는 것은 하늘에서도 풀려 있을 것입니다'(마태 18,18). 이 마지막 대목이 들어 있는 곳은 이른바 '공동체 규칙'인데, 여기서 예수는 공동체에게, 공동체들에게, 또 작은 무리들에게도, 가정교회인 가족들에게도 그들이 완전한 책임을 지고 자기네 일상의 문제들을 독자적으로 양심에 따라, 성령에 따라 결정하도록 의식화시키신다. 이런 이것도-저것도를, 이렇게 하나를 강조하면서 여럿도 인정하는 것을 소홀히여겨 또다시 소수 정예로, 배타적인 테두리로 좁혀 버려서는 안된다. 예수를 믿고 예수의 공동체에 속하는 모든 이가 맺고 푸는 권한의 효용을 그저 수동적으로 향유하는 이들이 아니라 능동적으로 관리하는 이들이 되어야 한다. 성사 분야에서 그것이 직무 담당자에게 한정되어 있는 것은 교회의 결정에 근거한다. 그러나 성사 이외의 영역에서는 예수의 모든 남녀 제자가 큰 전권을 주장할 수 있는 것이다."[12]

빌만은 또 다음과 같이 구체적으로 예를 들어 제안한다: "가령 한 학생이 본당신부에게보다도 어느 교사에게 자기 자신을 더 많이 털어놓게 될 때, 한 환자가 위중한 때에 사제에게보다도 이해심을 보여주는 담당 의사에게 내면 문제들을 더 많이 열어보이게 될 때, 어느 임종자가 자기 간병인 앞에서 문득 일종의 일생 고해를 하게 될 때, 그런 때에는 이 의사나 간병인이 이를테면 고해신부로서 자신의 사제직을 엄숙히 받아들여 역경에 시달리는 그 고해자에게 하느님의 이름으로 사죄를 약속해 주고 앞으로 걸어갈 길을 위하여 용기를 북돋아

---

12. H. Vorgrimler, "Buße und Krankensalbung, Fastenzeit", Handbuch der Dogmengeschichte, Band IV (Freiburg 1978), 16-7; 위의 책, 310-1에서 재인용.

줄 수 있을 것이다. 여기서 상기할 만한 일로, 9세기에 들어올 때까지 수도승 공동체들에서는 영적 지도의 특별한 카리스마로 두드러진 스타레스가 영적 아버지 구실을 하면서 사제 서품을 받지 않고서도 수도승들의 고백을 듣고 있었다."[13]

2. 하느님 백성 개념에서 본 평신도

제2차 바티칸 공의회는 교회에 관하여 두 개의 문헌(「교회헌장」, 「사목헌장」)을 제정하였다. 그러나 이 문헌은 한국 천주교회에서는 대단히 제한된 범위 내에서만 수용되어 왔다. 이것은 「교회헌장」에도 불구하고 교회와 하느님 백성의 개념이, 여전히 평신도는 하느님 백성이고 수도자와 성직자만이 교회다 하는 식으로 사용되어 왔다는 데서 드러난다. 「사목헌장」도 전적으로 하느님 백성의 교회를 말하고 있고 무엇보다도 그리스도 안에서 하느님을 통한 인간의 소명(召命)이라는 원칙을 다루는 중요한 문헌인데도 불구하고 한국 교회는 여기에 대해 침묵함으로써 이 헌장의 정신을 외면하고 있는 실정이다. 따라서 평신도의 세계에 대한 봉사를 교회의 구원 봉사 자체로 이해해야 하며 교회의 구원 봉사를 사제에게만 국한시켜서는 안된다는 사고(思考)도 그렇게 대중적인 것이 못되고 있다. 교회의 구원 봉사는 바로 인간 존재에 대한 봉사이고 그리스도 안에서 하느님 백성에 대한 봉사라는 이 문헌의 정신을 실현시키지 못하고 있는 것이다. 이렇게 볼 때 "하느님 백성"이라는 개념에 나타난 교회의 인격성(人格性)과 세속성(世俗性)을 실현하는 것은 실로 한국 교회의 시급하고도 근본적인 과제가 아닐 수 없다.

이런 근본적인 과제가 해결되지 않고선 평신도와 성직자간에 일어날 수 있는 마찰과 불신을 막을 수 없을 것이며, 이는 전체교회를 분열시키는 불행한 요인이 될 것이다. 1987년 12월 16일, 대통령 선거에 즈음하여 내놓았던 한국 주교단의 성명서와 이에 대한 한국 천주교 평신도협의회가 발표한 「한국 천주교

---

13. I. Smolitsch, *Leben und Lehre der Starzen* (Freiburg 1988); 위의 책, 312에서 재인용.

평신도에게 드리는 호소문」에서 볼 수 있었던 마찰도 한국 천주교회가 교회의 양면성, 즉 교회의 인격성과 세속성을 아직까지 바르게 인식하고 있지 못하고 있을 뿐 아니라, 그것을 수용하는 데에 역부족을 보여준 단적인 예라 할 수 있을 것이다. 주교단이 교회의 세속성을 교회의 본질로 받아들였다면 현실에 둔감하지 않았을 것이고, 또 교회의 인격성을 존중했다면 평신도를 사목의 대상으로만 여기지 않았을 것이 분명하다. 평신도도 그들 스스로 사목의 대상이 아니라 스스로 교회임을 인식하고 또 교회가 제도가 아닌 인격체임을 인식했다면, 그리고 주교단이 이 인격체를 구체화하고 있다는 사실을 인식했다면, 그런 식으로 자신의 입장을 밝히는 항의서를 내는 불상사는 피할 수 있었을 것이다 (물론 주교단이 자신을 인격체로 인식하고 있었는가는 또 다른 문제이다).

교회의 인격성과 세속성에 대한 올바른 이해 이외에 한국 교회가 깨쳐야 할 또 하나의 근본 과제는 자기가 속한 그 지체들 안에서 한국 교회이어야 한다는 것이다. 왜냐하면 그렇지 않고서는 결코 교회가 사회 안으로 확장되어 갈 수 없기 때문이다. 한국 천주교회가 인격적·세속적 교회이기를 거부하는 한 스스로의 내적 합법성을 잃고 말 것이다.

평신도에 대한 제2차 바티칸 공의회의 근본적인 이해는 교회를 하느님 백성으로 보는「교회헌장」2장에서 찾아볼 수 있다. 하느님 백성 개념에서 우리는 교회가 누구이며, 평신도가 누구이고, 사제가 누구인지, 그리고 그들간의 관계가 무엇인지를 비로소 옳게 이해할 수 있으니, 이 개념에는 사제와 평신도를 상하관계로 이해하던 종래의 관념이 극복되어 있고, 평신도의 주제가 전체적인 관점에서 다루어지고 있다. 종래에는 교회를 교계제도(Hierarchia)로 이해하였다. 교계제도가 교회였고 평신도는 그 백성이었다. 그러나「교회헌장」2장에 나타난 "하느님 백성"의 신학적 핵심에는 평신도와 사제가 본질적으로 동등한 관계에 놓여 있다. 교계제도가 교회이고 평신도가 하느님 백성이면, 교계제도도 백성이고 평신도 역시 교회다. 다시 말해서 사제와 평신도가 함께 새로운 하느님 백성, 메시아적 하느님 백성, 그리스도 안에서의 하느님 백성이라는 것이다. 이렇게 하느님 백성은 제도에 의해서가 아니라 그리스도 자신에 의해서 제정되었다. 교계제도나 성직자가 아닌, 그리스도 자신이 하느님 백성을 함께 부르시고 그리스도 자신이 하느님 백성을 생명으로 스며들게 하신 것이다. 그리스도가 하느님 백성의 희망이며 그리스도가 하느님 백성을 성세성사로 이끄셨고 또 그리스도가 하느님 백성의 견진이시다. 그리고 그리스도가 하느님 백성을 예언자로 가르치고 왕으로 이끄시며 사제로 거룩하게 하신다. 그리스도가 왕적·사제적·예언자적 과제를 가지고 있으며, 그리스도의 활동이 교회에 교회로서의 의미를 부여한다. 그리고 그리스도가 교회의 임무를 구체화한다. 그러므로 교회의 봉사는 곧 그리스도의 봉사이며 그리스도 자신이 교회의 과제이다.

교회의 모든 직분은 이러한 그리스도의 생명과 그리스도의 가르침을 전수하는 제도로 이해되고 인간은 그리스도와의 만남을 통하여 교회 안으로 편입되었다. 이렇게 볼 때 평신도로서 교회에 참여하는 것은 평신도가 그리스도로부터 보내어졌기 때문이다. 다시 말해서 평신도가 교회 안에서 자기 위치를 지키는 것은 교계직에의 참여가 아닌 그리스도 자신의 직무에 참여함으로써이다. 이에 대해「교회헌장」31항은 다음과 같이 말하고 있다.

"성세성사를 통하여 그리스도를 입고 하느님 백성이 된 평신도는 그들 나름대로 그리스도 백성의 사명을 교회와 세계 안에서 수행하기 위하여 그리스도의 왕직, 사제직, 예언직에 참여한다"(「평신도교령」31항).

그렇기 때문에 평신도는 교회 안에서 하나의 공공연한 위치를 누리고 있는 교회로서 세속 속의 교회이다. 공의회는 이처럼 평신도직을 그리스도론에 입각하여 이해하면서 하느님 백성의 모든 구성원이 교계적 구분을 벗어나 참된 평등 속에 있음을 주장한다. 그것은 하느님 백성의 모든 구성원은 그리스도 안에서 모두가 다함께 하느님 백성이기 때문이다. 그들은 모두가 영적 공동체이며 또 세속적 모임이다. 그리고 모두는 그리스도의 복음을 전하는 자로서 그리스도의 임무를 따르도록 불리어졌다. 교회는 교회에 속한 모든 구성원 가운데 실존하며 인간은 성세와 견진을 통해 이 교회 안으로 받아들여진 것이다. 따라서 교회는 제도 이상의 인격적 공동체이며 그리스도 안에 있는 인간 존재에 대한 희망이 된다. 이처럼 교회를 인격적 주체로 보고 존재적·인격적으로 이해하는 것이 지금까지는 관철되지 못했으나 이것이야말로 교회 안에서 평신도의 위치를 규정하는 가장 근본적 관점이라 하지 않을 수 없다.

교회를 인격체와 동일시하는 관점은 공의회보다 훨씬 먼저 교황 비오 12세도 강조한 바 있다. "신앙인은, 특히 평신도는 교리적 삶의 가장 전초적인 선(善)에 서 있다. 교회는 평신도에게 있어서 인간사회의 생활 원칙이다. 그렇기 때문에 평신도는 '우리는 교회에 속한 것이 아니라 우리가 바로 교회다' 라고 더 분명히 의식해야 한다."[14]

공의회가 교회와 평신도의 동일성을 주장한 것은 「교회의 선교활동에 관한 교령」 21항에서도 역력히 볼 수 있다.

"진정한 의미에 있어서 평신도 신분이 만일 교계제도와 함께 존재하여 활동하지 않으면, 교회는 참으로 건설된 것이 아니며 충분히 살고 있는 것도 아니고 사람들 사이에서 그리스도의 완전한 표시도 아니다. 왜냐하면 복음은 평신도들의 활동적 참여 없이는 한 백성의 정신과 생활, 그리고 그 활동 속에 침투해 갈 수가 없기 때문이다. 그러므로 교회가 건설될 때 성숙된 그리스도교적 평신도 신분이 계발되도록 최대의 주의를 기울여야 한다.

믿음을 가진 평신도는 온전히 하느님 백성에 속하며 동시에 온전히 시민사회에도 속한다. 그들은 그들이 태어난 민족의 일원이며, 교육을 통하여 그들 민족의 문화적 재보(財寶)에 현실적으로 참여하고 있다. 또 다양한 사회적 유대로 말미암아 그들 민족의 생활과 긴밀히 결부되어 있다. 그들은 또 그들 민족의 흥륭(興隆)에 각자의 직업을 통하여 기여하고 있으며, 자기 민족의 제반 문제를 자신의 것으로 받아들이며 그 해결에 부심하고 있다. 이러한 사실로 인해 평신도는 각자의 민족에 속하고 있다. 동시에 그들은 신앙과 성세를 통하여 교회 안에 새로 난 것이니 그리스도에게도 속한다. 그것은 그들이 새로운 생명과 새로운 활동으로 말미암아 그리스도의 것이 되고(1고린 12,23 참조), 모든 것이 그리스도 안에서 하느님께 종속되어 마침내 하느님이 모든 것에 있어 모든

---

14. *AAS* 38 (1946), 134-44 참조.

것이 되기 위해서이다"(1고린 15,18 참조).

이 인용에서 볼 수 있듯이 교회라는 이름의 인격적 적용의 열쇠는 "하느님 백성"에 대한 개념에 있다. 하느님 백성의 모든 인간은 그리스도 안에서 이 백성의 공동체를 형성하도록 불림받았기 때문이다. 그러므로 모든 평신도는 이 공동체의 구성원이며 스스로 교회인 것이다. 하느님 백성의 교회는 곧 평신도의 교회이다.

3. 평신도와 사제의 동격성과 차이

그렇다면 소위 사제는 누구인가라는 질문이 대두된다. 평신도가 왕직, 사제직, 예언직에 참여한다면 서품받은 사제는 누구인가? 한동안 공의회는 평신도와 주교의 품격은 잔뜩 상승시켜 놓고 사제의 권위는 상대적으로 격하시켰다는 견해가 난무했었다. 과연 이것은 옳은 견해일까? 사제와 평신도 사이엔 구분이 전혀 없는가? 이에 대한 답변은 평신도와 사제의 고유직은 무엇이며 서로 다른 고유직에도 불구하고 어떻게 동격의 관계에 놓이게 되는지에 대한 옳은 이해에서 얻게 된다. 「교회헌장」 10항에서 모든 신자들은 일반적 사제직에 참여하고 있다고 말하면서, 이것은 그 정도에서뿐 아니라 본질적으로도 교계적 사제직과 구분된다고 주장하고 있다. 이 주장은 언뜻 하느님 백성 안에서의 사제와 평신도의 위치와 권한에 대해 동등성을 관철시키려는 노력은 헛된 것이며, 결국 교계적 종속은 궁극적으로 피할 수 없는 것이라는 인상을 준다. 왜냐하면 평신도와 사제는 함께 하느님 백성이라고 주장하면서 동시에 그 정도에서뿐 아니라 본질적으로도 구분된다고 말하고 있기 때문이다. 이런 애매한 입장은 오히려 평신도와 사제의 서열(등급)을 존재론적으로 더욱 강화시킬 결과를 낳게 한 것은 아닌가 하는 의구심만 강하게 할 뿐이다. 평신도와 사제가 본질적으로 구분된다면 사제서품을 받은 사람은 서품을 받음으로써 과연 본질적인 변화를 일으켰다는 말인가? 사제와 평신도를 하느님 백성으로 포함시킴으로써 극복된 듯한 교계적 교회론이 설과석으로 무모한 것이고 평신도 사제직에 대한 공의회의 진술도 결국은 사탕발림이었다는 인상으로 실망을 안겨준다.

그러나 같은 「교회헌장」 10항에서 이런 의혹을 풀어주는 공의회의 진정한 의도를 대하게 된다. 이 항목을 보면 교계적 교회론이 독특하게 극복되고 있다. 「교회헌장」 10항은 사제와 평신도는 단지 교계적 정도에 따라 구분해도 좋다고 함으로써 이상의 의문은 본질적인 것이 되지 못함을 말해주고 있다. 이것은 교회 안에 여러 직무의 계층이 있다는 사실이 모든 그리스도인의 동등성을 부정하는 것이 아님을 밝혀주는 것이다. 평신도 직무는 교계의 계층이 아니며, 오히려 여러 직무의 계층을 무시함 없이, 여러 직무 가운데서 진실로 동등함을 강조한 것이다. 그렇게 보는 이유는 주교나 사제도 평신도처럼 그리스도의 직무를 관리하기 때문이다. 그들도 왕이며 사제이며 예언자인 것이다.

이렇게 「교회헌장」 10항을 비교계적으로 해석할 때 특수 사제직(서품받은 사제직)을 교회 안의 특수층으로 여기면서 일반 사제직을 평가절하하려고 했던 한때의 시도는 잘못이었음이 판명된다.

독일의 신학자 그릴마이어는 이 공의회 문헌을 풀이하면서 다음과 같이 쓰고 있다. "한때 일반 사제직에 대해서 일정의 평가절하를 시도하였다. 즉, 일반 사제직은 고유한 것이 못되며 초보적이며 또는 어떤 '일정한' 의미에서의 사제직, 그러니까 그 자체로서는 이 이름을 붙일 자격이 없는 사제직일 뿐이라고 했었다. 그러나 이런 해결책은 받아들여지지 않았다. … 1963년의 초안을 보면 보편적 사제직(sacerdotium universale)에 대한 이 표현은 공박을 받고 있다. 왜냐하면 '보편적'이란 모든 것(universa)을 포괄함을 의미하기 때문이다. 이 해석은 비록 부적당하긴 했지만 신학위원회로부터 지지는 받았다. 이 위원회는 공통적 사제직(sacerdotium commune)이라는 표현을 채택하였다. 이 사제직에는 모든 세례받은 사람들이 포함되며, 축성된 사제라 하여 이 공통적 사제직에서 벗어나는 것은 아니다. 바로 이때문에 하느님 백성의 모든 지체들에게 나타난 '공통적'이며 '일반적'(universale)인 사제직에 대해서도 정당하게 말할 수 있게 된다."[15]

---

15. A. Grillmeier, "Kommentar zum zweiten kapitel von Lumen gentium", in: *LTHK* 12, 181.

특수 사제직은 일반 사제직과 모순된 관계에 있는 것이 아니라 오히려 이 사제직을 보증해 준다. 사제와 평신도의 직무는 교회의 본질적 존재 양상이며,[16] 그 구분도 교회 안에서 본질적인 것이다. 교황 비오 12세는 「전례에 관한 말씀」에서 사제와 평신도는 그 정도에 따라서가 아니라 전례에 대한 그들의 기여에 따라 본질적으로 구분된다고 했다.[17] 전례에서 그들은 서로 대신할 수 없는 것이다. 한 사제가 직접 전례를 집행하지 않고 참여할 때는 사제로서가 아닌 평신도로서 참여하는 것이다. 이 경우 그 사제와 평신도의 교계제도는 본질적인 것이 못된다. 그리고 평신도가 전례를 담당하면 그는 다른 평신도와는 본질적으로 구분된다. 이때 그는 사제로서 — 그리스도의 이름으로서 — 그 일을 행하기 때문이다.

또 그릴마이어는 이렇게 말한다. "서품받은 사제는 일반 사제직의 품위와 사명을 상승시키거나 강화시킨 것이 아니라, 일반 사제직에 대해서 사제직의 품위와 권위의 '새로운 양상'을 제시한 것이다. 그래서 일반 사제도 축성된 사제로부터 기인한다. 그렇지만 특수 사제와 일반 사제는 특수한 양상으로, 다시 말해서 그리스도의 사제직에 일반적이거나 특수적인 참여의 바탕 위에서 서로 '동격'이다. 대사제이신 그리스도에 대한 그들의 입장에서부터 사제의 두 양상이 더 가까이 규정될 수 있는 것이다."[18]

그릴마이어에 의하면 일반 사제와 특수 사제가 동격의 관계를 가지면서 동시에 차이를 보이는 것은 그리스도의 위격 때문이다. 먼저, 이들의 동격의 관계

---

16. 평신도와 사제가 동등하면서 동시에 본질적으로 다르다는 말을 이해하기 위하여 "본질"이라는 개념이 철학적으로 어떻게 이해되고 있는지 살펴보는 것도 도움이 될 것이다. M. Heidegger는 존재의 본질은 그 실존에 있다고 하셨나(*Sein und Zeit*, 42). 이로써 하이데거는 아리스토텔레스 등이 본질을 류(類)에 따라 구분한 것에 반해 개별적인 것으로 정의내리고 있다. 아리스토텔레스는 새와 나무와 사람은 류에 의해 본질적으로 다르다고 했다. 그러나 하이데거는 새와 사람만이 아니라 같은 사람이라도 — 아리스토텔레스에 의한 같은 사람이더라도 — 개개인의 실존은 서로 본질적으로 차이가 있다고 본다. 하이데거의 이런 견해는 인간은 모두가 자기 고유의 역사와 신(神)과 세계에 대한 고유의 해석을 가지고 있기 때문이다. 실존을 이렇게 규정해 놓고 볼 때 「사목헌장」 10항이 평신도와 사제의 동격성과 본질적 차이를 동시에 주장하는 것을 이해할 수 있게 된다.

17. *AAS* 46, 668 참조.   18. A. Grillmeier, 앞의 책, 182 참조.

를 나타내 보이는 것은 그리스도 자신이 하느님 백성을 교회 안에서 일치시키기 때문이다. 교회 안에서의 모든 봉사는 그리스도의 이름으로 행해지는 봉사이며 집회도 그리스도 없이는 불가능하다. 그러므로 교회 구성원들간의 일치도 오직 그리스도를 통해서만 가능하다. 교회는 그리스도의 이름으로 제정된 것이다. 마찬가지로 교회의 특수 사제와 일반 사제의 구분도 그리스도를 통해서이다. 교회는 그저 하느님 백성만이 아니라 그리스도 안에서의 새로운 하느님 백성, 메시아적 하느님 백성, 공동체로서의 하느님 백성이다. 하느님 백성은 교회를 통해 그 역사적 동일성을 가진다. 하느님 백성은 개인적이든 전체적이든 — 인격적이며 또 제도적인 차원에서 볼 때 — 전 인류 안에 그리스도가 현존한다는 사실을 나타내는 효과있는 표시이다. 따라서 "특수" 사제의 과제도 교회의 본질에 속한다. 교회는 스스로 하나의 공동체를 형성하고 인류 안에서 그리스도의 사자(使者)이고자 그리스도 자신에 의해서 이끌어지고 거룩해지며 가르쳐지기 때문이다.

　이렇게 볼 때 사제와 평신도는 각각 그들의 고유 임무 안에서 교회를 위한 본질적인 존재이다. 교회는 세속의 교회로서 그리스도의 교회이며, 그리스도의 교회로서 전세계의 교회이기 때문이다. 그러므로 교회는 본질적으로 사제와 평신도로 구성되어 있다. 이들은 교회 안에서 하나의 제도적 임무를 나눠 가지고 있다. 그리고 이들은 교회 자체로서 그리스도 안의 하느님 백성의 성사(聖事)이다. 왜냐하면 그리스도의 인격이 교회 실존의 신비이기 때문이다. 따라서 사제와 평신도의 과제가 본질적으로 구분된다고 강조하는 것은 (교계적 본질이 아니라) 성사적 본질, 다시 말해 전세계의 교회로서 교회 사명의 신비와 관련해서이다. 이에 대해 「교회헌장」 9항은 다음과 같이 말하고 있다. "하느님께서는 구원의 원조이시며 일치와 평화의 원천이신 그리스도를 신봉하는 사람들을 한데 불러모아 교회를 세우셨다. 이것은 교회가 모든 사람과 각 사람을 위하여 구원을 이룩하는 볼 수 있는 일치의 성사이게 하기 위해서이다."

　제2차 바티칸 공의회에서 중요한 역할을 하였으며 「교회헌장」의 구성에 크게 기여한 벨기에의 수에넨스 추기경은 『교회의 선교』라는 책에서 사제와 평신도의 사제직에 대해서 이렇게 기술하고 있다. "교회 안의 필연적이며 가장 종교적인 사도직은 ― 보통 사람들이 오랫동안 인식해 왔던 것처럼 ― 성직자의 독점물이 아니다. 평신도의 의무를 '시간적'이고 '세속적'인 것으로만 일방적으로 강조하는 것은 사제만이 종교적 사도직으로 불리었고 평신도는 단순히 지상적 범위 안에서의 역할만 적당히 하면 된다는 식의 안이한 생각을 가지게 한다. … 교직자, 특히 사제는 세례 때 중재되었던 일반적 사제직과 관련시키지 않고서는 이해될 수 없다. 이렇게 볼 때에 사제의 과제는 고립될 수 없으며 또 신도들을 염두에 두지 않고서는 정의될 수 없게 된다. 사제와 평신도의 일치는 신비체의 신비 안에 깊이 뿌리를 내리고 있다. 이 신비체 안에서 그 기능들이 서로 다르긴 하지만 분리되지 않고 있다. 하느님께서 묶어놓은 것을 여기서 인간이 갈라놓아서는 안된다."[19]

사제와 평신도는 함께 그리스도의 교회의 신비이다. 이에 누가 이 교회의 이름으로 이야기하는가?라는 물음이 던져진다.

지금까지 기술한 바를 종합해 볼 때 "하느님 백성" 개념은 교회를 인격적 공동체로 정의 내리는 가장 근본적 개념이다. 이 개념은 교회를 역사 도정에서 만날 수 있는 어떤 실증적 단체로서가 아니라 하나의 "과제"로 이해하게 해준다. 하느님 백성으로서의 교회는, 말하자면 그리스도와 하느님 안에 있는 인간 존재의 윤곽이다. 교회는 인간 존재의 모습이고 틀이며 인간이 되어야 할 원형(原型)이다.

이 과제는 교회 안의 모든 인간에게 해당된다. 그들은 모두 스스로 교회이므로 이 과제를 대변될 수 있다. 그들은 모두 교회의 이름으로 보장한다. 그렇기 때문에 교회 안의 모든 직무를 기능적으로 이해하려 하는 것은 잘못이다. 사제와 평신도는 모두 교회에 봉사하고 이 임무를 수행한다. 한마디로 사제와 평신도는 그리스도 안의 모든 인간들의 협의체로서의 제도이다.

---

19. L.-J. Suenens, *Die Kirche im apostolischen Eimsatz*, 75, 79 참조

그러므로 "하느님 백성" 신학은 인격적 성격을 띠고 있다. 이러한 신학을 바탕으로 할 때 신분을 초월한 의미에서의 교회를 거론할 수 있게 된다. 이것은 교회가 제도로서가 아니라 교회를 구성하는 모든 인간들에게서 비로소 실현되기 때문이다. 그렇기 때문에 공의회는 교회가 처음부터 한 형태로 존재한 것이 아니라 그 존속의 다양한 양상을 지니고 있음을 밝히고 있다(「평신도 사도직 교령」 2항 참조). 교회는 말하자면 그리스도 안에 있는 인간 존재의 실존 윤곽인 것이다. 모든 사람들은 각자 자기 삶의 견지에서 자신을 교회와 동일시할 수 있으며 이는 교회 자체가 전세계의 기쁨이요 희망이기 때문이다.

교회가 이미 인격적 공동체이기에 교회 안의 구성원도 제도적 관계가 아닌 인격적 관계로 얽혀 있어야 한다. 교회는 그 구성원들의 삶과 밀접히 관계하고 있는 것이다. 그러므로 교회의 세계에 대한 봉사는 구원의 성격을 띠어야 하고 인간들과의 전반적인 교제를 담당해야 한다.

그런데 아직 한국 천주교회는 교회를 이렇게 인격적으로 이해하지 못하고 있다. 그러나 공의회의 이 교회관은 세기적 프로그램이다. 교회는 짧은 동안 전개되다가 사라지는 일시적 제도가 아니라 영구한 신앙의 전망이다. 이러한 교회를 거치지 않고서는 교회 안의 어떤 인간에게도 미래란 주어질 수 없다.

교회의 이런 인격적·세속적 관점은 계속 수용되어야 한다. 평신도의 물음이 이러한 교회 물음의 중심을 이룬다고 볼 때, 평신도의 물음은 바로 교회의 존립에 대한 물음이며 교회의 실존에 대한 물음이라 하지 않을 수 없다.

성직자 중심과 남성 중심의 교회에 대한 비판적 고찰

제2차 바티칸 공의회는 로마 중심, 성직자 중심 등 "… 중심주의"를 벗어나 로마 교회와 지역교회, 교황과 주교, 사제와 평신도의 관계를 일치의 차원에서 이해하며 교회와 신도들의 신원을 찾아주었다. 그렇지만 공의회가 폐막된 지 올해(1995년 12월 8일)로 30년이 지났는데도 우리 교회는 거의 2천 년에 가깝게 몸에 젖은 "중심주의적인 사고"를 벗어나지 못하고 있다. 오히려 그 과정에서 교회는 보수와 진보로 나뉘어 심한 몸살을 앓고 있다. 이런 틀 속에서 우리 한국 교회는 교구와 교구, 도시 본당과 시골 본당의 격차를 좀처럼 좁히지 못하고 자기의 울타리 안을 관리하기에 바쁜 이기주의적인 면을 보여주고 있다. 이런 상황에서 교회는 평신도의 위치를 강조하지만 실제로 교회를 운영하는 과정에서 그들의 교회성은 좀처럼 인정을 받지 못하고 있고, 여성은 교회 내의 남성 중심적 성향으로 한번 더 소홀한 대접을 받는다. 이 장에서는 온갖 중심주의가 극복되기를 희망하면서 공의회의 정신을 따라 평신도의 신원과 교회 안에서의 남성과 여성의 관계를 반성하고자 한다.

1. 성직자 중심주의와 평신도

교회는 하느님으로부터 불림을 받은 사람들의 공동체, 하느님의 부르심에 응답하는 인간들의 공동체, 즉 하느님의 백성이다. 이 백성은 예수께서 하느님의 나라를 선포하시면서 처음 불러모으신 공동체로, 여기에는 후에 성직계급이 된 사도들만이 아니라 군중들이 다 집결되어 있다. 이 공동체 안에서 모든 사람들은 하느님 아래 수직적이 아니라 수평적 관계를 맺고 있다. 오늘날 볼 수 있는 성직자와 평신도의 구분은 그 당시엔 아직 없었다. 거룩한 형제가 된 평신도의 사명은 여기서부터 이해되어야 한다. 평신도는 직무에 대한 경쟁이나 직무의 과제에 대한 참여만으로 이해되는 것이 아니다. 그들의 사명은 그들의 삶의 질서에서 찾아진다. 직무적으로 위임될 수 없는, 지금 이 자리에서 일어나는 그리스도교적 삶이 그 자체로 본질적인 교회의 사건이며, 평신도의 교회적 위치는 교회가 구세주로 선포하는 그리스도의 신비를 이 세상 안에 나타내 보이고, 교회에 새로 벌어지는 상황에서 하느님의 부르심에 순종하며 이 신비를 준비하는 데서 정해지는 것이다.

그런데 역사적으로는 성직자 중심주의의 교회가 형성되고 평신도의 무능력화 현상이 일어났다. 이런 현상은 교회사 초기에서부터 나타나며, 교황 그레고리오 7세 때에 그 절정에 달했다.

제2차 바티칸 공의회는 평신도의 무능력화를 배척하면서, 평신도를 체계적으로 재평가하였다. 공의회는 「교회헌장」에서 평신도가 그리스도의 왕직, 사제직, 예언직에 참여한다는 것을 여섯 번이나 반복한다(10. 11. 12. 34. 35. 36항). 또 「교회헌장」 32항에서는 이렇게 말한다:

"교회 안에서 모든 이가 같은 길을 가는 것은 아니지만, 모든 이가 성덕을 닦도록 불리었고, 하느님의 은총으로 같은 신앙을 가지게 된 것이다. 그리스도의 뜻을 따라 어떤 사람은 남을 위하여 교사나 신비의 관리자나 목자가 되었지만, 그리스도의 몸을 건설한다는 점에 있어서 모든 신도들에게 공통된 품위와 활동은 누구에게나 참으로 평등한 것이다. 주께서 성직자와 나머지 하느님의 백성을 구별하셨지만 그 구별은 동시에 결합을 내포한 것이니, 목자들과 다른 신도들이 공통의 필연관계로 서로 맺어져 있기 때문이다."

이로써 원칙적으로는 성직자 중심의 교회가 극복되었다고 하나, 실천적인 면에서는 공의회가 주장하는 평등화는 잘 이루어지지 않고 있다. 평신도조차 자신들을 여전히 교회의 변두리층으로 여기고 있는 것이다. 예컨대 도시 본당에서의 반모임은 평신도의 모임이지만 본당의 비대화와 그로 인한 본당신부의 과중한 성무를 덜어주기 위해 평신도가 협조해야 한다는 식으로 운영되어 그 근본에는 성직자 중심의 사고가 짙게 자리하고 있다. 반모임을 주관하는 그룹은 평신도가 아니고 성직자이며, 이 모임을 교육시키는 자 또한 다름아닌 성직자이다. 제2차 바티칸 공의회가 강조한 하느님 백성의 교회론이 실천되지 못하여 성직자는 하느님 백성 위의 "지휘관"이나 "조종자"로 군림하고 있다는 느낌을 준다. 물론 성직자 중심주의의 탈피가 평신도 중심주의로 전개되어서는 안된다. 만일 그렇게 된다면 "… 중심주의"의 주역만 바뀔 뿐 그 구조는 벗어나지 못하는 우를 범하게 되기 때문이다. "본당신부도 교회다", "주교도 교회다"라는 명제를 약화시키거나 배제시킴 없이 평신도의 교회성("평신도도 교회다")을 찾는 것은 우리의 과제라 하지 않을 수 없다. 이에 평신도 개념을 살펴보면서 "성직자 중심주의"를 극복한 교회상을 밝히고자 한다. 평신도를 나타내는 개념인 "라오스"($\lambda\alpha o\varsigma$)는 그 어원상 성직자와 평신도를 모두 포함한 "신도"를 의미하는 것이기 때문이다.

1) 개념으로 본 평신도

우리 나라 말의 평신도는 희랍어 "라오스"에서 번역된 것이다. 라오스는 희랍의 세속 역사에서는 무리, 민중, 백성을 뜻하며, 신약성서에서는 종교적 의미로 사용되면서 이스라엘이나 그리스도교 공동체를 라오스(하느님의 백성)라 불렀다.[1] 구약에서 사제 및 예언자와 구별하여 일반 백성에게 이 개념이 사용된 적이 가끔 있으나 신약성서에서는 이런 구별이 나타나지 않는다. 구약성서에 가끔씩 사제와 구분되어 사용되는 형용사 라이코스($\lambda\alpha\iota\kappa o\varsigma$: 이사 24,2; 호세 4,9)도 신약성시에는 나오지 않는다. 교회가 (하느님의) 백성($\lambda\alpha o\varsigma$)이라 불린다면 이는 모든 신앙인에게 적용된다. "여러분은 선택된 민족, 왕다운 사제들, 거룩한 겨레, 그분이 차지한 백성이 되었습니다"(1베드 2,9). 이 구절에

---

1. 평신도의 개념적 고찰에 관하여 다음 글 참조: M. Kehl, *die Kirche, Eine katholische Ekklesiologie* (Würzburg 1992), 117-25; 서인석, 「평신도 신학의 성서적 배경」, 『신학전망』 6호(1969), 13-24; 여기서는 주로 M. Kehl의 글을 참조하였음.

나오는 구약의 칭호들은 모두 신앙인들에게 사용된 것이다. 오늘날 교회 안에서 볼 수 있는 성직자(클레로스, $κληρος$)와 평신도(라오스, $λαος$)의 구분은 신약성서에서는 찾아볼 수 없다. 모든 신앙인들이 성도들이고, 하느님이 선택한 자들이고, 성령의 성전이며, 형제 자매이고, "영적인 인간"이기 때문이다. 소위 사제들만이 "영적 인간"으로 불리고 평신도는 세속인으로 불린 것은 뒤에 생긴 역사의 산물이며, 이 또한 비신앙세계에 의한 것이지 공동체 자체가 그렇게 구분한 것은 아니다. 오늘날 성직자와 동일시되는 사제라는 단어도 초기 그리스도교 공동체에서는 그리스도(히브 4,14)나 공동체(1베드 2,9)와 관련하여 사용했을 뿐 직무 수행자와 관련한 것은 아니었다.

그리스도교 기록에 평신도 개념이 처음 나타난 것은 교황 클레멘스의 첫째 편지에서인데(96년경) 유대의 예배질서와 관련해서였다. "대사제는 자기의 고유한 직무를 가지고 있고, 사제들에게는 특수한 임무가 주어졌고, 레위들에게는 봉사직이 부과되었고, 일반 신자($λαικος$)들은 그 신분의 고유한 계율에 의하여 의무를 가지고 있다."[2] 유대교 공동체가 대사제, 사제, 레위, 백성(평신도)으로 구분한 것을 빌려 "사제의 질서"(ordo sacerdotalis)로서 직무자와 "교회의 질서"(ordo ecclesiae)로서 평신도($λαος$)를 구분하였던 것이다. 이 구분은 3세기초부터 — 알렉산드리아의 클레멘스, 테르툴리아누스, 오리게네스 등 — 보편화된다. 이로써 직무(특히 주교)를 신성시하는 경향이 점점 나타나기 시작하였고, 사제의 기능을 가지고 있는 희생제, 미사 봉헌에서 이런 경향이 첨예화되었다. 그렇지만 교회에 대한 책임이 직무자에게 집중된 것은 아니어서 성직자와 평신도의 대립관계가 오늘날처럼 교회의 전례 밖에서까지 확장되어 사용되지는 않았다. 오늘날의 이런 대립관계는 11세기의 교황 그레고리오 7세(1073~1085)에 이르러서이다. 그후 이 구분은 점점 강화되어 오다가 19세기와 20세기의 평신도 운동 특히 제2차 바티칸 공의회에 의해서 제동이 걸렸다.

---

2. 고린토인들에게 보낸 편지 40,5 이하.

2) 제2차 바티칸 공의회의 평신도 이해

제2차 바티칸 공의회에서는 "평신도" 개념이 반(反)성직자 개념으로 들린다는 이유로 "신도"(신앙인)로 대체하자는 의견도 대두되었다. 즉, 평신도 개념이 세속적인 비(非)전문가, 그래서 비직무자(비성직자) 또는 비수도자처럼 여겨지는 데에는 문제가 있다는 것이다. 품받은 직무자나 축성된 수도자가 아닌 하느님 백성의 구성원에게 꼭 그런 이름을 붙일 이유가 무엇인가 하는 것이다. 예컨대 세속의 영역에서 생각할 때 일반 시민을 비관리, 비시의원으로 부르는 것이 비정상적인 것과 같다. 시민 가운데 관리직과 의원직을 수행하는 사람이 있고 그렇지 않은 사람이 있는데 이 직분을 수행하지 않는 이들을 어떤 "신분층"(비의원 등)으로 부르지는 않는다. 그런데 교회 안에서는 품받지 아니한 사람을 "품받지 아니한 층"에 소속시켜 나타낼 필요가 있겠는가 하는 것이다. 그리고 시의원을 시민이 아닌 사람이라고 하지 않는다. 이런 관점에서 볼 때 평신도를 "사제품을 받지 아니한 일반 신자"로 정의내리는 것은 그 자체가 성직자 중심적 사고의 산물이다. 관리인이나 비관리인이나 모두가 시민인 것처럼 "소위 평신도"든 주교와 교황을 포함한 성직자든 모두가 다 하느님 백성의 일원으로 한 "신앙인"이며 신도($\lambda\alpha o s$)인 것이다. 신도 안에 성직자가 아닌 신도를 새로운 신분으로, 즉 "평신도"로 구분하여 부르면서 계급의식을 심는 것은 하느님의 백성 개념에 맞지 않다. 더군다나 이때 평신도를 위해 사용된 라오스는 본래 성직자까지를 다 포함한 단어였다. 성직자와 평신도 사이의 딜레마는 품받지 않은 사람에게 어떤 긍정적인 명칭을 준다고 해결되는 것은 아니다.

제2차 바티칸 공의회는 근원적으로 평신도를 「교회헌장」 4장과 「평신도교령」에서 다루면서 교회 안에서의 다양한 층의 공통점을 강조하였다.

"사목자들은 평신도들이 얼마나 교회 전체의 선익에 이바지하는지를 잘 알고 있다. 사목자들은 세계 구원을 위한 교회의 사명을 독점하기 위해서 그리스도께로부터 선정된 것이 아니고, 오직 모든 신도들로 하여금 공동사업에 일치 협력하도록 목자로서 그들을 인도하고 그들의 봉사와 카리스마를 인정하는 것이 자신들의 빛나는 임무임을 알고 있다"(「교회헌장」 30항).

평신도에 관한 이 규정에는 하느님 백성에 관하여 이야기한 바 모든 것이 강조되어 있다. "하느님 백성에 관하여 말한 것은 모두 평신도, 수도자, 성직자들에게 꼭같이 해당된다"(「교회헌장」 30항). "그렇지만 남녀 평신도들에게는 그 신분과 사명상 특수한 임무가 있다"(「교회헌장」 30항). 즉, 평신도($λαος$)는 "신품과 교회에서 인정된 수도 신분에 속하는 이들 이외의 모든 그리스도인들을 말하는 것이다. 즉, 성세로써 그리스도와 한몸이 되고, 하느님 백성직에 들고, 그들 나름대로 그리스도의 사제직과 예언직과 왕직에 참여하여 교회와 세계 안에서 그리스도의 백성 전체의 사명을 각기 분수대로 수행하는 신도들을 말하는 것이다"(「교회헌장」 31항).

그러면 제2차 바티칸 공의회는 평신도를 비성직자, 비수도자, 신도로 말하는 것이 아닌가? 그러나 평신도의 신분과 사명으로 본 그들의 특수 임무를 정의한 데서 보면 이를 구분짓는 것이 이 문항의 목적이 아님을 알게 된다. 이 문헌은 평신도에 대해 물으면서 이에 대한 답변을 이렇게 제시한다.

"세속적 성격은 평신도의 고유한 특징이다. … 평신도들은 본래 현세적 일에 종사하며 하느님의 뜻대로 관리함으로써 천국을 찾도록 불린 것이다. 그들은 세속에 살고 있다. 세속의 온갖 직무와 일, 가정과 사회의 일상생활 조건들로써 그들의 존재 자체가 짜여진 것처럼 그 속에 살고 있다. 그 속에서 그들은 하느님의 부르심을 받아 복음의 정신으로 스스로의 임무를 수행하며 마치 누룩과도 같이 내부로부터 세계 성화에 이바지하는 것이며 특히 믿음과 바람과 사랑에 빛나는 실생활의 증거로써 이웃에게 그리스도를 보여주는 것이다"(「교회헌장」 31항).

이 문장은 평신도에 대한 정의(定義)보다는 평신도의 삶에 역점을 둔 경험적 현상을 서술한 것으로 미래지향적 요소를 포함하고 있기도 한 것이다. 즉, 모든 인간의 삶의 영역과 삶의 양식이 하느님에 의한 부르심의 장소가 될 수 있고, 이때문에 모든 곳에서 복음화와 성화로의 요구가 채워질 수 있다는 것을 강조하고 있는 것이다. 공의회는 이 부르심을 특별히 평신도들에게 부과하였지만, 동시에 평신도에 대한 독점적인 신학적 자리매김은 하지 않았다. 즉, 평신도는 세속 안에서, 성직자는 교회 안에서 사명을 완수한다고 구분하지는 않았다. 그때문에 평신도와 성직자의 임무와 과제를 세계 봉사와 구원 봉사, 또는 교회 영역 밖과 안에서의 봉사로 구분짓는 것은 공의회의 정신이 아니다.

공의회 이후 한동안 — 지금도 — 평신도와 직무자를 신학적으로 구분하고, 그리스도교 사명을 나누어 생각하려고 하였지만, 공의회의 근본 정신에서 볼 때 이는 무모한 것으로 나타난다. 왜냐하면 교회 안팎이라든지 교회와 세계의 이분법적 구분은 근원적으로 극복되었기 때문이다.

「교회헌장」과 「사목헌장」은 "세계"를 "전체"교회의 활동 영역으로 보고 있으며. 교회는 평신도 사도직을 통해서가 아니라 전체적으로 세상을 위한 구원의 성사로 정의내리고 있다. 그리고 공의회는 또 모든 그리스도인들이 세례와 견진을 통해 똑같이 하느님 백성인 교회와 교회 사명의 주체라고 강조한다(「교회헌장」 33항). 그래서 평신도는 교회와 구분되는 세속적인 삶의 영역 안에서만이 아니라 교회 안에서 그들의 소명을 완수해야 한다고 강조한다. 평신도뿐 아니라 소위 성직자도 세계에 관심을 가져야 하고, 마찬가지로 성직자뿐 아니라 평신도도 교회 안의 일에 관심을 가져야 하는 것이다.

"평신도들은 교회의 사명을 완수하며 교회와 세계 안에서, 영적 질서와 현세 질서 안에서 자기의 사도직을 수행하는 것이다. … 신자이면서 동시에 시민인 평신도는 이 두 가지 질서에 있어서 동일한 그리스도교적 양심의 지배를 받아야 한다"(「평신도교령」 5항; 참조: 「평신도교령」 2.9항 이하).

공의회는 이처럼 "세계에 대한 직무"에 모든 그리스도인들이 소명을 받았다는 것을 긍정적으로 이야기하고, 또 이 소명이 실제로 특히 평상의 사회적 직업을 가지고 있고 이와 관계하여 사는 그리스도인들에 의해서 수행된다고 주장함으로써 평신도의 소명(부르심)을 전적으로 시인하였던 것이다. 그러므로 이 소명을 성직자와 구분되는 어떤 특수 직분층의 일로 보는 것은 재고(再考)해 보아야 할 일이다. 왜냐하면 그런 구분이 자기를 공동체로 이해하는 교회 안에서는 불분명하기 때문이다. 오히려 지금까지 사제가 하던 일의 많은 부분을 평신도들이 떠맡아서 하고 있는 우리 교회의 현실을 볼 때 직무자와 평신도를 이

제 더 이상 신학적으로 구분할 수 없다는 방향으로 전개되고 있는 것이다.

그러므로 공의회가 원칙적으로 제시한 미래지향적 방향이 견지되어야 한다. 즉, 그리스도교 신도들의 근본적인 공통성이 교회의 일반적 의식으로 불러일으켜지고 직무자와 평신도의 자매관계적 실천이 이루어져야 한다. 성령의 사랑으로 일치된 공동체는 교회 안에서의 다양한 부르심과 사명을 평준화하지는 않는다. 오히려 모두에게 성령이 공동으로 선사되었다는 것과 교회를 건설하기 위한 각 개인의 소질이 다양하다는 것을 구별한다. 개인의 다양한 카리스마에 타당성을 부여하기 위해 이를 고유한 직분으로 종합할 필요는 없는 것이다.[3]

마지막으로 공동체 신학(하느님 백성 신학)을 통해 볼 때도 모든 그리스도인들의 공통성이 이야기되고 있으며 차별적 신분층은 상대화되었다.

독일 신학자 켈은 카이저의 다음 견해에 동의하면서 지금까지 공의회의 교회론을 바탕으로 해서 직무자와 비교하여 긍정적으로 특수화되고 교의적으로 차별되는 신학적 의미를 평신도에게 부여한다는 것은 무모한 것이라고 주장한다. 카이저는 이렇게 쓴다.

"제2차 바티칸 공의회의 진술과 최근 연구에서 평신도 개념을 규정한 것처럼 보이는 긍정적 내용, 즉 그리스도의 직무(munus)와 온 그리스천 백성의 사명에 참여하는 것은 평신도가 아니라 교회 구성원을 서술한 것이다. 평신도가 교회의 구성원인 한, 교회 안에서의 평신도의 위치는 긍정적인 내용으로 충만되어 있다. 그럼에도 교회 구성원이 평신도인 한, 여기에는 성직자가 아닌 교회 구성원에로 제한되어 표현되어 있다. … '평신도' 개념은 실제에 있어 '성직자가 아닌 교회 구성원'을 지칭하기 위한 약칭(略稱)으로 기술 보조개념이다. '평신도' 개념은 그런 보조개념으로서 필요할지 모른다. 그렇지만 평신도 개념에 교회 구성원을 넘어서는 어떤 긍정적인 내용을 부여하려 하거나 이를 제한하려는 — 예컨대 세속의 성격 — 시도는 필연적으로 좌절될 수밖에 없다."[4]

---

3. M. Kehl, 124 참조.

4. M. Kaiser, "Die Laien", in: H. Schmitz (Hrsg.), *Handbuch des katholischen Kirchenrechts* (Regensburg 1983), 184-6; 여기서는 M. Kehl, 123에서 인용.

지금까지 살펴본 것에 필자는 평신도와 성직자를 구분하여 쓰는 것 대신에, "신도" 개념이 보편화하고, 또 평신도와 대비를 이루는 성직자 개념도 그 본뜻에 따라 그냥 "직무자"로 사용하였으면 하고 제안하고 싶다. 아울러 사제들이 서명할 때 자기 이름 앞에 스스로를 "존경하는 자", 즉 "Rev."(Reverend)라고 표기하는 아이러니도 이제는 거두어야 하리라 본다.

3) 일반 사제직과 특수 사제직의 구조적 긴장 속에 있는 교회

그러면 품으로 수여되는 직무의 특수성은 무엇인가 하는 물음이 생긴다. 사실 이런 물음은 본질적인 것이 아니다. 이 질문은 다만 우리가 너무 오랫동안 신도를 성직자와 평신도로 구분짓는 데 익숙해 있기에 생기는 것이다. 직무가 모든 신앙인들의 공통적인 그리스도 신도 존재 안에, 그리고 신앙 안에서 동등한 형제 자매를 이루는 공동체 안에 — 이 공동체 안에서 모두는 특수 지위가 아니라 자매관계의 협력의 관계에 놓여 있다 — 겸허하게 수행될 때, 복음을 선포하고 성사를 수여하고 교회일치를 위해 힘쓰는 서품된 직무자의 책임이 아무런 문제 없이 다른 모든 그리스도인들로부터 인정받게 될 것이다. 종전에 보았던 성직자와 평신도의 대립적 관계를 영구화하는 것은 교회의 공동체 성격을 흐리게 하는 것으로 극복되어야 할 일이다.[5]

모든 신도들의 동등성: 교회를 일치시키는 성령 때문에 직무자와 평신도의 동등성에 대한 이야기가 가능하다. 성령은 그리스도 안에서 모든 신도들, 세례 받은 이들 안에서 활동하는데, 이 성령이 교회를 공동체로 형성하고, 이 공동체 안에서 모두는 그리스도의 자매요 신부(新婦)로서 같은 존엄성을 지니게 되고, 예수 그리스도의 왕직, 예언직, 사제직에 참여하게 된다(「교회헌장」 9-13항; 「전례헌장」 14항). 성령을 통해 전체 신앙인은 초자연적 신앙감(sensus fidei)을 선사받게 되는데, 이 신앙감으로 모든 이가 교회를 신앙 가운데 보존하고 일반적 동의 가운데(consensus universalis) 신앙과 윤리에 관하여 표현

---

5. M. Kehl, 124 참조.

하게 된다(「교회헌장」 12 · 35항;「사목헌장」 43항;「평신도교령」 2항 이하).[6]

성령의 활동으로 모든 이가 신앙 안에 동등하다는 것이 교회의 삶의 질서와 구조의 기초를 이룬다. 이렇게 해서 제2차 바티칸 공의회는 수백 년 동안 서방 교회에 지속되어 온 "영의 상실"을 회복하였고, 교황에서부터 평신도에 이르기까지 하느님 백성의 전(全) 구성원이 동등하다는 것을 강조하였고, 이때문에 이 동등성을 의식적으로 교회의 교계제도에 관한 항(項) 앞에 놓아(「교회헌장」 9-17항), 성서의 원천에 충실하고자 하였다. 이로써 평등하지 못한 사회(societas inaequalis)로서 교회의 표상을 완전히 극복하였다. 대신 공통적인 하느님 백성의 존재를 직무와 카리스마와 봉사의 구분에 선행하게 하였다. 이를 제2차 바티칸 공의회는 다음과 같이 말한다.

"그리스도의 뜻을 따라 어떤 사람은 남을 위하여 교사나 신비의 관리자나 목자가 되었지만 그리스도의 몸을 건설한다는 점에 있어서 모든 신도들에게 공통된 품위와 활동은 누구에게나 참으로 평등한 것이다(vera aequalitas)"(「교회헌장」 32). 이 동등성은 구조적으로 철저히 표현되었으니 공의회 이후 교회의 전 영역에 걸쳐 행해지는 시노두스의 요소가 큰 역할을 하였다(본당 사목회, 교구 사목회, 교구 시노두스, 주교 시노두스의 형태로).

그러나 그 대가도 컸다. 항상 지도받고 인도해 주기만을 바라던 수동적인 공동체는 이런 근대 문화 구조의 도전에 익숙지 못하였다. 직무자들도 교회의 공동체 삶과 직무의 영적인 권한을 지난날의 군주제도, 귀족주의, 봉건주의, 절대주의가 아니라 현대의 민주주의와 연방제도의 긍정적인 체험을 살린 차원에서 한데 묶는 데 어려움을 겪어야 했다 그들은 여전히 독재적일 때가 많았고, 설사 민주주의식으로 한다 해도 일치를 못 이루는 경우가 많았다. 교회는 군주제도일 수 없으며 민주주의도 아니다. 이 일이 얼마나 어려운가는 공의회 이후 민주주의를 강조한 급진적인 사고(思考)가 나오는가 하면, 이를 반박하는 데서 다시 보수주의로 돌아서 법을 강조하는 군주적 자세를 보이는 데서도 볼 수 있

---

6. M. Kehl, 106 참조. 이하 같은 책 106-10 참조.

다. 이들은 민주적이고 연방적인 구조 형태를 유비적으로 수용하는 것이 교회를 신비로 보게 하는 데에 방해가 된다고 본다. 마치 교회의 군주적이고 귀족적이고 절대주의적 행위는 그렇지 않은 것처럼! 어쨌든 이런 문제가 해결되지 않고서는 평등성을 성숙하게 논할 수 없다. 이것이 과제이다.

성령의 카리스마적이며 위계적인 선물: 우리는 성령의 은총으로 모든 이가 평등하다는 것을 이야기하였다. 그러나 그 평등성 안에 다양성이 또한 강조되었음을 인식해야 한다. 성령은 다양한 카리스마 안에서 자신을 나타내 보이신다. 한 분인 성령은 다양하게 작용한다. 이로써 제2차 바티칸 공의회는 성령의 "위계적이고 카리스마적 선물"(「교회헌장」 4항)에 대해서 강조한다. 성령은 "교계제도와 은사(카리스마)의 여러 가지 은혜로써 교회를 가르치시고 인도하신다".

"위계적 선물"이란 성사적인 품으로 수여되고, "가르침과 성화와 지도"로 하느님 백성의 일치에 특별한 방법으로 봉사하는(「교회헌장」 32항; 「교회헌장」 4.7.12.18.20.32항 등) 다양한 봉사와 직무를 의미한다. 주교직무, 사제직무, 부제직무 등이 여기에 해당한다.[7] 그러니까 평등성의 주장으로 다양성과 "품"이 부정되는 것은 아니다. 그리스도는 직무를 통해 자기의 권위를 몸의 머리로서 볼 수 있게 한다(「교회헌장」 7.10.32항; 「사제교령」 2.6항).

2. 남성 중심주의와 여성

교회 안에서 직무자와 평신도의 평등성이 인정되었다고는 하지만 교회는 여전히 성직사 중심주의를 벗어나지 못하고 있다. 이런 상황에서 여성들은 교회 안에서 성직자 중심과 남성 중심의 구조에 의해 이중으로 소홀한 대접을 받고 있다고 생각하고 있다. 더군다나 교회 안에서 이러한 소홀한 대접을 받는다는 생각은 여성들이 가정과 사회에서처럼 교회 안에서조차 변두리로 밀려나 있다는

---

7. M. Kehl, 110 이하 참조.

생각과 현대사회에서 성(性)의 역할과 위치를 새로 이해하고자 하는 사고와 맞물려 더욱 심각하게 일고 있다. 이 문제를 어떻게 풀어나갈 것인가? 이는 단순히 교회 내의 여성의 위치와 역할에 대한 문제이기에 앞서 교회 자체에 대한 이해의 문제이기도 하다.

여기에 여성도 사제가 될 수 있는가 하는 물음이 또한 심각하게 던져진다. 이 물음 또한 여성이 사제가 될 수 있는가 없는가 하는 질문의 차원을 넘어 교회 자체에 대한 이해의 문제로 삼을 때 해결이 가능하다. 교회의 물음이 해결되면 이 문제도 해결된다. 예컨대 "모두는 … 예수 그리스도의 왕직, 예언직, 사제직에 참여한다"(「교회헌장」 9항)고 했을 때, 이때의 모두는 성직자와 평신도, 남성과 여성 모두를 의미하는 것이다. 물론 여기서 사제직은 일반 사제직이라고는 하나 여성의 사제직 내지 사제성이 암시되어 있는 것이다. 여성 사제의 물음은 교회론에 부수적으로 따른 것이 아니라 본질적인 것이다. 이런 의미에서 여성의 문제는 교회의 가부장적 구조에 대한 비판만 가지고는 해결될 일이 아니다. 물론 이것도 작은 한걸음일 수 있다. 그러나 가부장적인 구조를 수정하기 위해 이를 비판하는 것에 큰 비중을 둘 때는 그동안 쌓인 한풀이는 될지언정 여성이 지니고 있는 본래의 교회론적이고 인간학적인 의미는 놓쳐버릴 우려가 남게 되는 것이다. 이 점을 염두에 두면서 여성의 교회론적인 의미를 살펴보고자 한다. 아울러 여성 사제의 가능성도 논할 것인데 이 또한 사제의 여성성과 관련한 것으로 교회론적인 의미를 지니기 때문이다.

1) 이중으로 차별받고 있는 여성

교회가 제2차 바티칸 공의회 이후 「사목헌장」을 비롯한 여러 문헌에서 현대사회의 발전과 민주화 및 자유의식을 강조하면서 남녀 평등을 변호하는 데 앞장섰다는 것은 부인할 수 없다. 예컨대 「사목헌장」은 29항에서 이렇게 천명하고 있다: "만인이 이성을 갖춘 영혼을 가지고 하느님의 모상을 따라 창조되어 같은 본성과 같은 원천을 가졌으며, 그리스도께 구원되고 같은 목적에로 함께 불리었으므로 모든 사람의 기본적 평등은 더욱 명백히 긍정되어야 한다. …"

인간 기본권에 관한 모든 차별대우는, 그것이 사회적 차별이든지 문화적 차별이든지, 혹은 성별(性別)·인종·피부색·지위·언어·종교 등에 기인한 차별이든지, 그것은 모두 다 하느님의 뜻에 어긋나는 것이므로 극복되어야 하고 제거되어야 한다. 이같은 인간의 기본권이 아직도 보장받지 못하는 지역이 남아 있다는 사실은 매우 슬픈 일이다. 예를 들면 남편 선택의 자유나 신분 선택의 자유, 남성과 동일한 교육이나 혜택을 누릴 권리 같은 것을 여성에게 인정치 않는 경우가 그렇다.

또 교황 요한 바오로 2세도 1988년에 반포한 「여성의 존엄」(*Mulieris Dignitatem*)에서 여성의 인간학적·사회학적·법적·영성적 존엄성과 동등성을 강조하였다. 이는 과거 교회사에서 볼 수 있었던 여성에 대한 입장과는 큰 차이를 보이는 것이었다. 그럼에도 그것으로 여성의 문제에 대한 충분한 답변이 주어졌다고는 볼 수 없다. 여성의 존엄성과 또 여성과 남성의 동등성이 강조되었음에도 불구하고 여성들은 여전히 교회 안에서 전례 형태와 지도체제에 나타난 일방적인 "성직자-교회"와 "남성-교회"의 모습을 보면서 그들의 성(性) 때문에 구조적으로 소홀한 대접을 받고 있으며, 아니 차별을 받고 있다고 느끼고 있기 때문이다. 교회는 평신도의 위치를 올려놓았다고는 하나, 그 평신도가 또한 남성 중심으로 이해되고 실현되어 이중으로 소홀한 대접을 받고 있다는 것이다.[8] 여성의 이런 "느낌"은 부정할 수 없는 사실이며, 여성이 아닌 남성으로는 느낄 수 없는 것이다. 그러기에 부정해서도 안될 것이다.

교회가 그 독특한 구조적 체계 안에서 성의 구별에 근거를 둔 역할을 고수하거나 그 구별을 정당화하려는 신학적 논쟁은 여성의 법적 지위가 상승하고 있는 현내의 상황에서 그 설득력을 점점 잃어가고 있다. 켈은 교회 안에서 여성의 위치를 제한시키는 요인으로 남성 중심적 언어, 남성에 묻어 표현되는 여성, 직무에서 제외된 여성을 들고 있다. 이를 살펴보자.[9]

---

8. M. Kehl, 221 이하 참조. 그리고 여성과 교회의 관계에 관하여 『신학전망』 109호 참조.
9. 아래의 2.2항에서 2.4항까지는 M. Kehl, 222-6을 주로 참조한 것임.

2) 남성 중심적 언어

역사적으로 볼 때 교회의 언어는 이스라엘의 가부장적인 구조의 맥락에서 발생하였고, 2천 년에 가까운 서양 전통의 남성 중심적인 세계상(世界像)과 인간상(人間像)의 맥락에서 규정되었다. 하느님에 대한 이야기가 남성적 이미지를 남기는 단어들(아버지, 주님, 세상의 창조주, 임금님 등)로 비유되어 사용되었고, 남성의 능동적이고 지배적인 역할을 나타내는 술어가 하느님과 그리스도께 사용되었다. 이에 반해 교회와 세계(피조물)는 수동적이고 여성적으로 표현되었다. 물론 하느님과 세계 사이에는 주는 자와 받는 자, 부르는 자와 따르는 자의 관계가 있다. 그렇지만 이 관계를 남자와 여자의 관계로 표현하고 이를 종속의 관계로 고정시키려는 성(性)의 형이상학(形而上學)은 오늘날 더 이상 먹혀들어가지 않는다. 이 형이상학에는 하느님의 영원한 의지가 아니라 가부장적인 사회의 남성의 의지가 표현되어 있기 때문이다. 수용과 순종과 봉사는 여자만이 아니라 남자를 포함한 모든 피조물이 창조주에게 드려야 하는 근본 태도이다. 사회 안에서의 남녀 역할 분담은 창조주 하느님의 뜻이나 유대 그리스도교의 계시 사실에 기인한 것이 아니라 어디까지나 변천하는 역사의 산물인 것이다.

그리스도 이후 남자와 여자의 관계에 대한 근본 형태는 "그리스도를 두려워하듯이 서로 순종하라"(에페 5,21)는 말에서 찾아볼 수 있다. 이 말에서 여성들은 자립적인 주체로서 인정되고 있고, 그들의 신앙체험을 교회의 공적인 언어로 이야기하기 위해서 교회 안에 계속 유효한 남성들의 철학적 · 신학적 언어 독점을 극복한다는 것을 읽을 수 있다. 물론 이로써 예수 자신이 보장한, 지금까지 교회가 사용한 모든 언어가 하루아침에 해체되어야 한다는 것은 아니다. 다만 일방적인 제한은 이제 무너져야 한다는 것이다. 인간의 언어는 역사를 지니고 있음을 잊지 말아야 한다.

인간이 남자와 여자로서 다 하느님 모상(창세 1,27)으로 창조되었다는 것은, 남자와 여자 둘 다 하느님의 실재임을 표현한다. 이는 하느님의 실재가 남성이나 여성 어느 한 성을 지니고 있는 것이 아니라 성을 초월하여 계시다는 것을 의미하는 것이기도 하다. 하느님의 실재에 대한 개념들과 비유들 중에는 하느님의 여성적이고 어머니적인 차원을 강조한 것들도 많은데 이 또한 하느님을 남성적으로만 생각한 것을 벗어나고자 한 것으로 이해할 수 있다.[10] 신론을 비롯하여 모든 분야에서, 특히 여성신학은 아직 적절한 언어를 발견하지는 못했지만 교회 안에서 남성 중심에서 인간 중심의 언어를 찾고자 한다.

3) 남성에 묻어 표현된 존재

교회 안에서 신앙인은 주로 남성의 형태로 표현되고 있다. 우리 나라 말로는 하느님의 "자녀"(子女)로 표현되었지만 희랍어로는 하느님의 "아들"[子]을 비롯해서 하느님의 종, 하느님의 제자 등 모두가 남성의 형태로 표현되고 있다. 여성들은 이 남성적 표현에 묻어 표현된, 말하자면 남성에 함께 포함된 존재이다. 창세기 1,27(하느님의 모습대로 사람을 지어 내시되 남자와 여자로 지어 내셨다)에도 불구하고 남성이 인간을 대표하고 여성은 그에 포함된 존재로 정의되고 있는 것이다. 남성 중심적인 세계상과 모든 차별을 폐기하고자 한 예수의 복음에도 불구하고[11] 여성들은 남성에 묻어 표현되고 있고,[12] 이런 현상은 교회 안에서 더욱 두드러졌다.

그러나 모든 피조물이, 이로써 남자와 여자가 그리스도 안에서(갈라 3,28), 그리고 그가 세운 하느님 나라의 형제적 공동체(마르 10,41 이하) 안에서 화해한다는 것은 복음의 목표이며, 그러기에 이 복음은 역사와 사회의 한 점에 머물러 있을 수 없다. 지금의 교회 언어가 그대로 세상 종말까지 유지되는 것은 아니다. 언어는 변하기 마련이다.

---

10. 하느님의 여성성에 대해 이제민, 「해방의 하느님」, 『신학전망』 93호, 84-104 참조.
11. 신교선, 「성서 안에서의 여성과 예수 공동체」, 『신학전망』 109호 (1995), 2-18 참조.
12. 예컨대 부활을 목격한 여인들이 제자들에게 가서 알린 일(마태 28,7; 마르 16,7), 로마서에서 여교우 페베가 남성인 διακονος로 표기된 일(16,1), 또 바울로가 부활의 목격자에서 여성을 제외한 일(1고린 15,3 이하), 베드로의 고백(마태 16,16 이하)에 못지않은 마르타의 고백(요한 11,27)은 교회 역사에 영향을 끼치지 못했다는 점 등을 들 수 있다.

4) 직무에서 제외된 여성

오늘날 여성 사제직으로 많은 논란이 야기되고 있다. 더군다나 이 문제가 한국에서 논의되기는 아직 이르다고 보는 견해도 많다. 여성이 제단에 오르는 것은 한국인의 정서에 맞지 않는다는 것이다. 이런 견해는 남성들뿐 아니라 많은 여성들도 동조하고 있다. 그러나 여기서 "아직 이르다"는 것은 무엇을 뜻하며 또 한국인의 정서란 무엇에 기준한 것인가? 어쨌든 사회의 그런 분위기가 조성되고 나서 여성 사제를 논하는 것이 옳다고 보는 견해가 아직은 지배적이다. 그러나 필자는 여성 사제직이 사회의 분위기를 바꾸어가는 데에 기여한다고는 볼 수 없는가라는 기초적인 질문에 더 가치를 두고 싶다. 앞에서 지적한 것처럼 여성 사제에 대한 문제는 여성 자신에 대한 물음이라기보다는 교회 자체에 대한 물음이기 때문이다. 이때문에 필자는 여성 사제에 대한 논쟁에서 교회가 공적으로 침묵하는 것은 정당하지 않으며 복음에 상응한 해결책이 나오도록 인내심을 가지고 대처해야 한다고 본다. 먼저 교도직의 입장을 밝히고 이를 비판하며 한국인의 정서면에서 전망하고자 한다.

3. 여성 사제직에 대한 전망

1) 교도직의 입장

성공회나 개신교에서는 여성 사제직 및 여성 목사직을 허용하고 있는 데 반해 가톨릭의 공식 입장은 아직 반대이다.[13] 그 이유는 무엇인가? 1976년에 반포된 「인테르 인식뇨레스」(*Inter Insigniores*)가 밝힌 세 가지 반대입장은 이렇다.[14]

첫째는 교회 전통이다. 가톨릭 교회는 그 시작부터 지금까지 한 번도 여성에게 신품이나 주교품을 수여하지 않았다는 것이다. 이 문헌은 이 전통이 규범적

---

13. 성공회의 경우 여성 사제직이 허용되었다고 해도 이에 대한 반발이 심하다. 1995년 7월 9일자 가톨릭 신문에는 한국에서 재직한 바 있는 성공회 주교 두 분이 성공회가 여성 사제직을 허락한 것에 반발하여 가톨릭 교회로 개종하고 사제로 서품되었다고 크게 보도되었다. 가톨릭 교회는 이들을 서품함으로 여성 사제직을 반대하는 입장을 간접적으로 재천명한 것이다. 그러나 여성 사제직이 개종을 허락할 정도로 교회 정신에 위배되고, 사제의 독신제보다 더 방해되는 요소일까?

14. M. Kehl, 451-3 참조.

이라고 주장한다. 교회는 주님의 모범에 충실히 따라 여성에게 사제직을 허락하는 것이 옳지 않다는 것이 반대 이유이다.

이로써 둘째 이유가 제시되는데, 교회는 이 전통이 예수의 입장에 근거한다고 보고 있다. 예수께서는 당시 여성에 대한 주변의 부정적 입장을 배척하신 것이 분명하긴 하지만,[15] 어떤 부인도 사도로 부르지는 않았다는 것 또한 분명하다는 것이다. 사도들의 전통에서 자기의 합법성을 보고 있는 교회는 이때문에 여성들이 교회 직무를 맡는 것은 예수의 뜻이 아니라고 본다. 사도들은 예수의 이런 태도에 따라 여성들이 공동체 안에서 일을 같이하였음에도 불구하고 (로마 16,3-16; 필립 4,3; 사도 18,26) 그들에게 공적이고 공식적인 복음선포의 과제를 맡기지 않았고, 바울로도 이를 강조하였다는 것이다(1고린 14,34).

셋째 근거는 신앙의 상징적인 유비와 관련한 것이다. 직무를 맡은 이는 머리이신 그리스도의 인격 안에서 행동하기에 그리스도의 자리가 남성으로부터 대변되지 않으면 그리스도와 그리스도의 봉사자 사이에 자연스러운 유사성이 없게 된다는 것이다. 그리스도가 남자이기에 직무수행자도 남성이어야 한다는 것이다. 직무자와 공동체의 관계가 성사적인 방법으로 그리스도와 교회의 관계에서처럼 신랑-신부의 관계가 되어야 하는데 직무자가 여성이라면 이 틀이 깨어진다는 것이다.

2) 교도직의 입장에 대한 반박

입장을 밝히든 이에 반박하든 그 근본 자세는 어떻게 하는 것이 주님과 그분의 복음에 충실하는 것인가에 기인해야 한다. 앞의 교도직의 첫번째 입장이 밝히듯이 교회가 자기의 원천과 전통(역사)에 충실해야 한다는 것은 옳다. 그러나 교회가 원천에 충실하다는 것은 동시에 교회가 종말을 향하여 열려 있으며 끊임없이 발전해 나간다는 것을 시사하고 있는 것이다. 교회는 역사의 어느 한

---

15. 예수께서 당시 차별받던 여성들과 공공연하게 접촉한 데서 볼 수 있다(마태 9,21-22; 루가 7,37-39; 요한 4,27; 요한 8,11). 그를 따라나선 사람들 중에는 부인네들도 많았고(루가 8, 2 이하). 예수의 부활을 처음 목격한 사람들도 부인네들이었고, 예수께서는 또 이들을 자기 제자들에게 보내기도 했다(마태 28,7-9; 요한 20,11-13).

시점에 정지한 채 머물러 있을 수 없는 것이다. 회칙 「인테르 인식뇨레스」가 여성 사제직에 대해 밝힌 입장에는 교회가 원천에 충실해야 한다는 것만 강조되었고, 이 원천이 역사를 가지고 있고 미래를 향하여 열려 있다는 것은 지나쳐버렸다. 이에 이 원천이 역사의 과정에서 어떻게 전개되었는지를 살펴보면서 여성 사제의 타당성을 제시하고자 한다.[16]

예수께서 부르신 사도는 교도직의 두번째 입장이 주장하는 대로 다 남자였다. 여기에는 의심의 여지가 없다. 그러나 성서주석가들과 조직신학자들 가운데는 이때 사도는 "남자와 여자"의 차원에서가 아니라, 이스라엘의 열두 지파들을 다시 불러모으고 하느님 나라의 도래를 준비하고자 한 것과 관련하여 이해되어야 한다고 보는 견해가 지배적이다. 예수께서 선택한 열둘은 새 이스라엘과 종말에 이를 심판할 새 열두 지파를 상징한다(마태 19,28). 이 예언적 표징의 행위는 "열두 유대의 남자"를 상징할 수 있다. 그러나 열두 유대 남자의 요인은 성령강림 후 더 이상 제 구실을 하지 못하였다. 먼저 열둘은 새로 복구되지 않았고(처음 마티아가 보충되었으나 그후 그대로 유지되지 않았다). 사도의 숫자도 새로 늘었다. 바울로도 자기를 사도로 지칭하였고, 오늘날 사도들의 후계자라는 주교의 수는 수천 명을 헤아린다. 또 "유대"의 경계도 성령강림 후 즉시 희랍의 세계로까지 확장되었고, 비유대인도 사도의 후계자로 받아들여졌다(한국인 주교들도 유대인이 아니지 않는가?). 이와같이 "열두 유대"의 도식이 무너진 것이 신학적으로 그렇게 문제가 되지 않는다면 세번째의 요인인 "여성"이 사도적 봉사직을 떠맡는 것만이 문제될 것은 무엇인가. 물론 초창기에는 교회 및 세계의 역사가 아직 남성 중심적이고 가부장적 사회에서 펼쳐졌기에 "남성"의 그 경계를 뛰어넘을 수 없었을 것이다. 그러나 지금은 상황이 많이 달라졌다. 교회 역사적으로 예수 당시의 "열두 유대"의 주제를 뛰어넘는 것이 주님께 불충실한 것이 아니었다면 세번째의 주제 "남자"의 벽을 뛰어넘는 것 또한 주님께 대한 불충실로 해석될 수는 없는 것이다.

---

16. 이하 반박은 M. Kehl, 453-9를 참조한 것임.

사실 신약성서에는 여성들이 공동체의 공적 직무로부터 거절되었다는 기록이 많이 나오긴 하지만 여성들이 왜 공동체의 봉사에 공적으로 임명되지 않았는지에 대한 설명은 없다. 공동체 안의 관습과 유대율법(1고린 14,34 이하) 또는 둘째 창조 보도(1디모 2,12-14)와 관련하여 공동체에서 여자가 침묵해야 한다는 이야기가 나오긴 하지만, 이것을 여자가 직무에서 제외되어야 한다는 것으로 이해할 수는 없다. 오히려 남녀 평등의 강조에서 여성 직무의 가능성을 읽을 수 있을 것이다. 바울로는 이렇게 말한다: "사실 여러분은 모두 그리스도 예수 안에서 신앙으로 말미암아 하느님의 아들들입니다. 그것은 그리스도와 하나가 되는 세례를 받은 여러분이 누구나 그리스도를 새옷으로 입었기 때문입니다. 이제는 유대인도 없고 헬라인도 없으며, 노예도 없고 자유인도 없으며, 남성이랄 것도 여성이랄 것도 없습니다. 여러분은 모두 그리스도 예수 안에 하나이기 때문입니다. 그런데 여러분이 그리스도의 사람들이라면 여러분은 진정 아브라함의 후손이요, 약속에 의한 상속자들입니다"(갈라 3,26-29).

그리스도 안에서 이 하나됨이 성사적으로 그리고 구조적으로 교회의 직무에 가시적이어야 한다는 것은 신학적으로 의미심장한 요구이다. 초기 교회가 자기 안에 주어진 민족과 인종 등의 사회적 차별들, 자유인과 노예의 차별까지 상대화하였다면 어째서 같은 대목에 인용한 남자와 여자의 차별만은 극복되어서 안 되는가? 그 당시 사회에는 그것이 불가했다 하더라도 오늘날 변화한 사회에서는 이를 고집해야 할 이유가 어디에 있는가?

「인테르 인식뇨레스」는 여성 사제 불가의 세번째 근거로 그리스도와 교회의 상징적인 관계를 들어 여성의 사제직이 제외되어야 한다고 결론을 내린다. 그리스도가 남자이기에 그의 대리자도 남자이어야 한다는 것이다. 이 논리는 빈약하다. 이런 논리대로라면 교회는 신부이기만 한 것이 아니라 그리스도의 몸(남자의 몸)이기도 하다는 점을 들어 사제는 여성이어야 한다는 주장도 가능하기 때문이다. 전(全) 인격체로서의 예수가 아니라 예수의 "남성 존재"가 자기의 몸 또는 신부(新婦)인 교회에 대해 머리이어야 한다는 신학적 근거는 성서에서 찾아볼 수가 없다.

같은 이유로 하느님의 말씀이 남자로 태어났다는 역사적 조건과 새 아담인 그리스도가 새 하와인 교회를 통해 온 인류를 옛 아담과 옛 하와로 말미암아 세상에 들어온 죄에서 구속했다는 사실을 들어 예수의 구원행위를 남성의 행위로 보면서 사제는 남성이어야 한다고 주장하는 논리도 빈약하다. 예수의 구원행위는 예수의 남성에 근거하는 것이 아니라 인간이 된 말씀이 아버지께 순종하고 인간을 위해 헌신한 행위에 근거한다. 그러므로 교회의 머리로서의 그리스도의 구원 역할을 성사적으로 묘사하는 데 있어서 직무자의 남성 존재만을 강조한다면 이는 신학적으로 너무 단편적인 해석이라 하지 않을 수 없다. 그리스도는 자기의 직무를 성, 인종, 또는 계급이 아니라 한 인간이 교회적으로 볼 수 있게 하느님에 의해 이 봉사직에 부르는 축성에 근거하여 내세우기 때문이다. 이 축성은 인간에게, 여성에게도 가능한 것으로서 그들의 신앙을 떠나서는 불가능하다. 직무를 성(性)에 따라 수여하는 것은 신학적 근거가 희박하다.

3) 한국의 신화를 통해 본 여성 사제

우리는 앞에서 교회의 전통은 그리스도의 가르침을 원천과 종말에 충실하게 지속 발전시켜 주는 것이라는 점을 들어 여성 사제가 교의적으로는 아무런 문제가 없다고 주장하였다. 그러면서 또 여성 사제를 주장하는 것이 가부장적이고 남성 중심적인 교회의 구조를 거스르고자 한 차원에서 진행될 수 없다고도 강조하였다. 여성 사제의 물음에는 이런 형식적 논리보다 더 본질적인 것이 있으니, 이는 여성은 본질적으로 사제가 되기에 불가능한가, 사제는 본질적으로 남성에게만 적합한가 하는 물음에 관련된 것이기도 하다. 즉, 여성 사제에 대한 물음은 사제의 본질과 신원에 대한 물음이기도 하다. 서구에서는 여성 사제에 대한 논쟁이 주로 전통과 형식의 차원에서 펼쳐지고 있어서 이런 본질을 지나치고 있다.

그렇지만 사제는 본질적으로 볼 때 하늘과 땅, 하느님(의 세계)과 인간(의 세계)을 매개하는 제관이다. 사제는 자기의 몸을 땅과 그 위의 인류를 위하여 하느님께 봉헌하는 자이다. 그는 단순히 교회를 관리하는 사람이 아니다. 이런 면에서 사제는 본질적으로 매개적이고 포용적이고 어머니적인 기능을 가지고 있다.

이에 우리는 서구의 가부장적이고 남성 중심적인 사회에서 발전한 교회의 전통이 사제의 직무를 관료화하면서 남자에게 국한시킨 데 반해 똑같이 가부장적이고 남성 중심적인 한국 사회의 신화에 나타난 사제 기능에는 오히려 여성적인 면이 강조되고 있음을 주의깊게 관찰해 볼 필요가 있을 것이다. 정진홍의 연구를 간추려 소개하며,[17] 여성 사제직의 가능성을 제시하고, 나아가 사제(남자든 여자든)의 신원과 본질이 여성성을 배제하지 않는다는 점을 제시하고자 한다.

정진홍에 의하면 여성 상징(女性象徵)은 신과 인간 사이에서 매개적인 기능을 하며, 이 매개적인 기능은 사제 기능으로 이해될 수 있다. 이것이 한국 신화에서는 여성 상징이 하느님과 인간의 두 영역을 매개하는 것으로 나타난다. 사제 기능이란 신의 영역과 인간의 영역이 각각 그 존재론적인 위계(位階, ontological status)를 지니고 있어서 그 사이에는 단절된 질적인 차이가 엄존하지만, 그러면서도 그 둘은 끊임없는 접촉과 연결을 실현하고 있음을 말해주는 것이다. 그 두 다른 영역은 서로 상대방을 수렴하려는 동기와 목표에 의하여 자기의 삶을 완성하는 지향성(intentionality)을 드러내 주고 있는 것이다. 여성 상징이 사제 기능으로 이해될 수 있는 것은 이 상징이 두 존재 영역 사이에서 신성과 인성을 함께 함유하고 있기 때문이다. 남성 상징이 초월의 영역에 속해 있든가 아니면 역사적인 현실의 영역에 내재해 있는 것에 비해, "여성적임"은 인간의 편에 서서 신을, 또는 신의 편에 서서 인간을 대표하며 포함하고 있는 것이다. 여성은 인간과 신이 만나는 장소이며, 그러기에 "여성적인"은 신에게 속한 것이며, 동시에 처음부터 인간의 영역에 속한다. 여성 상징은 신의(神意)를 실현하는 매체가 되면서 동시에 인간의 희원(希願)이 결실하는 매체가 된다.

---

17. 정진홍, 『한국문화와 전개』, 집육당, 1986.

정진홍에 의하면 이 "여성적임"은 곧 "아름다움"이기에, "여성적임"은 끊임없이 신(神)이 탐하는 바가 되고 흠모의 대상이 된다. 그리고 인간은 신이 탐하고 흠모하는 대상을 상실하지 않을까 불안해한다. 말하자면 인간과 신의 일치가 아무런 갈등 없이 이루어지고 있는 것이 아니라는 것이다. 이에 이 아름다움을 신과 인간이 공유할 수 있는 제도를 생각하게 되고, 그것이 신성 결혼(神聖結婚, hierogamy)의 동기와 주제들이다. 신성 결혼을 통하여 신과 인간은 그 다름을 손상하지 않으며 맺어져서 커다란 하나, 곧 삶의 완성을 기하게 된다. 이렇게 볼 때 그 맺음과 이어짐을 가능하게 하는 것은 다름아닌 "여성적임"이 지닌 아름다움이다. 이 "여성적임"은 신적인 것이라기보다 오히려 인간적인 것으로 그것은 인간에게 속한 것이며, 인간이 지닌 완전성이었다.

그런데 우리의 신화에 의하면 인간은 더 근원적인 완성이 이루어져야 하는 계기에서 자신에게 속한 완전성, 곧 빼앗기지 말아야 하는 아름다움을 내어주지 않으면 안된다. 따라서 신성 결혼의 동기는 아픔을 동반한다. 인간의 자리에서 보면 그것은 자신의 완전성의 희생 위에서 이루어지는 것이다. 즉, 아름다움으로 표상화되는 "여성적임"의 상징이 다시 "희생"과 "헌신"의 상징을 지닐 수밖에 없는 것이다.

그러면 "여성적임"의 상징이 희생될 때 그 결과로 주어지는 것은 무엇인가? 이러한 제의적 희생이 초래하는 것은 무엇인가? 더 완전한 것이라고 개념화한 바 있는 것, 아름다움이 희생으로 얻을 수 있는 것, 신혼(神婚)이 낳는 것은 구체적으로 어떤 것인가? 달리 말해서 여성 상징이 스스로 지닐 수 있는 긍정적 제반 현실성에도 불구하고 종내 희생이라는 자기상실의 대가를 지불해야 하는 것은 구체적으로 무엇을 위한 것인가? 그것은 새로운 현실의 초래와 풍요를 이룬다는 것이다. 아름다움을 통한 신성 결혼의 제도화, 그것을 완성하기 위한 희생의 동기, 그리고 그것이 초래하는 새로운 실재와 풍요. 이 일련의 상징들이 실천적인 것으로 나타난 것을 정진홍은 사제적 기능으로 이해한다. 이 상징들은 다만 표상의 상징성이 아니라 구체적 실현을 위한 기능의 상징이다. 그 실천의 주체는 "여성적임"이며, 이 여성적임은 신과의 관계에서 매개적 기능의 일방적 행위 주체일 뿐만 아니라 스스로 매개 자체가 된다. 여성 상징은 사제적 기능으로, 그리고 그 사제가 집전하는 제물로 나타나고 있다. 스스로 그렇게 자기를 비워 새로운 질서를 낳고, 메마르지 않을 현실을 약속하는 것이 우리의 자료가 보여주는 여성 상징의 실천적 표상의 의미라고 할 수 있다.[18]

여성의 사제상을 통하여 우리는 "여성적임"에 대한 우러름과 기림이 함께 있어야 하리라는 사실도 또 알게 된다. 인간은 "여성적임"을 통하여 비로소 그들의 "있음"을 확인하고, 또 그들의 삶을 누릴 수 있기 때문이다. 더구나 그것이 빼앗길 수 없다는 갈등 속에서 이루어진 것이라면 그 아픔은 경건한 예배의 염(念)으로 "여성적임"을 수용할 수 있어야 한다.

여성 상징은 또 철저하게 구원론(救援論)을 전개하고 있다. 인간을 대표하여 신에 이르고, 신을 대리하여 인간에게 이르면서, 자신을 희생하여 새로움과 풍요로움을 이어가게 하는 것으로서의 여성 상징은 바로 종교적 사제의 모습 그것 자체이다.[19]

4) 종합

이상을 종합해 볼 때 여성이 직무를 수행하는 것은 신학적으로는 문제가 없다. 따라서 교회는 여성 사제 가능성을 배제할 수 없다. 여성의 직무 수행은 신앙의 동의 가운데 교회 직무에 대한 신학적으로 구속력있는 가르침과 교회의 현상황에서 볼 때 정당하다고 본다. 여자 복사, 독서직을 받지 않은 여성 독서자, 여성 성체 분배자, 여성 공소회장 등이 허락된 것이 우선 그 첫걸음이라 할 수 있다. 그리고 성서모임에서의 여성의 역할도 그 과정에 속하고, 공소가 많은 우리 한국 교회에서 여성 부제지도 여성 사제의 가능성을 향한 첫발걸음으로 시도해 볼 수도 있을 것이다. 그러기 위해 여성에게 전문적인 신학 공부를 장려해야 하며, 이런 의미에서 신학대학이 여성에게 개방되는 것은 바람직하다 하겠다.[20]

---

18. 정진홍, 137-8. 19. 정진홍, 138. 20. 이제민, 「신학교」, 『신학전망』 참조.

4. 맺는 말: 교회로서의 여성

여성은 단순히 남성의 반대말이 아니다. 그러기에 여성의 강조는 남성 중심의 역사로 잃은 전인간성의 회복의 차원에서 이해된다. 교회 안에서는 동시에 교회의 발견으로 이해된다. 마찬가지로 평신도는 성직자와 대립되는 교회 내의 한 층이 아니다. 그러기에 평신도의 강조는 전 교회의 발견을 뜻한다. 이 점을 염두에 두고 여성의 교회를 제시하며 결론에 대신한다.

    교회가 여성으로 표현되면서도 남성적인 구조를 지니고 있다는 것은 역설이기도 하다.[21] 그러나 우리가 남성 중심의 교회를 비판하고 여성의 사제 가능성을 거론하는 것은 단순히 이런 모순을 타파하기 위해서가 아니다. 오히려 여성 자체가 교회와 사제의 신원을 더욱 잘 체험하도록 해주기 때문이다. 교부들이 가부장적인 사회에서도 교회를 수많은 여성(신부, 순결한 창녀, 하와, 어머니 등)으로 비유한 것도 단순히 남성-여성의 도식에서가 아니라 여성의 본질에 근거한 것으로 우리는 봐야 할 것이다. 교회가 전통적으로 자신을 자모이신 교회로 표현하고, 마리아를 교회의 모델로 삼은 것도 이런 차원에서 이해된다. 교회가 어머니로서 이해된 것은 교회를 진리와 구원의 중재자로 서술하고자 해서이다. 교회는 말씀과 성사와 신앙, 특히 세례와 성체성사와 참회의 중재자라는 데서 자비로운 어머니의 모습을 띠고 있으며, 자기에게 맡겨진 생명을 보호하고 지켜주며 감싸안는 모습에서 또한 어머니의 모습을 보여준다는 것이다. 이런 의미에서 치쁘리아노는, 교회를 어머니로 모시지 않는 사람은 하느님을 아버지로 모실 수 없다고까지 말하였다. 교회의 기능과 직무가 어머니적이어야

---

21. 교회가 남성적이다는 것은 우리 나라의 교회 건축물을 보면 더욱 잘 드러난다. 하늘로 치솟은 고딕식 건축양식에서는 남성적이고 제국주의의 모습 때문에 섬세하고 따스하게 인간을 안아주는 어머니의 모습, 둥글둥글하고 모두를 안아주는 풍만한 어머니의 가슴과 같은 교회의 양상은 느낄 수가 없다. 이런 건축양식은 서양에서는 이미 15~16세기경 인간화를 내세우는 인본주의와 르네상스의 수평적 건축양식에 의해, 그후 바로크와 로코코식의 건축양식, 로마네스크식 건축양식 등에 의해 극복된 것이다. 농촌 한복판에 우뚝 솟은 이런 건축양식은 우리의 수평적이고 평온한 삶의 정서에도 맞지 않는다. 평온하고 어머니적이고 포근한 우리의 교회를 건축할 수는 없는 것일까?

한다는 것이다. 사실 사람들이 교회를 찾는 것도 교회가 어머니와 같이 자비롭고 풍성하며, 생명을 느끼게 해주기 때문일 것이다. 어려운 세상살이를 하면서 위로를 얻고 싶은 것이다. 사실 교회는 위로받고 싶어하는 온갖 인간들과 죄인들로 구성되어 있다. 예수께서 온갖 죄인들, 가난한 이들, 버림받은 인간들, 연약한 인간들, 위로받고 싶어하는 인간들을 불러모으셔서 공동체를 이루시고 이 공동체를 교회의 원형으로 삼으셨다면, 그는 교회를 어머니의 품과 같이 여겼을 것이다.

역사의 과정에서 교회는 이런 교회의 모습을 비추는 데 한계를 보였다. 인간들에게 군림하는 모습을 강하게 비쳐왔고(제국주의의 교회, 제도교회, 남성 중심 교회). 죄인들은 그 안에서 위로를 얻기보다는 때로는 지옥에 대한 공포를 더 강하게 느껴야 했다. 이는 교회의 전체 모습에 손상을 입힌 것이기도 하다. 이에 교회는 자기의 여성성을 되찾아 교회의 전체성을 보여주어야 한다. 여기에 여성이 크게 기여할 수 있을 것이다. 그러기 위해 여성은 얼마나 자신을 교회로 인식하고 있는가? 그리고 교회로서 얼마나 자신을 어머니로, 신부(新婦)로, 아내로 사람들에게 제시하고 있는가 물어야 한다. "내가 교회다"라는 말과 관련시켜 이야기하자면, 나는 (여성은) 교회로서 얼마나 사회에 어머니의 모습, 신부의 모습을 보여주고 있는가 물어야 한다. 자기만이 교회의 주체라고 생각하는 소위 성직자들과 남성 신도들에 대한 주권을 회복하는 운동을 펼치는 차원에서가 아니라, 교회의 가부장적이고 남성 중심적인 구조들(또는 권위)에 대한 비판으로가 아니라 여성의 여성성을 강조하는 가운데에 이 일은 결실을 보게 될 것이다. 우리 사회와 교회는 지금 그 어느 때보다도 여성의 아름다움, 여성의 사제성, 여성의 희생심, 여성의 어머니성을 갈구하고 있다. 이를 사명감으로 여기며 여성의 적극적인 교회 참여와 사목의 주체성을 회복하기를 희망해 본다.

본당신부 실존과 나그네 인생

우리는 일반적으로 "사제" 또는 "신부"의 신원과 영성에 대해서 많은 질문을 한다. 그러나 이때 "사제" 또는 "신부"란 구체적인 현실에서 누구인가? 그는 특수사목에 종사하는 신부의 경우도 있지만 대개는 본당신부를 일컫는다. 이 글의 관심사는 바로 본당신부이다. 본당신부의 영성을 통해 사제의 영성을 조명하고자 한다. 세상을 살아가는 사제인 본당신부의 실존은 애매하다. 그는 세속인이 아니면서도 세속 안에 살고, 세속 안에 살면서도 세속인이 아니다. 그는 거룩하면서도 세속적 인간이어야 하고, 세속적 인간이면서 거룩해야 한다. 이를 제2차 바티칸 공의회는 이렇게 표현한다: "사제는 지상(地上)생활과는 다른 생활의 증인이 되고 관리자가 되지 않고서는 그리스도의 직무자가 될 수 없지만, 그렇다고 사람들의 실생활과 그 생활 조건에서 멀리 떨어져 산다면 사람들에게 봉사할 수도 없다"(1고린 10,33;「사제교령」3항). 이처럼 본당신부는 사목 일선인 본당에서 신도들(또는 세속인들)과 "같음"과 "다름"의 실존이라는 긴장 속에서 양면 도전을 받고 있다. 그는 "모든 이처럼 살아야 하며 동시에 그들보다는 잘 살아야 한다. 그는 다른 모든 이와 함께 연대적이어야 하며 그들과는 거리를 가져야 한다".[1] 확실히 본당신부는 모든 이들과 한 배를 타고 가시만 그들과는 다르다. 그의 삶과 인격에는 이렇게 교회와 사회(세속), 독신과 가정, 신앙과 삶의 긴장이 표현되어 있다. 그러나 본당신부가 달라야 한다는 것은 무슨 뜻이며, 또 왜 달라야 하는가? 본당신부가 다르다는 것은 틀림없는 사실일 수 있는가 하면 의도적 설명일 수 있고, 하나의 요청일 수 있는가

---

1. Konrad Baumgartner, "Der Pfarrer als *paroikos*. Theologische Überlegungen zur Stellung des Pfarrers Zwischen Fremdling und Vollburger", in: *Diakonia* (1992. 3), 152.

하면 또 비판일 수도 있다. 사실 본당신부는 이런 이유로 본당 공동체에 어느 정도 참여하고 있는 신도들로부터 불평을 사기도 하고 도전을 받기도 한다: "우리 본당신부님은 너무 세속적이다. 너무 세상을 모른다. 사제관에 붙어 있지 않는다. 너무 사제관에 붙어 있다. 우리를 위해 시간을 내어주지 않는다. 이기적이다. 너무 사치스럽다. 개인적인 어려움을 사제와 함께 논한다는 것은 의의가 없다. 강론과 실제생활이 일치하지 않는다" 등등.

본당신부에게서 공통적으로 나타나는 그리스도적인 것과 그 특수한 직무의 성격에 대한 질문과 이에 대한 — 성서적·신학적, 그리스도론적·교회론적, 실존적·영성적, 특히 사회적·시사적(時事的) — 답변은 본당신부직의 신원과 본당신부의 생활양식을 위해서, 그리고 시대와 사회 속에 병존하는 공동체와 교회의 삶을 위해서 의미심장한 것이다. 이에 본당(그리스어 *paroikia*; 라틴어 *paroecia*)과 본당신부(그리스어 *paroikos*; 라틴어 parochus)의 어원을 고찰해 보면서 본당신부의 신원과 실존, 그리고 그 사명을 제시해 보고자 한다. 물론 한 인간의 실존이 꼭 어원대로 전개되는 것은 아니다. 그렇지만 왜 하필이면 그 실존에 그 어원이냐의 질문은 근본적인 것이다. 어원은 단순히 과거의 산물일 수 없다. 어원은 그 발생 후 거듭 발전하고 새롭게 해석되는 일정한 역사를 가지고 있다. 어원은 미래를 향하여 열려 있다. 그러므로 본당 또는 본당신부의 어원을 되새겨본다는 것은 본당신부 현실존의 의미를 되새겨보는 데 반성이 되고 아울러 그 미래상을 제시하는 데에도 도움이 되리라 본다.

1. 본당과 본당신부의 어원

우리말 "본당"은 라틴어 파뢰치아[paroecia; 파로키아(parochia)]를 옮겨놓은 것인데, 라틴어 파뢰치아는 그리스어 파로이키아(παροικια)의 음역이다. 이 단어의 형용사는 파로이코스(παροικος)로서 "이웃"이라는 뜻이며, "이웃 사람"을 가리키는 말이기도 하다. 그러나 동시에 어떤 지역(도시)에 거주권(시민권) 없이 살고 있던, 그러나 법적 보호를 받으며 살던 이방인을 뜻하는 전문용어이기도 하다. 이 단어의 동사 파로이케인(παροικειν)은 "이웃에 살다", "곁에 서다", "~에 나그네로 살다", "이방인으로 살다"의 뜻을 가지고 있다.[2] 본당신부를 말하는 라틴어 파로쿠스(parochus)라는 단어는 고전문학(예컨대 치체로와 호라티우스)에서 볼 수 있다. 로마 제국 시대의 파로쿠스는 여행중에 있는 국가 공무원을 일정한 세금을 받고 숙박 또는 하숙시켜 주던 일종의 하숙집 주인이었다. 이 단어가 지역 성직자들에게 사용되었다면 이는 그들에게 자비로운 사마리아인의 비유에 나오는 하숙집 주인의 행위에서처럼 신앙인들의 영적 삶을 걱정하며 친절을 베풀도록 지시되었음을 암시해 주고 있다.[3]

파로이키아는 그리스어 번역 성서 셉투아진타에 나타나는데, 파로이케인과 함께 "그 어휘의 본래 뜻인 의지할 데 없는 이방인으로서 타향에 살다의 뜻으로 사용될 뿐 아니라(집회 41,5; 창세 12,10; 17,8; 19,9; 20,1; 21,34; 26,3; 출애 6,4; 판관 17,7-9 등), 이스라엘이 이국 땅 에집트에서 나그네로 살던 것을 나타내던 술어였으며(지혜 19,10), 이 뜻이 더욱 전문화되어 본 고향인 천국에서 멀리 떨어져, 낯선 이역인 현세에 나그네로 거주한다는 뜻으로 사용되었다"(시편 118,54; 119,5).[4] 신약성서에서 파로이키아는 두 번, 파로이코스는 네 번, 그리고 파로이케인은 네 번 사용되고 있는데, 이 어휘들은 스데파노와 바울로(사도 13,16 이하)의 연설에 나타나는 것처럼 모두 구약성서의 파로이코스 개념을 반영하고 있고, 새로운 하느님 백성인 교회와 천국을 그리워하며 나그넷길인 이 지상에 머무는 것을 뜻한다(특히 1베드 2,11; 1,17 참조).

이승의 나그네로 살고 있던 하느님 백성의 신분(처지)을 나타내던 명사 파로이키아가 하느님 백성 자체를 뜻하는 의미로 사용되면서 점차적으로 에클레시아(ecclesia)는 전체교회를, 파로이키아는 지역적으로 한정된 개별 공동체를 의미하는 전문용어가 되었으며, 본당신부는 파로이키아와 관계한다. 초대교회 당시 각 지역에서의 공동체 생활은 점점 지역교회로 변모해 갔으며, 이들 지역교회는 사회의 발전과 함께 하나의 보편적 교회를 이루기 위하여 체제와 조직

---

2. 김병학, 「본당(paroecia)이란 어휘의 고찰」, 『본당-은경축기념집』, (1986), 21-3.
3. K. Baumgartner, 154 참조.   4. 김병학, 22.

을 갖추기 시작했다. 즉, 도시를 중심으로 각 지방에 교회가 전파되었으며, 도시교회는 점차 현재의 교구의 의미를 가지게 되고, 지방교회는 지방 공동체로 남게 되었다. 그후 많은 공의회를 거쳐 오늘날과 같은 교계제도를 가지게 되었고, 본당의 성격 및 의의도 이와 함께 확립되었다. 따라서 초대교회와 그리스도교 공동체를 의미하던 파뢰치아도 점점 교회 용어로 쓰이면서 오늘날과 같은 본당의 의미를 지닌 용어로 정착되었다.[5]

2. "파로이키아"로서의 공동체와 "파로이코스"로서의 본당신부 실존에 대한 성서적·신학적 고찰

파로이키아와 파로이코스의 두 개념은 유다 신학과 신심의 역사에서 핵심적인 의미를 지니고 있다. 이 개념 안에는 하느님 백성으로서 선택받았다는 신앙의식, 이국 땅과 디아스포라에서 죽은, 비록 일정한 법의 보호를 받았다 하나 "시민권 없는 거류민"의 삶에 대한 체험이 내포되어 있다. 파로이키아는 "시민권과 거주권 없이 외국 땅에 살고 있는 거류민의 상태, 지위, 운명"을 의미한다. 이런 상황을 실제로 체험한다는 것은 한편으로는 신앙심 깊은 유다인들의 영성적 자기 이해를 나타내는 것이다. 신앙심 깊은 유다인은 세속적 거주권을 발견했다 해도 하느님에 대해 자신을 계속 거류민으로 이해한다. 예루살렘 동경은 이런 긴장에 대해 상징적인 것이다. 다른 한편으로는 그들에게 몸부쳐 거

---

5. 『가톨릭 대사전』, 494: 교회는 맨 처음 도시에서 생겨났다. 그러나 동방에서는 이미 2세기 말부터 순방 설교사들이 활동을 시작하였고, 지방에서는 지방 주교가 등장한다. 그들은 도시의 주교들처럼 독립적이며 절대적 권한을 행사하지는 못하였지만 지역교회의 책임자들이었다. 그후 4세기부터 서서히 περιοδενται라고 불리는 "순방 성직자"들이 도시 주교로부터 어떤 권한과 사명을 부여받아 외방교회를 순방하며 사목활동(cura animarum)을 하던 것이 지방 주교 대신에 지방교회의 책임자들이 되었다. 한편 서방에서는 도시에 거주하던 도시 주교들이 신부(presbyter)들과 부제(diaconus)들의 협조를 얻어 도시사목을 담당하였다. 처음에는 도시를 중심으로 사목하다가 차차 자기 사목 영역 내의 지방에도 성직자를 파견하여 그곳 신도들을 돌보게 되었고, 그것이 발전하여 지방에도 사목 거점이 생겨났고, 이것이 paroecia로 발전하게 된다.

류민으로 살고 있는 이방인들과의 관계를 나타낸다. "너에게 몸부쳐 사는 외국인을 네 나라 사람처럼 대접하고 네 몸처럼 아껴라. 너희도 에집트 나라에 몸부치고 살지 않았느냐?"(레위 19,34). 이는 유다인의 이해에 따르면 하느님 사랑과 이웃 사랑의 이중 계명을 삼중 계명으로 발전시킨 계명이다. 이스라엘은 예컨대 비호권(庇護權)을 승낙하고 안식년에 얻게 될 결실에 참여하고, 영락(零落)한 자와 열악한 조건에 처해 있는 불쌍한 자를 보호해야 하는 등의 거류민에 대해 법적·사회적 의미를 채워야 한다. 이런 이면에는 이방인은 손님으로서 거룩하다는 사고가 깔려 있다. 하느님은 자기의 힘없는 백성들처럼 이방인인 그들에게도 똑같이 관심을 보이신다. 하느님 앞에 모든 백성은 거류민이다. 하느님은 창조주로서 세상의 소유자이다. 디아스포라의 헬라 유다교에서, 특히 필로(Philo)에게서 이런 거류민 의식은 영성화되었다. 열심한 사람은 이방인으로서 그리고 거류민으로서 본래의 천상 고향으로부터 멀리 떨어져 있는 여기 이 지상에서 산다. 이런 입장은 세상과 생명과 육체의 경멸로 관철되고, 육신과 영혼, 하느님과 인간, 지상의 삶과 천상의 삶을 분리해서 보는 이원론의 결과를 가져왔다.[6]

신약성서에서 파로이코스, 파로이키아 그리고 파로이케인은 이 세상에서 "이방인과 거류민"으로서 그리스도인의 신앙심 깊은 태도를 나타내는 단어로 무엇보다 히브리서에서 나온다. 히브리서 저자는 알렉산드리아의 필로와 흡사한 영적 세계에 뿌리를 두고 있으면서도 이와는 또 구분된다. 그에 의하면 그리스도인들의 모범(전형)은 아브라함이다. "믿음으로, 아브라함은 부르심을 받고서 그가 장차 상속으로 받을 곳으로 떠나라는 명령에 순종하였습니다. 그리고 그는 어디로 가는지 알지 못하고 떠났습니다. 믿음으로, 그는 남의 땅, 곧 약속의 땅으로 이주하여 타향살이하였습니다. 그는 같은 약속의 공동상속자들인 이사악과 야곱과 함께 천막에서 거처하였습니다"(히브 11,8-9). "이들은 모두 믿으면서 죽었습니다. 약속된 것을 얻지 못하였지만 멀리서 그것을 바라보고 반겨

---

6. K. Baumgartner, 앞의 책, 154 이하 참조.

했습니다. 그리고 땅에서는 타향 사람이며 나그네임을 고백하였습니다. 사실 그들은 이렇게 말함으로써 고향을 찾고 있다는 것을 나타내었습니다. 그런데 만일 그들이 떠나온 그곳을 생각했다면 돌아갈 시간이 있었을 것입니다. 그러나 이제 그들은 더 나은 곳, 저 하늘을 갈망합니다. 그래서 하느님께서는 그들의 하느님이라고 불리는 것을 부끄러워하지 않으시고 그들에게 도시를 마련해 주셨습니다"(히브 11,13-16). 아브라함은 여기서 "처음으로 하늘의 예루살렘에서 목적지에 도달한 그리스도인들의 신앙 편력(遍歷)의 원형(prototype)"[7]으로 보인다. 이 그리스도인들은 확실한 희망 안에 살고 있다. 그들은 들어올림을 받은 자 안에서 구원을 발견한다. 그들은 완성의 한 선물인 저 "신뢰"를 이미 얻었으니, 이 신뢰는 "천상 성소에로의 길"이 열려 있는 지상의 곤궁 속에 처해 있는 우리가 "영원한 도시"와 천상의 축제 모임으로 이미 들어섰다는 것을 말해준다. 그렇기 때문에 히브리서의 수신인(受信人)은 지상에서 고향 없이 떠돌아다니면서 천상 고향을 찾는 열심한 사람으로 이해될 수 있다.

에페소서 2,11-19에서는 이교도로부터 평화의 건설자이며 화해자인 그리스도에 대한 신앙으로 넘어온 자들에 대해 이야기한다 : "여러분은 더 이상 나그네들이나 거류자들이 아니라 성도들과 같은 신민들이자 하느님의 가족들입니다"(19절). 그들은 "주님 안에서 성전"(20절)이며 유다인과 이방인으로 새 국가를 형성한다. 새 국가는 지상과 천상의 실재를 포함한다.[8]

베드로의 첫째 편지는 이 세상 안에서 그리스도인의 삶을 하느님을 두려워하는 마음으로 살아야 하는 파로이키아 실존으로 특징짓는다(1,17). 그리스도인들은 "울부짖는 소리 못 들은 체 마소서. 조상들처럼 나 또한 당신 집의 길손이며, 식객입니다. 나에게서 눈길을 돌려 주소서. 떠나가서 아주 없어지기 전에 한숨 돌릴까 하옵니다"(시편 39,12-13)에 따라 타향살이하는 나그네, 거류자(2,11), 세상 안에서 흩어져 사는 선택된 자(1,1), 이방인들 가운데서 훌륭하게 처신해야 하는 자(2,12)들이다. 이는 그리스도인들을 "악행하는 자라고

---

7. C. P. Marz, *Hebraerbrief*, 70; 여기서는 K. Baumgartner, 165에서 재인용.
8. K. Baumgartner, 157 참조.

헐뜯는 그들도 여러분의 선행을 보고 하느님이 찾아오시는 날에 그분께 영광을" 돌릴 수 있도록 하기 위해서이다(2,12). 탈선은 비그리스도인 시민들에게 비방의 근거를 제공한다(2,11). 그러나 그리스도인들의 착한 삶의 태도는 비방자들을 변화시키며 참 하느님께 회개할 수 있도록 한다.

"시선이 하느님 또는 세상, '지금 이미'(이로써 원칙적으로 '더 이상 아니') 또는 '아직'을 향하는가에 따라 … 신약성서의 교회는 에클레시아 또는 파로이키아, 더 정확하게 에클레시아이자 파로이키아가 된다."[9] 교회의 실존은 그리스도를 통해 하느님 곁에 있는 신민에 의해, "세계에 대한 거류"에 의해 규정된다.

지상 나그네에 대한 삶의 근거는 무엇보다도 예수 자신의 이방인 운명에서 찾아볼 수 있다. 그는 나그네로서 이스라엘 지방을 두루 돌아다니셨고 인간들을 자유스럽게 만나셨다. 그는 스스로 자기의 삶을 나그네의 인생으로 비유했다. "여우는 잠잘 곳이 있어도 인자는 머리 기댈 곳조차 없구나"(마태 8,20). "나그네 되었을 때에 나를 맞아 주었다"(마태 25,35. 참조: 43절). 또 요한은 "그분이 자기 땅에 오셨지만 그분의 겨레는 맞아들이지 않았다"(요한 1,11)고 말하는가 하면 바울로는 "그분은 부유하셨지만 여러분을 위하여 가난하게 되셨습니다"(2고린 8,9)라고 말한다. "그래서 예수께서도 … 성문 밖에서 고난을 겪으셨습니다. 그러므로 영문 밖으로 그분께 나아가 그분의 치욕을 겪읍시다. 사실 우리는 이곳에 머물 만한 도시를 가지고 있지 않고 장차 올 도시를 찾고 있습니다"(히브 13,12-14).

초대교회는 성서의 정신에 따라 자기의 본질을 나그네(거류민)로, 그리스도인의 존재를 파로이코스 실존으로 의식하고 있었는데, 이는 초세기의 여러 문헌에서 입증된다. 예컨대 순교자 뽈리까르뽀의 편지에 다음과 같은 내용이 나온다. "스미르나에 나그네로 타향살이하고 있는 하느님의 교회가 필로멜리오에 나그네로 타향살이하고 있는 하느님의 교회에게 …"[10] 클레멘스의 두번째 편지

---

9. K. L-M. A. Schmidt, *paroikos*, in: G. Kittel, *ThWNT* V (Reprint: Stuttgart–Berlin–Köln 1990), 850.

에도 교회가 천국을 동경하여 지상에 나그네로 거주하고 있다는 내용이 나온다. 이 편지는 이렇게 훈시한다: "형제들이여 우리는 이 세상의 파로이키아를 떠나 우리를 불러주신 분의 뜻을 행합시다. 그리고 이 세계로부터 벗어나기를 주저하지 맙시다."[11] 가장 유명한 것은 물론 디오게네스 편지의 텍스트이다: "그리스도인들은 자기 본래의 고향을 가지고 있으며, 그 안에서 이방인처럼 살고 있습니다. 그들은 모든 것에 시민처럼 참여하며 모든 것을 나그네처럼 감수합니다. 모든 낯선 곳이 그들에게는 고향이며, 모든 고향이 그들에게는 낯선 곳입니다. … 그들은 이방인으로서 천상적 영원을 기다리며 무상 속에서 살고 있습니다."[12]

그리스도인들은 처음에는 자신을 적극적으로 이방인과 거류민으로 자칭하였다. 이리하여 파로이키아는 하느님 백성 또는 신약 공동체의 상태를 나타내었다. 교회의 존재가 파로이키아 실존으로 표시된 것이다. 그러다가 2세기 후반부터 점차적으로 개별 공동체의 기술적·조직적 표시가 되었다. 이레네우스도 그리스도교 공동체를 그렇게 불렀다. 역사적 발전에서 본당이 점점 경제적·법률적 대상이 되고, 다른 한편으로는 본당신부직이 우선적으로 교회법적 관점에서 관찰되었다. 2세기경에 그리스도인들의 인식에 분명하게 자리잡고 있던 파로이키아에 대한 영성적 의미는 점점 퇴조하여 오늘날에는 거의 잊혀진 상태이다.

오늘날 문제는 "도중에 있는 하느님 백성"으로서의 교회와 공동체를 파로이키아 의미에서, 그리스도인 존재와 본당신부 존재를 이방인 실존과 완전 시민 실존 사이의 파로이코스 실존 의미에서 신학적으로 이해한 것에 성서적 근거를 대고 현재와 미래를 향하여 새로 조명하는 것이다. 본당이라는 말로 번역된 파로이키아가 참된 나라, 하늘나라의 시민권을 가지게 될 나그네와 거류민 단체로서의 그리스도교 공동체를 말하는 것은 오늘날 다시 생각해 볼 만한 일이다.

---

10. 김병학, 22.
11. K. Baumgartner, 158에서 인용.
12. K. Baumgartner, 158에서 인용.

3. 그리스도인들과 공동체의 "파로이코스" 실존의 변호인으로서의 본당신부

먼저 나그네 공동체로서의 본당을, 그리고 나그네 실존을 살아야 하는 본당신부를 고찰해 본다.

1) 본당에 대한 교회법의 정의

교회법에 따르면 본당(본당 사목구)은 "그 사목이 교구장의 권위 아래 고유한 목자로서의 사목구 주임에게 맡겨진 개별교회 내에 고정적으로 설정된 일정한 그리스도교 신자들의 공동체"(515조 1항)이고, 본당신부(본당 사목구 주임)는 "자기에게 맡겨진 본당 사목구의 고유한 목자로서 교구장의 권위 아래 자기에게 맡겨진 공동체의 사목을 수행하는 자"(519조)이다.

역사적으로 그리고 신학적으로 볼 때 본당은 교구에서 탄생했으며, 교회를 대표하되 주교좌 성당과 같은 서열에서는 아니다. 본당은 전형적으로 지역교회로서의 교회를 실현하는 데 근원적인 형태이지만 교구에 소속되어 있다. 그렇다고 교구가 본당들의 연맹은 아니다. 제2차 바티칸 공의회 정신에 따라 볼 때 주교를 대변하는 본당은 전세계에 퍼져 있는 교회를 묘사하고 있다. 이를 「전례헌장」은 다음과 같이 서술하고 있다. "주교는 항상 또한 어디서나 그 교회 안의 모든 양떼를 친히 통합할 수는 없으므로, 신자들의 작은 단체를 조직해야 한다. 이 단체 중에서, 주교를 대신하는 목자 아래 지역적으로 설정된 본당이 가장 중요하다. 왜냐하면 본당은 전세계에 세워진 볼 수 있는 교회를 어느 정도 표상하기 때문이다"(42항; 참조:「교회헌장」28항).

본당의 구체적인 실재를 교구의 네 가지 본질적인 요소(성령, 복음, 성체성사와 봉사직)[13]의 도움으로 서술하는 것은 정당하다. 제2차 바티칸 공의회의 「주교교령」11항은 이 네 요소를 이렇게 서술한다: "교구는 주교가 사제단의

---
13. 제1부 ④ 4 참조.

협력을 받아 사목하는 하느님 백성의 한 부분이다. 이들은 자기 주교를 따르며 주교의 능력 안에서 복음과 성체로써 그들을 모아 하나의 지역교회를 이룬다." 또「교회헌장」은 이를 다른 단어로 표현한다. "신품성사의 충만함을 누리는 주교는 '최고 사제직의 은총을 관리하는 사람'으로서 특히 성체의 제사를 자신이 봉헌하거나 봉헌하도록 하는 것이며, 이로써 교회가 생명을 계속 유지하고 성장하는 것이다. 그리스도의 교회는 신자들의 모든 합법적 지역 집회에 존재하며, 각기 자기의 목자들과 결합된 이 집단들도 신약에서 교회라고 부른다. 이런 집단들(교회들)은 성신 안에서 큰 확신으로(1데살 1,5) 하느님의 부르심을 받아 그 장소에 있게 된 새로운 백성이다. 그 안에서 복음을 들음으로써 신도들이 모이고 '주의 몸과 피를 받아 모심으로써 공동체의 모든 형제들이 밀접히 결합되기 위하여' 신비로운 주의 만찬을 거행한다. 주교의 거룩한 관할 밑에서 제단의 공동체를 이룰 때마다 거기에는 구원의 필수조건인 그리스도 신비체의 사랑과 일치의 상징이 표현된다. 이런 공동체가 가끔 작고 가난하고 혹은 여기 저기 흩어져 있어도 그 안에 그리스도 현존하시며, 그리스도의 능력으로 하나이요 거룩하고 공번되고 사도로부터 이어오는 교회가 조직되는 것이다"(26항).

본당은 그리스도인들이 교회를 실제로 만나는 구체적인 장소, 구체적인 테두리이다. 그리고 대부분의 사제들이 그들의 사목을 펼치는 장소이다. 이런 이유로 본당은 구체적인 그리스도 생활에서 교구보다 더 중요하다.

2) 본당에 대한 교회론적 고찰

본당: 순례하는 교회: 나그네와 순례자는 다르다. 그러나 나그네는 순례자의 근본 실존 형태이다. 순례하는 교회의 모습에 대해서 제2차 바티칸 공의회는 이렇게 쓰고 있다: "사막을 여행하던 혈육의 이스라엘을 이미 하느님의 교회라고 불렀던 것처럼(에스 13,1; 민수 20,4; 신명 23,1 이하) 현세를 여행하며 미래의 영구한 나라를 찾고 있는(히브 13,14) 새 이스라엘도 그리스도의 교회라고 부른다"(「교회헌장」 9항). 구약성서의 하느님 백성은 모세의 영도 아래 사막을 헤매며 나그넷길을 계속했다. 새로운 하느님 백성 또한 영원한 나라를

향해 길을 가야 한다. 우리는 미래의 영원한 나라를 찾고 있으며, 이 도읍을 향해 순례를 계속하는 백성이 그대로 교회의 모습이며, 교회의 실존이다. 여정의 교회에 대한 사고는 제2차 바티칸 공의회가 다음과 같은 명백한 문장으로 제시한다: "정의의 본향인 새 하늘과 새 땅이 이루어지기까지는(2베드 3,13) 여정의 교회로 성사와 현세제도 안에서 지나갈 현세의 모습을 지니고, 아직까지 탄식과 산고(産苦)를 겪으며 하느님의 아들들이 나타나기를 기다리는 피조물들(로마 8,19-22) 사이에 살고 있는 것이다"(「교회헌장」 48항). "교회는 주께서 오실 때까지 주의 십자가와 주의 죽으심을 전하며(1고린 11,26), 세상의 박해와 하느님의 위안 속의 여정을 계속한다"(「교회헌장」 8항). 여기서는 개선주의나 선취된 영광의 흔적을 조금도 찾아볼 수 없다.

순례하는 여정의 교회에는 가난한 자와 죄인들도 포함된다. 이는 지상의 나그네로 오신 예수가 하느님 나라를 선포하면서 불러모은 하느님 백성의 모습에서 역력히 볼 수 있다. 그 백성은 세리, 창녀, 과부, 소경, 나병환자 등 당시의 사회로부터 철저히 외면받던 소외계층이었으며 또 지상의 나그네였고, 하나같이 하느님 나라를 갈망하던 변두리 인생이었다. 이 인생들이 모여 교회가 형성되었다면, 이 인생들의 실존이 곧 교회의 실존이다. 그러기에 사도행전은 신망애를 추구하던 이 인간들을 "신앙인", "신앙에 도달한 인간", "주님의 이름을 부르는 인간", "성도들", "길 위에 있는 성도들"(15,14)이라 부른다.

나그네 공동체가 예수의 의중에도 있었다는 것은 그가 하느님 나라의 도래를 선포하도록 제자들을 둘씩 짝지어 파견하면서 하신 말씀에서도 볼 수 있다: "길을 떠날 때에 아무것도 가져가지 마시오. 지팡이도 자루도 빵도 은전도 가서지 말고 속옷도 두 벌씩은 지니고 가지 마시오"(루가 9,3; 참조 마태 10,9-10). 이 대목은 단순히 내면적 욕심을 버리라는 충고 정도로 받아들일 수는 없다. 예수는 여행자에게 절대 무방비를 요구하는데, 이야말로 나그네의 실존이다. 나그네 실존이 이 공동체의 실존이다. 이 공동체는 분명 세상의 다른 어떤 사회적·정치적 집단과는 대조를 이룬다. "내 나라는 이 세상에 속하지 않습니다"(요한 18,36). 본당은 하나의 대조사회로 이해할 수 있다. 그렇기에

"나그네 공동체로서의 본당"은 "개선(凱旋)교회"의 모습을 배척한다. 만일 하느님 나라가 교회의 대상이며 목표라면 교회가 자기 몸을 사리고 자기 위치를 확대 해석하고 늘 거울 속의 자기 모습에 도취하는 요컨대 교회론적 자기 도취에 빠져들어 자기만을 위해서 존재해서는 안된다. 교회가 세상을 향하여 훈시하고 의견을 말하고 조언하며 권고하는 것은 하느님 나라의 복음을 중재할 때에만 믿을 만한 것이 된다. 교회가 자기의 영역 안에 실현해야 하는 하느님 나라 복음의 소리, 동시에 인간의 인간성을 의미하고 이를 불러일으킬 때만 믿을 만한 것이 된다는 말이다. 교회의 대상과 목표가 하느님 나라라는 것은 교회의 실존이 위타실존(남을 위한 존재)이며, 예수 그리스도의 전 생애를 투명(透明)해야 함을 의미한다. 예수 그리스도의 전 생애는 남을 위한 존재였던 것이다. 교회는 세상을 위한 교회일 때에만, 순례의 교회로 인식할 때만 그 본연의 모습을 드러낸다. 그리고 이것이 바로 교회에 대한 최초의 진술이다. 개선교회의 모습은 장차 그리스도가 오실 때의 모습이다. "그리스도께서 나타나시고 죽은 이들이 영광스러이 부활할 때에는 하느님의 광채가 천상 나라를 비추겠고 어린 양은 그 나라의 등불이 되실 것이다(묵시 21,24). 그때에 성도들의 교회 전체는 사랑의 최상 행복 속에서 하느님과 '살육당한 어린양'(묵시 5,12)을 흠숭할 것이며, '옥좌에 앉아 계신 분과 어린양에게 찬양과 존경과 영광과 권능이 영원 무궁하기를'(묵시 5,13) 하며 소리맞춰 외칠 것이다"(「교회헌장」 51항) 본당은 그대로 천상의 교회가 아니다.

본당: 세속 안에서 세속의 구원을 위한 교회: 본당은 "세계 속 교회"의 모습이다. 그러기에 본당의 관심은 자기 공동체의 지체들의 구원만을 목표로 삼기보다 세상의 구원을 위해 헌신해야 한다. 본당에서 교회가 세상의 빛이며 소금(마태 5,13-16)임이 증명되어야 한다. 본당신부는 비난받지 않고 좋은 평판을 얻는 것(1디모 3,7)만으로 되는 것이 아니라, 자기 본당 구성원이 세속 안에서 복음을 살도록 공동체를 관리하고 걱정해야 한다.

본당: 나그네의 고향: 본당은 나그네의 집이지만 단순히 나그네가 집결된 장소는 아니다. 타향살이하는 이들에게 아늑함을 안겨줄 수 있는 집이어야 한

다. 천상의 고향을 느끼게 해주어야 한다. 이는 그 안에 있는 모든 사람이 타향살이 인생임을 일깨워주는 데서 출발한다. 그 안에 있는 모든 이는 고향을 잃은 인간, 고향을 찾는 인간, 길을 가는 나그네, 하느님을 추구하며 구원과 희망을 갈망하는 인간이다. 그들은 길을 가면서 "사람이란 무엇인가? 인생의 의미와 목적은 무엇인가? 선이 무엇이고 죄는 무엇인가? 고통의 원인과 목적은 무엇인가? 진실한 행복으로 가는 길은 어디 있는가? 죽음은 무엇이고 죽은 후의 심판과 판결은 어떨 것인가? 마침내 우리 자신의 기원이자 종착역이며 우리의 실존을 에워싸고 있는 형언할 수 없는 마지막 신비는 과연 무엇인가?"(「비그리스도교에 관한 선언」 1항) 하고 묻는 존재이다.

더구나 현대인은 TV · 라디오를 비롯한 각종 보도매체와 자동차 · 오락기 등에서 여과되지 않고 흘러나오는 온갖 소음으로 인해 들음을 방해받고 있다. 이런 방해로 원초적 하느님의 소리를 듣지 못하고 방황하는 현실을 감안할 때 본당의 고향 역할에 거는 현대인의 기대는 더욱 크다. 본당이 나그네의 고향이라는 것은 그 안에서 서로 도우며 형제적 동질성을 느끼게 하는 공동체임을 암시해 준다. 마태오 25,31 이하에서 그리스도 스스로가 굶주리고, 목마르고, 헐벗고, 병들고, 감옥에 갇히고, 나그넷길을 가는 사람 중 하나를 받아들이는 것이 곧 자기를 받아들이는 것이라 하였다. 이는 단순히 모든 이를 그리스도 대하듯 하라는 도덕적 요구 이상의 의미를 가지는 것으로, 이들에 대한 체험이 곧 그리스도인들이 추구하는 그리스도에 대한 체험이라는 것을 말해준다. 본당은 이런 체험의 장소여야 한다. 모든 이를 받아들이는 가운데 그리스도를 대변해야 하며 또 그리스도 인격 안에서 행동해야 한다(agere in persona Christi). 그리스도는 이 공동체 안에서 완전한 형상(에페 4,15)으로 나타난다.

본당: 생성중에 있는 교회: 본당이 나그네의 공동체, 순례하는 교회라고 하는 것은 본당이 하나의 시공에 고정된 개념이 아니라 생성되는 교회의 모습임을 말해준다. 교회는 도중에 있으며 늘 생성중에 있다. 교회는 완성된 건물이 아니라(마태 16,18에 의해서도 그렇다) 하나의 건축 현장이다(1고린 3,12-15). 여기에는 다양한 능력과 자격을 갖춘 설계사와 전문가들, 특출한 예술가

나 천재만이 있는 것이 아니라 보통의 인간들, 중간치의 소질을 갖춘 사람이나 돌팔이 그리고 반대자들도 들어 있다. 이 모두가 몸의 건설(에페 4,11-16)에 필요한 자들이다.[14] 우리는 흔히 교회를 그리스도론적으로만 설명하는 데 익숙한 나머지 교회 구조가 그리스도에 의해서 완벽하게 이루어졌다고 믿는 경향이 있다. 그러나 부활한 예수는 확고한 정관(定款)이나 조직을 갖춘 그런 형태의 교회를 설립하시지는 않았다. 예수의 교회는 동시에 성령의 교회인 것이다. 다시 말해서 바람부는 대로 부는 성령에 의해서 세워진 교회이기에 인간이 그 발전을 자기 손(제도)으로 막을 수는 없다. 성령의 교회이기에 세말까지 지속될 것이며, 더군다나 항상 쇄신되면서 지속될 것이다. 교회의 계속성은 인간의 피나는 노력이나 의지의 대가로 성취되는 것이 아니라 성령의 선물이다. 이때문에 계속성은 쇄신과 상치되지 않는다. 계속성은 지속적인 쇄신이기 때문이다. 새로운 것은 옛것에 대한 모순이 아니며, 본당은 이런 지속성과 쇄신, 그래서 늘 새로운 교회의 모습을 띠어야 한다. 이런 의미에서 교회는 늘 새로운 모습으로 나타나야 한다. 그러기에 본당은 지금의 형태와는 전혀 다른 새로운 모습이 될 수도 있다. 이 또한 하느님이 원하시는 것임에 틀림없다. 그것은 지금의 본당 모습이 2천 년 전 교회의 모습과 동일하지 않다는 사실을 아무도 부인할 수 없으리라는 역사적 사실로도 증명이 된다. 전통의 보존이란 과거의 어느 한 시점에 머무는 것이 아니다. 전통을 고수한다는 것은 자신의 역사성을 받아들이는 것이며, 때문에 미래를 향하여 열려 있는 것을 의미한다. 전통을 존중하는 교회라면 교회의 고정된 고유한 형태가 아니라 늘 쇄신하는 교회의 모습을 보여주어야 한다. 더 나아가 변화하는 자기의 모습에 대하여 두려워하며 쇄신을 중단해서는 안될 것이다. 교회는 성령을 통해서 지속되어 왔고, 지금도 지속되고 있는 "과정"인 것이다.

이렇게 해서 우리는 교회가 도정에 있다는 사실, 여정의 하느님 백성이라는 사실, 역사를 가지고 있으며 교회와 함께 교회를 초월하여 생기를 주는 미래를

---

14. J. Pfammatter, "Neutestamentliche Perspektiven für die Dienste in der Kirche", in: *Diakonia* (1992. 3), 165.

가지고 있다는 사실, 하느님 나라가 목표인 교회의 상태라는 사실에서 "교회는 항상 쇄신되어야 한다"(ecclesia semper reformanda)는 결론을 이끌어 낼 수 있다. 쇄신이라는 말은 교회에 대한 제2차 바티칸 공의회의 근본 단어가 되었다. 종전에는 가톨릭 사회에서는 금지된 말이기도 하였다.

3) 본당신부 실존

세상의 나그네, 본당의 손님: 본당이 나그네의 집단이며 동시에 나그네의 고향이라면 본당신부의 실존도 마땅히 나그네 실존(파로이코스 실존 = 본당신부 실존)을 살아야 한다. 그뿐 아니라 전 신도들과 주교도 본당신부 실존을 살아야 한다. 이렇게 볼 때 교회의 지도자(본당신부, 주교)는 교회(본당)의 주인이 아니라 "손님이며 주인"이다. 그들은 나그네로서 교회의 구성원이다. "길을 떠날 때에 아무것도 가져가지 마시오. 지팡이도 자루도 빵도 은전도 가져가지 말고 속옷도 두 벌씩은 지니고 가지 마시오. 어느 집에 들어가든지 거기 머물러 있다가 거기서 떠나가도록 하시오"(루가 9,3 이하). 본당신부는 그런 존재로서 살아 있는 교회의 구성원, 그리스도 몸의 지체, 포도나무인 그리스도의 가지이며, 형제 자매들이고, 하느님의 아들 딸이며, 그리고 어둠에서 빛으로 인도하신 하느님의 업적을 찬양하는 하느님 백성이다(1베드 2,9). 종의 비유로 말하자면 교회의 지도자들은 "주인이 자기가 돌보아야 할 아랫것들을 맡긴"(루가 12,42) 충실한 청지기이다. 그리하여 일을 끝마친 후에 "저희는 당연히 해야 할 일을 했습니다" 하고 말해야 할 종이다(루가 17,10 참조).[15]

본당신부직의 내적 · 외적 형상: "여러분들과 함께 나는 그리스도인이며 여러분을 위해 나는 주교입니다." 아우구스티누스의 이 유명한 말을 제2차 바티칸 공의회가 주교의 협조자로서 주교의 권위 아래 그리고 주교직에 참여하면서 교구의 일정한 분야의 사목(cura animarum, 영혼의 돌봄)을 맡은 사제에게까지 확장한다. 사제는 자기 본당의 신자들을 위하여 "자기에게 맡겨진 본당

---

15. Pfammatter, 166.

사목구의 고유한 목자로서 교구장의 권위 아래 자기에게 맡겨진 공동체의 사목을 수행하는 자이다. 그는 법규범에 따라 다른 탁덕들이나 부제들과 협력하고 평신도들을 위하여 활동하면서 그 공동체를 위하여 가르치고 성화하여 다스리는 임무를 수행하도록, 주교의 그리스도교 교역의 분담자로 소명된 자이다"(「교회법」 519조). 새 교회법은 본당신부직에 대해 종전의 교회법과는 다른 견해를 보인다. 본당신부는 과제를 수행함에 있어 직무의 부동성을 필요로 하긴 하나 이 직무는 영혼을 돌보는 일(cura animarum) 때문에 설정된 것이기에 직무에서의 부동성은 더 이상 절대적으로 통용되는 것이 아니라 사목(영혼의 돌봄)의 필요성에 의해 제한되고 영혼의 구원에 의해 제한된다.[16]

본당신부에게는 본당 사무실이 위임되는 것이 아니라 신앙인의 일정한 공동체를 위한 사목적 책임과 의무가 주어진다(「교회법」 515조). 공의회도 교회법도 공동체 안에서의 본당신부의 다양한 과제를 서술하면서 본당신부 자격의 시금석으로서 열심, 올바른 신앙, 정의, 공정성, 신학적 지식, 가르치고 지도하는 사목자로서의 인격과 자질, 그리고 공동작업을 위한 노력과 능력을 든다.[17] 교회의 임무와 과제는 본당에서 수행해야 할 봉사에서 구체화되기 때문에, 봉사할 때 파로이키아로서 교회의 본질 규정이 그 형태를 취하게 된다.

본당신부의 인격에 그리스도교 공동체에 맞는 순례자 신분이 보여야 한다면, 이는 무엇보다도 그의 일관된 생활방식과 영성과 지도방식을 요구한다. 검소한 의식주 생활을 비롯하여 소형 자동차 타기, 화려한 스포츠나 개인 소유의 거부, 교회와 정부로부터 명예를 탐하지 않는 소탈한 일상의 모습, 함께 일하는 사람 특히 식복사와의 피정 및 신앙 교환, 본당신부와 보좌신부 그리고 신학생의 일치된 삶, 자율적인 자유시간 선용, 특히 공동체로부터 소외받고 잊혀진 사람들과 나누는 삶, 사제관에서의 후한 손님 접대, 본당 사목회의에서 동료의식을 갖춘 지도 스타일, 권위의식과 권력욕의 포기, 어려운 과제에 대한 짜증과 불평의 포기, 자기의 한계에 대한 인정, 우리 공동체의 유일한 주님께서 우

---

16. K. Baumgartner, 160 참조.
17. 「사제교령」 3. 18. 19항 등 참조. 그리고 교회법 528조 이하 참조.

리의 행위를 앞질러 당신의 은총으로 우리의 일을 완성하신다는 의식에서 하는 사목적 칭찬 등.

독일의 사목신학자 체르파스는 그리스도교 공동체의 파로이키아 형상에 대한 숙고에서 다음과 같은 것을 주지시킨다. 공동체 의식이 그 고유한 원천에 대해서 이질적이 된 것처럼, 그리고 그리스도교 공동체가 한때의 모습에서 볼 때 상당히 반대 방향으로 변한 것처럼, 본당은 이방인에 대해 견고함, 질서, 이웃의 대명사 역할을 할 수 있는 것은 고향을 제공하는 그리스도교 공동체의 능력이 본질적으로 자신을 현세의 고향으로, 제2의 고향으로, 고향을 찾는 사람들이 공동으로 짓고 설립하고 살고 있는 고향으로 이해하도록 준비가 되어 있는지에 달려 있다.[18]

이를 위해서는 본당신부의 의식 변화가 요구된다. 소외되고, 고향을 잃고, 의지처와 삶의 방향을 찾는 모든 이를 위해 열려 있어야 한다. 그는 예컨대 외국인, 이민온 사람, 장애인, 어린이, 청소년, 전과를 가진 사람, 과부나 재혼한 이혼녀, 환속한 사제를 위해서도 열려 있어야 하고, 그래서 본당을 누구나 마음놓고 이용할 수 있는 곳으로 사랑받을 수 있는 분위기로 꾸며야 하며, 모든 이의 특성을 수용할 수 있는 장소로서의 공동체가 되도록 개발하고, 현존하는가 하면 부재를 느끼는 하느님을 경험할 수 있는 장소로 제공하는 데 진력해야 한다. 본당에서 하는 예배는 이런 것에 의해서 특징되어야 하며, 본당 축제도 이런 면에서 사회의 축제와는 달라야 한다. 복음선포에서, 성서 공부에서, 신앙 담화에서, 교적에서 그리스도인의 파로이코스 실존과 공동체의 파로이키아 형상은 늘 새롭게 그리고 심오하게 이야기되어야 한다. 그리스도인들이 하느님의 백성과 식구로 정주힌 히느님 나라의 지평은 이 세상과 교회에 사는 사람들이 정착을 시도하는 데에 올바른 형상을 제시해 준다.

이런 본당은 "대조사회"의 의미를 가진다. 이 사회는 과잉 자기 방어나 부당한 요구로 다른 사람에게 엘리트적 우월감을 드러내거나 배타적 · 폐쇄적으로

---

18. R. Zerfaß, *Christliche Gemeinde – Heimat für alle? Bedingungen und Möglichkeiten aus der Sicht der Praktischen Theologie*, 29-57 ; K. Baumgartner, 161 이하 참조.

굴지 않으며, 이로써 교회와 하느님 나라의 혼동을 부채질하지 않는다. 이런 관점을 지키며 공동체를 일깨우는 것이 본당신부의 소명이다. 즉, 파로이코스로서 본당신부는 그리스도인들의 파로이코스 실존과 파로이키아로서 공동체의 변호인이 되어야 한다.

독신: 본당신부의 독신도 파로이코스 개념에서 이해할 수 있다. 신약성서를 보면 교회 지도자는 정확한, 결혼을 하고 가정을 가진 관리인(루가 12.42; 1디모 3.2-5; 디도 1.6-9)을 이야기하는가 하면 신발 두 켤레, 옷 두 벌도 마다하는 "순회 사도"(마르 6.6 이하; 마태 10.5 이하; 루가 9.3 이하; 10.1 이하)를 그리기도 한다. 지금 형태의 "독신제"는 말하자면 언제든지 "떠날" 준비를 위한 것이기도 하다. 독신제를 통해 목초를 찾아 헤매는 유목민 실존, 항상 새로운 출발을 위하여 준비하는 실존이 강조된다. 뿐만 아니라 미래를 향한 나그네로서 종말의 삶을 성사적으로 보여준다. 그렇지만 어떤 행정구로서의 본당 공동체에 본당신부의 부임 형식을 보면 이런 유목의 실존보다는 어떤 지역에 매여 있는, 정주를 강요하는, 그래서 정착된 모습을 보여준다.

본당신부의 독신은 그의 내면적 요구로부터 볼 때 자유롭게 거동하는 가운데 보여지는 선교적 삶이다. 그러므로 단순히 독신을 "결혼하지 않는 것"과 동일시할 수는 없다.

본당신부와 휴식: 나그네는 쉬어야 한다. 계속 길을 가기 위해서는 휴식이 필요하다. 더구나 거류민을 보살피기 위해서는 더욱 그러하다. 규칙적 운동, 또는 육체적 노동, 그리고 휴식도 본당신부 실존의 한 형태이다. 이런 면에서 본당신부관(사제관)은 힘의 재충전을 가능케 하고 손님을 받아들일 수 있는 아늑한 분위기를 제공해야 한다. 이 휴식 공간에서 그는 하느님의 말씀을 들으며 인간의 언어를 다듬을 필요가 있다. 본당신부의 직업적 도구는 말씀과 징표이기 때문이다. 언어와 상징세계는 거의 무방비 상태에 있다. 이런 상황에서 본당신부는 언어의 세심한 문화와 표징 및 상징세계를 돌볼 과제를 안고 있다.[19]

---

19. Gerd Heinemann, "Die Bedetung der Lebenskultur für den Pfarrer", in : *Diakonia* (1992. 3), 172 이하 참조.

지금까지 우리는 본당신부의 어원을 분석하면서 본당신부 실존을 생각해 보았다. 마태오 25,31 이하에 나오는 굶주린 이, 목마른 이, 나그네, 감옥에 갇힌 이, 병든 이, 사람들이 그 안에서 그리스도를 만난 이 인간들, 그리고 이로써 사람들에게 그리스도를 만나게 해준 이 인간들이 바로 본당신부의 실존이다. 또 본당신부는 그런 이들을 만나는 인간이다. 그리고 본당신부는 순례하는 인간, 길가는 나그네로서 한군데 정착하지 않는다.[20] 길을 간다는 것은 진리를 추구하고 구원을 추구하며 목적지인 하느님을 향하여 가는 것이다. 길을 가지 않는 자는 진리를 발견할 수 없다. 하느님을 발견할 수 없으며, 구원될 수 없다. 본당신부는 걷는 인생, 나그네 모습을 보여줘야 한다. "가라"(마태 28장)는 예수님의 선교 명령도 이런 걷는 모습을 강조한 것이라 할 수 있다. 그런데 어떤 면에서 현대인은 "걷는 것"을 점점 잃어가고 있다. 성지순례를 해도 앉아서(차에, 기차에) 하고, 진리를 추구해도 앉아서 한다. 걸을 줄을 모른다. 그러므로 체험이 없다(독일어에 체험이라는 단어 "er-fahren"이 "간다"는 말에서 나온 것도 우연이 아닐 것이다). 자기의 언어, 자기의 말이 없다. 남의 질문에 남의 답변을 가지고 그것을 자기 인생인 양 여기며 살 때가 많다. 본당신부가 영혼을 돌보는 일을 자기의 일로 삼는다면, 인생과 세계의 구원을 진실로 원한다면 그는 인간들에게 걷는 법, 순례하는 법을 다시 가르쳐야 할 것이다. 그러기 위해 자기부터 자기의 걷는 인생, 나그네의 인생을 찾아야 할 것이다. "내가 나그네 되었을 때 너희는 나를 반겨 주었다", "인자는 머리를 뉘일 곳이 없다"는 예수의 말을 진지하게 새겨들어야 할 것이다. 또한 나그네의 자유를 누리는 가운데 자유의 몸이 되어야 한다. 나그네임을 포기할 때 그는 다시 그가 정착한 곳, 징착한 물건의 노예기 될 것이다. 끝으로 "본당신부 실존"(파로이코스 실존)은 소위 사제에게만 해당되는 것이 아니라, 모든 그리스도인, 모든 인간들에게도 해당된다. 모두가 본당신부의 실존을 살아야 한다.

---

20. 이런 의미에서 본당신부의 이·취임식 및 화려한 영명축일 등의 개인 행사를 본당 행사로 치르는 것은 본당신부의 실존에 맞지 않는다고 할 수 있다.

신학교 교육과 한국 천주교회

1. 신학교 설립과 주교단의 책임

1) 입학 정원 80명, 응시자 35명, 합격자 25명. 이것은 '92학년도 광주 가톨릭 대학 신입생 모집 현황이다. 합격자 25명은 입학 수용 능력 80명의 3분의 1도 채우지 못하는 수치이다. 그리고 서울은 정원 120명에 69명, 대구는 정원 60명에 38명, 부산은 정원 40명에 25명, 수원은 정원 100명에 72명, 총 정원 400명에 229명을 모집했다. 그후에도 이 통계는 더 나아진 바 없다. 그럼에도 그후 대전(1993년)과 인천(1996년 개교)에 신학교가 또 설립되었다.

인천의 경우 대부분의 교구 사제들의 반대에도 불구하고(83%) 이를 "극히 소수의 의견으로" 여기며, 설립을 강행하였다. 독자들은 신학교 난립을 반대하는 필자와 인천교구 신학교 설립의 정당성을 주장하며 이를 『사목』에 게재한 최기복 신부와의 상반된 견해(『사목』 185, 71-113)를 보면서 이를 교회 내의 다양한 목소리로 여길지도 모른다. 그러나 이 상반된 소리들을 양비·양시를 낳게 하는 교회 내의 다양한 목소리쯤으로 여기는 것은 신학교 난립으로 인해 발생하는 한국 교회 전체의 심각성을 깨닫지 못한 안일한 사고방식이다. 최 신부는 일방적으로 숫자에 치우친 통계에 의존하여, 신학교 설립의 정당성을 주장하면서, 한 신학교 안에 너무 많은 신학생이 있어 교육에 차질을 빚는다고 주장하지만, 이는 잘못된 판단이다. 그후 북한선교를 위한 전초지로 북한에 가장 가까이 있는 인천에 신학교를 세워야 한다고 역설했지만 이 또한 궁여지책이다. 이런 온갖 이유에도 불구하고 신학교 난립은 실제로는 지역교회에 대한 무지와 교구간 대화의 막힘 및 교구이기주의가 빚어낸 한국 천주교회의 현실이다. 이는 수원교구가 인천교구의 신학생을 받아들이지 않아서 신학교를 세울 수밖에 없었다고 인천교구가 신학교 설립의 당위성과 필요성을 강조한 데서도 볼 수 있다. 교구간의 이 문제 하나 해결 못하면서 지역 갈등은 어떻게 극복하겠으며, 그런 갈라진 마음으로 북한선교는 어떻게 하고 미래의 사제는 어떻게 양성하겠다는 것인가? 또 사제를 만들겠다며 세운 신학교들도 일단 설립만 되면 자기 신학교의 운영을 위해 교수와 학생들을 충원하고자 교구간의 약속을 버리고 자기의 이익만을 생각하고 있는 현실은 어떻게 이해해야 하나?[1] 5~6년 앞의 미래만을 내다보는 사람이라면 그리고 지역 격차의 갈등을 극복하는 데에 조금만 관심을 가지고 있는 사람이라면 현재 한국 천주교에서 벌어지고 있는 신학교 설립 사태는 분명히 정상이 아니며, 홍보하고 있듯이 사제 지망자 수는 많은데 이들을 수용할 수 있는 공간이 적어서라든지, 기존의 신학교 시설과 교육 방침으로는 참다운 사제양성을 할 수 없어서라는 주장이 허구라는 것을 금방 알 수 있을 것이다. 또 신학교를 운영하고 있는 교구의 주교들은 본당에서 성소 개발만 하면 언제나 신학교가 찰 것으로 생각하고 있으나 이 또한 미래를 내다보지 못한 착각이다. 지금 우리 나라의 가정은 한 가정에 한두 자녀만 두고 있으며, 2000년대에 들어서기만 하면 우리 나라의 대학교입학 비율도 1 대 1이 된다. 신학교에 들어올 자가 줄어들 수밖에 없다는 것이다. 이는 본당신부의 성소 개발 운동으로 해결될 일이 아니다.[2]

물론 우리는 지금 신학교를 설립하려는 주교들에게 나름대로의 고충이 있음을 인정한다. 가령 서울과 지방 학생의 학력 수준차 때문에 지방 성소자를 구하기 위해서는 지방 신학교가 있어야 한다든지, 또는 미래를 생각해 교구 신학교 설립을 추진하지 않을 수 없다든지 하는 이유가 그것일 것이다. 그러나 이 모든 이유에도 불구하고 신학교 설립은 금방 언급한 것처럼 최선의 방책이 아

---

1. 교구에 신학교를 세운 뒤 다른 교구에서 공부하는 신학생과 교수를 자기 교구로 끌어들이거나, 자기 교구 안에서 교수가 충원되자 이제껏 봉직해 온 다른 교구 교수를 축출하는 이 기주의적 행위가 지금 일어나고 있지 않은가?
2. 물론 성소운동은 전개되어야 한다. 그러나 성소운동이 한갓 공백을 메우기 위해 전개된다면 실패하고 말 것이다. 더구나 우리가 필요한 것은 사제의 수보다는 질이 아니겠는가?

니다. 더군다나 한 교구 한 신학교의 의도는 우리의 실정에는 도대체가 맞지 않으며, 전체 한국 천주교회를 위한 것이라 할 수 없다. 지금이라도 때늦지 않으니 진심으로 물을 수 있어야 한다. 이렇게 세워진 신학교는 도대체 누구를 위한 것이며, 이를 위해 신도들로부터 모금되는 거액의 설립 비용은 진정 교회를 위한 것이라 말할 수 있는가. 그리고 수많은 사제와 평신도들의 반대에도 불구하고 막대한 자금을 들여 굳이 교구 신학교의 설립 사업을 밀고 나가려는 주교의 의지를 교회의 권위로 생각할 수 있으며, 그 권위에서 한국 천주교회를 위한 진정어린 사목적 고심을 읽을 수 있는가. 무엇보다도 수십 년 동안 운영되어 온 기존 신학교가 겪고 있는 재정난과 교수 부족, 학생의 질적 저하 등으로 생기는 어려움을 신설 학교가 책임있게 해결해 나갈 수 있는가. 오히려 서로에게 부담과 타격을 주는 사건으로 변해가고 있는 것은 아닌가? 이기심으로 세워진 신학교에서 배출된 사제들이 과연 양심과 개방의 정신에 따라 살고, 만연한 물질주의의 풍조를 헤쳐나갈 수가 있겠는가? 어쨌든 주교들이 한국 천주교회의 미래를 위해 가장 중요한 것을 신학교 교육, 사제교육에 둔 것은 옳다. 그러나 사제양성에 관심을 가진다는 것이 꼭 이런 식으로 전개되어야 하는지에 대해서는 의구심을 가지지 않을 수 없다.

우리는 지금 신학교 설립을 서두르는 주교 개인이나 개별 신학교에 대해서만 이야기하는 것이 아니다. 주교단과 한국 천주교회 전체와 그 미래를 걱정하고 있는 것이다. 교구 신학교 설립은 한 교구만의 일이 아니라 전체 한국 천주교회의 일이어야 한다. 하나의 교구 설정이 적어도 전체 한국 천주교회를 위한 일이라면, 하나의 신학교 설립도 한 주교의 결단이 아니라 주교단의 공동책임으로 인준되어야 했다. 훗날 지금의 신학교 난립이 역사의 비판을 받게 된다면, 그것은 해당 주교만이 아니라 주교단 전체가, 그리고 한국 천주교회 전체가 비판을 받게 된다는 것을 알아야 할 것이다. 그런데 이 일이 이루어지지 않고 있고, 주교단은 이에 대해서 무감각하고 무방비 상태이니 안타깝기만 하다.

지금 분산되는 신학교의 모습이 그대로 한국 교회 전체의 모습이라는 점을 생각하면 이는 정말 가슴 아픈 일이다. 이는 주교단을 비롯한 한국 천주교회가 그만큼 화합하고 있지 못하다는 것을 반증하는 것이다. 그렇지 않아도 교구가 많아서 화합에 어려움을 겪고 있는데, 신학교가 계속 쪼개진다는 것은 교구간의 위화감과 분열을 부채질하는 꼴이다. 신학교가 하나뿐이었을 때 혹은 둘이었을 때는 신학교가 매개가 되어 교구와 교구간의 대화도 있었고 상호 협조도 있었다. 그러나 이런 대화나 협조를 기대하기란 점점 어려워질 것이다. 이런 상황에서 남의 본당, 남의 교구의 어려움을 내 본당, 내 교구의 일로 삼을 수 있을까? 더욱 인간적으로 이야기해서 이웃의 어려움을 나의 어려움으로 받아들일 수 있을까? 진정 그리스도교적 마음이 자리할 수 있을까? 교회가 그야말로 이기적 집단이 되지 않을까 두려움을 가지지 않을 수 없는 것이다.

  무엇보다 이런 집단적 이기주의 앞에서 우리 사회가 흔히 경험하고 있는 매사 서두르며 시작만 해놓고 마무리짓지 못하는, 그래서 극복되어야 할 병폐 속으로 우리 교회가 말려들어가고 있는 것 같아 서글프다. 우리는 이런 이기주의적 사고방식이 얼마나 우리 사회를 무책임하고 무질서하게 만들고 있는지 알고 있다. "일단은"으로 일을 시작하고 "이왕에 이렇게 된 것"으로 끌고가는 사회 풍조에서 우리는 얼마나 실망하며 아픔을 느끼고 있는가? 그런데 다른 누구도 아닌 이 사회의 영적 지도자를 길러낼 신학교 설립과 같은 교회의 일이 진지한 토론 한 번 거치는 일 없이 "일단은"의 독재적 사고방식으로 시작되고, "이왕 이렇게 된 것" 어떻게 하겠느냐는 식의 무계획과 무책임 속에 추진된다면, 과연 누가 이 사회와 민족이 빠져 있는 "일단은"이라는 사고방식에서 나온 적당주의, 한탕주의에 대해 바른 방향을 제시해 줄 수 있겠는가? "일단은"에서 시작되고 "이왕 이렇게 된 것"의 사고로 추진되는 무책임한 사업에서 피해를 보는 사람은 정작 주교도 사제도 아닌 평신도들이라는 점도 우리는 간과해선 안 될 것이다. 주교나 사제는 "일단은" 시작해 놓고 보면 되지만, 평신도는 일단 시작된 일을 마무리짓기 위해 주머니를 털어야 한다. 그것도 일억, 이억 원이 아니라 수백억 원이라는 큰 돈이며, 이 금액으로는 그 일부만을 사용하여 지금 주교들이 구상하고 있는 사제교육을 효과적으로 진행할 수 있으며, 교구간의 협력은 말할 것도 없고 학생들에게 신뢰심과 희망을 더욱 고취시킬 수 있을 것이다. 그런데도 우리 교회는 왜 이런 본연의 신학교의 일을 보지 못하고 우리 사회에 만연되고 있는 "일단은"과 "이왕지사"라는 현상에 말려들어 막대한 희생을 신자들로부터 요구하고 있는가? 왜 방향 감각을 잃고 있는가?

교구 신학교 설립 의도가 제2차 바티칸 공의회의 정신과도 역행하는 것임도 아울러 지적되어야 할 것이다. 제2차 바티칸 공의회가 교회의 문을 열어 세속과의 만남을 가능케 함으로써 세속을 위한 교회상을 제시한 데 비해, 지금 진행되고 있는 한국 천주교에서의 신학교 설립에 나타난 사제양성 구상은 오히려 세상으로부터의 도피라는 인상을 준다. 그들은 신학교가 커지는 것을 걱정하며, 그렇게 되면 신학생들을 잘 지도할 수 없을 것이라고 말한다. 세상과는 격리된 "조그만" 신학교를.

그러나 세계는 앞으로 나아가고 있다. 교회가 세상을 위한 구원을 선포해야 한다면, 교회는 싫든 좋든 — 사목적 방향에 의해서라도 — 세계와 대화를 게을리하지 말아야 한다. 그렇지 못하고 세계의 발전을 비판적 눈으로만 바라보고, 이를 바로잡기 위해 스스로 보수적이고 복고적인 벽을 쌓고 세계를 보고의 칼로 — 진보 이전의 상황으로 — 심판하려 든다면, 세계에 아무런 도움도 주지 못할 뿐 아니라 세상의 비웃음을 사다가 사라지는, 영원한 과거의 유물로 남게 될 것이다. 제2차 바티칸 공의회가 시동을 걸어놓은 발전은 결코 역방향으로 추진할 수는 없다. 그런데 한국 천주교회는 마치 자신을 과거의 유물로 대해주기를 바라는 듯 이미 벗어버린 과거의 옷을 만지작거리며 들추어 내어 신도들에게 입히려 애쓰고 있는 듯한 인상을 준다. 이것은 마치 청소년의 비행을 감시하기 힘들다 하여 벗겼던 교복을 다시 꺼내 입히려는 기성세대의 발상과도 같다. 학생들에 대해서 책임지지 않고 대하는 기피하면서도 그들 위에 권위적으로 군림하며 그들을 지도하고자 하는 기성세대, 그래서 일방적으로 자신들의 고리타분한 이론만을 주입시키고 명령만 하면서 청소년의 성장과 발전을 저해하고 희망을 꺾는 교육 풍토, 학생들의 인격 속에 들어 있는 것을 끄집어 내는 것(e-ducatio)을 교육으로 여기기보다는 잘 길들여진 애완용 동물처럼 "자기 생각대로" 복종하게 하는 것을 교육인 것처럼 생각하는 편의주의가 우리 교육의 현주소가 아닌가? 제복이 학생의 심성을 계발하고 인간답게 교육시켜 줄 수는 없다. 그들은 영원히 학생복만 입고 살아가지 않는다. 물론 과거의 옷(보수)은 다 벗어던져 버려야 할 것이라는 뜻은 아니다. 그러나 진보와 차단된 보수란 보수에 대한 오해이며, 그런 보수교육은 세상의 빛과 소금을 양성해 내지 못할 것이다. 지금 한국 천주교회에서 벌어지고 있는 신학교 설립에 나타난 구상은 유감스럽게도 이런 "보수"의 옷을 끄집어내어 다시 입히려는 것이 아닌가 하는 의구심을 가지게 한다. 이런 상황에서 신학교 교육과 이에 바탕한 한국 천주교회가 앞으로 나아갈 방향에 대해서 근원적으로 반성해 보는 것은 시대의 요구라 할 것이다. 지금 한국 천주교회는 어디로 가고 있는가?

사실 나 자신이 신학교에서 일하면서 신학교의 현황을 폭로하고 이를 문제삼아 논한다는 것은 자존심도 자존심이려니와 부끄러운 일이다. 그러나 광주 신학교의 일은 비단 광주 신학교만의 일이 아니며, 서울 신학교의 일은 서울 신학교만의 문제가 아니다. 부산 신학교는 부산 신학교만의, 대전 신학교는 대전 신학교만의 문제가 아니다. 결코 그렇게 될 수 없다. 이는 우리 모두가 머리를 싸매고 풀어야 할 우리 모두의 문제이다. 신학교 설립은 교구나 교구장만의 관심사일 수 없다. 따지고 보면 지금의 이런 사태가 일어난 것은 신학교 설립을 전체교회의 차원에서 협의하지 못하고 교구의 사업으로만 한정시킨 데서 빚어진 일이라 할 수 있다.

2) 신학교 문제를 근원적으로 반성하기 전에 작년 5월 축제기간 동안 광주 가톨릭 대학 학생회가 "현대 상황 안에서의 사제양성"이라는 주제로 모의 공의회를 열고 신학교 문제 전반을 다루었던 것을 참고로 소개한다. 이들은 모의 공의회 후 「문헌」도 내어놓았는데, 이 「문헌」은 제1장 서론에서부터 제2장 신학교, 제3장 사제양성, 제4장 신학생, 제5장 협력자까지 여러 문제를 폭넓게 다루고 있다. 제2장에서는 신학교 설립 목적을 다루면서 현재 한국 천주교회에서 진행되고 있는 교구 단위의 신학교 설립에 따른 문제점을 지적하고 나름대로 그 해결책을 모색하고 있다. 여기서 문제점으로 지적된 것은 교수진의 부족,

도서관의 미비, 신학교 교육의 질적 저하, 교구간의 장벽, 예상되는 사제 지망생의 감소 등인데, 예리한 지적이 아닐 수 없다.

항목 10에서 학생들은 교구 단위의 한국 교회 설립의 상황에 대해 이렇게 쓰고 있다. "신자의 증가율에 비례하여 한국 천주교회의 사제 수의 부족 현상에 따른 심각성이 더욱 만연되고 있는 상황이다. 그러나 매년 많은 이들이 사제가 되기 위해 신학교에 지망하나 모두를 받아들여 교육할 수 없는 실정이다. 따라서 성소자가 많을 때 이들을 교육할 수 있는 시설을 늘려 사제의 부족 현상을 해결하려는 움직임이 각 교구에서 일어나고 있다. 그리고 현재의 교구 연립 신학교에서는 각 교구의 지역적 특성을 살리는 교육이 되고 있지 않다는 교구장의 염려에 따라 사제양성을 위해 신학교가 교구 단위로 분산 설립되고 있다. 이러한 추세는 사제양성의 책임이 교구 주교에게 맡겨져 있으며 '교구마다 가능하고 적절한 곳에는 대신학교가 있어야 한다'는 주교의 책임과 교회법 정신에 따른 것으로 볼 수 있으나 한국의 지역적인 상황을 고려할 때 많은 문제점을 안고 있는 것이 사실이다."

그러고는 11-15항에서 교구 단위의 신학교 설립에 따른 문제점을 나름대로 다음과 같이 분석하고 있다:

"한국에서의 가톨릭 신자 비율은 전체 인구의 6.32%이다. 이는 한국 천주교회가 여전히 전교 대상 지역으로서 민족의 복음화를 무엇보다 최우선 과제로 삼아야 하는 점을 보여주고 있다. 이러한 점을 생각한다면, 한국의 교구들은 국민들 대부분이 그리스도를 믿는 국가의 교구에 비해 규모 면에서 너무나 작으며 상대적으로 한국 지역에 비례하여 교구의 수가 많은 상황이다. 이런 상황을 고려할 때 교구마다의 신학교 설립에 대한 보편교회의 원칙을 한국 교구의 현실에 그대로 적용시키는 것은 무리가 있다"(11항).

㉠ 교수진의 부족에 대해서

"신학생의 교육에 직접적으로 영향을 미치는 교수들이 각 신학교별로 분산됨으로써 각 학과목에 맞는 전문적인 교수를 확보하는 데 어려움이 있다. 이러한 교수진의 부족으로 사제양성에 필요한 학과목이 설치되지 않거나 설치되더라도 정확한 교육이 이루어지기 힘들며 교수들에게 과중한 임무가 맡겨짐으로써 교수들의 전문분야에 대한 계속적인 연구활동이 불가능하게 된다"(12항).

ⓒ 도서관의 미비에 대해서

"신학생들이 진리를 탐구하는 데 있어서 절대적으로 필요한 책과 자료들, 특히 교회의 전통을 지닌 고서와 사회의 다양한 자료들을 갖춘 도서관을 확보하는 데 어려움이 있다"(13항).

ⓒ 신학교육의 질적 저하에 대해서

"교수진의 부족과 도서관의 미비는 자연히 교육 수준의 질적 저하를 가져오고 이는 바로 신학생, 나아가 사제들의 질적 저하라는 결과를 가져온다. 이것은 '견실한 교육이야말로 신학교 설립 문제에서 최고의 법이어야 한다'는 공의회의 원칙에 위배되는 것이다. 따라서 교회는 사제의 숫적인 증가에 관심을 가져야 하지만 이로 인해 사제들의 질적 저하를 가져와서는 결코 안된다"(14항).

ⓔ 교구간의 장벽에 대해서

"한국 사회라는 지역적인 상황과 한국 천주교회의 단일성을 외면한 채 교구라는 지역적인 특성을 강조하여 교구 단위로 신학교가 설립되고 있다. 이로 인하여 한국 천주교회 안에서 전통적으로 이루어져 왔던 사제들간의 친숙한 분위기의 와해와 깊어져 가는 교구간의 장벽으로 인해 교구간의 만남이 점차 사라져 가고 있다. 이로 인해 교회의 목소리가 분열되어 한국 사회가 안고 있는 지역 갈등의 모순을 오히려 고착화시키는 결과를 초래하고, 이는 민족 복음화에 큰 장애 요소가 된다. 또한 단일 민족으로 구성된 한국 사회 내에서는 한 지역의 문제를 민족 전체의 문제로 의식하고 있는 상황에서 교구간의 장벽은 한국 천주교회의 올바른 위상을 흐리게 한다"(15항).

ⓜ 예상되는 사제 지망생의 감소에 대해서

"1970년 중반부터 본격적으로 실시된 한국 정부의 가족계획 사업의 영향으로 점차 성소자 수가 급격히 감소될 가능성을 감안할 때 얼마 안 가서 교구 단위의 신학교는 서양과 같이 사제 지망생들의 부족으로 계속적인 유지가 힘들 것이라는 가능성도 배제할 수가 없다"(16항).

이리하여 학생들은 그 해결 방안으로 무엇보다도 가톨릭 대학교(종합대학교)를 설립할 필요성과 기존 신학교를 개방할 필요성을 제시하고 있다(17항). 이는 옳다고 본다. 물론 학생들이 여기서 다룬 내용들은 전문가나 실무자의 입장에서가 아니기에 부족한 점도 많다. 그리고 신학교가 그들이 원하는 대로 운영될 수 없다는 것도 사실이다. 그렇지만 이 분석에서 알 수 있듯이 신학생들은 그들이 몸담아서 교육받고 있는 신학교와 그 구조 및 생태를 잘 알고 있으므로, 그들의 소리를 철부지 어린아이들의 소리로만 흘려들을 수도 없다. 우선 그들이 모의 공의회의 주제로 내놓은 "현대 상황 안에서의 사제양성"에 나타나듯이 그들은 그들이 처한 위치를 알고 있고 그들의 미래와 미래에 있게 될 교회를 걱정할 줄 안다. 그들은 신학교가 "사제직을 지망하는 학생을 선발하여 그들의 성소를 명백히하고 완전히 계발하여 그리스도를 본받아 참된 목자가 되도록 교육하며 사제직 수행을 위하여 맡겨진 임무를 충실히 이행할 수 있도록 준비시키는 곳"(6항)임을 알고 있으며, "그 목적에 적합한 요건과 환경을 갖춘 신학교를 설립하는 것이 교회의 중대한 임무"이며, 신학교가 적절한 여건을 갖출 수 있도록 주교들은 적극적인 관심과 지원을 아끼지 말아야 함(7항)을 알고 있다. 그뿐 아니라 신학교는 내일의 사제를 양성하는 데 효과적으로 이바지해야 함(5항)도 알고 있다. 그들은 또 1992년이 제2차 바티칸 공의회 개막 30주년임을 기억하고 있다(2항). 즉, 그들은 공의회 정신에 따라 그들의 위치와 교회의 현주소를 교회와 사회와의 관계에서 바로 볼 수 있는 능력을 지니고 있는 것이다.

무엇보다도 그들이 관심을 보이며 제시한 내용들은 그들 스스로 제시한 것이라기보다 교회 당국이나 전문가들이 내놓은 자료들을 바탕으로 한 것임을 간과해선 안된다.[3] 그러기에 그들의 분석과 견해에서 우리는 교회에 의해 제시된

---

3. 이들이 참고한 자료: 『제2차 바티칸 공의회 문헌』, 한국 천주교 중앙협의회;「사제양성 지침」, 가톨릭 교육성성 반포(1970.1.6.);「대신학교 교육에 대한 지침」, 교황청 인류 복음화성성 제12차 총회 결과(1986.10.14-17.);「한국 사제양성 지침서」, 한국 주교회의 1987년 춘계 정기총회 승인;『메델린 문헌』, 제2차 라틴아메리카 수교단 총회 최종 결의문;『푸에블라 문헌』, 제3차 라틴아메리카 주교단 총회 최종 결의문;「세계 정의에 관하여」, 세계 주교대의원회의 제12차 총회 문헌;「교회법」(1983년 반포).

제안들이 얼마만큼 성실하고 책임감있게 실행되고 추진되었는가를 반성하는 계기로 삼을 수 있어야 할 것이다. 어쨌든 그들이 내놓은 견해는 미숙하긴 해도 그 방향은 옳다고 봐야 한다. 우리가 이들을 미래의 사제로 생각한다면, 그리고 우리의 미래를 진심으로 걱정한다면, 이들의 소리에도 귀를 기울여야 할 것이다.

2. 신학교 설립에 대한 내용적 반성

1) "가톨릭" 명칭에 나타난 신학교의 근본 정신

앞에서 우리는 교구 신학교 설립 사태를 두고 생각해 볼 수 있는 그 외적 현상과 영향에 대해 비판하였다. 그러나 교구 신학교 설립은 이런 외적 현상과 영향을 넘어 신학교 교육의 근본 이념과 목적에도 위배된다는 근본적인 착오를 지적해야 할 것이다. 신학대학의 교육 이념은 "사제직을 지망하는 신학도로 하여금 계시 진리에 입각하여 올바른 세계관, 인간관, 신관을 정립할 수 있는 이론적 지식뿐 아니라 … 신망애를 생활화하여 스스로 거룩하게 사는 덕성을 길러 조국과 인류의 복음화에 공헌하는 사제가 되도록 교육"[4]하는 것이다. "대한민국 교육 이념과 가톨릭 정신에 입각하여 사제를 양성"[5]하는 것이다. 이 교육 이념과 목적에서 알 수 있듯이 사제양성은 보편적 교육 이념과 고유한 가톨릭 정신에 입각해서이다. 1985년 한국 천주교회의 신학대학을 모두 가톨릭 대학으로 통일 개칭한 것에서 우리는 사제양성을 목적으로 하는 신학교의 이런 근본 교육 이념과 목적 및 방향을 읽을 수 있다. 사제를 양성하는 신학교는 가톨릭성과 대학성의 일치를 바탕으로 해야 한다는 것이다. 여기서 말하는 가톨릭성이란 물론 교파적 의미를 벗어난, 그야말로 그 이름이 가리키는 대로 (가톨릭 = 보편적) 하나의 총체적 프로그램으로서, 세상의 구원에 대한 복음을 현대에 새롭게 널리 알리고 이해시키는 것을 내용으로 하며, 이런 의미에서 대한민국 건국 이념인 홍익인간과도 통한다고 할 수 있다. 신학교가 가톨릭 대학으

---

4. 광주 신학교 교육 이념. 서울과 다른 신학교의 경우 글자는 달라도 그 개념은 비슷하다.
5. 광주 신학교 재단법인 대건학당 정관 제1조.

로 불릴 수 있는 것도 이런 가톨릭성을 사제의 근본 정신으로 삼고, 이를 대학의 학문적 연구를 통해서 실현시키고자 해서인 것이다. 대학교육을 통해 그리스도교 계시와 이와 관련한 분야의 지식을 심화시키고, 그 안에 내포된 진리를 체계적으로 확립하며, 계시와 빛 속에서 발전하는 시대의 새로운 문제성을 관찰하며, 이런 연구와 관찰을 통해서 모든 인간적 문제의 해결을 모색하고 현대를 살아가는 인간들에게 삶과 문화에 적응하는 방법을 제시하며 또 그 실천을 요구하고자 해서인 것이다. 교회와 세계를 신적 계시의 빛 속에서 바라보고 이를 자기 고유의 학문적 방법으로 심도깊게 관철시키고, 모든 인간적 문제를 체계적으로 해결하고자 모색하는 것이 사제가 갖추어야 할 인격과 영성으로 보고 있음을 말해준다.

이상의 목적을 실현하기 위해서 신학교는 다음의 몇 가지를 그 과제로 삼아야 한다.

첫째, 연구를 통해 신학 학문 분야에서 학문의 심도깊은 양육을 장려해야 한다. 이는 먼저 그리스도교 계시와 이와 관련한 질문의 근원적인 관철 및 계시가 담고 있는 진리의 조직적 설명을 관건으로 하며, 그 다음 학문적 연구를 통해 던져진 여러 문제들을 계시의 빛 안에서 다루면서 동시대인들에게 다양한 문화에 적응된 방식으로 묘사해 주어야 한다. 연구를 장려하는 보조수단으로 연구소 운영, 학술지 발간, 다양한 회의가 주선되어야 한다.

둘째, 사제로 가르치는 일(교수)과 길러내는 일(양성)과 재교육을 포함한다. 이것은 신학대학의 과제로 신학도가 해당 학문 안에서 심도깊게 길러지며 이들이 필연적으로 학문적인 직업을 가지도록 하는 것이다. 교회 봉사에 주어진 과제를 위한 학문적 근본 양성은 신학대학의 과제와 밀접한 관계를 가지고 있다. 이런 사실은 신학대학에서의 이수 과정과 학위(학사, 석사)를 확립해야 할 것을 계산에 두어야 한다. 신학도가 충족시키도록 준비해야 할 과제는 순수 학문적이거나(연구와 교단), 또는 직업적인 성격을 지닌 것일 수 있다. 신학대학의 과제로 새로운 것은 교회에 봉사하고자 하는 이들의 재교육(계속교육)을 담당하는 것이다.

셋째, 자유로운 학문 장려의 장소인 신학교는 교수와 양육, 전통적인 과제 외에, 교회의 본질과 일치하는 것으로 세계교회와 지역교회와의 공동작업 가운데 신앙의 선포사업에 기여해야 한다. 복음화 사업에 참여하는 것은 영성지도와 교회일치와 선교에서의 교회의 사업이며 신앙의 심화, 신앙의 옹호, 신앙의 전파를 목표로 한다. 나아가서는 문화와 인간사회의 영역에 기여한다.

이렇게 볼 때 사회·경제·문화 등과 신학의 건전한 만남은 사제를 양성하는 신학교의 가장 근본적인 요소이어야 하며, 신학교도 이런 분위기를 조성하도록 노력해야 한다. 신학생을 문화와 만나게 하고, 세계와의 만남을 가능하게 하는 것은 신학교의 과제이며, 나아가 신학생과 사제의 영성과 인격의 가장 근본되는 것이다. 즉, 신학교는 가톨릭 대학의 명칭에 나타난 신학교의 이상(理想)에 따라 볼 때 계시 진리에 의한 교육에 주력하는 한편, 신학생으로 하여금 문화와 사회·정치·경제 등에 관심을 가지게 하는 장소가 되어야 한다. 더군다나 인간이 살고 있는 문화적 환경은 그 인간들의 사고방식에 커다란 영향을 미친다는 점을 생각해 볼 때, 신앙(신학)과 문화를 분리시키는 것은 신앙의 선포를 공허한 소리로 만들어 버릴 위험성을 낳게 하는 것이다. 모든 세대에 걸쳐 모든 민족에게 선포되는 복음은 어떤 특별한 문화 형태와 독점적인 관계를 맺는 것이 아니라 모든 문화를 관철할 수 있어야 한다. 복음은 신적 계시의 빛을 통해 문화를 비추고 그리스도 안에서 인간의 조직성을 밝히고 새롭게 하는 것이기 때문이다. 그래서 제2차 바티칸 공의회는 「그리스도교적 교육에 관한 선언」에서 신학대학은 교회가 이런 문화 영역 안에 영향을 미치는 데에 의의를 두며, 그 본질에서부터 "더 높은 문화를 추진하는 모든 연구 분야에 있어서 그리스도교 정신의 이른바 공적이며 견고하고 보편적인 현존을 실현"(10항)시키는 것을 목적으로 해야 한다고 강조한다.

신학교가 문화에 관심을 가져야 한다는 것은 그만큼 또 계시된 진리는 당시대의 여러 학문적 결과와의 관계 속에서 관철되어야 하며, 이로써 "신앙과 이성이 어떻게 유일한 진리에 합치하는가를 더 깊이 이해"(「그리스도교적 교육 선언」 10항)하게 해주어야 한다는 것을 그 과제로 삼고 있음을 말해준다. 나아가서 이 신앙의 진리는 진리의 내용을 변화시킴 없이 각 문화의 본질과 특성에 일치하는 방식으로 해석되어야 하며 동시에 민족의 철학과 지혜가 특별히 발견되어야 한다. 이 점에 관하여 제2차 바티칸 공의회는 이렇게 쓰고 있다:

"이 목적을 추구하기 위해 이른바 각기의 사회·문화 면의 광대한 영역에 있어서 신학적 고찰이 촉진되어야 할 필요가 있다. 즉, 하느님으로부터 계시되고 성서에 기록되었으며 교부들과 교권에 의해 부여된 사실이나 말들이 전 교회의 전승에 비추어 새로 연구되어야 한다. 이와같이 하여 제민족들의 철학과 예지에 입각하여 어떤 방법으로 신앙이 이해될 수 있는가, 또 어떤 방법으로 그들의 풍습과 생활 감정, 사회 질서 등이 하느님 계시에 의한 도덕과 합치될 수 있는가 등이 더 명확히 파악될 것이다.

이와 같은 방법에 의해 모든 종류의 혼합주의와 거짓 개별주의가 배척되며 그리스도교적 생활이 각 민족의 문화의 재능과 특질에 적합될 것이며 또 개개의 전통이 각 민족의 복음의 빛으로 비추어진다. 고유의 특질과 더불어 가톨릭 일치에 흡수될 것이다"(「선교교령」 2항).

따라서 교회일치 문제, 종교간의 대화, 오늘날 무신론과의 대화도 신학교 안에서 적극적으로 이루어져야 한다. 신학교는 이런 가톨릭성과 토착화 연구를 교회만이 아니라 우리 민족과 나라, 나아가 온 인류의 관심사로 삼아야 한다.

그런데 현재 교구별로 추진되는 신학교 설립은 이런 만남, 이런 과제, 이런 인격 양성을 불가능하게 한다. 이에 이 과제의 중요성을 상기시키고자 한다.

2) 신학교와 대학교

신학생의 대학교육: 지금 신학교는 난립하면서 대학으로서 기능을 잃어가고 있다. 문교부에 등록은 하지만 학문은 사제양성에 부차적인 것으로만 여겨지고 있는 것이다. 책임자들은 영성과 학문을 일치의 차원에서 보지 못하기에 사제의 영성을 강조한다면서 학문에는 소홀한 관심을 보이는 것이다. 그러나 미래의 교회는 사회와 문화 및 전통을 신학적으로, 그리고 신학을 문화적 및 사회학적으로 해석해 주는 가운데서만 희망이 있다. 신학교를 운영하는 사람들

은 신학이 다른 학문과 한배를 타고 있다는 사실을 인식해야 한다. 신학은 현대 학문이 가하는 비판에도 귀를 기울여야 하며 이를 통해 자기의 책임을 새롭게 느껴야 한다. 이에 대해 제2차 바티칸 공의회도 다음과 같이 말하고 있다:

"교회는 신학부의 활동에 크게 기대를 걸고 있다. 교회는 신학부에 있는 학생을 다만 사제직을 위해서뿐만 아니라 특히 고차적 교회의 학문 연구 강좌를 지도하기 위해 또 자주적인 학문 연구의 발전을 위해 또는 극히 어려운 지적 면에서의 사도적 활동에 종사하기 위해 그들을 준비시켜야 하는 중대한 임무를 위탁한다. 마찬가지로 성스러운 계시가 나날이 더 깊이 이해되고 조상으로부터 전해받은 비그리스도교적 예지의 유산이 더 잘 해명되어 갈라진 형제와 비그리스도인과의 대화가 촉진되고 학문의 진보로 말미암아 제기된 문제에 해답이 주어지도록 신학의 각 분야의 연구를 더 깊게 하는 것도 신학부의 임무이다.

따라서 교회적 학부는 그 규범을 적절히 개정하여 신학과 신학에 관련되는 학문의 연구를 강력히 추진하여 더욱이 최근의 방법과 수단을 사용하여 학생을 더 높은 연구에로 인도하여야 한다"(「그리스도교 교육 선언」 11항).

이런 면에서 신학교는 사회·경제 등도 토론의 대상으로 삼아야 한다. 가톨릭성을 본질로 하고 이를 대학교육으로 연구, 연마하는 신학교는 해박한 지식으로서의 신앙 이론을 전수하는 데에만 그치지 않고 살아 있는 복음의 실천을 또 그 목적으로 삼아야 한다. 그러므로 신학교는 현실과 사회의 소리에 마땅히 귀를 기울여야 한다. 신학이 역사와 사회 안에서의 하느님의 구원행위에 대한 그리스도교 복음의 선포에 봉사하고자 하는 한 결코 시공을 벗어나 다루어질 수는 없다. 신학의 원천과 목적에서 볼 때 신학은 필연적으로 상황적 학문, 시공에 제한된 인간들과 관련된 학문이어야 한다. 사람들은 신학을 현대세계에서의 교회의 학문적 자아 지식 또는 그리스도교의 비판적 반성으로 파악할는지 모른다. 그러나 대학에서의 신학 공부는 문화적 문제, 문화적 조류 그리고 문화적 경향이 반영되고 전망될 뿐 아니라 학문으로서 신학의 영역에 대한 표상을 위해 현대사회에서의 그리스도교와 교회 상황에 대한 전망과 대학의 현실적 위치에 대한 관찰이 제시되어야 할 것이다. 특히 오늘날과 같이 과학-기술-경제의 강조로 인해 정신과학(인문과학)이 비참하게도 점점 주변으로 밀려나는 듯한 사회에서 신학은 인류의 생활과 생존을 위해 그 책임을 느껴야 한다. 사랑과 책임을 동반하지 않은 진리는 반쪽 진리일 뿐이다. 이론과 실천은 원천적으로 서로 종속되어 있으니, 진리의 추구는 행하는 데에 있다. 그러므로 신학은 학문적 연구에도 불구하고 인간의 희망과 실망이 엇갈려 있는 장소를 "신학의 장소"로 삼아야 한다. 이 신학의 장소에서 신학은 큰 정의를 위한 투쟁, 민족의 생존을 위한 근심, "종교 후 사회"에서의 진리를 위한 투쟁, 요람에서 무덤에 이르기까지의 온갖 두려움과 유혹 가운데 인간을 동반하고자 자기의 깨끗한 손을 더럽혀야 한다. 세상에서 도피하는 신학은 모순이다.

신학교는 사회(세계)와 분리될 수 없으며, 항상 사회 속의 신학교이어야 한다. 이런 면에서 신학생들이 민족 복음화와 토착화를 한국 천주교회의 절대사명으로, 자주·민주·통일의 과제를 이 땅에 살아가는 그리스도인의 과제로 보면서, 사제 지망생들도 "현실에 대한 과학적 안목을 증진시키기 위한 노력과 사목에 대한 신학적 성찰에 대한 새로운 시각을 가지고 이 시대의 요구에 부응하는 "신학"의 창출을 시도해야 한다"[6]고 역설하고, 한국 천주교회를 불의하고 권위적인 제도 속에 신음하고 있는 한국 사회에 대해서는 대체적으로 침묵으로 일관하고 있다고 비판한 것은 옳은 지적이라 할 수 있다. 어쨌든 이 비판과 지적에서 그들은 세속과 신학교의 연결을 강조하고 있다.

신학교는 교회의 가르침뿐 아니라 인간의 문화·경제에 대한 연구도 본질적으로 다루어야 하기에 신학 공부를 "대학교"(University)에서 하는 것은 장려되어야 한다. 신학 전문가들이 신학적 연구의 도움으로 계시된 진리의 심오한 깨달음을 얻는 근본 과제를 채우기 위해 다른 학문 분야의 전문가들과도 — 신앙인이든 비신앙인이든 — 밀접한 유대를 맺어야 하기 때문이다. 설사 다른 학문과의 만남이 신학 학문에 도전이 되고 또 새로운 문제를 낳을 수 있다 해도 그들의 이론을 이해하고 평가하고 계시된 진리의 빛 속에서 판단하고자 추구해

---

6. 대전 모의 공의회, 4항.

야 한다. 그렇지 못할 때 신앙과 신학의 내용은 빈 껍데기에 머물고 말 것이다. 가령 창조 이야기를 보자. 우리는 — 신학자 또는 수도자로서 — 이 세상은 하느님으로부터 창조되었다고 말한다. 그러면서도 만일 우리가 정작 세상이 무엇이며 어떠한 것인지, 어떻게 세상이 형성되고 구성되어 있는지 등 신의 일에 대해서는 알지 못하고 알려고도 하지 않는다면, 이는 하느님과 창조 개념을 공허한 개념으로 만드는 셈이 되고 말 것이다. 피조물의 내용에 대해서 알지 못하는 사람이 어떻게 신의 창조사업을 진지하게 논할 수 있겠는가? 우리는 또 과학적으로 우주의 생성이 몇 백억 광년 그 이전의 일이라고 배우고 있다. 그리고 과학적으로 볼 때, 인류의 시초는 약 350만 년 전이라고 한다. 그런데 창세기 기록에 의하면 인류와 우주의 역사는 기껏 6천 년이다. 이렇게 신학과 현대과학 및 기타 다른 학문들을 접하게 되면서 많은 문제점과 만나게 된다. 이런 과학 앞에서 신학이 할말을 잃을 때, 신학의 내용은 하나의 이론이 되고 마는 것이다. 그러므로 우리가 자신의 구원만을 바라면서 신을 찾는 것이 아니라, 신 자체 때문에 신을 찾고 신을 사랑한다면 우리의 관심을 오로지 성서나 신학의 학문에만 국한시킬 수는 없을 것이다. 하느님이 당신의 창조사업을 통해 피조물 안에서 당신을 청취하도록 하신 모든 것에 관심을 가져야 함이 마땅하며, 그렇기 때문에 소위 세속적인 학문인 과학·문학·예술 등은 물론 정치·경제·사회에도 무관심할 수 없다는 것이다. 신의 관심사에 관심이 없는 사람이라면 진정으로 신에 대하여 관심있는 신학자라 말할 수 없는 것이다.[7]

비신학과의 이런 항구한 접촉을 통해서 신학은 완전히 다른 문화권에 속한 이 시대의 인간에게 자기의 가르침을 전수하는 적절한 방법을 찾을 수 있도록 자극을 받게 되는 것이다. 「사목헌장」은 이렇게 말한다:

"현대과학과 현대 학설과 신발명의 지식을 그리스도교 도덕과 교리에 결부시켜, 종교심과 도덕감이 과학 지식과 날로 진보하는 기술과 함께 보조를 맞추어 진보하도록 해야 한다. 신학교와 대학에서 신학을 가르치는 사람들은 다른 학

---

7. 이제민, 「K. 라너 사상 접근 — 그의 서거 5주기에 부쳐」, 『종교신학연구』 제2집 (분도출판사 1989), 150-2 참조.

문에 뛰어난 사람들과 힘과 뜻을 같이하여 협력하도록 노력할 것이다. 신학 연구는 계시 진리의 깊은 지식을 추구하면서 동시에 동시대와의 교류를 게을리하지 말아야 한다. 그렇게 함으로써만 여러 학문에 교양 높은 사람들을 도와서 신앙에 관한 이해를 깊게 해줄 수 있을 것이다. 이런 협력은 또한 성직자 양성에도 큰 도움이 된다. 성직자들은 하느님과 인간과 세계에 관한 교회의 교리를 현대인들이 기꺼이 받아들일 수 있도록 더 적절히 그들에게 설명할 수 있어야 하겠기 때문이다. 그뿐 아니라, 많은 평신도들이 신학에 관한 교육을 충분히 받을 것과 그 중에서 적지않은 사람들이 전문적으로 연구하여 더욱 깊게 해주기를 바란다. 성직자나 평신도가 그리스도교 신도로서 그 임무를 수행할 수 있기 위해서는 연구와 사색이 정당한 자유와 각기 전문 분야에 대한 자기 의견을 겸허하고 용감하게 발표할 수 있는 자유를 인정해야 한다"(「사목헌장」 62항).

신학교의 기숙사: 신학교와 대학교육은 밀접한 관계를 가져야 한다. 이런 뜻에서 신학교(university)는 커져야 하고 기숙사(collegium)는 작아져야 한다. 학교마저 작게 만들어 한국의 문화와 삶에 대한 연구의 기회를 없애고, 좁은 울타리 속에 학생들을 가두어 사제를 양성하겠다며 신학교를 사회와 분리시켜 신학케 하고 염을 쌓게 하는 현재의 신학교 교육은 확실히 문제가 있다. 교회는 과감하게 이를 극복하여 통 큰 사제를 배출해 낼 수 있는 방안을 제시해야 한다. 그렇지 못할 때 교회와 사회 사이에는 더한 사회적·문화적 괴리가 영속화될 것이며, 교회는 사회 속의 게토화된 영역으로 밀려나 연명하다 사라지고 말 것이다. "복음화라는 것은 끊임없이 교회론의 혁명을 추구하는 것임에도 불구하고, 복음화를 단순히 양적인 팽창, 기존의 교계론적 고정관념(ecclesiastical complex)의 양저인 화산으로 간주하던 시대에 탄생한 것이 바로 이 교육기관이 아닌가?"라는 피어리스의 말은 옳다.[8]

"가톨릭 대학교 안에 신학대학은 물론이고 그외 제반 학문을 연구할 수 있는 대학을 같이 설립하여, 개방되고 상호 연구하는 풍토를 조성하여 학문의 세계

---

8. 『아시아의 解放神學』, 78-9.

를 넓혀 나가면서 더불어 민족 복음화를 위한 연구의 장으로 발전시켜야 한다. 이로써 신학생은 필요한 갖가지 사회 학문을 용이하게 습득할 수 있게 되어 더 풍부한 사제를 양성하는 요건이 충족될 수 있으며, 일반 학생들은 신학과의 통교로 올바른 신학의 인식과 신앙의 진수를 느끼게 될 것이다. 또한 평신도 신학자의 양성도 용이하게 되어 신학의 발전과 성과 속의 구별이 아닌 세상과 함께 참다운 그리스도인의 삶을 이끌 수 있을 것이다."[9]

평신도의 신학 공부: 대학교 안에서 신학생이 신학 공부를 하게 하는 것은 그 자체로 평신도와의 만남을 촉진시키는 궁극적 의미를 가지고 있다. 이 점은 학생들도 간파하고 있다:

"교회에 맡겨진 사명을 완수하기 위한 평신도 고유의 역할이 절대적으로 필요하며, 현대의 정세는 더욱 활발하고 광범위한 평신도의 활동을 요청한다. 그리고 사제 수가 절대적으로 부족한 한국 천주교회의 현실을 감안할 때 평신도의 협조 없이는 사실상 사목이 불가능한 상태이다. 따라서 교회는 평신도에게 사목의 협조자로서 활동할 수 있는 영역을 넓히고 적극 참여할 수 있도록 권장할 뿐만 아니라 그에 맞는 적절한 교육이 이루어져야 한다."[10]

신학대학은 성직 지망생의 양성만이 아니라 — 만일 그렇다면 대학교육 없이도 가능하다 — 신학에 의해 특징지어진 직업에의 종사와 관련한 모든 신학적 과정에서 준비되어야 하며 또 계속해서 형성되어야 한다. 사제양성 외에 종교교수 양성 등도 고려해야 한다. 비록 신학대학이 우선 사제양성에 기여해야 한다고 일반적으로 주장된다 하더라도 이는 더 이상 옳은 것이 아니다. 왜냐하면 평신도들의 신학에 대한 관심은 날로 커지고 있기 때문이다. 교회는 평신도의 신학 공부를 무시해서는 안될 것이다. 신학-학문은 사제 지망생만이 아니라 온 교회의 관심사인 것이다. 신학대학은 이를 좌시해서는 안된다. 예컨대 독일의 경우 신학대학은 더 이상 사제양성만을 유일한 과제로 삼고 있지 않으며 평신도들에게도 신학대학은 열려 있다.

---

9. 대건 모의 공의회, 12항.   10. 위의 글, 31항.

이럴 때 신학대학은 "신학의 학문"으로서 하나의 통합적인 동기를 명시하면서 대학의 완전한 형태를 지녀야 한다. 신학은 다른 학문과도 논쟁해야 하며 또 이들을 신학의 현주소에서 이용하여야 한다. 이들과 교회(신앙)의 관계를 고려할 때 신학의 학문적 성격이 일정한 방식으로 두드러진다. 이런 의미에서 신학대학은 평신도에게 개방되는 것에 이어 종합대학교 안에서의 교육이 절실히 요구된다 하겠다. 무엇보다도 새로운 — 비그리스도교적 — 조류와 관련하여 신학대학의 종합대학교 안에서의 교육은 포기할 수 없는 일이다. 종합대학교 안에서 다른 전문 분야, 즉 세속적 전문 분야와의 대화 및 논쟁은 필연적이다. 가령 낙태, 안락사, 유전공학 등에 대한 논쟁에서 그리스도교 원리는 본질적인 기여를 할 수 있을 것이다.

지난 수십 년간 일반 시민생활만이 아니라 교회 안에서도 커다란 변화가 있었다. 특히 제2차 바티칸 공의회는 교회의 내면적 삶뿐이 아니라 외부를 향한 삶, 비그리스도인과 비신앙인들과의 관계에도 지대한 영향을 끼쳤다. 여기에 신학은 성직자만이 아니라 평신도까지도 많은 관심을 쏟게 되었으며, 제2차 바티칸 공의회는 「사목헌장」에서 공공연하게 평신도들의 신학 공부를 권장하고 있다(「사목헌장」 62항). 그러나 한국의 신학대학은 아직 이를 제공하지 못하고 있다. 그리고 다른 학문 분야와의 공동작업도 펼치지 못하고 있는 실정이다.

3) 신학교 영성

신학교 교육에서 무엇보다 중요한 것은 사제의 영성이다. 영성이 배제된 신학 지식은 세상 구원에 별 도움이 되지 못할 것이다. 그러기에 신학교는 제2차 바티칸 공의회의 다음의 말씀을 상기하고 있다:

신학교는 학생들이 "계시된 하느님 말씀을 언제나 더 잘 깨닫고 묵상으로 자기 것을 만들어 말과 생활로 표현할 수 있도록, 말씀 전파의 직무를 준비하고, 스스로 기도하며 거룩한 전례를 집전함으로써 미사성제와 여러 가지 성사를 통하여 구원사업을 실천할 수 있도록, 하느님 공경과 인간 성화의 직무를 준비하며, 모든 사람들의 종이 되어 많은 사람을 얻을 수 있도록 목자의 직무를 준비"하게 해야 한다. "그러므로 영적·지적 규율상의 모든 계획은 서로 완전히 조화되어, 이 사목적 목적에로 향해져야 한다"(「사제양성교령」 4항).

사제 영성도 크게 보면 앞에서 분석한 신학교의 가톨릭성에 근거한다. 가톨릭성은 그 성격상 울타리가 있을 수 없다. 그 경계를 무한히 넓혀 연관시킨 보편성을 의미한다. 가톨릭성은 무한한 개방성을 의미한다. 그러기에 교회에 가톨릭이라는 울타리를 치려 한다면 이는 "검은 백로"나 "세모난 동그라미"를 그리려는 모순에 빠져드는 일이다. 가톨릭 정신으로 산다는 것은 개방성과 보편성을 가지고 산다는 것을, 자기 안에 빚어진 깨끗함과 더러움, 성과 속, 옳고 그름, 나아가 선과 악의 이원까지를 헐고 모두를 포괄하고 포용하며 산다는 것을 말한다. 더러움을 제거시키거나 더러움에서 분리되는 것이 아니라, 더러움 가운데서 효소 역할을 하는 것이다. 신학교 영성은 이런 가톨릭 정신을 불러일으켜 주기 위한 것이다. 신학교 영성은 이런 가톨릭 정신에 근거한 것이어야 하며, 신학교에서 영성을 교육한다면, 사제 지망자들에게 이런 가톨릭 정신을 불러일으켜 주기 위한 것이다. 신학교를 세속과 분리된 소수 정예를 양성하는 곳이나 세계와 대적하기 위한 사제를 배출하는 곳으로 생각한다면 그런 영성은 길러질 수 없다. 그러므로 신학교를 소형화시켜야 영성지도를 잘 할 수 있다는 발상은 위험한 사고가 아닐 수 없다. 그것은 신학교를 사회로부터 분리시키며 게토화하는 결과를 초래할 뿐이며, 따라서 영성도 비사회적일 수밖에 없게 된다. 세계로부터 분리된 신학자는 세계를 위해 일할 수 없다. 세계로부터 분리된 영성은 세계를 포용할 수 없다. 그것은 영성이 아니다. 세계로부터 고립된 분리는 영원한 고립이요 분리일 뿐이다.

이런 의미에서 1993년도에 개교한 대전 신학교가 CCK 회보 67호(1991년 11월)에서 사제양성 지침서를 통해 겸손한 사제, 깨끗한 사제, 섬기는 사제를 양성하기 위해 새 신학교를 세울 수밖에 없다고 밝힌 것은 그 표현에 하자가 없는 것 같지만, 그 이면에는 성과 속, 깨끗함과 더러움을 분리시키는 이원적 사고가 짙게 깔려 있어 사제의 영성을 세속으로부터 분리시킬 뿐 아니라, 가톨릭성을 게토화하는 그릇된 영성관을 제시했다고 할 수 있다. 성과 속의 일치를 보지 못하고 오히려 분리시키는 가운데 겸손과 깨끗함과 봉사를 이해하는 것은 신학교 영성을 세속과 분리시키기에 옳은 방향이라 할 수 없다. 만일 여기서 영성의 깨끗함을 내세우려 했다면 기존 신학교가 영성을 신학성과 세속성의 구분 가운데서 훈련시켜 왔음을 상기하면서 그것의 일치를 찾아주는 데 주력해야 옳을 것이다. 그런데 지금 설립되고 있는 교구 신학교에 나타난 영성은 유감스럽게도 이런 일치와 전체성을 추구하는 전인적 영성이 보이지 않는다. 더러움과 대치된 깨끗함으로는 깨끗한 사제가 나올 수 없다. 더러움을 헐어버리고 어디로 가서 깨끗함을 찾을 수 있단 말인가? 지금 이 세계가 요구하는 것은 세속과 분리된 고고한 신학교의 차가운 사랑이 아니라 세계 속의 신학교, 세속 때문에 더러워진 사제의 손에서 나오는 봉사와 사랑이다. 물론 이때문에 사제가 세속화되어야 한다든지 순결을 잃어야 한다고 주장하는 것은 아니다. 순결은 지켜야 한다. 그러나 그 순결은 온갖 더러운 것을 없애버린 외딴 곳에서만 지켜지는 것이 아니다. 그런데도 이러한 사회 속의 순결, 이러한 세속 속의 영성을 보지 못하기에 교구 신학교를 원하는 주교들은 지금 교회가 거룩하지 못한 것은 교회가 사회로부터 덜 고립되어서라며 더욱 사회로부터 고립시키려 한다. 신학을 세속으로부터 분리시키려 하는 것이다. 그러나 신학교나 교회가 세속으로부터 멀어질수록 세속의 구원에 대해서도 할말을 잃게 된다는 사실을 잊어서는 안된다. 세속과 분리된 교회는 세속의 영성을 찾아줄 수 없다. 지금 한국의 신학교 난립은 사제의 영성적 차원에서 보아도 방향착오임이 분명하다.

  물론 엄격한 교육을 내세우는 신설 신학교도 나름대로 고심하였을 것이다. 기존의 사제들에 대해서, 그들의 더러움에 대해서 많은 실망과 환멸을 느꼈을 것이다. 그래서 깨끗함에 대한 향수와 깨끗함을 다시 세우고자 하는 의지는 충분히 이해할 수 있다. 그러나 그들은 왜 더러워졌는가? 왜 그들이 더럽다고 느끼는가? 어쩌면 더럽다고 보는 그 눈을 극복할 때 더러움은 근원적으로 깨끗해지는 것 아니겠는가? 사실 사제들이 평신도로부터 너무 고집이 세며 이기적이고, 세상을 잘 모른다고 비판받는다면, 이는 사제 자체에 문제가 있다기보나 이들을 길러낸 신학교 교육에 문제가 있다고 보아야 할 것이다. 그런데 필자가 보기에는 지금까지 신학교가 너무 안이하게 세속과 분리된 영성만을 주장해 왔던 것 같다. 그럼에도 불구하고 사제들의 이기적이고 아집에 찬 모습을 신학교 자체에서 보지 못하고 오로지 사제 지망생들의 자질에서만 보며, 그 해결책으로 그들을 더욱 옭아매어 세속으로부터 분리시키려는 교육을 추구한다면, 그리고 그러한 교육에서 진정한 성서와 교회가 바라는 이상적인 사제상이 나올 수 있다고 고집한다면, 이야말로 사제들을 한층 독단적인 존재로 만들어 버리는 결과를 가져올 것이라는 것은 불을 보듯 뻔한 일이다. 그 고집에서는 그보다 더한 고집이 나올 뿐이다.

영성은 하나의 이상이 아니다. 영성은 온실 속에서 성숙하는 것이 아니다. 영성은 비바람 몰아치는 현실 속에서 함양되고 축적되어야 한다. 이런 면에서 세속과의 분리는 신학교 영성교육과 사제의 전인격성을 내다보지 못한 처사일 뿐 아니라 종교의 현실을 밝히 내다본 것이라 할 수 없다. "개방"이 — 제2차 바티칸 공의회 개막 30년이 지난 지금 — 이렇게 위협적인 요소로 다루어지면서 세상과의 벽을 더욱 두텁게 하고 그 문을 견고히 하고자 하는 처사는 분명 방향착오가 아니겠는가? 어쩌면 교회가 세계(사회) 문화 현실 자체를 소화시키지 못하는 데서 교회가 "세속화되어 버린" 듯한 위험을 느끼기 때문일 것이다. 그래서 더욱 자신을 비판하며 외부와의 담을 쌓으려는 것일 것이다. 마치 수년 전에 중·고교생들에게 교복을 벗게 했다가 탈선의 위험을 느껴 다시 교복을 입히려는 경우도 학교 당국이 개방에 대한 자신감을 잃었다고도 할 수 있지만 결국은 지도자들의 무능을 드러낸 것이 아닌가?

우리는 여기서 우리가 할 수 있는 것은 다 해보았는가 묻고 싶다. 그러나 그 답은 우리는 대화조차도 해보지 않았다는 자탄이 있을 뿐이다.

3. 방향 모색과 제안

지금 한국 천주교회의 신학교 설립 홍수 상태는 이상에서 지적한 가톨릭 사제의 지적이며 영적 양성의 가능성을 가로막고 있다. 이는 제2차 바티칸 공의회의 정신에 역행하는 것이기도 하다. 우리는 청사진을 그리며 새 신학교를 자꾸 세우려 할 것이 아니라 우리는 얼마만큼 앞에서 언급한 그런 현실적 신학교를 가꾸려고 노력하고 협력해 왔는가를. 그리고 우리는 이런 신학교를 위해 얼마나 사목적 고심을 해왔는가를 먼저 물어야 한다. 신학 연구소 하나 제대로 갖추지 못하고 있고, 복음화를 위한 학과의 신설은 물론 만성 교수 부족을 앓고 있는 현 상황에서 새로운 신학교란 무엇을 위한 것이며 도대체 무엇을 꿈꾸는 것일까? 그러나 전화위복의 기회라 할까, 한때 보불전쟁으로 교회가 세속적 재산을 다 잃고 그 영역이 바티칸으로 한정되면서 비로소 교회와 교황의 영성을 되찾았듯이, 이제 — 비록 그 반대의 현상이긴 하지만 — 신학교는 이기심과 교만으로 분산된 신학교의 영성적·사회적 고립을 체험하면서 세속 안에서 자기 영성을 서로 발견하고, 세속의 영성을 신학교 안에서 발견할 수 있도록 하는, 그래서 진정 세속의 구원을 위한 세속의 신학교가 될 수 있는 쇄신의 기회를 마련하게 되었다면 지나친 표현일까? 살아남기 위해서, 새 가능성을 몇 가지 제안해 보며 방향을 모색해 본다.

1) 신학교 개방

이것은 정원 미달이 된 신학교가 자체 운영을 하기 위해서라도 개방할 수밖에 없는 처지에 이르렀기 때문이기도 하다. 이제야말로 신학교는 신학과 세속의 다른 학문과의 대화는 금기할 상황이 아니라 오히려 장려해야 할 대목으로 알아들어야 할 때이다. 세속과 다른 학문과의 만남이란 세속의 인간과 다른 학문을 하는 인간과의 만남도 뜻한다. 이 만남이 신학교 안에서 이루어져야 하는 것이나, 이 만남이 신학생에게도 가능해야 한다. 이런 만남은 신학생이 공부하는 동안 평신도와의 만남을 통해서 알차게 이루어질 수 있을 것이다. 평신도와 함께 신학 공부를 하는 것은 이런 만남의 첨경이다. 이 개방에는 대략 두 가지 안을 생각해 볼 수 있다. 하나는 신학교(신학부)를 종합대학교 안에 두어 운영하는 길이고, 다른 하나는 신학교 안에서 평신도를 공부하게 하는 길이다. 또는 종교과나 신학과 등을 신학대학 안에 설치하거나 아니면 이런 학과목이 설치되어 있는 종합대학교에서 사제 지망생들의 수업 가능성을 열어주어 거기서 이수한 학점을 인정해 주는 방법도 생각해 볼 수 있을 것이다. 어쨌든 신학생으로 하여금 대학교를 체험할 수 있도록 해주어야 한다. 신학생을 일반 대학교에서 그들과 함께 공부하게 하고 또 신학교 안에서 평신도와 함께 공부하는 것을 "위험"한 발상으로 보는 이들도 많다. 그러나 그것은 올바른 사고가 아니다. 도대체 위험하다는 것이 무엇인가? 사제 지망생이 사제가 되지 못하고 도중하차하는 것이 위험하다는 말인가? 그러나 도중에 사제에로의 길을 버린다는 것이 왜 위험한가? 실제 위험한 것은 사제가 되기까지에 있는 것이 아니라 사제가 된 후에 더 있다고 본다. 언젠가 밀어닥치게 될지도 모르는 "위험"을 막기 위하여 신학교의 벽을 더 높이 쌓는 것, 그래서 그 안에 있는 한 안전하게 교육시킬 수 있다는 사고야말로 전근대적이며 더 위험한 발상일 것이다.

신학교는 사제를 만들어 내는 온상일 수 없다. 온상에서 자란 사제는 결코 세상이 요구하는 산소를 충분히 제공할 수 없을 것이며, 조금만 바람이 거세게 불어도 금세 꺾여버리고 말 것이다.

2) 신학교의 영성지도

위의 두 경우는 모두 현재 한국 천주교의 신학교에서 볼 수 있는 한 울타리 속의 대학과 기숙사를 분리시킬 뿐 아니라 그 이원화를 전제하게 된다. 즉, 신학 공부는 대학에서, 사제 영성은 기숙사에서 하도록 하는 구상이다. 이는 마치 삶과 지식을 이원화하는 것처럼, 이들의 일치를 사제 영성으로 보는 데 위반되는 것처럼 보인다. 그러나 실상은 그 반대이다. 그리고 그 효과도 반대이다. 좀더 구체적으로 보자.

대학과 생활관(기숙사)이 이원화되면 우선 교과목을 지금보다 훨씬 과감하게 조정할 수 있다. 이런 체제 변화로 제일 좋은 방법은 현재 설립되어 있거나 계획중인 7~8개의 신학교를 주교회의를 거쳐 몇 개의 신학교로 축소시키고, 교구별 생활관을 운영하는 방법을 생각해 볼 수 있을 것이다. 그렇게 되면 교수와 연구소 확보는 물론 알찬 교육도 실시할 수 있을 것이며, 또 교구 생활관을 중심으로 한 교구 영성지도도 생각해 볼 수 있을 것이다. 그렇지만 이것은 현실적으로 불가능하다. 그러므로 순수 교구 단위로 설립된 신학교(서울, 부산)를 제외한 나머지 신학교(여러 교구로 구성되어 있는 신학교)는 방금 제안한 이원화에 대해서 연구해 볼 필요가 있을 것이다. 이런 이원화는 우선 신학교 안의 영성지도가 달라져야 함을 의미한다. 한 영성지도 신부가 교구를 초월하여 전 신학생의 영성을 지도하는 현 체제는 영성지도 신부에게도 무리이고 학생들도 만족할 수 없을 것이다. 신학생은 장차 수업 후 각자 자기 교구로 돌아가 사목하게 될 것이므로 신학생의 영성을 신학교 안에서 미리 교구와 연결시킨 가운데 행해지는 것도 바람직할 것이다. 그러기 위해서는 각 교구마다 신학교 영성지도 신부를 신학교(생활관)로 파견해서 교구와 신학교를 영성적으로 또 사목적으로 연결시켜 주는 안도 생각해 볼 수 있다. 이때 영성지도 신부는 신학교와 교구를 이어주는 교량 역할을 하게 된다. 그러면 신학생은 교구 영성지도 신부를 통해서 교구의 삶에 대해서 더욱 적극적으로 대할 수 있고, 나아가서는 신학생 때부터 교구 사제들과 "한가족"임을 느낄 수 있게 될 것이다(이런 역할은 지금 교구 담임이 하고 있지만, 현 체제 아래서는 다분히 형식적일 뿐이다). 이런 만남을 더욱 효과적으로 이끌기 위해서는 교구별로 생활관을 가지는 것이 바람직하다. 1학년부터 부제반까지의 교구 신학생이 모두 한 지붕 아래 살며 서로가 서로에게 관심을 가지고 가족 분위기를 교구에 따라 특성있게 꾸민다면 교구의 특성도 살리게 되고 또 교구와 교구간의 대화를 통해 서로의 특성을 교환할 수도, 건설적으로 발전을 도모할 수도 있을 것이며, 서로가 책임있게 사는 법도 배울 수 있을 것이다.

  학문(대학)과 영성(생활관)의 이런 이원체제는 그러나 완전한 분리가 아님은 두말할 나위가 없다. 대학에 전념하는 교수가 영성에 무관심할 수 없다는 말이다. 생활관에 초청되어 강연할 수도 있으며, 또 생활담당 사제(영성지도 신부)도 대학에서 영성신학을 강의하거나 또는 세미나 등에 적극 참여하여 학생의 영성에 힘쓴다면 대학과 생활관 사이의 움직임이 더욱 활발해질 것이다. 여기서 교구별 생활관이 교구와 교구간의 벽을 더욱 두텁게 할지 모른다는 생각이

든다면 교구를 초월한 2,30명의 가족 단위를 구성하여 운영하는 생활관도 연구해 볼 수 있을 것이다.

학교를 중심으로 평신도와 신학생이 공동으로 협력하며 일할 수 있을 것이며, 평신도들도 신학생의 생활관에 직접적인 영향을 주지 않으면서 신학 공부를 할 수 있을 것이다. 평신도와 신학생이 함께 공부하면 혼선이 빚어질지 모른다는 우려는 생활관과 학교가 뚜렷이 구별되어 있지 못한 현 상황에서나 나올 수 있는 기우일 뿐이다. 생활관과 학교가 뚜렷이 이원화된 체계에서는 이런 우려를 하지 않아도 좋을 뿐만 아니라, 평신도와 사제의 대화, 세속과 교회의 대화가 긍정적으로 펼쳐질 수 있을 것이며, 나아가 이미 사제품을 받고 나간 선배 사제들도 후배 신학생에게 더 큰 사랑을 보여줄 수 있을 것이다.

미래의 사제는 가톨릭적이어야 한다. 미래의 사제는 세계를 향하여 끝없이 열려 있어야 하며 세계를 이해해야 한다. 그는 계시진리에 입각한 사제이어야 하기에 정치·경제·문화·사회 문제 등에 관심을 가지지 않을 수 없으며 과학을 포함한 문학·예술 등과의 만남도 소홀히하지 말아야 한다. 미래 사제의 양성은 이 만남을 존중하기에 세속성과 영성의 일치에서 발견되어야 한다. 이러한 미래의 사제상은 곧 사제의 본질이다. 그는 사회와 인류의 예언자이어야 하기 때문이다. 신학생은 미래의 사제이다. 미래의 사제가 살고 있는 신학교는 미래의 교회상이다. 지금 한국의 신학교 실정은 곧 미래의 한국 천주교회의 모습이다. 신학교가 숫적으로 불어나는 것이 무조건 발전하는 교회의 양상은 아닌 것이다. 미래의 교회는 양이 아니라 질에 달려 있다.

미래의 사제는 가톨릭적이고 예언적이기에 고정관념의 틀로 정의내릴 수 없다. 신학교의 본질과 사명은 사제를 어떤 고정의 틀로 짜맞추어 양산하는 데에 있지 않고 가톨릭적 사제를 양성하도록 "봉사하는 데"에 있다. 스스로 봉사를 보임으로써 사제의 존재가 봉사적 존재임을 깨닫도록 하는 데 있는 것이다. 말하자면 신학교는 그대로 미래 교회의 모습이어야 한다. 그러기에 신학교도 가톨릭적이어야 하며 게토화되거나 세속을 외면해서는 안된다. 세상과의 경계를 스스로 허물어야 한다. "가톨릭"이란 그 본질상 울타리를 허락하지 않는다. 사회와 세속으로부터 격리된 게토화된 신학교란 비가톨릭적일 뿐이다. 그 안에서는 일그러진 사제, 나만 아는 이기적인 사제, 대화를 모르는 독선적인 사제, 세상의 일에 하느님의 창조적 일이 진행되고 있다는 사실을 간과한 어두운 사제만이 배출될 뿐이다.

예언자와 봉사자. 한마디로 사목자로서의 사제를 길러내기 위하여 신학교는 구조적으로 개선되어야 한다. 신학교는 개방되어야 하고 기숙사도 달리 운영되어야 한다. 이럴 때 우리 사회와 인류는 다시 예언자와 사목자로서의 사제를 만날 수 있게 될 것이다. 그리고 구원을 바라볼 수 있을 것이다. 이 사제에 의해서 우리 사회는 다시 계시의 빛으로 밝혀질 것이기 때문이다.

이에 우리는 무언가 하지 않으면 안된다. 지금 그것을 하지 않는다면 우리는 후손에게 알맹이 없는 신학교 건물만을 남겨주게 될 것이다.

제 3 부

교회와 세계

①

문화와 교회

문화의식, 문화사업 등에서부터 시작하여 음주문화, 향락문화, 죽음의 문화 등에 이르기까지 문화라는 말이 오늘날처럼 이렇게 널리 사용되었던 적은 또 없었을 것이다. 문화는 그동안 다양한 삶을 표현하는 핵심적 단어가 되었다. 이에 문화와 자연, 복음과 문화, 복음과 교회의 관계에 대해 살펴보고, 문화에 대한 한국 천주교회의 태도와 그 과제를 제시해 보고자 한다.

1. 자연과 문화

문화(영어 culture)라는 개념은 독일의 자연법학자 푸펜도르프(S. Pupfendorf, 1632~1694)가 자연을 경작하는 것을 라틴어 "쿨투스"(cultus, 동사 colere: 경작하다, 예배하다, 존경하다)라는 단어로 처음 표현하면서 널리 사용되었다. 땅(ager)을 경작하는(colere) 데서(agricultura) 문화(cultura)에 대한 의지가 생겨난다. 푸펜도르프는 인간 본성의 상태(status naturae)에 대해 문화의 상태(status culturae)를 이야기하였다. 문화를 사회질서와 공동생산 등을 즐기는 인간의 상태로 표현한 것이다. 헤르더(Herder, 1744~1804)는 여기에 역사성의 동기를 첨가하였다. 헤르더는 인간에게는 늘 다양한 단계의 문화가 있다고 함으로써 문화와 역사를 떼어놓을 수 없는 것으로 이해하였다. 이런 정의를 바탕으로 하여 엘리어트(T. S. Eliot, 1819~1889)는 문화를 "출생에서 죽음에 이르기까지, 아침부터 밤까지 그리고 잠자는 동안에도 민족이 살아 있는 전체 형태다"라고 정의하였다. 이로써 문화는 공개적인 삶의 선체 형태로서 서로 함께하기 위한 질서, 삶의 표현 및 해석, 윤리(Ethos) 형상의 세 요인을 포함하

255

고 있는 것으로 이해된다.¹ 이런 문화 이해에 근거하여 제2차 바티칸 공의회는 「사목헌장」에서 문화 창조의 역사적이며 사회적인 면을 강조하고 있다:

"'문화' 란, 광의로는 인간이 정신과 육체를 연마하고 발전시키는 데 이용하는 모든 사물을 말한다. 인간은 지식과 노동으로 전세계를 지배하려고 노력하고, 가정과 온갖 시민사회에 있어서 관습과 제도를 발전시킴으로써 사회생활을 더 인간답게 만들며 마침내 시대의 흐름 속에서 위대한 정신적 경험과 소망을 그 작품 속에 표현하고 전달하며 보존함으로써 많은 사람들의 발전과 더 나아가서 전 인류의 발전에 이바지하고 있다.

여기서, 인간 문화는 필연적으로 역사적 내지 사회적 면을 보여주며, '문화'란 말은 사회학적 내지 민족학적 뜻을 내포하게 된다는 것이 결론된다. 이런 뜻에서 다수의 문화를 논하게 된다. 사실, 사물의 이용, 노동, 자기 표현, 종교의 실천과 관습의 형성, 입법과 법제도의 설립, 학문과 예술의 발전, 미(美)의 발굴 등의 방법이 서로 다른 데에서 생활의 서로 다른 공동조건과 생활수단의 서로 다른 조직 방법이 생기는 것이다. 이같이 물려받은 제도에서 각 인간 공동체에 고유한 전통이 형성된다. 이렇게 또한 역사적 특정 환경이 이루어지고 거기에 각 민족과 시대의 사람들이 속하게 되며 거기서 문화 발전에 필요한 여러 재화를 발견하게 된다"(53항).

문화는 또 히브리어 "아보다"(abodah, 섬김, 노동)와 그리스어 "라뜨레이아"(λατρεια, 봉사, 예배)의 번역으로서 의식(儀式, cult)과 관련되어 있다. 하느님에 대한 예배와 흠숭은 물론,² 중세에서는 그리스도, 그리스도의 고통에 대한 "흠숭"의 의미로도 사용되었다.³ 문화와 의식이 관련된 데서 우리는 자연을 가꾼다는 것은 보존한다는 의미에서이지 결코 착취나 파괴의 의미에서가 아니라는 것을 알게 된다. 땅을 가꾸는 사람은 경외심을 가지고 땅을 만나며, 이로써 자연 안에 자신을 알린 하느님과 신적인 것을 흠숭하게 된다.

---

1. P. Hünermann, *ThQ* 166 (1986), 81-91.
2. W. Schmidt-Biggemann, Kult : *HWP* IV, 1300-9.
3. W. Perpeet, 위의 책, 1309.

근대에 들어오면서 문화 이해에서 의식의 본질이 상실되고 때로는 의식이 해체되기 시작하였다. 이는 종교의 의미가 약화되어서이기도 하지만, 이미 그 이전에 인간이 운하와 댐을 만들어 자연을 인위적으로 변화시키고, 기술 개발을 통해 언젠가는 자연을 완전히 극복할 수 있는 것처럼 행동하면서 이런 조짐이 보이기 시작했다. 특히 서구 유럽의 근세 역사에 이르러서는 자연을 지배하려는 인간의 의지가 과학과 경제와 기술의 급진적인 발전을 가져오게 하였고, 이 발전은 곧 형태상으로 자연을 극복하는 데 이용되었다. 그 결과 인간은 자연에 접근하면 할수록 더욱 자연을 훼손시키게 되었다. 인간은 자연 속에서 자연과 더불어 살기보다 그 속에서 자신만을 주장하고 자기의 이익만을 추구하려 하였다.[4] 카씨러는 이를 이렇게 쓴다: "인간은 하나의 상징적인 우주 안에 살지, 더 이상 순수한 자연적인 우주 안에 살고 있지 않다. 사물들 자체와 교제하기보다는 일정한 의미에서 지속적으로 자기 자신하고만 즐기며 대화하고 있다. 인간은 이처럼 언어의 형태 안에서, 예술작품 속에서, 신화적인 상징이나 종교의식 안에서만 살고 있기에 이런 인위적인 매개물의 중간 스위치를 통하지 않고서는 아무것도 체험할 수 없고 바라볼 수 없게 되었다."[5] 문화는 더 이상 경작(보호)과 존경으로서가 아니라 지배를 의미하게 되었다.

이런 과학과 경제와 기술의 상황에서 삶의 전체적 실현이어야 할 문화가 단순히 여가와 취미생활 또는 스트레스 해소의 차원에서 삶의 장식용이나 가장자리의 성격으로 여겨지고, 문화 형태인 예술이 상품화되는 경향이 나타난다. 문화의 역사는 그 영광을 잃어버렸고, 현대인은 자연과 문화를 동시에 잃은 셈이 되었다. 그리고 인간은 문화를 자랑으로서가 아니라 새로운 두려움으로 대하게 되었다. 특히 젊은이들은 이러한 문화의 위기를 인식하고 인간과 자연이 근원적인 새 질서를 외치고 있다. 오늘날 우리 모두가 심각하게 겪는 기술의 혐오와, 과소비 추방 및 절제 그리고 환경살리기 운동 및 온갖 문화운동도 심각한

---

4. H. Waldentels, *Kontextuelle Fundamentaltheologie*, 55.
5. E. Cassirer, *Was ist der Mensch? Versuch einer Philosophie der menschlichen Kultur* (Stuttgart 1960), 39.

문화 위기에 대한 명백한 표징이다. 한편 이런 운동은 비록 문화가 밭이나 땅을 직접 경작하는 일로부터 풀려났다 해도 땅에 대해 경외심과 존경의 태도를 되찾고 간직해야 한다는 관점이 인간의 마음 속 깊이에 변함없는 요구로 작용하고 있다는 것을 말해주는 것이기도 하다. 인류의 생명과 생존 문제는 근원적으로 인간이 살고 있는 세계의 환경과 관계하고 있다. 환경을 가꾸는 것은 인간의 자기 묘사와 자기 실현의 일부이다. 문화적 삶의 과정은 경제와 정치 안에서 메말라 버릴 수 없다. 자연 망각과 신 망각은 서로의 전제조건이 되며, 두 경우에서 인간은 홀로 남게 되고, 무력해진다.

특이한 것은 많은 사람들이 그 해답과 해결책을 더 이상 그리스도교 안에서 찾으려 들지 않는다는 점이다. 인간이 자연과 문화를 잃게 된 데에는 그리스도교도 한몫했기 때문일까? 사실 그리스도인들이야말로 하느님과 세계, 창조주와 피조물을 극단적으로 구분하며 자연을 점령하려 하였을 뿐 아니라 자연을 자기의 자아 실현의 도구로 삼는 길을 열어놓았다는 비판을 모면하기 어렵다. 그리스도인들은 창세기 1,28을 인간의 욕망을 채우고자 자연을 하나의 채석장으로 이용해도 좋은 것처럼 해석하면서 땅, 창궁, 우주에서 신적인 성격을 벗겨낸 장본인이기도 한 것이다.[6]

그러나 무엇보다도 이런 현상이 빚어진 데에는 유럽의 문명화가 큰 영향을 끼쳤다. 유럽의 기술과 산업이 세계에 더 이상 돌이킬 수 없는 현대 문명생활의 방식을 가져왔다는 것은 부인할 수 없다. 서구 과학과 기술의 획일적인 보급으로 인해 이제는 지상의 어떤 민족, 어떤 국가도 서구적인 문명화의 과정을 벗어나서는 지속적인 발전을 가져올 수 없게 되었다. 이 문명화는 인간을 이제 더 이상 제신들이나 귀신이 거주하는 세계의 의식 속에서가 아니라, "세속적인 세계"(weltliche Welt) 안에 살도록 하는 결과도 낳았다.[7] 과학과 기술과 경제

---

6. F. Gogarten, *Verhältnis und Hoffnung der Neuzeit* (Graz u. a 1982); J. B. Metz, *Zur Theologie der Welt* (Mainz–München 1968), 11-71.

7. 메츠(J. B Metz)에 따르면 여기에도 그리스도교는 크게 작용했다. "세계의 세속성은 본래 그리스도교적 결과이며 이로써 현대의 세계 상황 안에서 그리스도의 시간을 역사 내면적으로 지배하는 힘을 산출하였다"(*Theologie der Welt*, 16 이하).

에 치중한 이 유럽 중심적 문명화는 오직 강자와 약자를 갈라세우는 약육강식의 무자비한 논쟁과 경쟁을 일으키는 결과를 가져왔다. 그 결과 부자 나라와 가난한 나라의 격차와, 어쩌면 일어날지도 모르는 세계 전쟁에 대한 두려움이 현세계의 특징이 되었고, 미래에 대한 공포심도 증가되었다.

2. 복음과 문화

이처럼 문화들이 끊임없이 변하며, 급속도로 진행되는 변천 과정을 겪고 있는 상황에서 복음이 어떤 역할을 할 수 있는가 물어야 하는 것은 교회의 과제이다. 왜냐하면 복음은 한 민족의 근저에 잔잔하게 흐르는 고유한 문화의 흐름을 통찰할 때 충만해지기 때문이다. 이를 보기 위해 우리는 앞에 인용한 제2차 바티칸 공의회의「사목헌장」53항에 문화가 복수로 이야기되고 있음을 주목할 필요가 있다. 이것은 인류에게 한 문화만이 아니라 여러 민족들의 여러 문화들이 있다는 것을 암시하고 있는 것이다. 역사를 일방적으로 한 시간의 연속으로 보지 않고, 다양한 대륙에서 펼쳐지는 다양한 역사로 관찰하기까지는 수많은 세월이 흘러야 했다. 유럽인들은 처음 미지의 아메리카 대륙, 아시아, 아프리카 등의 낯설고 이해할 수 없는 언어와 문자, 다른 인종과 다른 종교, 다른 풍습과 관습을 대하며 그들 자신의 사고를 기준하였다. 제2차 세계대전 이후에야 비로소 이들은 서구 유럽 이외의 다른 대륙의 문화적 유산과 역사를 인정하게 되었다. 유럽이 더 이상 세계 역사의 방향을 설정하는 중심일 수 없다고 인식하게 된 것이다. 세계 역사와 유럽 역사가 더 이상 같은 것일 수 없고, 유럽식 사고방식이 유일하고 가장 최상격일 수 없다는 것을 이들도 인식하게 된 것이다. 이런 새로운 상태를 부정적으로 표현하면 유럽 중심의 종말이다.[8] 복음은 하느님 말씀이 각 문화 안에 활동하고 계시다는 것을 선포하는 원초적 메시지이다.

---

8. W. Bühlmann, *Wo der Glaube lebt. Einblicke in die Lage der Weltkirche* (Freiburg u. a. 1974. ⁷1979).

하늘나라가 가까이 왔다는 말로 시작되는 예수의 복음은 하늘과 땅의 만남을, 한처음 창조의 순간을 건드리는 원초적 메시지이다. 예수께서 선포하신 하느님 나라의 복음은 하느님께서 이 만남 위에 세우신 인간의 삶에 대한 새 규정이다. 그렇지만 우리는 문화와 복음과의 긴장도 보게 된다. 왜냐하면 문화가 삶의 전체적 형태이고, "서로 함께"하고 실천하는 삶의 질서이고 삶의 해석이며, 동시에 윤리규범의 형상인 것처럼, 복음 또한 하느님과 인간, 그리고 인간들끼리의 관계에 대한 근원적인 새 질서이고 인간 실존의 새로운 의미 향상이고 근원적으로 변형된 윤리(transformiertes Ethos)로 이해되기 때문이다. 신약성서에 나타난 복음과 문화의 관계를 휘너만에 따라 대충 다음 네 개의 문항으로 나누어 생각해 보자.

① 복음은 한 민족의 규정적인 삶의 형태로서 문화를 해체한다. 이는 예수께서 "먼저 하느님 나라와 그 정의를 구하라. 그러면 모든 것이 덤으로 주어질 것이다"(마태 6,31)라고 하신 회개의 요구에 분명히 표현되고 있다. 이 말씀으로 하나의 최종적이고 포괄적이고 새로운 삶의 형태가 인간들에게 선포되었다. 이 복음 때문에 바울로는 대훈시를 통해 "이 세상을 본뜨지 마시오"(로마 12,2)라고 경고하는가 하면, 요한은 "세상에 속해 있지 않은 존재"(요한 17,14 이하)의 삶을 강조한다.

② 여러 문화 형태들과 형상은 교회와 신앙인들의 전체 생활 형태인 복음의 범위 안에서 충만된다. 예컨대 예수께서 오로지 소득만을 즐기는 부자의 태도를 비판하신 것(루가 12,16-21)도 이때문이다. 그런가 하면 바울로는 그리스도인들에게 다음과 같이 요구한다: "이제 형제 여러분, 참되고 고상하며 의롭고 순결하며 사랑스럽고 영예로운 것은 무엇이든지 그리고 덕성스럽고 칭송받을 만한 것이면 모든 것을 마음에 간직하시오. 그리고 여러분이 내게서 배우고 전해 받고 듣고 본 것을 그대로 실행하시오. 그러면 평화의 하느님께서 여러분과 함께 계실 것입니다"(필립 4,8-9).

③ 그렇지만 예수께서는 스스로 안식일에 병자를 치유하시고, 세리와 죄인들과 함께 식사 공동체를 이루시고 정결법 규정을 어김으로써 유다인의 감정

을 유발시키는 등 여러 문화 형태와 형상을 존중하였다.

④ 인간의 삶을 진리와 확신으로 이끄는 데 있어서 여러 문화 형태의 통합과 배척은 복음을 위해 중요한 동기이다. 예컨대 예수께서는 자기가 죄인이나 세리들과 함께 먹고 마신 것을 하느님의 기쁨으로 정당화한다(루가 15장). 또 유다의 결혼법과 이혼법을 거절함으로써 하느님께서 태초에 원하신 남자와 여자의 결합이 가지는 원초적인 의미를 찾도록 그 길을 열어주셨다. 비슷한 방식으로 바울로는 신앙인들이 회개하기 이전의 이방인적 삶을 지금의 삶과 대조시켰다(갈라 4,1-7). 그들은 전에는 권력과 폭력의 노예로 있었으나 지금은 복음을 통해서 하느님의 자녀가 되는 자유로 해방되었다는 것이다.[9]

위의 네 문항에 따라 우리는 복음과 문화의 관계를 개념적으로 파악할 수 있게 된다. 복음이 모든 것을 포함하는 포괄적인 신적 생활 규정이고, 문화가 복음을 선언하기 위한 매체라면, 복음은 바로 문화의 관습과 문화를 실행하는 데서 비로소 복음으로 나타난다. 복음은 문화 밖에서 선포되는 것이 아니라, 문화 안에 자기 자리를 확보하고, 토착되어야 한다. 복음화는 하느님이 예수 그리스도 안에 실현시킨 삶의 의미와 전체적인 삶의 형상을 선언하는 것이다. 복음화는 여러 문화 형태와 형상에 복음이 충만해 있음을 인정하는 것이며, 동시에 복음과 모순되지 않는 일정한 문화적 요인에 대한 비평도 포함하고 있다. 그러기에 복음화는 오직 문화와의 논쟁에서, 긍정하고 부정하는 가운데 가능하며, 때로는 여러 문화 형태와 형상에 위기를 느끼게 하고 반발을 받고 또 수용하는 가운데서 그 윤곽이 드러난다. 복음화는 이처럼 문화를 간과하여서는 실현될 수 없다. 복음화의 과정에서 하느님께서 마련하신 진리와 삶의 신빙성에로의 길이 개인이나 민족에게 열린다.

그런데 복음이 문화적으로 주어진 바를 위한 하나의 포괄적인 삶의 형태로 이해된다면 복음의 형태는 어떠한 것이어야 하는가? 이 형태는 역사적으로 변

---

9. P. Hünermann, 83-4.

하는 것인가, 아니면 단 한 번 확정된 것만이 있을 뿐인가. 또 토착화와 관련하여 복음의 문화적 색채는 어떻게 규정될 수 있는가? 교황 바오로 6세는 사도적 권고 「현대의 복음선교」(Evangelii nuntiandi)에서 이러한 물음에 답할 수 있는 실마리를 준다.

"교회로서 복음선교를 한다는 것은 단순히 더 넓은 지역에서 혹은 더 많은 사람들에게 선교하는 것만이 아니고, 하느님의 말씀과 구원계획에 배반되는 인간의 판단 기준, 가치관, 관심의 초점, 사상의 동향, 사상의 원천, 생활양식 등에 복음의 힘으로 영향을 미쳐 그것들을 역전시키고 바로잡는 데 있다고 하겠습니다"(「현대의 복음선교」 19항).

"복음화에 있어 중요한 것은 복음화가 문화를 마치 겉치장하는 것처럼 장식하는 것이 아니고 문화의 깊은 근원에까지 생명력있게 복음화한다는 것입니다. 여기서 말하는 문화나 문화들이란 「사목헌장」 5항에서 말하는 것과 같이 넓고 풍부한 뜻을 가지고 있으며, 인간을 출발점으로 하여 인간관계와 인간과 하느님과의 관계에 귀착되는 것입니다. 복음과 복음선교는 모든 문화에 대해서 자유로운 것이므로 일정한 문화와 동일시해서는 결코 안됩니다. 그러나 복음이 가르치고 있는 하느님 나라는 자기 고유의 문화에 깊이 젖어 있는 사람들이 생활화하고 있는 나라입니다. 따라서 하느님 나라 건설에 있어서 인류의 모든 문화를 활용할 수 있어야 하겠습니다. 복음과 복음선교가 어떠한 문화에도 속하지 않는다고 해서 모든 문화와 융합할 수 없다는 말은 아닙니다. 오히려 예속되지 않으면서, 그 속에 침투 작용하는 것으로 보아야 합니다. 복음과 문화의 불합관계는 과거와 한가지로 오늘에 있어서도 이롭지 못한 상황입니다. 제 문화를 복음화시키기 위해서는 모든 노력을 다 기울여야 하겠습니다. 복음과 접촉될 때 모든 문화가 재생될 수 있어야 하겠습니다. 그러나 이러한 접촉은 먼저 복음이 선포되지 않고서는 이루어지지 않습니다"(「현대의 복음선교」 20항).

바오로 6세의 이 말은 제2차 바티칸 공의회의 다음 말을 상기시킨다.

"구원의 메시지와 인간 문화 사이에는 여러 가지 관계가 있다. 하느님께서는 혈육을 취하신 당신 아드님을 통하여 당신을 완전히 보여주시기까지, 당신 백성에게 당신을 계시하실 때 각 시대에 고유한 문화에 적응시켜 말씀하셨기 때문이다.

이와 마찬가지로 교회도 시대의 변천을 따라 여러 환경 속에서 살아오면서 그리스도의 메시지를 모든 백성들에게 널리 설교하며 설명하고, 그것을 더 깊이 연구하여 깨닫고, 전례와 여러 계층의 신자 공동체 생활 가운데서 더 잘 표현하기 위하여 문화의 소산을 이용하여 왔다.

그러나 동시에 교회는 모든 시대의 모든 백성들에게 파견되었으므로 어떠한 민족이나 국가에도, 또 어떠한 특수 관습이나 고금의 어떠한 생활 습성에도 불가분의 배타적 관계로 얽매이지는 않는다. 고유의 전통을 유지하면서 동시에 스스로의 보편적 사명을 의식하고 있으므로 여러 형태의 문화와 접촉할 수 있고 또 그로써 교회와 여러 가지 문화가 함께 풍요해진다.

그리스도의 복음은 죄에 떨어진 인간의 생활과 문화를 끊임없이 쇄신하고 언제나 당하는 죄의 유혹에서 생겨나는 오류와 악을 극복하며 제거한다. 또 민족들의 도덕을 계속 정화시키고 향상시킨다. 또한 각 민족과 각 시대의 정신적 자질과 미를 천상 재화로써 내적으로 풍요케 하고 강하게 하고 완성하며 그리스도 안에서 쇄신한다. 이같이 교회는 그 고유의 임무를 수행하는 그것만으로써도 인간적 내지 시민적 문화를 촉진하고 격려하며 전례행위를 포함한 교회활동으로써 사람의 내적 자유를 길러준다"(「사목헌장」 58항).

이 문헌에서 드러나는 것으로 중요한 것은 교회가 이제 복음의 메시지를 여러 문화의 언어로 선포하게 되었다는 점이다. 문화는 곧 계시의 근본 매체이다. 그러므로 토착화에 대해서 이야기하면서 이 개념을 서구의 근대 문화 이해에 따라 그 위에서만 이야기할 때는 피상적으로 흐르게 될 우려가 있다. 토착화는 그 지역의 문화 상황을 충분히 고려하여야 한다. 토착화는 더 이상 서구 그리스도교적인 것을 직선적으로 주입시키거나 옮겨 심는 것일 수 없다. 남미의 해방신학이 사회적 · 경제적 · 정치적 조건들을 사회학적으로 분석하는 것으로 추론되지 않고 민중들의 신심에 의해 특징지어지는 것과 비슷하게, 아시아와 아프리카 민중의 문화들도 이미 잃어버린 종교적 토대를 참작하지 않고서는 추론될 수 없다.[10] 이렇게 이해된 토착화를 통해 남의 것 안에서, 어쩌면 새로 발견된 자기의 것 안에서 하느님을 향한 더 위대한 자유와 개방이 인간에게 이루어질 수 있을 것이다. 인간은 정의와 평화 속에서 자기의 삶을 발견하고, 절대적으로 약속된 미래 안에서 구원과 구원 실현을 위한 포괄적인 물음을 던질 수 있게 된다.

3. 복음과 교회

그리스도교를 토착(화)한다는 것은 그리스도교가 그곳 문화를 인정하고 그 안에 계시는 하느님을 발견하도록 도와 주는 도구임을 의미한다. 한 분 살아 계신 하느님에 대한 죽은 기억 한 조각만으로는 교회는 누구도 구제하지 못한다. 오늘날 우리 시대의 특정인이 트리엔트 공의회의 형태의 교회와 서구식만의 교회를 이 사회에 원하고 고집한다면, 이는 각 시대의 현재에, 살아 있는 그리스도의 복음을 전하는 것을 포기하고, 이를 고색창연한 정취가 남아 있는 저 박물관 물품으로 보관하겠다는 것밖에는 되지 않을 것이다. 물론 우리는 그리스도교가 남긴 과거의 흔적과 증언들이 우리의 생활 배경에서 지워져 버렸을 때 우리 인간들이 맞이해야 할 빈곤은 어떠할 것인지에 대해서도 생각해야 한다. 그러나 토착화는 그곳의 자연과 문화의 보존에 관심을 가질 때 가능하다. 「사목헌장」은 문화 개념에서 문화적 성분이 상실되었다는 것을 지적하면서 인간의 자유를 실현시키기 위해서는 문화적 삶의 과정에 있는 교회가, 인간으로 하여금 종교적 요구를 향하여 자신을 열도록 도와 주고, 영적인 개방성 안에 ― 말씀을 듣는 자로서 ― 자기의 신권을 향하여 길을 재촉할 때에만 길 안내의 비판적 기능이 정당하다고 주지시킨다. 교회는 문화로 개방되어야 한다. 개방이 의미하는 것은, 시간 안에서 절대시간을 향하여 포괄적으로 여는 것,[11] 공간 안

---

10. K. Rahner, u, a (Hrsg.), Volksreligion – Religion des Volkes (=UTB 643), (Stuttgart u. a. 1979); H. Waldenfels, 404 참조

11. K. Rahner, Fragment aus einer theologischen Besinnung auf den Begriff der Zukunft: *Schriften* VIII, 555-60; – Die Frage nach der Zukunft: *Schriften* IV, 519-40.

에서 다양한 문화적 맥락과 다른 인종이나 다양한 사회체계와 사회계층, 다른 언어와 표현방식의 차이, 남자와 여자로서(「사목헌장」 60항 참조) 그들의 불림에 따라 의미 충족을 표현하는 모든 인간들을 향하여 가능한 한 넓게 여는 것이다.

이런 차원에서 우리는 한국 천주교회가 얼마나 자신을 고유의 전통으로 풍부하게 하고 있고(「선교교령」 22항), 자연과 문화에 대해 얼마나 충실한지, 그리고 자연 파괴와 향락문화 등에 대해 어떤 반응을 보이고 있으며, 문화와 생명 살리기 운동, 또 언어의 파괴(TV 등에서의 언어 장난)와 예술의 상품화 풍조에 직면하여 언어와 예술에 얼마나 관심을 보이고 있는가? 혹시나 복음화를 여전히 서구식 양적 팽창, 즉 지배욕에 근거하여 실천하려고 하지는 않았는가? 하는 질문을 진솔하게 던져야 한다. 남이 아니라 자기 자신에게. 그러면서 우리는 이런 질문 앞에서 움츠러든 우리 자신을 발견하게 된다.

우리 교회가 우리 문화에 소극적인 관심을 보이게 된 그 이유야 많겠지만, 이는 무엇보다도 우리 교회가 자기의 지역교회성을 찾지 못한 때문이라는 것도 지적되어야 할 것이다. 제2차 바티칸 공의회는 「교회헌장」에서 지역교회 안에서 그리고 지역교회로부터 유일 단일한 가톨릭 교회가 성립되며 그러기에 보편교회는 오로지 지역교회들 안에서만 파악되고 실현된다고 말한다(23항). 한국 교회가 문화를 실행하는 교회이기 위해서는 자기의 지역교회 안에서 보편교회가 존재한다는 것을 알고, 자기의 지역성을 실현시켜 나가야 한다. 한국 교회는 자기의 이중 소속(한국과 그리스도교)을 인식하고 더 이상 한국을 뺀 로마 교회만의 모습을 보여서는 안된다. 가톨릭은 합법적인 인간의 문화를 신실하게 받아들일 수 있게 해주며 지역과 지역의 문화에 관심을 가질 수 있게 해준다는 것을 신뢰해야 한다. 이럴 때 한국 교회는 복음과 문화는 단순한 형식적인 만남일 수는 없으며, 복음은 사회적·정치적·문화적 삶의 공간 안에 사는 사람을 위한 기쁜 소식이라는 것을 알고, 그 실현을 위해 힘을 모을 수 있을 때 그 모습이 드러날 것이다.

②

선교의 대상으로서 그리스도인

1. 100%의 선교를 위하여

복음화된 이 땅, 이 민족은 어떤 모양일까? 100% 영세자에 30%의 냉담자와 30%의 주일신자를 가진 땅일까? 나는 지난 몇 달 동안 가톨릭계 신문이나 잡지를 통해 서울교구 신자가 100만을 돌파했다느니, 한국 천주교 신자 300만 돌파에 차질을 빚고 있다느니, 또는 우리 나라 선교 역사 200년이 넘도록 아직 가톨릭 신자가 전체 인구의 6%밖에 안 된다느니, 한결같이 "선교 이대로 좋은가"라는 제목으로 걱정하며 선교열과 선교 실적을 우려하는 글을 보았다. 그러나 설령 오늘 6%에 지나지 않는 것을 내일 10%로, 모레 20%로 끌어올릴 수 있다고 하자! 과연 이 민족이 그 수치만큼 복음화했다고 할 수 있을까? 게다가 그 수치를 우리가 바라는 대로 끌어올릴 수 있을까? 현실적으로 볼 때 지금 한국에는 개신교도가 약 15%, 불교도가 약 30%, 그외 타종교인들도 많이 있다. 가톨릭 신자가 아닌 다른 종교인들을 모두 합쳐 최소한 60%로 가정한다 해도 그들 모두를 가톨릭인으로 개종시킨다는 것이 불가능한 일일진대 이런 식의 양적 선교로 우리가 더 얻을 수 있는 것은 많이 잡아야 30~40%밖에 안된다. 즉, 이 민족의 40%를 가톨릭화할 수 있다는 결론이 나오게 된다. 그렇다면 우리의 선교 목적은 고작 한민족의 40% 복음화인가? 아니면 "여러분은 가서 모든 민족들을 제자로 삼아, 아버지와 아들과 성령의 이름으로 그들에게 세례를 베풀고, 내가 여러분에게 명한 모든 것을 다 지키도록 가르치시오. 나는 세상 종말까지 어느 날이나 항상 여러분과 함께 있습니다"(마태 28,19-20)라고 하신 주님의 말씀을 따라 100% 복음화를 위해 가톨릭 신자가 아닌 다른 종교를 가진 이들이 한시바삐 그들의 종교나 교파를 버리고 가톨릭 교회로 돌아오기를 기다리며 기도해야 하는가? 각 종교와 교파들도 저마다 이런 식으로 그들 편에서 100%의 선교를 위해 사람들이 그들의 종교로 개종하도록 하기 위해 노력하고 있는 것이 아니겠는가. 결국 선교가 인간들을 자기편으로 끌어들이는 일로 이해되는 곳에서는 교회일치니, 종교간의 대화니, 인류를 위한 서로의 협력이니 하는 것은 상상도 할 수 없게 되고, 그런 곳에서는 오직 종교간의 대결이나 마찰, 서로의 팽창이 맞부딪치는 소리, 종교가 가장 지양해야 할 비종교적인 행위만이 남게 될 것이다. 그런데 지금 우리 사회 곳곳에서는 비종교적 마찰음이 일어나 종교전쟁을 방불케 하며 우리를 불안하게 하고 있다. 어째서일까? 어째서 평화와 사랑의 소리가 흘러나와야 할 종교인의 입에서 서로를 비방하는 소리, 분열의 소리가 서슴없이 흘러나오는 것일까?[1] 어째서 "나는 너희에게 평화를 주노라" 하신 예수의 말씀이 인간에게 위협이 되며 하느님을 욕되게 하는 폭력으로 변해 가는 것일까? 도대체 우리가 이 땅을 복음화한다면 이 땅이 어떻게 되기를 바라는 것일까? 하느님을 선포하여 무엇을 하겠다는 것일까? 그것은 하느님처럼 살아보자는 것이 아닌가? 자신을 낮추고 십자가에까지 자신을 희생하며 서로를 위하고 봉사하고 그래서 하느님의 평화를 살자는 것이 아닌가? 또 이것이 하느님이 원하시는 일이 아닌가? 그런데 우리는 복음화한다면서 이 가장 근본적인 일을 잊고, 인간과 세상을 잊고 서로를 내편으로 삼으려는 선교에 열을 올리고 그들 대열에 끼여들려고 안간힘을 쓰는 것은 아닌가?

하느님의 구원의지는 양적 팽창에 집중된 인간의 의지로 대치될 수 없다. 우리는 모든 인간을 자기 제자로 삼으라고 하신 예수의 말씀을 진지하게, 종교적 차원에서 알아들어야 한다. 그리고 예수는 결코 불가능한 일을 우리에게 위탁하지 않았으며, 100%의 선교를 위해 남을 비방하는 폭력이라도 불사하라고

---

1. 14대 총선 때 순복음교회의 조용기 목사가 "한국 정치는 기독교가 일어나야 한다", "국회의원은 기독교인이, 대통령은 장로가 해야 한다", "청와대에 목탁소리가 들려서는 안되며 추기경이 발을 들여놓게 해서는 안된다"고 발언하여 크게 물의를 일으킨 적이 있다(참조. 1992.3.3. 동아일보 사설, 1992.6.15. 조선일보 사설). 이것은 한 예다. 우리는 우리 주변에서 이런 예를 불행히도 수없이 만난다.

가르치지 않았으리라는 것을 신뢰해야 한다. 오히려 100%의 선교를 위해 99%의 영세자를 버리고 1%의 비그리스도인을 향하실지도 모른다. 그렇다. 선교는 5%의 그리스도인을 10%로, 10%를 20%로 끌어올리는 양적 작업일 수 없으며, 더구나 다른 종교인의 개종을 목표로 삼아서는 안된다. 선교는 모든 사람이 각자의 위치와 문화 가운데서 복음을 받아들이도록 도와 주는 사업이어야 한다. 모든 인간 안에 살아 계시는 하느님을, 하느님의 구원의지를 체험하도록 봉사하는 것이어야 한다. 선교는 봉사이다. 이 봉사를 위해 종교인은 각자의 종교의 틀을 헐 수도 있어야 한다. 사실 예수야말로 이런 틀을 무너뜨리고자 했으며, 그것을 자기의 사명으로 삼았다. 하늘나라가 가까이 왔다고 선포함으로써 천국의 틀, 지상의 틀을 없애고, 안식일이 인간보다 중요하다며 율법에 틀을 둘렀던 바리사이파와 율법학자들의 사고의 틀을 부수었고, 교회의 틀, 신의 틀, 구원의 틀을 무너뜨린 것이다. 선교는 예수의 이런 "틀깨기 운동"에 동참하는 것이며, 그래서 "탈(脫)틀"의 구원 소식을 알리는 일이다. 선교는 세상 사람들을 교회라는 좁은 틀로 속박시키고, 그들의 삶의 터전을 빼앗는 것과는 거리가 멀어야 한다. 하느님은 어느 한정된 틀 속에서 체험되지 아니한다. 우리가 진정 선교하는 인간이라면 종교의 이름으로 인간이 쳐놓은 좁은 틀을 깨뜨려야 한다. 틀 속에 갇힌 종교는 질식하고 말 것이며, 그 속에서는 하느님도 인간도 질식할 것이다. 하느님의 구원의지를 자기 종교의 틀 속에 가둔 채 자기 종교의 가르침을 하느님의 구원의지와 동일시하고 다른 종교에 배타적 태도를 보이는 것은 가장 옳지 못한 비종교적 행위라 하지 않을 수 없다. 종교를 살려내기 위해서 인간은 스스로 자기 종교의 틀을 깨뜨리고 하느님의 보편적 구원의지를 받아들여야 한다. 우리가 모든 사람의 "가톨릭화"를 원한다면 우리는 더욱 이런 틀깨기 운동을 전개해야 한다. 가톨릭이란 틀이 없다는 말이기 때문이다. 가톨릭인이 된다는 것은 틀을 없앤 인간, 틀 없는 인간이 되는 것이기 때문이다. 그런데 우리는 혹시 선교를 한다면서 예수가 없앴던 그 틀을 자꾸 새로 만들어 내고 있는 것은 아닌가? 비그리스도인민이 아니라 그리스도인들이 먼저 선교되어야 한다. 선교의 첫 대상은 그리스도인 자신이다.

그러면 어떻게 자기 종교의 틀을 없애며, "모두"를 선교의 대상으로 삼을 수 있을까? 도대체 이는 가능한 일일까? 종교의 틀을 깨기 위한 일환으로 우리는 먼저 하느님과 하느님의 구원의지를 내 식으로 고집하며 하느님에 대한 신앙을 내 식으로 강요하는 편견에서부터 벗어나야 한다. 하느님(그리스도)이 꼭 내 식으로 불리지 않고 "무" 혹은 "하늘님"이라 불리어도 괜찮다. 어차피 하느님은 우리의 사고, 우리의 언어, 우리의 관념 안에 제한될 수 없는 존재이다. 그리스도교가 우상을 숭배하지 말라고 가르친다면 이는 하느님을 인간의 사고와 관념으로 형상화하지 말라는 것일 것이다. 무속(巫俗)의 하느님이 우상이고, 산신숭배가 우상숭배인 것이 아니라, 그리스도인도 자기의 하느님을 부르면서 우상을 숭배할 수 있다는 것을 우리는 인식해야 할 것이다. 우리는 하느님이 내 식으로, 우리의 언어로 불리어지기만을 고집하며 하느님을 우상화하여 하느님께 폭력을 가해서는 안된다. 하느님은 인간 언어 이전 당신 자신의 말씀으로 다양한 문화와 다양한 언어를 창조하셨으며, 그 다양성 안에서 각 인간들을 살도록 해주셨다. 하느님이 한 분이신 것은 그분 창조의 다양성, 그 다양한 문화 안에서 비로소 인정된다. 그러므로 선교를 위해 나서는 우리는 예수의 다음 말씀을 기억해야 한다:

"가서 하늘나라가 다가왔다고 말하며 선포하시오. 병든 이들은 고쳐주고 죽은 이들은 일으키며 나병환자들은 깨끗이 해주고 귀신들은 쫓아내시오. 여러분은 거저 받았으니 거저 주시오. 여러분의 전대에 금화도 은화도 동전도 지니지 마시오. 길을 떠날 때 자루도 속옷 두 벌도 신발도 지팡이도 지니지 마시오. 사실 일꾼은 마땅히 제 양식을 얻을 만합니다. 어느 고을이나 어느 촌락에 들어가든지 그 안에서 누가 마땅한 사람인지 살펴보고, 떠날 때까지 거기에 머물러 있으시오. 집에 들어가거든 그 집에 평화를 빈다고 인사하시오. 그 집이 평화를 누리기에 마땅하면 여러분의 평화가 거기에 깃들이고, 마땅치 않으면 여러분의 평화가 여러분에게로 되돌아오기 바랍니다"(마태 10,7-13).

하느님 나라는 인간이 임의로 들어가게 하거나 들어가지 못하게 할 수 없다. 그 나라는 트고, 막고, 갈라놓고 하는 인간의 마음 저편에 있다. 선교란 하느님의 이런 보편적 구원의 뜻을 알리는 것이며, 또 하느님 구원의 뜻이 이미 스며들어 있지 아니한 곳이 없다는 것을 알리는 일임을 전제로 한다면, 선교는 결코 제도적 교회의 지역 확장에 머물 수 없으며, 더군다나 다른 문화의 말살 또는 점령을 바탕으로 한 것일 수 없다는 것은 너무도 자명한 일이다. 하느님의 인정은 하느님이 인간을 위해 마련한 문화의 인정에서 가능하다.

우리 모두가 구원되기를 바라는 구원의 하느님, 평화의 하느님이 각 문화와 언어를 창조하셨으며, 그 평화를 위해 그리스도 예수가 십자가 위에서 죽으셨다는 사실을 인정한다면, 소위 그리스도교만이 하느님을 소유하고 있다거나, 하느님은 그리스도교만의 독점물이기에 하느님은 이 그리스도교의 범주 안에서만 체험되어진다고 해서는 안된다. 이는 그야말로 반(反)그리스도교적이다. 선교는 타인의 인정과 대화를 그 근본 내용으로 하고 있다. 그러나 우리는 실제로 선교와 문화 말살이 동의어로 사용된 지난 역사를 알고 있다. 역사적으로 볼 때 종교가 종교와 하느님의 이름을 빌려 인간의 문화와 언어에 대해 군주적 폭력을 행사했던 예가 무수히 있었다. 기독교 문화가 세계 만방에 선교되면서 유다인과 아메리카의 인디언 등에 대하여 폭력을 저지른 역사적 사실이 이를 잘 입증해 준다. 이는 선교라기보다 문화의 식민지화였으며, 하느님이 선사하신 문화와 언어와 풍습을 하느님의 이름으로 말살하려는 역설적 행위였다. 우리 한국의 요즘 상황도 이런 범주를 크게 벗어나지 못한 듯하다. 그리스도교가 한국에 들어와 이 나라를 복음화한다면서, 이 땅에 오래 전부터 뿌리를 내리고 있는 기존의 종교와 풍습, 문화와 언어의 차이점을 들어 이 땅의 혼을 말살시키려 한다면, 이야말로 과거 그리스도교가 인류 문화와 언어에 가한 폭력과 하등 다를 비 없을 것이며, "가서 만민에게 복음을 전하라" 하신 예수의 말씀을 가장 크게 오해한 행위라 하지 않을 수 없을 것이다. 그뿐 아니라 그리스도교가 이 땅에 유입될 당시의 숭고한 뜻마저도 의심받게 할 것이다. 하느님은 분명 이런 일을 원치 않으실 것이며, 예수도 자신의 평화가 이런 식으로 이루어지기를 바라지는 않으실 것이다. 복음화는 이 나라를 유럽화시키거나 어느 한 문화, 한 언어로 획일화하는 작업이 아니다. 복음화는 하느님을 전하는 일이며 특히 하느님이 각 민족, 각 문화 안에 하신 창조적 일을 인정함으로써 각 민족 각 개인이 이를 살도록 도와 주는 것이다. 한국적인 것과 그리스도교적인 것은 서로 대립하는 개념이 아니라 오히려 그 반대이다. 본래의 한국적인 것을 찾아 주는 것이 그리스도교의 의무이며, 이 의무의 실현이 곧 복음화의 과제이다. 그러므로 지역 복음화를 위해 우리는 그리스도교와 한국적인 것을 옳게 이해해야 한다. 이 옳은 이해에서 옳은 복음화가 가능해진다. 그런데 불행하게도 이런 말살작업은 "선교"가 외국 선교사로부터 우리 한국인에게 넘겨지면서부터 더욱 심각하게 일어나고 있다. 복음화에 대한 옳은 이해가 선행되지 않는다면 민족 복음화를 부르짖는 그리스도교는 민족의 일치가 아니라 분열을 가져오고 말 것이라는 것은 의심의 여지가 없다.

선교가 진정 하느님을 전하는 일일진대 선교하는 인간은 하느님만큼이나 마음이 넓어야 하며, 남을 이해하고 받아들이고 대화하는 인간이어야 한다. 하느님과 대화하고 자기와 대화하고 또 남과 대화하는 인간, 남에게 상처를 주지 않는 비폭력의 인간이어야 한다. 이에 종교간의 대화와 문화를 주제로 내세워 선교에 대해서 반성해 보고자 한다.

2. 선교의 원리로서의 대화

앞에서 지적하였듯이 선교는 단순히 자기 종교의 세력 확장이 아니라 하느님 구원의지의 전파를 그 목적으로 삼아야 한다. 종교간의 대화 — 또는 문화와 종교간의 대화 — 는 선교의 훼방꾼이 아니라, 그 자체로 선교의 가장 근본된 내용이며 종교인이 취해야 할 가장 근본적인 자세이다. 이에 종교간의 대화를 고찰하면서 우리는 얼마만큼 남의 교회, 남의 종교와 대화하는 마음가짐을 가지고 하느님 구원의지에 맞는 질적 선교를 하고 있는가, 언어와 문화와 인간 그리고 종교와 하느님께 폭력을 가하는 양적 차원의 선교에서 벗어나 있는가 반성하고, 이를 통해 선교를 새로 이해하고자 한다. 제2차 바티칸 공의회 (1962~1965)는 선교와 대화의 이런 관계를 깨달은 공의회였다.

1) 제2차 바티칸 공의회와 종교간의 대화

제2차 바티칸 공의회 이전까지의 신학을 보면 종교간의 대화는 거의 성립될 수가 없었는데, 그 이유는 첫째, 타종교는 잘 알려져 있지 않아 어느 면에서는 신학적 반성에 의미가 없는 것이었고, 둘째, 설사 타종교가 알려져 있다 해도 그것은 기껏 연구의 대상으로서이지 결코 대화의 상대자로 인정되지는 못한 까닭이었다. 다시 말해서 대화 안에서 자기 종교가 주장하는 종교의 절대 내용을 보려 하기보다 다만 자기 종교에 이르게 하는 과정 정도로만 보았기 때문이다. 제2차 바티칸 공의회는 이런 사고를 뒤엎어 놓았으며, 종교간의 대화를 종교와 그리스도교의 본질을 이해하는 본질적인 요인으로 보게 하였다. 이 공의회에서 내놓은 문헌들 중 종교간의 대화를 읽을 수 있고, 이를 장려하는 내용이 담긴 것으로는 「현대세계의 사목헌장」, 「교회에 관한 교의헌장」, 「교회의 선교활동에 관한 교령」, 「비그리스도교에 관한 선언」, 「종교자유에 관한 선언」 등을 들 수 있다. 요약하면 대략 이렇다.[2]

1965년 10월 28일 공포한 「그리스도교와 비그리스도 종교의 관계에 관한 교령」에서 공의회 교부들은 비그리스도교 종교를 완전히 새롭고 긍정적인 안목으로 바라보고, 이 종교들 안에 있는 "참되고 거룩한 것"을 존중하도록 촉구하고 있다(참조: 「비그리스도교 선언」 2항). 그리고 또 상호 이해하는 마음을 닦고(참조: 「비그리스도교 선언」 3항) 타종교 신봉자들에게도 형제적 사랑을 가지도록(참조: 「비그리스도교 선언」 5항) 촉구한다.

1965년 7월 12일 공포한 「종교자유에 관한 선언」에서도 대화가 강조되고 있다. 이 문헌은 인간이 종교의 자유를 가지고 있음을 선언한다(참조: 「종교자유 선언」 2항). 이러한 자유는 인격의 존엄성에 그 바탕을 두고 있어 외부로부터 강제를 받아서는 안되며, 인간으로 하여금 양심에 따라 행동하게 한다(참조: 「종교자유 선언」 2항). 사람은 누구나 자기 양심의 옳고 참된 판단을 내리기 위하여 종교에 관한 진리를 탐구할 의무와 권리를 가지고 있으며, 자유로운 탐

---

2. B. Welte, *Christentum und Religionen der Welt* (Freiburg–Basel–Wien 1981), 74-81 참조.

구와 대화는 그 방법이 된다. "진리는 인격과 그 사회성에 고유한 방법, 즉 자유로운 탐구, 교도 혹은 교육, 전달 및 대화의 방법으로써 탐구되어야 한다. 이러한 방법으로 진리를 탐구함에 있어서 서로 협력할 수 있도록, 자기가 발견했든지 혹 발견했다고 생각되는 것은 다른 이에게도 설명해 준다. 그리고 진리를 안 이상에는 개인적 승인으로 굳이 이에 동의해야 한다"(참조:「종교자유선언」 3항). 인간의 자유와 양심을 인정한 데서 공의회는 종교간의 대화의 필요성을 인정한 것이다.「비그리스도교에 관한 선언」은 모든 종교가 공통된 질문을 가지고 있다는, 즉 관심사가 같다는 것을 인지하는데 여기서도 우리는 대화의 필요성을 보게 된다. 선언은 이렇게 말한다:

"사람들은 어제도 오늘도 인간의 마음을 번민케 하는 인생의 숨은 수수께끼들의 해답을 여러 가지 종교에서 찾고 있다. 사람이란 무엇인가? 인생의 의의와 목적은 무엇인가? 선이 무엇이고 죄는 무엇인가? 고통의 원인과 목적은 무엇인가? 진실한 행복으로 가는 길은 어디 있는가? 죽음은 무엇이고 죽은 후의 심판과 판결은 어떨 것인가? 마침내 우리 자신의 기원이자 종착역이며 우리의 실존을 에워싸고 있는 형언할 수 없는 마지막 신비는 과연 무엇인가?"(「비그리스도교 선언」 1항).

이 항목에는 교회 밖에 있는 사람들의 질문이나 관심사, 희로애락 등은 교회 안에 있는 사람들의 질문이요 관심사이며 희로애락이어야 한다는 내용이 함축되어 있다. 우리는 이를 진지하게 받아들여야 한다. 선교는 이런 차원에서 이해되어야 한다. 즉, 선교는 사람들을 내 안으로 끌어들여 내 식으로 기뻐하고 슬퍼하며 질문하게 하는 것이 아니라, 내가 슬퍼하는 그 인간, 기뻐하는 그 인간, 질문하는 그 인간의 내용으로 들어가 그 안에 있는 그의 하느님을 만나고 이로써 그와 함께 대화할 준비가 된 데서 시작된다. 인정과 대화는 선교의 본질이자 종교의 본질이다. 선교해야 한다면 이 인정과 대화를 전해야 하는 것이다. 그러므로 선교는 나와 다르게 생각하는 인간을 내 식으로 나에게 동화시키는 것이 아니라 그야말로 하느님의 뜻대로 "나를 보내는 것"이어야 한다. 하느님은 당신 아들을 비신적인 곳으로 보내시어 비신적인 곳에서 비신적인 것을 인정하고 대화하면서, 그 비신적인 것에서 신적인 것을 찾게 해주심으로써 선교의 모범을 보여주셨다. 선교는 남을 내게로 이끄는 대화가 아니라 오히려 자기를 완전히 희생하는 대화. 하느님이 인간이 되시면서까지 인간에게 취하신 그런 대화. 그리스도가 십자가 위에서 보여주신, 자기를 못박고 고통을 주고 원수로 만들고 죽이기까지 한 인간들에게 취하신 그 대화. "아버지, 저들을 용서하소서" 하신 대화. 온 인류, 온 우주, 온 세계와의 대화. 이런 대화에서 그 본질을 찾게 되며, 우리가 선교를 한다면 바로 이런 목적으로 또 이를 위해 하는 것이다. 대화와 자기 희생은 선교의 근본 자세이기도 하지만 또 그 목적이기도 하다. 종교가 선교를 빌미로 자기 이익을 추구하며, 종교적 집단이기주의 및 배타주의를 형성하면서 대화는 거부하는 데서, 선교의 "근본 의미"를 망각하는 데서, 무조건 사람들을 끌어오는 것만을 선교라고 이해하는 데서 종교의 폭력은 생겨난다. 선교는 종교를 이런 폭력에서 구할 과제도 안고 있다.

제2차 바티칸 공의회는 종교간의 대화를 인정하고 장려함으로써 호교의 의미도 방어적인 자세를 벗어나 개방적인 자세에서 찾도록 해주었다. 이는 대단한 교의의 발전으로서 그리스도교가 자기의 메시지는 모든 민족과 국가를 위해 있고, 또 사랑의 원칙에는 경계가 있을 수 없다는 교의를 입증해 주는 것이라 할 수 있다. 이런 대화의 장려는 이를 역으로 사고할 수 있는 가능성도 열어준다. 즉, 그리스도교의 메시지가 모든 민족을 위하여 있다는 것은 모든 민족이 이미 자기 안에 그리스도교의 본질을 가지고 있다는 것을 의미한다. 또 나아가서 그리스도교는 타문화와의 만남(대화)을 통해서 그 문화의 고유성뿐 아니라 자신이 신앙하고 있는 그리스도를 찾게 된다. 이것을 우리는 단지 그리스도교의 포괄주의로 해석해서는 안된다. 왜냐하면 뒤에 보겠지만 이는 "남에게로 건너감"이나 "자기 상실"을 내용으로 하고 있기 때문이다.

제2차 바티칸 공의회의 이런 타종교 인정과 대화의 장려가 가지는 의미는 각각의 종교가 대화를 통해서 그들 안에서 종교의 본질을 찾고 나아가서 자기의 본질을 발견하도록 한다는 데서 볼 수 있다. 대화는 종교간의 만남에서 종교가 취해야 할 태도의 정도가 아니라 바로 종교의 본질이다. 이것이 그리스도교가

"종교"를 처음부터 관계적 개념으로, 그래서 처음부터 그 자체로 "대화적"으로 정의내린 이유이기도 하다. 토마스 아퀴나스는 종교를 "하느님에 대한 질서"(Ordo hominis ad Deum)로 정의하였는데, 이는 종교가 본질적으로 관계적·대화적이라는 것을, 종교가 처음부터 하느님과의 관계를 그 본질로 하며, 신앙되는 하느님 또한 처음부터 관계적 존재라는 것을 암시하고 있다.[3] 종교의 신은 세상과 무관한 존재일 수 없다. 그는 세상을 창조하고 구원하고자 하는 자이며, 세상과 관계하는 존재이다. 그러므로 종교가 이런 신을 신앙하고 있는 한, 종교는 처음부터 "관계"를 내용으로 하고 있다. 종교간의 대화는 이런 관계를 인격적으로 드러내는 것으로서 종교의 가장 본질적인 내용이다. 따라서 대화를 모르는 배타적 종교란 그 자체로 모순이며 대화를 배제한 채 일치와 평화를 아집 속에서 해석하고 주장하는 것은 비종교적인 교만이다. 종교는 대화적이어서 참 종교이든지, 대화를 거부함으로써 참 종교가 아닌, 거짓 종교(사이비 종교), 또는 비종교이든지 둘 중의 하나이다.

대화가 종교의 본질인 것은 역사적으로 세계 종교의 형성 과정을 고찰해 볼 때에도 입증된다. 모든 세계 종교는 홀로 존재해 본 적이 없다. 어떤 종교이든 발생과 함께 그곳 문화 및 타종교와 관계를 맺었고, 그런 가운데 자기 자신일 수 있었으며, 자기 자신의 종교성을 더 깊이 깨달을 수 있었다. 구약에서 유다 종교는 타종교와의 만남에서 자기 종교를 만났고, 인도에서는 힌두교가, 근동에서는 모슬렘이, 그리고 우리 한국에서는 유·불·선이 그러했다. 이런 종교들은 어떤 지역의 문화와 풍습을 수용하고 인정하고 대화하는 가운데에서 그곳에 토착화될 수 있었다. 문화의 다원주의와 함께 종교 다원주의 현상은 역사적으로 있어왔던 것이다.

제2차 바티칸 공의회 이후 그리스도교도 이런 종교적·세계적 다원주의를 진지하게 받아들이게 된 것이다. 다문화성 가운데 각 종교가 공존한다는 것을 인정하지 않으려 하는 사람은 자기 문화권 안에 있는 세계관적 태도와 사고의

---

3. 이제민, 「종교와 사회의 정체성」, 『사목』 123 (1989), 21 이하 참조.

다양성을 스스로 부정하는 셈이 된다. 타종교와 문화, 다른 언어와 풍습은 점점 더 자신의 삶의 세계를 밝혀주는 내용이며 우리 삶의 텍스트(text)에서 함께 생각해야 하는 맥락(context)이 되어가고 있는 것이다.[4]

2) 타종교의 인정: 그리스도교의 평가절하인가?

하느님은 대화적 존재이며 대화는 종교의 본질적인 내용이라 하였는데, 이는 곧 모든 문화와 종교 안에서 대화의 요소를 발견할 수 있는 한 하느님을 발견할 수 있다는 말이 되며, 역으로 말하면 하느님은 처음부터 모든 종교와 모든 문화 안에서 인간과 관계를 맺고 계시다 — 자신을 계시하신다 — 는 것을 말해준다. 말하자면 타종교의 인정은 모든 인간 안에 계시며 활동하시는 그리스도교의 하느님을 비로소 정당하게 인정하는 것이 된다. 종교의 인정은 하느님 신앙의 표현이기도 하다. 뷜만에 의하면 타종교의 인정은 시나이 산에서 이스라엘 백성에게 "나 여기 있노라"로 지칭해 주신 야훼께서 이미 첫 인간이 등장하던 그때도 거기 계셨다는 것을, 그분은 기나긴 세월 내내 "당신의" 인간들과 함께 걸어오셨다는 것, 그러니까 태초부터 오늘날까지 모든 종교의 모든 인간을 굽어보시며 사랑을 선사하셨고 그들에게서 예언자들과 신비가들을 일으키셨으며 그들에게 성령과 영감을 주셨다는 것을 인정한 데서 찾아볼 수 있다.[5]

"이 모든 표명들에서 중요한 것은 단순한 인정이나 예모만이 아니라 창조주 영의 넓으심에 대한 새삼스러운 감각이다. 태초에 창조주 영은 물 위에 떠돌고 있었고 카오스를 코스모스로 바꾸어 놓았으며 상상할 수 없을 만큼 풍부한 형태와 빛깔과 종류들을 나타나게 하셨다 — 난초, 나비, 조개의 세계, 대우주나 소우주, 어느 한 부분이든 가까이 들여다볼수록 경탄하지 않을 수 없다! 교회의 시초에도 이 창조주 영이 거기 계셔서 모든 언어로 자신을 알아듣게 하셨으며 사도들에게 용기를 주시어 온 세상으로 나아가 '모든 피조물'에게 '기쁜 소식'을 전하게 하셨다(마르 16,15 참조). 이 창조주 영은 착한 모든 것, 참된

---
4. H. Waldenfels, *Begegnung der Religionen* (Bonn 1990), 2.
5. 뷜만, 앞의 책, 181 이하 참조.

모든 것, 아름다운 모든 것에 대하여 그것이 어디에 있든 책임지고 서명하신다. 그런데도 창조적인 인간들로 구성된 그분의 교회는 굳은 획일의 틀에 맞추어 짜여 들어가야 한다는 것, 서방 로마 교회의 역사 안에서 생겨난 형태만이 교회 실존의 유일한 종류라고 밝혀야 한다는 것, 그것이 그분의 뜻이라고 말하라고 그분에게 요구할 수야 정말이지 없는 것이다."[6]

방금 말한 것은 그리스도론적으로도 이야기될 수 있어야 한다. 즉, 그리스도는 소위 체험된 그리스도교하고만 관계하는 것이 아니다. 그는 사실 소위 그리스도교가 생기기 이전부터, 맨 처음부터 인류의 역사와 관계하고 있었다.

"맨 처음에 말씀(= 그리스도)이 계셨다. 말씀이 하느님과 함께 계셨으니 그 말씀은 하느님이셨다. ⋯ 말씀이 참된 빛이셨으니 그 빛이 세상에 오시어 모든 사람을 비추고 있다"(요한 1,1-9).

"하늘과 땅 위에 있는 만물은 그분 안에서 창조되었도다. ⋯ 우리는 그 아드님으로 말미암아 속량 곧 죄의 용서를 받았습니다"(골로 1,16.14).

그러기에 우리가 할 수 있는 일이라면 그리스도가 없는 곳에 그리스도를 선포하는 일이 아니라 그리스도를 모르는 깨닫지 못한 인간들에게 그리스도를 알리는 일이다. 사실 우리는 모든 이 안에서 그리스도를 보아야 한다고 말하고 있지 않은가? "만물이 그리스도로부터 와서 그리스도에게로 돌아간다", "이분 말고 다른 어느 누구에게도 구원받을 수 없습니다. 사실 사람들에게 주어진 이름들 가운데 우리가 의지하여 구원받아야 할 또 다른 이름은 하늘 아래 없습니다"(사도 4,12)라고 말하고 있지 않은가? 예수를 모든 것 안에서 발견해야 한다거나, 모든 것 안에 있는 예수를 보아야 한다고 말하는 것은 그리스도교를 상대화시키거나 포괄주의 식으로 그리스도교를 해석하고자 한 것이 아니라 진리 전체가 그리스도 안에 나타났다는 그리스도교의 표현이다. "나자렛 예수는 의심없이 로고스와 일치하지만, 로고스는 나자렛 예수와 배타적으로 일치하지는 않으며 붓다, 크리슈나, 조로아스터, 모하메드 들 안에도 육성하여 현현하

---

6. 위의 책, 166.

였다(파니카)."⁷ 이는 그리스도교를 확대 해석한 것도 축소 해석한 것도 아니다. 오히려 하느님 때문에, 그리스도 때문에 그리고 성령 때문에 하느님을 신앙해야 함을 알리는 말로 알아들을 수 있다.

이렇게 볼 때 하느님과 그리스도는 그리스도교 안에만 머물러 있어야 한다고 주장하는 것은 전적으로 비그리스도교적 발상임을 알 수 있다. 누가 하느님더러 당신은 우리 세례받은 인간들 안에만, 우리 종교 그리스도교 안에만 머물러 있어야 한다고 명령할 수 있겠는가? 그런데 우리는 곧잘 이런 명령을 하느님께 내리며 교회를 그런 식으로 이해하려 한다. 교회를 만민을 위한 구원의 깃발로서가 아니라 소수의 구제된 자들을 싣기 위한 구원의 방주로 여기고 있는 것이다. 그래서 모든 사람들을 이 좁은 방주 안에다 태우려고 안간힘 쓰고 있다. 마치 이 방주 밖에는 하느님이 없는 것처럼, 그리하여 성사를 모든 것을 다 포용하시는 하느님의 구원활동의 특별한 은혜를 눈에 보이게 드러내기 위한 진정한 모형으로 보지 못하고 배타적인 은총의 통로인 양 생각하고 있는 것이다. "우리는 하느님의 팔을 잘라 놓고는, 인간의 손이 어느 죽어가는 이방인에게 세례수를 붓지 않는다면 하느님 자신도 그를 구하지 못하신다고 믿고"⁸ 있는 것은 아닐까? 언제 어디서나 현존하시며 선교사들보다 먼저 그 선교지에 가 계시는 하느님의 은총을 보지 못하고 있는 것은 아닐까?

하느님이 모든 이 안에 계시다는 것은 아시아의 주교회의가 강조한 것처럼 모든 이 안에 살아 계신 성령의 활동을 통해서 더욱 분명해진다.⁹ 온갖 옹졸함과 배타적인 아집, 모든 광신적인 것과 저주를 벗어나 처음에 물 위에 떠돌고 계셨고(참조: 창세 1,2) 카오스를 코스모스로 바꾸어 놓으신 성령은 교회 안에서나 소위 안수빋은 지 위에서만이 아니라 교회 밖에서도 활동하고 계시다. 요한 바오로 2세도 첫 회칙「인간의 구원자」에서 두 번이나 비그리스도교 종교들도 당신 뜻대로 바람부시는 성령의 활동이라고 강조했다. 더 나아가 1981년 일본 방문중에는 일본 종교계 대표자들 앞에서 이렇게 밝혔다.

---

7. 위의 책, 187.　　　　8. 위의 책, 188 이하 참조.　　　　9. 4.1. 참조.

"여러분의 종교 전통들이 그처럼 장려하고 있는 친절과 자비심, 예의바름과 씩씩함이라는 덕행들을 보노라면, 거기서 나는 우리의 믿음에 따르건대 '사람을 사랑하는 … 온 세상에 충만하며 모든 것을 포용하시는 분'(지혜 1,6-7)인 하느님의 영 그분의 열매들을 발견하게 됩니다. 특별히, 모든 인간과 모든 종교 안에 초월성을 향한 이 개방성, 하느님의 인간 추구에 대한 응답으로 해석될 수밖에 없는 이 지칠 줄 모르는 하느님 추구야말로 바로 이 영의 활동인 것입니다."[10]

성령은 타종교들 안에도 활동하신다. 성령은 전 창조 안에서 활동하고 계시는 것이다. 우리는 종교들의 성스러운 경험들 속에 계시와 성령의 작용이 있음을 인정해야 한다. 우리가 진정으로 언제 어디서나 활동하시는 하느님, 모두를 포용하시며, 문화의 다양성 가운데 "당신의 하나됨"(한 분 하느님)을 드러내신 삼위일체 하느님을 믿는다면, 우리는 나와 다른 종교를 가진 사람들을 더는 우상숭배자라거나 불신자라고 몰아붙일 수 없을 것이며, 그들도 이미 하느님의 관심과 사랑 속에 살고 있음을 알게 될 것이다. 뷜만의 이야기를 들어보자:

"모두를 포용하시고 먼저 다가오시며 불가사의하시고 누구 안에서나 활동하시는 그런 하느님의 사랑에 모든 단계의 세속화된 인간들도 포함시켜서 보고 싶다. 하느님의 자비에 대한 생각은 실로 구약과 신약성서의 핵심에 속한다. 시편들에서 우리는 거듭 새삼 읽게 되는 것이다:

온 땅이 자비로 가득하도다. … 하느님의 자비는 영원하시도다. … 해가 이르는 데까지, 구름이 가는 데까지 하느님의 자비가 미치도다.

또 잃은 양의 비유와 잃은 아들의 비유 이야기들을, 그리고 예수의 피는 '모든 이를 위하여 쏟는 것'(마태 26,28)이라는 단호한 말씀을 상기하자.

'우리의 구원자이신 하느님 … 그분은 모든 사람이 구원을 받고 진리의 깨달음에 도달하기를 원하십니다. … 그분은 당신 자신을 모든 이를 위한 대속물로 내주셨습니다'(1디모 2,3-6).

---

10. 위의 책, 182 이하에서 인용.

'모든 이가 범죄하였고 그래서 하느님의 영광을 빼앗겼으나 그리스도 예수 안에 이루어진 속량을 통하여 그분의 은총으로 거저 의롭게 되었습니다. … 그것은 … 당신이 의로우시고 예수께 대한 신앙으로 사는 이를 의롭게 하신다는 것을 보여주기 위함이었습니다'(로마 3,23-26)."[11]

성서의 이런 표현들을 바탕으로 하여 뷜만은 감히 다음과 같이 말한다:

"신은 없다고 자처하는 인간도 하느님을 벗어나지는 못한다! 신을 포기하는 사람도 하느님은 포기하시지 않는다. 아무도 하느님의 사랑에서 떨어져 나갈 만큼 깊이 몰락할 수는 없다! 나는 그러므로 하느님이 당신의 모든 인간을 어떻게든 조만간에 붙들어 데려올 방법과 수단을 가지고 계시다고 기대를 걸고 싶다. 어머니 자격이 있다고 할 만한 어머니들은 이런 태도를 절로 이해한다. 어머니들은 자식이 어긋난 길에 빠진다고 하더라도 자식을 결코 포기하지 않는다. 이해하고 용서하며 새로운 기회를 주려고 한다. 인간에게 그런 꺾이지 않는 사랑의 능력이 있을진대 하느님의 사랑은 이보다 훨씬 더 크지 않으랴!"[12]

그리하여 우리는 무신론자들에게도 성령이 활동하심을 부인할 수 없다. "우선 교과서에 나오는 바와 같은 그런 무신론자란 애당초 없다고 말하지 않을 수 없다. 옛 사전에서 '하느님에 관해서는 아무것도 모르는 사람들'이라고 정의했던 '이방인들'도 없었던 것과 마찬가지이다. 정직한 사람이라면 인간이 추구하고 동경한다는 것, 사랑하고 살아간다는 것의 궁극적 의미가 도대체 무엇인지 자기도 때로는 자문하게 된다는 사실을 시인할 수밖에 없지 않은 그런 무신론자란 물론 아무도 없을 터이다. 우리 그리스도인이 우리의 신앙 속에서 때로는 회의가 솟아오름을 느낄 수도 있다면, 생각하는 무신론자도 때로는 회의에 빠진다. 우리는 그런 사람들을 종교적 실천이 없다고 해서 단죄해서는 안되며 그들의 양심에 근거해서 판단해야 한다. 아니 오히려 판단을 하느님께 맡겨야 한다. 하느님은 그들을 궁극적 양심의 결단을 하는 인간으로서 엄숙히 인정하실 것이다. 그들도 어떻든 인간 존속에, '예수의 동족과 친척들'에 속한다."[13]

---

11. 위의 책, 216.　　12. 위의 책, 216 이하.　　13. 위의 책, 210 이하.

무신론자나 교회를 모르는 자가 있기에 선교가 가능한 것이 아니라 실제 무신론자란 있을 수 없기에 선교가 가능하다. 선교란 신은 항상 모든 인간 안에 있다는 것을 알려주는 일이기 때문이다. 선교는 이러한 인간 마음, 즉 양심의 인정이다. 이 양심 문제를 신학적으로 심화하기 위해서 뷜만은 라너를 원용한다. 뷜만은 무릇 선의의 어느 인간도 하느님을 체험하지 않고 사는 인간은 없다는 라너의 논리를 전개한다.

"어디서든 한 인간이 자유의지를 가지고 무엇인가를 위하여 자기 자신을 걸고 위험을 무릅쓸 만큼 궁극적으로 철저한 인간의 자기 완성이 일어나고 있는 거기서는, 비록 이에 관하여 그 당사자가 전혀 헤아리고 있지 않다고 하더라도 이것은 성령 안에서, 은총 안에서, 신비적 황홀경의 입김 속에서 일어나는 일이다. 라너는 그래서 '일상의 신비체험'이라는 말을 쓰는데, 이렇게 말할 수 있을 것이다: '한 인간이 자기 양심에 충실하여 자기 이기심이라는 감옥의 담장을 뚫고 나온 거기서는 우리가 하느님이라고 부르는 그분이 무한한 제안으로서, 침묵하는 사랑으로서, 절대적인 미래로서 언제나 이미 거기 계시다. 그렇다. 심지어 언제나 이미 받아들여져 계시다고까지 말할 수 있다.'

이것은 그러므로 무신론자들에게서까지도 그리스도교의 실체를 놀라울 만큼 발견할 수 있으며 그들이 조만간 아마도 자신에 대한 더 나은 인식에 도달하리라고 희망할 권리도 있다는 것을 확언하고 있다. 포이에르바하, 마르크스, 헤겔 등의 종교 비판은 오늘날 존립이 유지하지 못하게 되었다. 그것은 내적 … 심리학적 차원에서 모순되어 있으며, 그래서 하인리히 뤼베(H. Lübbe)는 '환상임이 입증된 것은 종교가 아니라 그 자체로서 다룬 종교 이론이다'라는 명제를 수립할 수 있게 되었다."[14]

그런데 우리는 너무도 좁게만 생각해 왔다. 같은 그리스도교 안에 있는 교파끼리도 서로에게서 하느님의 영을 보지 않으려는 심각한 위기를 맞고 있는데, 타종교간의 인정은 말해 무엇하겠는가?

---

14. 위의 책, 212 이하; 참조: K. Rahner, *Schriften zur Theologie* VIII, 226-51, XIV, 236; Heinrich Lübbe, *Religion nach der Aufklärung* (Graz 1986), 14.

애석하게도 우리는 인류에 관해 너무나 오래 좁은 생각을 하고 있었다. 아메리카 두 대륙의 인디언들, 아프리카의 흑인들을, 심지어는 아시아의 오랜 문화 민족들마저 싸잡아서 또 따돌려서 "이방인, 우상숭배자, 불신자"라고 불렀다. 오늘날은 이제 그들을 가리켜 "다른 종교들의 신앙인들"이라고 일컬을 수 있는 훌륭한 전거도 있다. 우리는 또한 너무 오래, 우리는 선택된 백성이지만 다른 이들은 그렇지 않으며 우리의 하느님만이 참 하느님이시니 "뭇 족속이 섬기는 신은 모두 허수아비"(시편 96,5 참조)이기 때문이라고 생각하고 있었다.

"어느덧 더 정확한 연구가 이루어지면서 깨닫게 되었거니와, 모든 민족이 뚜렷한 인종중심주의를 받들어 섬기며 자기네가 사는 곳을 세계의 중심이라고, 자기네와 특별한 관계에 있는 '자기네의' 하느님이 다른 종족, 여느 민족의 신들보다 힘세다고 믿어왔다. '선민 의식'이란 그러므로 이스라엘 특유의 현상이 아니라는 사실이 입증되고 있는 것이다. 요컨대 이스라엘과 교회는 선택 신학에서 선택 이데올로기를 낳았다."[15]

멀리 볼 필요도 없이 지금 한국에서 벌어지고 있는 상황은 이를 분명하게 말해주고 있다. 찻집 수보다 더 많은 교회의 십자가는 그리스도의 십자가라기보다 더 많은 사람들을 서로 자기에게로 끌어들이기 위한 광고 표지요 경쟁의 상징이라는 의혹을 사기에 충분하다. 우리는 그 안에서 이 민족 안에 처음부터 활동하고 계시는 성령을 볼 수 있는가? 오히려 이 민족을 민족성으로부터 이간질시키려 들고 그것을 하느님의 뜻으로 알아듣고 있는 것은 아닌가? 이렇게 해서 우리는 교회의 안과 밖 사이에, 우리 종교와 남의 종교 사이에 헐 수 없는 벽만을 굳게 쌓아올리고 있는 것은 아닌가? 이 민족을 종교 수만큼, 그리고 그 안에 분열되어 있는 교파 수만큼 갈라놓고 찢어놓고 있는 것은 아닌가? 우리는 나와 다른 종교를 가진 인간들 안에도 하느님의 영은 처음부터 작용하고 계시다는 것을 인정해야 한다. 설사 하느님을 부정하고 모독하는 인간이 있을지라도 우리는 그들 안에서 하느님의 영을 보도록 해야 한다. 오히려 그들을 회개

---

15. 위의 책, 180 참조.

시키려 애쓰는 내가 하느님의 뜻을 거스르고 있는 것은 아닌지 반성해 보아야 한다. 우리가 모든 이 안에서 하느님을 본다면, 우리는 모든 이 안에서 그들과 대화하고 있는, 또 그들을 통해 나와 대화하는 하느님을 볼 수 있어야 한다.

그리스도인이란 "다른 종교인들과도 대화할 수 있는 인간"이다. "서로 각자의 확신을 존중하고, 자신의 신앙체험을 고백으로 전달하며, 함께 기도하며 살고, 서로 보완하고 부요하게 하며, 무엇보다도 함께 인간의 복지를 위하여 행동할 수 있는"[16] 인간이다.

결국 우리 그리스도인들이 할 일을 뷜만과 함께 다음 세 가지로 옷을 입힐 수 있을 것이다.

— 복음화: 모든 인간에 대한 하느님의 포용적 사랑의 기쁜 소식을 예수께서 우리에게 가르치신 그대로 세상에 널리 전파하는 일.

— 샬롬화: 말로만 하느님의 사랑을 내세우지 않고 더 나은 세계를 위하여 함께 손을 내어놓음으로써 하느님의 사랑이 체험될 수 있게 하는 일.

— 그리스도교화: 그리하여 이 셋째 일, 곧 사람들이 세례를 받아 그리스도인이 되게 하는 일은 우리의 손안에 있는 일이 아니다. 그것은 마음놓고 하느님께 맡겨둘 수 있다. 지난날 사람들이 길을 잃고 말세라 선교사들이 세계로 몰려나가며 느끼고 있던 '영혼들에 대한 목마름'이란 신학적으로 이미 어느 모로나 정당화될 수 없는 태도이다."[17]

3. 종교간의 대화의 자세

1) 타종교 인정: 상호 개방과 타종교에로의 건너감

각 종교는 종종 타종교와의 만남에서 자기의 자아 이해와는 전혀 일치하지 않는 것을 또는 다만 부분적으로만 일치하는 것을 체험하게 된다. 사실 이미 고정되어 있는 선입관을 지우기란 얼마나 힘든 일인가? 그리하여 타종교들에

---

16. 위의 책, 191 이하.　　17. 위의 책, 191 이하.

관한 이야기에서 누워 침뱉기 식의 비판, 하나는 알고 둘은 모르는 일지반해(一知半解), 선입견, 오만, 무례함 등이 쉽게 표면화되어 나타난다.

그러나 대화를 그 본질로 하고 있는 종교간의 만남은 오늘날 피할 수 없는 사실이 되었다. 종교적인 만남은 참으로 종교적인 것이어야 하며 또 특정한 호교론에서부터도 자유로워야 한다. 우리가 가지고 있는 교리나 확신을 포기할 필요는 없지만(또 해서도 안되지만), 그러나 우리가 다른 종교적 전통에서 살고 있는 사람을 참으로 만나고자 한다면 그 어떤 호교론도 제거하지 않으면 안된다. 그리하여 세계의 다양한 문화 사이에 가로놓여 있는 서로간의 무지와 오해의 심연에 다리를 놓기 위한 의사 소통에 심혈을 기울여야 한다.[18]

이런 대화가 가능하도록 하기 위해서는 각 종교는 자기 스스로에 대해서 이야기한 것과 타종교가 자기 종교에 대해서 이야기한 것을 구분하여야 한다. 즉, "자기 해석"과 "타자 해석"이 구분되어야 한다.[19] 동시에 타자 해석을 위해서는 자기 해석을 충분히 이해하는 작업이 선행되어야 한다. 이는 그리스도인들은 자기 신앙 안에, 그리고 마찬가지로 비그리스도교 대화 상대자는 그들의 신앙 안에 확고히 머물러 있어야 한다는 것을 의미하며, 그와 마찬가지로 상대방이 가지고 있는 신앙을 서로 진지하게 대해야 함을 의미한다. 그렇지 않고 상대방의 신앙을 아무래도 좋은 것으로 경시한다든가 자기 종교(그리스도교)로 이르는 중간 과정이나 또는 극복되어야 할 것으로 생각한다면, 그래서 종교간의 대화를 타종교를 자기 종교로 이끌어 들이기 위한 수단으로만 이용한다면, 그 대화는 본래의 의미를 상실한 아무런 가치도 없는 대담 정도에 그치고 말 것이다. 또 마찬가지로 대화를 단지 독선가의 유행적 방법으로나 또는 그 반대로 대화를 자기의 고유성을 손상시키는 것이라거나 배반이라는 배타적 정신을 가지고서도 처음부터 대화는 불가능하다.[20]

종교간의 대화의 관심은 더 나은 상호 인정이어야 한다. 그래서 그들이 그들 종교 안에서 더욱더 종교인이 될 수 있도록 협력할 수 있어야 한다. 사실 "종

---

18. R. 파니카, 『종교간의 대화』, 김승철 역, (서광사 1992), 73 참조.
19. H. Waldenfels, 앞의 책, 18 참조.　　　　　20. 위의 책, 18 참조.

교"로 인해 생기는 문제는 어느 인간이 어느 종교를 가지고 있는가에 달려 있다기보다 그들 자신이 속한 종교에 얼마만큼 충실한가에 달려 있다고 보아야 할 것이다. 자기 종교의 진리를 진실로 깨닫고 그 종교의 신봉자가 되었다면 그는 타종교와의 대화에 더욱 열정적이지 않을 수 없을 것이다. 대화는 종교의 본질적 내용이기 때문이다.

벨테는 대화의 이런 출발점을 변증법적으로 표현한다. 즉, 대화 상대자는 "다르게 동시에 같게"(평등하게) 마주 대해야 한다고 주장한다. "다르게"라는 것은 서로가 자기 고유의 신앙을 가지고 있으며 또 가져야 하기 때문이며, "같게"라는 것은 그들 각자 서로를 존중해야 하며 형제적으로 진지하게 받아들여야 하기 때문이다.[21] 이렇게 상호 인정하고 상호 개방한 가운데 그리스도인과 비그리스도인들은 서로 공동으로 추진할 수 있는 일에 관해서 대화할 수 있게 된다. 그리스도교와 타종교의 대표들이 진실로 서로의 마음을 교환하며 서로를 경청할 준비가 되어 있고, 대화 상대자가 자기의 일에 대해서 이야기하는 것을 듣고 그 이야기에 대해 자기편은 어떻게 생각하는지를 이야기할 준비가 되어 있을 때 참된 대화가 이루어질 수 있는 것이다. 각자는 상대가 관련하도록 놔두고 "참되고 거룩한 것"이 비치는 한 배울 준비를 갖추고 있어야 한다. 그리고 때때로 던져지는 대화 상대자의 회의적이고 비판적인 물음을 진지하게 받아들이고 이를 형제애로서 검토할 준비도 갖추어야 한다. 이런 대화에서 결정적인 것은 타종교의 대화 상대자를 그들 신앙고백이나 그들 관습의 외적 형태로부터만이 아니라 그들의 생활 원천, 그들의 영혼으로부터 이해하도록 노력해야 한다는 것이다. 그렇기 때문에 해석학적 문제는 근원적이다. 왜냐하면 종교의 외적 형태는 오직 그 형태의 내면, 그 영적 뿌리, 그 감동적인 동기로부터만 이해될 수 있기 때문이다.

벨테에 의하면 대화 상대자를 그렇게 이해한다는 것은 그에게 건너가는 것(Über-setzen), 도약하는 것(Sprung)이다.[22] 그런 도약에서 적어도 실험적으

---

21. B. Welte, 앞의 책, 76 참조.   22. 위의 책, 77 이하 참조.

로 그리고 상대에 대한 존경으로 상대자의 위치에 서서 그들의 눈으로 세계와 종교적 표현을, 우리 자신의 그리스도교 종교에 관한 경이로움을 보는 것을 배우는 것이다. 이런 이해의 건너감은 한 종교에서 타종교에로의 그런 건너감의 원칙적인 가능성이 있다는 것을 전제로 한다. 유비적으로 볼 때 언어 장애에도 불구하고 한 언어에서 다른 언어에로의 건너감(Über-setzen: 번역)이 원칙적으로 가능한 것과 같다. 여기서 문제가 되는 것은 그렇게 개방된 대화에서 그리스도인들이 자기 고유의 그리스도교, 자신들의 신앙과 희망과 사랑을 성실히 보존하는 것이다. 건너가고 — 번역하고 — 이해하는 대화는 자기 고유의 정신과 원천에 충실하는 데에 어려움이 따를 수 있고 또 위험에 걸려들 수도 있다. 그렇지만 대화는 동시에 이런 방법으로 진척될 수 있다.

이렇게 상호 인정과 건너감의 지평에서 대화가 이루어질 때 대화의 목적은 모든 대화 상대자가 자기 자신과 자기 자신의 원천을 더 잘 그리고 더 순수하게 이해하도록 하는 데에 있다는 것을 알게 될 것이다. 즉, 대화를 통해 그리스도인들은 더욱더 그리스도인이 되고, 불교인들은 더욱더 불교인이, 무슬림은 더욱더 무슬림이 되는 것이다. 이는 언뜻 보기에 각 종교의 절대성을 부정하는 듯한 느낌을 준다. 그러나 이 대화가 "종교간의 대화"라는 것을 알 때, 즉 종교가 대화의 내용임을 알 때 이 말은 모든 종교는 더욱더 종교가 되어야 한다는 말로 알아들을 수 있을 것이다. 대화를 통해서 인간은 진실로 자기 자신(종교)에게 가까워질 수 있는 첫걸음을 내딛는 것이 된다. 마지막 걸음이 아니라 첫걸음이다. 그러기에 대화는 자기 종교에 대한 상대화가 아니라 더욱더 자기 종교에로 이르게 되며, 이 첫걸음으로 더욱더 자기 신앙 세계에 충실히 머물러 자기의 원천으로부터 스스로 정화되고, 변화되고, 폭넓어지고, 해방되고 그리고 분명하게 되는 것이다. 모두는 자기의 원천에서 자라게 된다.

2) 삶의 만남

방금 우리는 종교에로의 "건너감"에 대해서 이야기하였다. 이 건너감은 원칙적으로 한 종교 안에서도 가능하다. 한 종교는 문화 및 언어 형태와 그 종교의 정신 또는 영혼, 즉 원천적·종교적 경험의 두 차원을 가지고 있다.[23] 이 두 차원, 즉 종교의 형태와 정신은 서로 종속되어 있으며, 동시에 항상 구분되어야 한다. 예컨대 그리스도교는 보통 서구식 옷을 걸치고 있다고 한다. 이에 반해 다른 큰 종교들은 아시아나 아프리카 근동의 옷을 걸치고 있다. 이런 신앙의 표현(문화)은 그 본질적 핵심(정신)과 혼동되어서는 안된다. 정신과 문화의 차이는 종교들의 신학적 만남에서 핵심적인 역할을 한다. 만일 우리가 우리의 그리스도교를 비그리스도교 대화 상대자에게 설명하고자 한다면, 우선 불가피하게 언어와 개념을 빌려 설명하게 된다. 그렇다고 그리스도교가 오직 그 언어와 그 개념방식으로밖에 생각할 수 없다고 단언해서는 안된다(그리스도교는 개념 이상이며 그리스도도 하느님도 개념 이상이다). 그러나 이 문제에서 또 어려운 것은 어떤 종교이든 이런 종류의 일정한 사고나 언어 없이, 즉 문화의 옷 없이는 절대 자기를 표현할 수 없다는 점이다. 말하자면 순수한, 완전히 발가벗은 종교 형태란 있을 수 없듯이, 순수한 언어와 문화를 다 지워버린 그리스도교도 있을 수 없다. 이는 내가 내 대화 대상자를 그 내면으로부터 이해하고자 할 때, 또는 내 대화 상대자에게 내 종교를 그 내면에서부터 이해시키고자 할 때, 즉 모든 문화 형태의 그 근본으로부터 이해시키고자 할 때, 나는 내 종교, 또는 대화 상대자의 종교를 "순수" 핵심으로 환원시켜 일을 진행시킬 수는 없다는 것을 의미한다. 그런 "순수" 핵심 또한 하나의 언어와 문화인 것이다. 따라서 내 종교를 표현하기 위해서는 내 종교가 처해 있는 문화와 역사 그리고 신도들의 삶을 이야기하지 않을 수 없다. 이런 것을 통해 우리는 비로소 종교의 내면적인 것, 정신 또는 영혼에 도달할 수 있게 된다. 오직 "도약"으로서, 즉 건너감(번역)으로서 가능하다.[24]

그리고 이 도약은 이해(지식)가 아니라 마음의 차원에서 이루어지는 것이다. 이런 마음의 차원에서 이루어지는 도약을 우리가 진지하게 받아들인다면 종교 간의 대화에 더욱 많은 지식이 요구된다 해도 종교간의 대화는 절대 지식만으

---

23. B. Welte, 앞의 책, 78 참조.   24. 위의 책, 77 참조.

로, 다시 말해서 결코 교의의 설명으로서 이루어지지 않는다는 것이 분명해진다. 물론 설명도 한 역을 차지한다. 그러나 결정적인 것은 종교의 내용은 전체적 삶의 형태로 경험되고 또 그렇게 여겨진다는 것이다. 그러므로 한 종교를 파악하기 위해서는 그 종교가 무엇을 생각하고 그 종교의 신학이 정의내린 것은 무엇인지 아는 것만으로 충분하지 않다.[25] 그 종교를 신봉하는 자들은 그들 교회 공동체 안에서 어떻게 살며 어떻게 죽는지도 보아야 한다. 한 종교가 타종교와 만난다면 전체적 삶의 방식과 태도가 서로 만나는 것이다. 그들은 경쟁 가운데 만나며, 경쟁 가운데 무언가를 그들의 영혼에서 발산하며, 그렇게 해서 상대가 그것을 느낄 수 있게 한다. 그렇기 때문에 어쩌면 토마스 아퀴나스나 종교간의 대화에 깊은 관심을 보인 라너 같은 대신학자보다 그리스도교와 세계종교와의 대화의 삶을 산 아씨시의 프란치스코와 마더 데레사가 종교간의 대화(만남)에 더 기여한다고도 할 수 있다. 대-실천(Dia-Praxis)도 대-화(Dialog)의 일부이다. 이런 일반적 대화 원칙에서 더 깊이 들어가고자 한다면 각 종교 또는 적어도 이들 종교가 형성하고 있는 단체나 모양도 다루어져야 한다. 대화는 오직 구체적인 만남에서만 고유한 형태와 그 특수 법칙이 주어지기 때문이다.[26]

3) 대화와 경쟁

종교들은 길 제공자이다. 아무도 똑같은 시간에 여러 길을 갈 수는 없다. 따라서 인간은 어느 한 길을 선택해야 한다. 다양한 길을 뛰는 자들만이 아니라 길 자체도 서로 경쟁관계에 놓여 있다. 이로써 종교간의 대화는 경쟁의 요소를 내포한다.[27] 모든 종교는 경쟁중에 지기가 가고 있는 길이 참 구원의 길이라고 진지하게 생각하게 된다. 이는 경쟁이 타종교에게 문을 닫아거는 것이 아니라 열어놓는 것임을 말해준다. 왜냐하면 종교는 그 단어의 근본 의미의 관계라는 점에서 볼 때 "자기 안에 머무는 것"이 아니라, 부정적으로 표현해서 "자기 안

---

25. 위의 책, 77 참조.   26. 위의 책, 79 참조.
27. H. Waldenfels, 앞의 책, 26 참조.

에 머물지 않는 것"이며, 긍정적인 표현으로는 "주님 안에 머무는 것", 또는 "하느님 안에 머무는 것"이기 때문이다. 바로 이때문에 종교는 자기 자신을 잃는 것[無我]과 주님에 대한 충실을 강조하고, 개방을 이행하고 미래를 향한 개방이 어떻게 될 것인가 하는 그 결과에 대한 판단은 미루어 놓는 것이다. 경쟁(con-currentia = 같이-달림)의 마지막 점은 시간 안에서 달리는 주자로서는 그 누구도 볼 수 없기 때문이다. 그 점은 시간의 참 종점[에스카톤(eschaton)]에 도달한 자만이 볼 수 있다. 복음서의 비유를 들어 말하자면 경쟁(같이-달림)의 보장은 서로 성장하고 꽃피우는 나무들의 열매에서 볼 수 있다(마태 7, 16 이하 참조).[28]

여기서부터 타종교의 신봉자들이 함께 기도하고 묵상하며 그들의 신체험과 초월체험의 길에 관해서 의견을 교환하는 것은, 마치 곤경에 처한 인간들이 서로의 어려운 문제들을 정의롭게 대하도록 서로 노력해야 하는 것처럼 환영할 만한 일이다. 그리스도교적으로 이야기해서 바로 여기에 하느님 사랑과 인간 사랑의 행위가 긴밀히 교차되어 있는 것이다. 결정적인 것은 종교간에 서로 이야기하고 같이 행동하는 가운데 인간을 위하여 무언가 움직이며 그래서 종교 자체는 그들의 확약과 약속에서 신빙성을 얻게 된다는 것이다.

종교간의 대화를 위해 다음과 같이 요약할 수 있다.[29]
— 상호 인정
— 타종교의 시각으로 그들 종교에 대한 통찰
— 자기 자신에 대한 통찰
— 자신의 시각으로 남에 대한 통찰
— 자신의 종교에 관한 남의 판단에 대한 통찰
— 대화의 역사적 맥락에 대한 통찰
— 세계 안의 여러 종교(그들 편에서 보편성과 독특성을 가지고 있는)들을 평가할 수 있는 안목에 대한 통찰

---

28. 위의 책. 26 참조.
29. 위의 책. 20 이하 참조.

— "세계"의 기대에 대한 통찰
— "세계"를 바라보며 종교들의 공통적이며 또 각자 고유한 가능성에 대한 통찰
— 세계와 관련한 각 종교의 내면적 역동성에 직면하여 생긴 과제에 대한 통찰

우리가 종교간 대화를 통명스러운 대담이나 끝내 자기의 옳음을 주장하기 위한 이론적 실랑이가 아니라 남의 도전을 새롭고 진취적이고 활동적인 길을 포함하는 과정으로 이해한다면, 대화와 선교는 더욱 밀접한 것으로밖에 이해할 수 없다. 왜냐하면 선교는 각자 고유한 구원을 제공하고 그 실현을 목적으로 삼고 있긴 하지만, 이런 목적은 그리스도교의 파견 임무로부터만이 아니라 다른 모든 종교에도 내재하고 있어 그들 종교로부터도 이야기될 수 있기 때문이다.

4. 맺는 말: 세속의 복음화

1) 아시아 주교회의가 내어놓은 종교간의 대화를 위한 몇 가지 전제조건

그리스도교와 타종교간의 대화에는 단순히 타종교와의 대화만이 아니라 — 가령 그리스도교와 불교, 그리스도교와 유교 등 — 그 지방의 고유한 사상과 서구화된 그리스도교와의 복잡한 관계도 문제가 된다. 즉, 서구화된 신학의 진술도 종교간의 대화의 문제점으로 삼아야 한다는 것이다. 특히 한국(아시아)의 종교들과 그리스도교와의 대화는 희랍과 라틴 교부들에 의해 전개되었던 초기 그리스도교와 비그리스도교적 철학 및 종교간의 만남과 같은 모델을 통해서는 해결될 수 없다. 그리스도교가 게르만이나 라틴아메리카나 아프리카의 신교에서처럼 종교와 전통이 비교적 덜 견고한 구조에서의 가르침에서는 이 모델이 종교간의 대화를 위한 구속적 파라다그마가 될 수 있었다. 그 만남의 결과 비그리스도교 대화 상대자는 자신들의 생존을 위해 자신들의 문화와 전통이 파괴되거나 변형된 채로 수용할 수밖에 없었다는 것이다. 그리스도교가 그들의 대륙을 점령하였다고 표현할 수 있을 정도로 그들의 문화 전통은 잠식당했다. 그

러나 불교, 힌두교, 이슬람, 도교, 유교 등 인간을 위해 구원과 해탈을 추구하는 아시아의 종교들은 그리스도교와의 대화를 통해 자신들이 지닌 의미와 감정을 잃은 것이 아니라 오히려 더욱 자의식이 강해지고 있다. 이런 역사적 경험에서 아시아의 신학자들은 이들 종교의 위치를 하느님의 계획에서 찾고자 한다. 즉, 그들이 그들의 전통을 버리고 소위 — 서구화된 — 그리스도교로 회개해야 한다면, 그래서 지금 그들이 처한 문화와 전통과 종교가 언젠가는 서구화된 그리스도교를 위해 (그리스도교의 표현에 따르면 완성된 시기에는) 버려야 하는 것이라면, 그리고 그것이 — 그리스도교가 주장하듯이 — 하느님의 뜻이라면, 이는 오히려 하느님에 대한 도전적 물음을 낳게 한다는 것이다. 왜냐하면 그럴 경우 하느님은 왜 처음부터 이들 문화 민족을 세례주어 그리스도인으로 창조하지 않으시고 한낱 극복되어야 할 문화와 전통과 종교를 입은 민족으로 창조하신 것인가? 그리고 하느님은 왜 250만 년의 장구한 세월이 흐른 오늘에 와서 (또는 반만년의 유구한 역사가 흐른 오늘에 와서) 소위 그리스도교 이전의 모든 민족의 전통과 문화를 하느님의 뜻을 거역한 것으로까지 여기려 하는가 하는 질문이 가능해지기 때문이다. 만일 이런 물음이 억지가 아님을 인정한다면, 그래서 하느님은 이들 문화를 처음부터 인정한 것임을 우리가 또 알고 인정한다면, 이 문화는 소위 그리스도교로 극복되어질 문화가 아님은 분명하지 않은가?[30]

이렇게 볼 때 선교는 — 그야말로 처음부터 하느님과 관계하는 사업이라면 — 어떤 민족, 문화, 종교에게 서구화된 그리스도교를 전하는 것이 아니라 천지창조 때부터의 그리스도를 발견하고 이를 깨닫도록 하는 것임을 알 수 있다. 다시 말해서 선교는 민족의 종교와 전통 속에 서린 민족의 혼, 하느님이 심어주신 영혼을 발견하도록 도와 주는 것이다. 이렇게 볼 때 우리 한국에서의 그리스도 발견이 꼭 유럽식으로 전개될 필요는 없다는 말도 된다. 다시 말해서

---

30. Georg Evers, "Interreligiöser Dialog und Mission nach der Enzyklika", in: *Redemptoris Missio Zeitschrift für Missionswissenschaft und Religionswissenschaft* (1991), 201-4 참조.

우리가 전한국의 복음화를 원한다면 전한국인의 이마에 세례의 물을 부으려고만 할 것이 아니라, 그래서 우리의 물붓는 행위에 따라 하느님이 인간을 구원한다며 선포할 것이 아니라.[31] 이 행위 이전에 하느님은 이미 그들 안에 계셨고 그리스도 또한 그들 안에 계시며 성령도 이미 그들 안에 작용하여 왔음을 일깨워줌으로써 그들이 그들 안에 있는 삼위일체 하느님을 발견하도록 도와 주어야 한다. 그들의 핏속에 흐르고 있는 그리스도와 삼위일체 하느님을 발견하도록 해주어야 하는 것이다. 우리는 이 하느님을, 이 하느님의 구원의지, 하느님의 평화를 믿으며, 이 하느님은 우리 종교 안에만 갇혀 살지 않는다는 것을 잘 알고 있다. 따라서 하느님이 모든 민족, 모든 인간 안에 계시다고 고백하는 것을 마치 하느님에 대한 모독이라고 생각해서는 안되는 것이다. 어느 누가 하느님은 우리 그리스도인의 마음 안에만 머물러 있다고 주장할 수 있겠는가? 그러므로 타종교 인정과 그리스도교의 절대성을 양자택일의 문제로 삼는 것은 처음부터 오류인 것이다. 이런 의미에서 1982년 방콕에서 열렸던 아시아 주교회의가 종교간의 대화를 위한 몇 가지 전제조건을 제시한 것은 깊은 감명을 준다.[32]

① 아주 오랜 옛날부터 하느님은 우리 민족들에게 자신을 계시하셨으며, 이 민족들은 다양한 방식으로 그 가운데 작용하시는 성령에 응답하면서 신앙의 공동체를 이루어 왔다. 그들은 그들의 사회적 역사와 종교적 역사 안에서 이 신앙을 살고 경험하고 또 거행하였다. 우리는 이를 인정한다.

② 우리 민족들은 이런 신앙의 공동체에 속해 있는 인간적이며 종교적인 민족들이다. 그렇기 때문에 우리 민족들의 이 상속을 풍성하게 하기 위해서 우리는 우리의 고집을 떠나 이 공동체와의 관계를 유지해야 한다.

③ 우리는 마지막 목적지를 향한 공동적인 순례에서 이 신앙의 공동체에 가담할 수 있게 되는데, 이는 우리가 절대자와 진리를 끊임없이 추구하는 과정에서 서로 경청하고 서로를 전달하는 데서 가능해진다. 즉,

— 공동적 가치를 살고 촉구하는 가운데서

---

31. W. 뷜만, 앞의 책, 186 참조.   32. G. Evers, 앞의 책, 203 참조.

- 종교적 가치를 유지하며 살아가는 데서
- 사회, 경제, 정치, 문화, 종교적 공동기획으로 공동작업하는 가운데서
- 우리의 만남에 도전하며 우리를 회개와 변화로 부르시는 성령에 공동으로 답변하는 가운데서
- 이런 대화가 모든 민족과 종교들을 위한 그리스도교 현주소의 형태라는 것을 느낌과 실천으로 확신하는 가운데서

④ 우리의 이중 소속 — 우리 문화와 우리 그리스도교 신앙에의 소속 — 은 서로 나란히 있는 것이 아니고 우리 존재의 내면에 우리의 영성과 신학, 우리의 기도생활과 생활양식의 생활한 합(合)으로 짜여 있다. 궁극적으로 아시아에는 신앙의 공동체만이 건설될 수 있다. 그렇기 때문에 이런 대화는 우리 그리스도교 공동체를 모든 수준에서 건설하기 위한 포기할 수 없는 요인인 것이다.

2) 선교와 자기 죽임

그리스도인들이 그리스도의 복음을 선포하는 이유도 바로 여기에 있다. 하느님을 모르는 이에게 하느님을 전한다는 것은 결코 그들이 "나처럼" 하느님을 믿고 나처럼만 행동하고 나와 한 그룹이 되어 "옹졸한" 인간이 되도록 하기 위해서가 아니다. 그리스도교는 이런 "옹졸주의"를 과감히 벗어나 하느님 때문에 하느님을 믿도록 해주어야 한다.

세상에 산재해 있는 잡다한 인간사가 마치 자기 종교의 틀 속에서 기도하고 굿하면 다 해결되는 것처럼 선동하지 말자. 오히려 그런 데에서는 종교의 타락과 부패가 파생될 뿐이다. 세상의 복음화는 세상 밖으로의 복음화가 아니라 세상 안에서의 복음화이다. 주님은 세상의 어려움을 해결하기 위해 사람들의 눈을 세상 밖 천국으로 돌리게 한 것이 아니라 오히려 천국은 여기 가까이 와 있다고 부르짖으셨다. 우리는 교회 안 관심사를 교회 밖 사람들에게 전하려 들기보다 교회 밖 사람들의 관심을 우리의 관심사로 볼 수 있어야 한다. 정치, 경제, 사회, 인권, 폭력 등 모든 사회 문제가 복음화의 내용이며 종교간의 대화

의 내용인 것이다. 그러기에 선교는 남을 내게 "데리고 오는 것"이 아니다. "오라"가 아니라 "가라"이다. "가서" 세상 안에서 "바로살기 운동"을 벌이는 것이다. 가서 십자가 운동을 벌이는 것이다.

선교는 이렇게 해서 그리스도의 강생과 십자가와 부활에 근거한 삶의 운동을 벌이는 것이다. 십자가는 "자기 죽임", "자기 희생"이다. 남의 죽임이 아닌 글자 그대로 자기의 죽임이다. 우리가 이 "자기 죽임"을, 하느님의 자기 죽임 ─ 이는 그리스도의 강생과 죽음, 부활 사건에서 드러난다 ─ 을 진지하게 받아들인다면 그리스도교는 각 문화와 민족에게 선교하면서 끊임없이 우리를 죽여나가지 않을 수 없을 것이다. 여기서 우리란 그야말로 그리스도인 자신이다. 그러할 때 그 안에서 하느님의 말씀이 살아날 것이다. 온 인류를 위하여 자신을 희생한 하느님의 말씀, 온 인류가 나아가야 할, 온 인류가 들어야 할 하느님 말씀! 다 이루었다고 하신 그 말씀이!

라너의 고백으로 이 글을 끝맺고자 한다:

"하느님은 우리의 구원이시다. 하느님은 우리를 사랑하신다. 하느님은 우리에게 이를테면 팔을 벌리시고서 우리를 당신의 영원한 생명 속으로 받아들이고자 하신다. 어떤 다른 사람을 사랑한다면 모름지기 그 사람 자신을 위해서 사랑하는 것이지 자기 자신의 행복을 위해서 사랑하는 것은 아닐 때 비로소 그 다른 사람을 통해서 진실로 행복해질 수도 있듯이, 그런 비슷한 관계가 사람과 하느님 사이에도 있는 것이다. 우리는 하느님을 하느님이기 때문에 사랑해야 한다. 우리가 하느님과 이런 관계를 가지고 있을 때라야, 하느님은 또한 우리 행복의 하느님, 사랑하시고 용서하시는 섭리의 하느님이시다.

이 유념해야 할 사실, 직접 사기 사신을 위해서 추구하시 않을 때라야 뭔가 발견할 수 있다는 사실, 이것이야말로 인간 실존의 기본 구조라고 나는 말하고 싶다."[33]

---

33. W. 뷜만, 앞의 책, 140 이하에서 인용.

③

"감"과 선교

1. 가서 그곳 사람이 되어라

마르코 10,38에서 예수는 제자들에게 "당신들은 내가 마시는 잔을 마실 수 있으며 내가 받는 세례를 받을 수 있습니까?" 하고 묻는다. 이 구절은 지난해 연중 29주일의 복음인데, 마침 그날이 선교주일이었음을 생각한다면, 그날에 더없이 잘 맞는 내용이다.

이 복음 안에는 선교의 핵심 내용이 들어 있다. 선교는 단순히 교세를 양적으로 늘려가는 작업이 아니다. 선교는 예수가 마시는 잔과 예수가 당한 고난의 세례로 사람들을 초대하는 사업이다. 세례는 우리의 영혼에 그리스도의 수난을 부여해 달라는 신청서이다(토마스 머튼).

성부가 당신의 외아들을 이 세상에 파견하신 것은 다름아닌 예수로 하여금 이 고난의 잔을 마시게 하기 위함이었으며, 훗날 부활한 예수가 "가서 모든 민족들을 제자로 삼아 아버지와 아들과 성령의 이름으로 그들에게 세례를 베푸시오"(마태 28,29) 하며 제자들을 파견하신 것도 모든 민족에게 이 고난의 세례를 퍼붓기 위함이었다.

고난의 세례야말로 선교가 포기할 수 없는 내용이다. 이는 하느님의 오른편이나 왼편 가까이에서 영광스럽기를 바라는 사람에겐(마르 10,17), 그리고 그런 영광만을 행복과 구원의 전부로 여기는 사람에겐 여간 끔찍스러운 일이 아닐 수 없다(유감스럽게도 대부분의 사람들은 이런 구원관, 행복관을 가지고 있다). 그러나 이 내용을 깨달은 자만이 구원에 이르게 된다. 이야말로 역설 중의 역설이 아닐 수 없다.

예수의 제자들은 비록 많은 세월이 흐른 후이긴 하였지만 이 구원의 역설을 깨달았다. 그리하여 그들은 "떠나가서 사방에 복음을 선포하였다"(마르 16,20). 행복과 구원을 자기 한몸에 모아 가지려는 마음을 포기하고 "떠나갔다". 그들에게 "떠나감"은 이 복음을 받아들이는 행동의 결단이자 또 선교 내용 자체이기도 했다. "아픔" 없이는 떠날 수가 없기 때문이다. 선교는 "떠남"(가라!)을 내용으로 하고 있다. "떠나가지" 않는 자는 선교할 수 없다. 그러면 무엇을 떠나야 하는가? 무엇에서 떠나가야 하는가?

먼저, "가라!"(마태 28,29)는 말은 있던 곳을 떠나는 것이다. 뿐만 아니라 있던 곳에서 가지고 있던 내것, 나 자신, 내 생각, 내 주장을 떠나는 것이다. 선교는 내 생각을 전하는 것이 아니기 때문이다. 그러기에 예수는 지팡이 외에는 아무것도 가져가지 말라고 신신당부한다. 전대는 더군다나 안된다(마르 6,8-9). 전대란 오늘날 말로 번역하면 돈지갑이다. 더 현실감있는 말로 표현하자면 "봉투"이다. 예수가 전대를 말할 때는 아무것도 지니지 말라는 뜻에서였으니, 요즘 시중에 나도는, 긁어모으는 봉투라면 더군다나 가져선 안된다.

교회가 봉투와 관계하는 날이면 선교는 그야말로 끝장이다. 수입 많은 대도시 본당과 그렇지 못한 시골 본당이 다른 사람 아닌 성직자로부터 구분되고, 성직자들의 회갑연이다, 은경축이다, 서품일이다, 영명축일이다, 또는 듣도 보도 못하던 40주년 기념이다 하는 식의 개인적인 행사가 교회의 이름으로 치러지고, 온갖 찬사와 봉투가 예수의 이름으로 전달될 때, 이 "떠나감"의 의미는 퇴색되어 간다. 그런 마음으로는 아무에게도 예수의 고난의 잔을 권할 수가 없다. 스스로도 마시려 하지 않는 고난의 잔을 누구에게 권할 수 있겠는가?

둘째로, "간다"는 것은 "그곳 사람이 되기" 위해서이다. 그곳 사람과 하나가 되기 위해 내것을 떠나는 것이다. 선교는 그곳 사람들의 마음을 읽는 것을 전제로 하여야 한다. 이는 마치 하느님의 성자가 이 세상의 사람으로 오신 것과 같다. 과거 선교사들이 교회를 세상 끝까지 전달했으면서도 오늘날 비판을 받는다면, 그 이유는 그들이 그곳 지역 사람들의 마음을 읽는 데 실패했기 때문일 것이다.

복음화(선교)는 그 지방의 문화와 전통, 관습 등을 존중하고 인정하는 데에서 비롯되며, 또 거기서 비로소 뿌리를 내릴 수 있다. 그런 것들을 인정하는 가운데서 그곳 사람들의 마음 속에 처음부터 작용하시고, 처음부터 그들을 구원하시고자 하는 하느님과 그리스도를 발견하게 된다. 선교는 결국 그곳 사람들로 하여금 이 하느님, 이 그리스도를 깨달을 수 있도록 도와 주는 것이다.

이런 면에서 이 땅에 천주교가 들어오기 100년도 더 전인 1659년, 교황 알렉산델 7세가 아시아로 선교사들을 파견하면서 한 말씀은 대단히 인상깊다:

"이 백성들의 의식과 습관 및 관습들이 종교와 선한 윤리에 반대되지 않는 한, 그들을 변화시키려고 어떠한 양식으로라도 시도하지 말며, 어떤 구실로라도 설득하지 마십시오. … 그대가 가져가야만 하는 것은 그대의 나라가 아니라 신앙입니다. 그 신앙은 어떤 의식들이 사악하지 않는 한, 어떤 국가의 의식이나 관습도 거부하거나 경시하지 않으며, 오히려 그것들이 통합적으로 보존되고 장려되기를 원합니다.

한 민족의 관습들을 변화시키려 하는 것보다 더 소외와 증오를 자아내는 원인들은 없습니다. 특히 이 관습들이 조상들에 대한 기억이 도달할 수 있는 한 먼 과거로부터 이어올 때 더욱 그러합니다. 이 관습들을 폐지하였다면, 그 다음에 그대 나라 관습들로 대체하기 위해 무엇을 시도하겠습니까? 이 사람들의 관습과 유럽의 관습을 절대로 비교하지 마십시오. 반대로, 그들에게 익숙해지려는 그대의 염원을 보여주십시오. …"[1]

교황의 이 말씀은 참으로 놀랍다. 그러면서 더욱 놀라운 것은 이 말씀이 선포된 지 100년도 더 지난 후, 한국에서의 천주교 박해는 이 전통과 문화를 인정하지 않으려는 선교사들의 마음과 전혀 무관한 것이 아니었다는 점이다.

예수가 "가라"고 명령한 이래 교회는 이 명령에 순종하면서, 인류에게 고난의 잔을 권하여 왔다. 이 사업은 이렇게 해서 우리에게까지 전해지고 이어져 오고 있으니, 오늘도 우리는 이 "권함"을 강요받고 있다. 그러나 선교의 역사

---

1. "The Christian Faith in the Doctrinal Documents of the Catholic Church" 1109, 이하 CF로 줄임.

는 처음의 2,3백 년이라는 극히 짧은 지하교회 시대를 제외하고는 거의 외적인 세력 확장에 주력하는 쓰라린 선교 역사를 남겼다.

지상의 교회는 때때로 세속적인 이해관계와 지나치게 유착된 관계를 보였다. 특히 15세기의 미대륙 발견과 함께 아프리카, 라틴아메리카, 아시아 등지에서 유럽 국가들의 식민지가 늘어남과 더불어 선교는 더욱 세계적인 교세 확장에 주력하였다. 이 시기에 선교사들은 선교 지역의 정치·경제·사회·문화적 상황을 무시하고 유럽화된 그리스도교를 그대로 이식시키려 하였다.

물론 중국과 인도에서처럼 선교 지방의 문화와 관습을 이해하며 일반 백성들 속에 자리하면서 선교지의 언어를 배우려 하는 등 선교 본연의 자세도 볼 수 있었으나 이는 전체의 지지를 얻지 못하였으며, 대부분의 지역에서 십자가는 그곳 문화를 억누르며 갈등과 마찰을 불러일으켰고, 고난의 잔을 마시게 하는 무력으로 사용되기도 하였다.

그들은 갔으되 떠나지 못했으며, 갔으되 그곳 주민들의 마음 — 문화, 전통, 관습 등 — 을 읽지 못했고, 갔으되 그곳 사람이 되지 못했던 것이다. 고난의 잔을 권했으되 스스로는 마시려 하지 않았으니, 십자가는 지배의 상징이 되고 성직자는 방인들 위에 한없이 높이 군림하며 존경받는 존재가 되었다. 어쩌면 오늘날 한국에서 성직자의 위치가 한없이 높은 것도 이런 선교의 결과가 아닐까 생각된다.

2. 교회 문헌에 나타난 선교 이해

그러나 교회 문헌사를 보면 유대인과 사라센의 예(12~14세기)를 제외하고는 교회가 선교사업에 충실하였고 옳게 대처해 왔음을 보게 된다.

대 그레고리오(590~604)가 프랑스의 수도원장 멜라투스에게 보낸 서한에는 영국의 더 용이한 개종을 위한 선교 방법에 대해서 이야기하는데, 여기서 교황은 복음을 전하는 선교사의 목적은 원주민들의 사원을 파괴하는 데에 있지 않고, 오로지 그들을 개종시키는 데에 있음을 상기시키면서 그 사람들이 가진 고대 종교와 신앙 사이에 연속성과 참신성이 있어야 한다고 강조한다.

"아우구스티누스에게 결코 신들의 사원을 파괴하지 말고 오히려 그 사원들 안에 있는 우상들을 파괴해야 한다고 말하시오. 그로 하여금 성수로 사원을 정화한 뒤에 제단과 성인들의 유해를 안치하도록 하시오. 만일 사원이 잘 건립되어 있다면 그것은 귀신의 숭배로부터 참 하느님께 대한 봉사로 전환되도록 해야 할 것이오. 이렇게 백성들은 자신들의 예배 장소가 파괴되지 않은 것을 보면서, 그들의 가슴에서 과오를 떨쳐버리고 참 하느님을 인정하고 경배하면서 그들에게 친숙하고 소중한 장소로 나오게 될 것이오. … 이렇게 그들이 모든 외적인 기쁨을 박탈당하지 않게 되면 그들도 더 쉽게 내적 기쁨을 맛보게 될 것이오. 확실히, 누구나 산 정상에 오르고자 할 때에 단숨에 뛰어오르기보다는 한 걸음 한 걸음 올라야 하는 것처럼, 그들의 강한 마음도 한꺼번에 지우는 것은 불가능하기 때문이오. 이것을 우리의 형제인 주교에게 언급하여서 그가 보고 있는 문제를 시간과 장소의 조건에 알맞게 처리하도록 하시오"(CF 1102).

무엇보다도 그리스도교가 중국 대륙에 선포될 즈음에 통킹과 코친차이나의 교황대목구장에게 보내진 인류 복음화성의 훈령(1659년)에서 국가의 관습과 전통을 존중하고 백성들의 생활에서 좋은 것은 무엇이든지 그리스도교 안으로 수용하고자 하는 자세를 보인다(앞의 CF 1109 참조).

베네딕도 15세의 사도서한(*Maximum illud*, 1919년)은 교회의 선교활동의 현대적 개념에 중요한 돌파구를 마련하고 있다. 선교 지역에서 교회의 진정한 성장을 주도해야 하는 일부 기본 원리들을 강력한 양식으로 제시하면서 선교지역에서 모든 주민들에 대한 교회의 책임, 방인 성직자 양성, 선교사들의 적응 문제 등을 역설하고 있다. 그후의 교황들도 계속 방인 성직자의 역할을 강조하였다. 가령 비오 11세의 회칙서한(*Rerum ecclesiae*)은 이렇게 말한다.

"… 그대는 최선의 능력대로 방인 사제들을 준비시키지 않으면, 그대의 사도직은 불구로 머물 것이고, 그대의 관할 지역에서 온전히 조직된 교회의 건립은 상당히 지연될 것입니다. … 이들 거대한 지역에 그리스도의 교회가 설립되고 견고히 뿌리내리는 것이 아니라면 선교의 목적이란 무엇이며, 또 옛날 우리 가운데서 이 일을 이룩하였던 모든 힘들, 즉 각 민족의 신도, 성직자 그리고 남녀 수도자들을 통하지 않고서 오늘날 이 일들이 어떻게 민족들에게서 실현될 수 있었겠는가? … 그대는 그리스도교의 국경을 확장하고 신도들을 어떠한 외부 성직자들의 도움 없이 그들 스스로 다스리도록 충분한 방인 사제들을 공급하도록 해야 할 것입니다"(CF 1116).

비오 12세는 회칙서한(*Summi pontificatus*, 1939년)에서 선교 국가들 안에서 교회가 활동하면서 충족시켜야 할 원리들을 천명하고 있다. 모든 민족의 문화적 유산을 보전하고 계발시킬 수 있는 원리와 이것들을 새로운 교회생활로 수용해야 하는 교회의 의무를 거론하면서 교회의 가톨릭성을 보여주고자 한다. 이렇게 해서 교회의 이상은 외형상의 획일성이 아니라 신앙의 일치 가운데서 복합성임을 강조한다.

"… 각 민족의 특수한 성격과 전통, 그리고 관습들은 신법과 모순되지 않는 한 손상되지 않고 그대로 보전되어 있어야 한다. 선교사는 예수 그리스도의 사도이다. 그의 과업은 외국 토양에 옮겨 심어진 나무처럼 유럽 문명을 선교 국가들에게 선전하는 것이 아니다. 그보다는 다른 백성들을, 그들 중에 그들의 고전적이고 정교한 문명을 자랑스럽게 생각하는 사람들을 환영하고 지도하며, 또한 아울러 그리스도교적 생활과 행동 원리들을 기꺼이 그리고 진심으로 수용하도록 이들을 준비시키고 배치하는 것이 선교사의 기능이다.

뿐만 아니라, 이 원리들은 어떠한 유익하고 건전한 문명이면 무엇이든지 함께 양립할 수 있으며, 이러한 문화를 인간 존엄성의 옹호와 행복의 도달을 위해 민감한 열성으로 지니도록 고취시킬 수 있다. 한 나라의 가톨릭 주민들이 일차적으로 하느님의 당당한 가정의 구성원이며, 하느님 나라의 시민들이라고 한다면, 그들이 또한 자신들의 지상적 조국의 시민들이기를 중단하게 된다고 여기지 않는다"(CF 1122).

각 문화를 인정하고 그 안에서 "본성적으로 그리스도적인 것", "하느님적인 것"을 보기까지는(CF 1129), 즉 선교 정신과 가톨릭 정신의 동일성을 보기까지는 무수한 세월이 흐른 셈이다. 그리하여 "선교"를 새롭게 이해하는 틀이 마련된 셈이다.

3. 제2차 바티칸 공의회와 그 이후의 선교 이해: 모두가 선교의 대상

무엇보다도 제2차 바티칸 공의회는 교회의 선교적 성격을 기술하면서 선교 이해에 새로운 전환점을 이룬다. 제2차 바티칸 공의회는 복음화를 부르짖으면서 눈을 "안으로" 돌리게 된 것이다.

복음화는 "외적인" 사건이 아니라 내적인 사건이다. "자기 복음화"가 가장 우선되어야 한다.

이렇게 해서 제2차 바티칸 공의회는 「선교교령」에서 교회의 신비에 대한 새로운 이해와 선한 모든 것에 대한 새로운 개방성, 그리고 세계 종교들에 대한 새로운 자세를 반영하고 있다. 이 교령은 금세기 선교 회칙들을 완성시켜 더 진일보한 단계로 인도하는 선교활동의 깊은 신학적 개념을 제공한다. "교회 밖에서의 구원"과 하느님 계획 안에서의 종교들의 의미에 관한 최근의 신학과 아울러 교회의 보편성의 의미와 함축성에 새로운 각성을 보인다.

그리스도를 모르는 사람에게 그리스도를 선포한다는 것은 그리스도가 "어느 누구에게나 또 어디에서나 이방의 것으로 생각될 수 없기" 때문이다. 또 마찬가지로 이 말은 모든 인간은 — 사실상은 — 그리스도의 품에 있다는 것을 인정한 셈이다. 그렇기에 소위 영세하지 않은 비신자, 타종교인만이 아니라 이미 신앙을 가지고 고백하는 자들도 선교의 대상이 되어야 한다. 모두가 그리스도의 잔으로 불림을 받았기 때문이다. 이렇게 해서 선교의 의의는 드디어 "양적인 팽창"을 넘어 질적인 하느님 나라의 선포를 뜻하게 되었다.

예수가 우리에게 준 고난의 잔은 누구나가 마셔야 하는 잔이다. 그 잔이 남에게 권해진다면, 먼저 내 입술을 거치고 난 후에라야 한다. 그런데 우리는 이 잔을 너무도 기꺼이 마시려 하지 않았으면서 남에게만 계속 마시기를 권하였다. 이제 우리가 이 잔을 먼저 마실 차례이다. 이 잔은 남에게 권하는 잔이 아니라 내가 먼저 마셔야 할 잔이나. 예수도 이 잔을 마셨으며 마심으로써 우리에게 권하셨던 것이다.

다들 한국 교회 교세 확장을 보고 놀라고 부러워한다고 한다. 그러나 외적인 활동이, 늘어나는 교회의 종탑이 부러움의 대상일 수만은 없다. 우리는 얼마나 이 잔을 마시려 하였던가? 우리는 얼마나 이 잔을 스스로 마시고 있는가? 먼저 물어야 한다. 그 누구보다 먼저 내가 곧 선교의 대상은 아닌지를 성찰해야 한다.

④
한국 천주교회의 선교 과제

천주교가 한국에 들어온 지 200년이 넘었다. 그동안 교회는 외적으로는 많은 발전을 하여 신도 수가 300만을 돌파(?)하였고, 교황이 두 번이나 한국을 방문하였으며, 세계 성체대회도 성대하게 치른 바 있다. 성당은 아니지만 가는 곳마다 교회당의 십자가가 네온사인을 번쩍이며 경쟁하듯 하늘을 향해 치솟아 있고, 하느님과 예수의 이름이 이제는 전혀 이국적으로 들리지 않으니, 그리스도교는 더 이상 외래의 종교가 아니라 완전히 우리의 종교이며 그래서 더 이상 토착화가 필요없다고 주장하는 이들도 나온다. 우리 고유의 의상인 치마 저고리나 핫바지가 오히려 불편하고 양복이 우리 몸에 맞는 옷이 된 것처럼 그리스도교도 이제 더 이상 낯설지 않은 우리의 종교가 되었다는 것이다. 그러나 과연 그런가? 과연 그리스도교는 우리의 정서를 대변하는 우리의 종교가 되었는가? 이런 물음은 다음 물음과 맥을 같이한다: 그리스도교가 이 땅에 전래된 이래 이 땅의 이 민족에게 달라진 것이 무엇인가? 그리스도교의 전래로 이 땅의 민족은 그리스도의 사랑과 평화 그리고 하느님의 정의를 찾았으며, 그리스도교에서 자기의 정체와 자기의 문화를 발견하였는가? 혹시나 그리스도교 때문에 이 땅의 문화와 언어와 종교가 사멸되어 가고 있다는 의혹을 주고 있는 것은 아닌가? 천주교가 전래될 때 큰 문제를 일으켜 박해까지 유발시켰던 조상숭배와 제사 문제가 200년이 지난 지금에 와서 일부 그리스도교파에서 그리스도의 이름으로 당연한 것처럼 부정되고 있는 것은 무엇을 말해주고 있는 것인가? 어쩌면 우리는 우리의 문화 안에 처음부터 살아 숨쉬고 계신 하느님을 그리스도교의 이름으로 몰아내고 있는 것은 아닌가? 이런 물음들을 진지하게 받아들인다면 선교의 성과를 양적으로 따지고 또 우리에게 더 이상 낯설지 않다는 이유를 들며 나머지 한국인을 반성 없이 무조건 그리스도교화하는 것을 선교로 생각하고 힘의 선교정책을 강구하는 것이 얼마나 자만에 빠진 그리스도교의 횡포인가를 알게 될 것이다. 하느님은 소위 그리스도교라는 테두리 안에 가둘 수 없다는 것을, 그리스도교는 우리가 전하는 그 그리스도교보다도 더 크다는 것을 깨우쳐 주는 것도 선교의 목적이라고 말할 수 있어야 할 것이다. 선교는 사람들을 소위 그리스도교라는 울 안에 다 끌어모으는 것이 아니다. 오히려 이 틀을 깨뜨리는 것이다. 따라서 우리는 한국이 얼마나 그리스도교화되었는가 묻기 이전에 나는 얼마나 그리스도화되어 사랑의 인간, 평화의 인간이 되었는가 진지하게 물어야 할 것이다. 이런 반성적인 물음을 지나치고는 선교의 과제는 진지하게 논해질 수 없을 것이다. 이에 먼저 선교의 내용을 간단히 정리해 보고 그에 따라 선교의 과제를 제시하고자 한다.

1. 계시론적 관점에서 본 선교의 내용

1) 성속(聖俗)의 일치

　그리스도교를 선교한다면 무엇이 선교되는 것인가? 그것은 그리스도의 복음이다. 예수가 "가서 하늘나라가 가까이 왔음을 선포하라"고 하시며 제자들을 보낸 데서 볼 수 있는 것처럼, 선교(가라)의 내용과 목적은 하늘나라가 가까이 왔다는 복음을 전하는 데에 있다. 예수 자신도 이때문에 세상에 오셨으니 그가 처음 전한 복음도 "하늘나라가 가까이 왔다. 회개하라"(마태 4,17; 마르 1,15)였다. 그가 십자가에서 행동으로 보인 마지막 복음도 이 복음이었다. 왜냐하면 십자가에서 "하늘나라가 가까이 왔음"이 입증되었기 때문이다. 이때문에 십자가는 선교의 전 내용을 함축하고 있다.

　우리가 예수는 하느님의 아들이라고 고백하는 것은 이 복음에 근거해서이다. 이 복음은 그의 첫 복음이요 마지막 복음이었으며, 무엇보다도 예수 자신이었다. 예수[俗] 안에서 하느님성[眞]이, 그리고 신성과 인성의 일치가 드러났다. 그는 말하자면 하느님의 계시 자체이다. 그러므로 선교가 무엇인지 그 뜻을 잘 알아듣고 그 과제를 충실히 이행하기 위해서는 "하늘나라가 가까이 왔다"고 하는 이 복음의 내용에 대한 반성과 이해가 따라야 한다. 선교의 사명은 이 복음의 내용을 사람들에게 깨우쳐 주고 그에 따라 살도록 하는 데 있다.

그러면 하느님 나라로 무엇이 선포되었는가? 이를 좀더 자세히 살펴볼 필요가 있다. 이 나라가 지상에 도래했다는 것은 이제 지상에서 천국 체험이 가능하게 되었다는 것으로 이승과 저승, 자연과 은총, 하늘과 땅, 성과 속, 시간과 영원으로 이원화된 세계관이 혼동되거나 분리됨 없이 타파되었음을 말해준다. 하느님과 인간은 대립된 개념일 수 없기에 하느님 나라는 하늘 저편에 위치하는, 인간이 살아 있는 동안은 갈 수 없고 죽은 후에나 갈 수 있는, 그래서 신비스러운 미래의 나라일 수는 없다는 것이다. 만일 하느님 나라가 지상 바깥의 어떤 곳에 공간을 확보하여 위치하고 있다가, 언젠가 — 현재 다음에 — 인간 세계로 다가오게 될 나라라면, 그 나라 역시 시공(時空)의 제한을 받는, 절대성과 영원성을 상실한 나라일 수밖에 없을 것이다. 예수에 의하면 인간들이 사는 땅은 떠나야 할 곳이 아닌 하늘의 뜻이 이루어지는 곳이다. 이를 우리는 예수께서 하느님 나라의 도래를 밭에 묻힌 보화(마태 13,44), 땅에 뿌려진 씨앗(마르 4,14) 등으로 비유한 데서 볼 수 있다. 씨앗은 땅에 뿌리를 내리지 않고서는 자랄 수 없다. 그와같이 천국은 처음부터 지상에 뿌리를 내리고 있다. 지상을 떠난 다른 어떤 곳에서 천국을 찾으려 드는 것은 마치 공중에 씨앗을 뿌리려 드는 것처럼 허황된 짓이다. 천국은 씨앗처럼 지상에 뿌리를 내리고 자라며, 지상을 덮고 지상에서 체험된다. 그래서 예수는 기도를 가르쳐 달라는 제자들에게 "아버지의 뜻이 하늘에서와 같이 땅에서도 이루어지소서"라는 기도를 가르치시다. 이렇게 볼 때 천국은 본 고향이고 이 세상은 천국에 들어가기 위하여 고행하는 유적지, 또는 그 자체로는 가치가 없는 임시 거처 등으로 표현된 종교관은 배척되어야 한다. 언뜻 보기엔 이런 현실부정적 세계관이 그리스도교를 비롯한 모든 종교의 근본 입장인 것 같지만 — 사실 많은 사람들이 이런 식으로 오해하고 있다 — 이야말로 종교에 대한 오해가 아닐 수 없다. 하느님 나라를 선포하신 예수는 이런 세계관, 이런 종교관을 원칙적으로 수정하셨다. 그리고 이를 자기의 인격과 행위로 증명하였으니, 자기(俗: 俗 안에서의 俗과 眞의 일치)를 보는 것이 아버지(眞: 眞 안에서의 眞과 俗의 일치)를 보는 것이라고 말하였던 것이다. 인간은 영원한 생명을 얻기 위해 저 먼 하늘을 물끄러미 쳐다볼 것이 아니라 하느님이 주신 현실을 직시하며 그 현실을 충실하게 살아야 하고, 이를 몸으로 나타낸 예수를 찾아야 하는 것이다. 그리고 예수는 마침내 이를 위해 이 세상에 오셨고 이를 위해 십자가에 못박히셨다.

이런 이원론적인 사고는 신론에도 문제가 생기게 한다. 왜냐하면 천국은 하느님이 계신 곳인데 인간이 죽어서야 갈 수 있는 나라라면 하느님은 인간이 죽어 이 세상을 떠나야만 만날 수 있는 존재가 되기 때문이다. 그렇다면 이는 역설적으로 이 세상은 하느님이 계실 수 없는 곳, 하느님과는 무관한 곳이며, 이 세상의 역사는 하느님의 의지와는 상관없이 흘러간다는 것을 의미하게 된다. 예수는 이런 신관을 경계하신다(루가 17,20-21 참조). 예수에게 하느님은 인간과 대치하며 때로는 인간으로부터 멀리 때로는 가까이 계시는 그런 존재가 아니다. 하느님은 당신의 영원성을 고집하면서 저 세상에 안주하며 자연을 움직이는 원리(그리스 철학)가 아니다. 하느님은 당신의 영원성과 하느님 존재를 인간 세계 안에 나타내 보이시는 생활한 분이다. 하느님은 저승만이 아니라 이승에 사는 인간들의 하느님이며, 미래만이 아니라 현재의 하느님이시다. 그는 생명과 구원의 하느님인 것이다. 예수는 이렇게 하느님 나라의 도래를 선포하면서 하느님이 역사의 주인이심을 깨닫게 해주시고, 시간에 영원의 의미를, 현재에 미래의 의미를 되찾아주시고, 주어진 일상의 체험에서 하느님을 만나게 해주신다(마태 25,31 이하 참조). 종교는 현실적이다. 천국을 체험하기 위해서는 먼저 지상을 있는 그대로 체험해야 한다. 이런 예수의 현실적 종교관이 제2차 바티칸 공의회의 관심사였으니, 이 공의회는 세계에 대한 관심이 곧 하느님과 교회에 대한 관심임을 천명하였다. 제2차 바티칸 공의회는 이를 「사목헌장」에서 다음과 같이 표현한다: "기쁨과 희망, 슬픔과 번뇌, 특히 현대의 가난한 사람과 고통에 신음하는 모든 사람들의 그것은 바로 그리스도를 따르는 신도들의 기쁨과 희망이며 슬픔과 번뇌인 것이다. 진실로 인간적인 것이라면 신도들의 심금을 울리지 않는 것은 있을 수 없다"(1항).

우리의 선교는 마땅히 예수의 이런 복음과 그의 인물에 바탕해야 할 것이다. 다시 말해서 선교는 예수가 목숨 바쳐 선포한 하느님 나라와 하느님을 선포하는 것이다. 그러므로 선교하는 인간, 예수를 찾는 인간은 마땅히 세상 사람들의 관심은 무엇인가를 구체적으로 물어야 한다. 이는 곧 그들의 언어, 문화, 종교에 대한 관심을 소중히 여기는 데서 시작한다. 이렇게 볼 때 선교는 세상과 인간과 문화 안에서 하느님을 만나게 해주는 일, 한마디로 하느님의 자기 전달, 계시 사건을 깨우쳐주는 일이다. 선교에 문화의 존중이 왜 중요한가 하는 이유도 여기에 있다. 이렇게 볼 때 선교는 나의 신앙을, 내 종교를 숫자적으로나 공간적으로 팽창시켜 나가는 사업일 수 없으며, 오히려 그들의 삶 속에서 하느님을 발견하게 해주는 일에 우선을 두어야 할 것이다.

세상의 잡다한 인간사가 마치 자기 종교의 틀 속에서 기도하면 다 해결된다는 식의 선교는 종교의 타락과 부패를 파생시킬 뿐이다. 그러므로 6%밖에 선교하지 아니하였다고 세상을 애처롭게 바라보며 그리스도인의 선교열이 식었다고 단언할 수는 없다. 오히려 그런 눈을 수술하여 비그리스도인들 안에서도 하느님을 볼 수 있도록 해주어야 한다. 세상의 복음화는 내가 속한 좁은 그리스도교에로의 인도가 아니라 세상 안에서, 인간 삶 가운데에 복음을 심는 가운데 이루어진다. 그러기에 우리는 교회 밖 사람들의 관심을 우리의 관심사로 바라볼 수 있어야 한다. 정치·경제·사회·인권·정의·폭력 등 모든 사회 문제가 복음화의 내용이다. 선교는 남을 내게로 "데리고 오는 것"이 아니라 그에게 "다가가는 것"이다. "가서" 세상 안에서 "바로 보고 바로살기운동"을 벌이는 것이다. 그리스도의 십자가와 부활에 근거한 삶이 운동을 벌이는 것이다.

2) 십자가

하느님과의 만남은 성속 분리의 이원론적인 사고와 틀에 박힌 자기의 성(城)을 허물어버릴 때 가능하다. 그러기에 선교의 목적과 자세는 이원본적 사고를 헐어버리는 데서 비로소 가능하다. 이를 달리 표현하면 선교의 목적은 인간의 이원론적 사고를 헐어 하느님을 만나게 해주는 데에 있다. 이를 예수는 온몸으로 내보여주셨으니, 바울로는 이를 이렇게 쓴다:

"그분은 하느님의 모습을 지니셨지만 하느님과 같음을 노획물인 양 중히 여기지 않으시고, 도리어 자신을 비워 종의 모습을 취하셨으니 사람들과 비슷하게 되시어 여느 사람 모양으로 드러나셨도다. 자신을 낮추시어 죽음, 곧 십자가의 죽음에 이르기까지 순종하셨도다. 그러므로 하느님께서는 그분을 지극히 높이시어 어느 이름보다도 빼어난 이름을 그분에게 내리셨도다"(필립 2,6-9).

예수가 자신을 완전히 비워 내어놓은 십자가는 하늘나라가 가까이 왔다는 복음, 성속 일치의 원리가 구체적으로 실증된 장소이다. 십자가는 인간의 눈으로 볼 때 그야말로 하느님이 계실 수 없는 곳이다. 아니 오히려 하느님의 저주가 표현되어 있는 곳이다. 그러기에 그 십자가를 둘러서 있던 사람들은 십자가에 달린 예수를 보고 자신이 정말 하느님의 아들이거든 뛰어내려 보라고 조롱하기까지 했다. 그러나 예수는 그곳에서 뛰어내리지 않았으니, 그는 그곳에서 하느님이 자기를 계시하시며 자기와 함께 고통당하고 계시다는 것을 알고 있었던 것이다. 십자가를 통해 우리는 인간의 상상을 초월한 처절함과 고통스러움, 죽음의 상황에서도 하느님은 계시다는 것을, 인간의 눈으로 볼 때는 도저히 하느님이 계실 수 없는 그곳에서도 하느님은 계시다는 것을 비로소 알 수 있게 되었다. 그리스도의 십자가는 이 사실을 인류에게 처음으로 일깨워주었다. 십자가, 고통, 죽음은 하느님과 상관없는 것들이 아니다. 이 현상은 하느님이 떠나버린 상황이 아니고, 이 장소는 하느님이 저주한 곳이 아니다. 오히려 하느님은 어떤 상황, 어떤 곳에서도 자신을 나타내 보이신다는 것을 말해주는 곳이다. 멀리 떠나버린 듯한 하느님이 사실은 떠나지 않았다는 것, 그런 절망과 죽음의 장소에서도 하느님은 자신을 계시하신다는 것, 하느님의 선하심은 항상 채워진다는 것이 십자가를 통해 증명되었다. 십자가가 기쁜 소식인 것은 인생이 실패한 것 같은 그곳에, 그 순간에 신적 의미가 있다는 것이며, 이때문에 십자가는 선교의 핵심 내용이 된다. 그렇기에 바울로는 고린토 전서에서 인상 깊게 이야기한다:

"멸망한 사람들에게는 십자가의 이치가 한낱 어리석은 생각에 불과하지만 구원받을 우리에게는 곧 하느님의 힘입니다. 성서에도 '나는 지혜롭다는 자들의 지혜를 없애버리고 똑똑하다는 자들의 식견을 물리치리라' 는 말씀이 있지 않습니까? 또 이 세상의 이론가가 어디 있습니까? 하느님께서 이 세상의 지혜가 어리석다는 것을 보여주시지 않았습니까? 세상이 자기 지혜로는 하느님을 알 수 없습니다. 이것이 하느님의 지혜로운 경륜입니다. 그래서 하느님께서는 우리가 전하는 소위 어리석다는 복음을 통해서 믿는 사람들을 구원하시기로 작정하셨습니다. 유다인들은 기적을 요구하고 그리스인들은 지혜를 찾지만 우리는 십자가에 달리신 그리스도를 선포할 따름입니다. 그리스도가 십자가에 달렸다는 것은 유다인들에게는 비위에 거슬리고 이방인들에게는 어리석게 보이는 일입니다. 그러나 유다인이나 그리스인이나 할 것 없이 하느님의 부르심을 받은 사람들에게는 그가 곧 메시아이며 하느님의 힘이며 하느님의 지혜입니다. 하느님께서 하시는 일이 사람의 눈에는 어리석게 보이지만 사람들이 하는 일보다 지혜롭고, 하느님의 힘이 사람의 눈에는 약하게 보이지만 사람의 힘보다 강합니다"(1고린 1,18-25).

"그러나 내게는 우리 주 예수 그리스도의 십자가 외에는 아무것도 자랑할 것이 없기를 바랄 뿐입니다"(갈라 6,14).

이 십자가에서 인간은 하느님과 가장 깊이 일치할 수 있다. 왜냐하면 십자가에서 인간은 비로소 하느님의 전부를 체험할 수 있기 때문이다.

그리스도가 달려 죽고 그리스도교가 선포해야 하는 이 십자가는 선교의 내용일 뿐 아니라, 그리스도교 스스로가 일치 변모해 나타날 모습이다. "십자가는 '자기 죽임', '자기 희생'이다. 남의 죽임이 아닌 글자 그대로 자기의 죽임이다. 우리가 이 '자기 죽임'을, 하느님의 자기 죽임 ― 이는 그리스도의 강생과 죽음, 부활 사건에서 드러난다 ― 을 진지하게 받아들인다면 그리스도교는 각 문화와 민족에게 선교하면서 끊임없이 자기를 죽여나가야 할 것이다. 여기서 자기란 그야말로 그리스도교 자신이다. 그러할 때에 그 안에서 하느님의 말씀이 살아날 것이다. 온 인류를 위하여 자신을 희생한 하느님의 말씀, 온 인류가 나아가야 할, 온 인류가 들어야 할 하느님 말씀! 다 이루었다고 하신 그 말씀이!"[1]

선교하는 그리스도교는 그 자체로 십자가의 모습을 띠어야 하며, 십자가의 모습으로 변모해야 한다. 우뚝 솟은 교회 종탑 위의 십자가는 그대로 교회의 모습이며, 또 변모되어야 할 모습이어야 한다. 그렇지 못할 때 십자가는 바벨의 상징, 인간의 힘의 과시일 뿐이다. 예수가 자신을 십자가에 내어놓아 하느님과 일치한 것처럼, 하느님과 그리스도를 선포하는 교회도 마땅히 스스로를 십자가에 내어놓는 모범을 보임으로써 하느님과 그리고 인류와 일치해야 할 것이다. 자신을 십자가에 못박아야 한다. 이 십자가에서 우리는 선교의 목적이 사람들을 내 종교, 내 종파로 끌어들이는 것일 수 없다는 것을, 그래서 "나의" 벽을 헐고, 나아가 내 종교와 내 종파의 영역을 넘어서는 데에 있다는 것을 알게 된다. 종교는 언젠가는 이런 식으로 십자가에 없어져야 한다. 이 없어져야 할 점으로, 선과 악, 남과 여 등의 모든 구분이, 드디어는 종교의 틀이 극복된 하느님의 품으로 사람들을 인도하는 것이 선교의 목적이자 최종 과제이다.

예수가 하느님 나라를 선포하시면서 회개를 요구하신다면 바로 이 십자가에로의 회개를 강력히 요구하신 것이라 할 수 있다. 회개는 세상을 갈라놓는 이원적인 사고방식으로부터 이 십자가로 돌아서는 것을 의미한다. 회개는 성과 속을 가르고 이웃과 원수를 가르고, 사람을 네편 내편으로 가르며 끊임없이 벽을 쌓아가는 그 태도로부터 하느님과 하느님의 길로, 온갖 이원의 벽이 허물어진 십자가로 돌아서는 것, 예수의 복음과, 나아가 그 복음을 실현하신 예수의 인물과 복음이 실현된 그의 십자가와 부활에 아멘 하고 신앙을 고백하는 것이다. 선교의 목표는 바로 이 예수, 이 십자가에로 인간을 돌아서게 하는 것이다. 그리고 회개를 통해서만 우리가 우리 자신을 발견할 수 있다고 볼 때, 회개는 소위 비신자에게만이 아니라 우리 신자들에게 가장 먼저 요구되는 것이다. 그리스도인이 먼저 선교되어야 한다.

---

1. 제3부 2 참조.

2. 한국에서의 선교 과제

한국에서의 선교 과제를 살펴보기 위해서는 먼저 한국 교회의 선교 실상을 분석하는 것이 타당하겠지만 여기서는 앞에서 암시했듯이 우리 교회가 지나치게 양적 팽창을 강조하고 있다는 것을 지적하는 것으로 대신하고,[2] 이런 차원을 벗어난 선교가 펼쳐지기를 바라며 그 과제를 인간학적·사회적·문화적·영성적 면에서 제시하고자 한다.

1) 인간화 과제

선교는 궁극적으로 십자가에서 일어난 하느님의 계시 사건을 알리는 것이라 하였다. 계시 사건 때문에 인간은 자기가 시간과 공간에 제한된 존재임에도 불구하고 시공을 초월하여 있고 온갖 고통 가운데서도 신적 가치를 지닌 존재임을 알게 된다. 선교의 첫 과제는 이 인간 실존을 깨우쳐 주는 것이다.

우리는 어쩌면 과학·경제·기술 중심의 현대사회에서 우리 자신을 우리가 차지하고 있는 조그만 면적, 태어나고 죽는 사이에 펼쳐지는 찰나의 시간에 제한시켜 그 안에서 온갖 인생의 의미를 찾으려고 딱하게 애를 쓰고 있는지도 모른다. 그러나 한 인간을 알기 위해서는 자기가 차지하고 있는 자기 몸뚱이의 영역을 벗어나, 아프리카에 사는 생면부지의 인간, 2천 년 전의 예수, 몇 만 년 전의 우리 조상, 몇 만 년 후의 우리 후손들에게까지, 나아가 하느님의 힘이 미치지 않는다고 생각되는 곳에까지 자신의 영역을 한없이 넓혀 도처에 미치지 아니한 곳이 없게 해야 하며, 부모로부터 태어나기 전의 자신은 누구이며, 죽고 나서의 자기는 누구인가도 물어야 한다. 자기의 존재를 시간적으로 예수에까지, 아니 예수처럼 아브라함 이전까지(요한 8,56-58) 그리하여 드디어는 천지창조의 순간까지(요한 1,1), 한마디로 하느님의 영원성으로까지 확대시켜 나가야 하며 또 죽고 난 후 펼쳐지는 부활의 영생으로까지 확장시켜 나가야 한

---

2. 좀더 상세한 것은 제3부 **2** 참조.

다. 선교는 이처럼 시공에 제한된 인간 존재가 무한을 향해 열려 있는 존재, 하느님을 향하여 있는 존재, 자기와는 전혀 다른 영원한 하느님으로부터 기원하는 존재임을 깨우쳐 생명의 존엄성을 알리고 선포하는 일이다. 자기의 삶 안에서 영원과, 또 영원과 하나된 그리스도를 찾게 해주어 참 인간을 찾도록 도와 주는 것이다. 한마디로 우리가 예수를 선포하며 예수를 전한다면 예수의 "나"를 찾아 각자의 "나"를 발견해 주기 위해서인 것이다.

나아가 예수의 "나"를 발견하여 자유인으로 살도록 돕는 일이 또 선교의 과제이다. 복음서에서 간음하다 잡혀온 여인에게 죄를 용서해 주시고(요한 8,1 이하), 낯선 여인을 아는 척만 해도 주위의 오해를 살까 두려운 터에 비싼 향유로 발을 닦으려 접근하는 여인을 유유히 허락하시는(요한 12,1 이하) 태연함에서 보여지는 예수의 자유는 매우 인상적이다. 예수의 그런 행위는 "하느님 나라"라는 진리에 입각하여 인간과 사물을 대했을 때 비로소 나올 수 있었던 자유인 것이다. 이 자유로 예수는 한적한 곳과 군중 속, 부유층과 가난한 층, 지식층과 무식층 사이를 거침없이 드나들었고, 고관들의 식사에 응하는가 하면 세리와 함께 먹고 마시기를 주저치 않았으며, 또 재를 지키지 않는다는 비난까지 받았다. 자유와 속박의 대립을 초월한 참다운 자유, 시(是)와 비(非)의 대립을 뛰어넘는 참다운 옳음이 예수의 행위의 표준이었으며 그 양상이었던 것이다. 스스로 존귀한 존재이면서도 귀함에 머물지 않았고, 현명하면서도 현명함을 감추었으며, 높으면서도 비천해질 수 있었다(필립 2,6-8). 뿐만 아니라 시대로부터 소외되고 버림받은, 소위 하찮은 인간들 ― 창녀, 세리, 죄인, 과부, 병자 등 ― 을 차별없이 벗으로 받아들이고 사랑할 수 있었다. 우리가 선교를 한다면 스스로 이런 자유인이 되고 나아가 모두를 이런 자유로 해방시키기 위해서이다. 선교하는 교회 안에서 인간은 속박이 아니라 자유를 누리게 된다.

2) 사회적 과제

사회는 인간의 삶의 장소이기에 사회정의의 구현은 선교의 과제이다. 정의란 인간들이 쌓아놓은 온갖 이원의 벽을 허무는 데서 구현된다. 따라서 이러한 정의로운 사회는 정의가 불의를 제거하거나 배척함으로써, 또 선이 악을 없앰으로써 구현되는 것이 아니라, 오히려 불의로운 자를 받아들여 그로 하여금 정의와 불의의 이원의 벽을 헐게 하고, 악한 자를 포용하여 그로 하여금 악한 마음을 녹여버리는 데서 비로소 실현되는 것이다. 그러기에 그러한 정의를 실현하고자 하는 그 사람은 하느님은 선하시다는데 왜 이 세상에는 악이 들끓고 있을까, 하느님은 정의로우시다는데 왜 이 세상에는 불의가 판을 치는 것일까, 하느님은 전능하시다는데 왜 이 세상의 부조리는 근절되지 않는 것일까 하는 차원에서 질문을 던지기보다는, 정의로운 자나 불의한 자 모두에게 햇빛을 주시고 착한 사람이나 나쁜 사람 가리지 않고 골고루 비를 내려주시는 하느님(마태 5,45), 못난 둘째아들을 더 애타게 기다리는 자비로운 아버지 하느님(루가 15장)께 순종하는 법을 배운다. 그는 사회정의란 이 하느님을 통해서 구현된다는 것을 안다.

그러므로 선교하는 인간은 창녀, 세리, 죄인, 병자, 과부, 어린이, 의인들이 보기에 하느님이 떠나버린 듯한 인간들, 일상에서 만나는 인간들, 굶주린 이, 목마른 이, 헐벗은 이, 감옥에 갇힌 이, 아픈 사람(마태 25장)을 마치 하느님을 받아들이듯이 한다. 이를 제2차 바티칸 공의회는 이렇게 말한다:

"그리스도께서 하느님의 나라가 도래한 표시로서 모든 번뇌와 병을 고쳐주시며 모든 도시와 시골을 돌아다니신 것과 같이(마태 9,32 이하; 사도 10,38 참조) 교회도 그 자녀들을 통하여 모든 자기의 사람들 특히 가난한 사람들, 고통받는 사람들과 결부되어 그들을 위해 기쁜 마음으로 애쓰고 있는 것이다(2고린 12,15 참조). 사실 교회는 그들과 같이 즐거움과 슬픔을 나누며 삶의 바람과 풀기 어려운 문제들을 알고 있으며 사고(死苦)에 허더이는 인간들과 고통을 같이 나눈다. 평화를 희구하는 사람들에게는 복음에 의한 평화와 광명을 주며 형제적 대화로 응답하기를 열망한다"(「선교교령」 12항).

이런 하느님의 마음을 소유한 자만이 역사적 불의를 단죄하고 가난한 이들의 편에 설 수 있다. 왜냐하면 이들만이 이원 분리로 인한 가난과 불의의 사회적 상황을 극복할 수 있기 때문이다. 이런 자만이 역사적 불의를 단죄할 수 있고,

억압당하는 사람들의 해방을 도모할 수 있을 것이다. 이런 의미에서 라틴아메리카의 해방신학자인 보프의 다음 말은 타당하다: "가난한 사람들을 직접 껴안지 못하는 복음화, 새롭고 대안적인 사회에 대한 희망을 가난한 사람들에게 안겨주지 못하는 복음화, 가난한 사람들의 문제와 투쟁과 삶을 자기 것으로 삼지 못하는 복음화는 그리스도교적인 정체와 진지함을 상실하게 되고, 이 세상에서 가난한 사람으로 사셨고 가난한 사람들과 당신 자신을 동일시하셨고 기로에 선 역사적 순간과 인간과 피조계의 영원한 운명에 관한 결정적 심판의 시간에 가난한 사람들을 당신을 대신하는 사람들로 간주하신 역사상의 예수님을 배반하게 된다."[3]

교회는 가난한 이를 통해서 인간이 선교의 대상이기만 한 것이 아니라 스스로가 선교의 대상임을 알게 된다. 교회는 선교의 교회가 되기 위하여 가난한 사람들로부터 출발하여 복음을 다시 배워야 하며, 또 자기가 복음을 전달하고자 하는 바로 그 사람들에 의하여 복음화되어야 한다. 이 모든 사람들 역시 신비스러운 은총과 역사(役事)에 의하여 하느님의 복음의 매개자인 것이다.[4] 교회는 현실사회에 의하여 복음화되어야 한다.[5]

3) 문화적 과제

하느님이 곳곳에 자기를 계시하신다면 우리는 우리의 삶이 펼쳐지는 일상과 자연 도처에서 하느님을 볼 수 있어야 한다. 그러기에 선교하는 사람은 일상을 사랑하고, 자연을 자기 개인의 영리를 위해 악용하거나 훼손하지 않으며,[6] 인간들이 건설한 각 문화를 사랑한다. 그는 어떤 문화가 외형상 그리스도교를 받아들이지 않는다 해도 그 안에 이미 숨쉬고 계시는 하느님의 현존을 느낀다. 그에게 있어서 모든 문화는 이미 하느님의 제안에 대한 응답을 의미한다. 그는

---

3. 보프, 『하느님은 선교사보다 먼저 오신다』, (분도출판사 1993), 136 이하.
4. 위의 책, 153.   5. 「사목현장」 44항 참조.
6. 선교는 환경에도 관심을 쏟아야 한다. 환경의 인간화, 그리스도화가 이루어져야 한다. 이 점은 여기서 다루지 않고, 이 항에서 다루는 문화와 선교의 관계에서 유비적으로 알아듣기를 바란다.

각 문화 속에서 하느님의 싹이 자라고, 성령께서 활동하신다는 것을 안다. "문화는 이미 하느님의 계시와 복음을 배태하고 있다."[7] 이를 제2차 바티칸 공의회는 이렇게 표현하고 있다:

"선교활동은 세상과 그 역사 안에 하느님의 계획의 나타남, 즉 공현(公現-에피파니아)이며 그 성취이며 그밖에는 아무것도 아니다. 이 역사 안에서 하느님은 선교로써 구원의 역사를 완성하신다. 선교활동은 선교의 말씀과 제 성사 — 그 중심이며 그 정점이 되는 것은 성스러운 성체성사이다 — 의 집행으로 말미암아 구원의 시행자를 현존케 한다. 마치 감추어진 하느님의 현존과도 같이 벌써 제 민족 안에 존재하는 진리와 은총의 전부를 선교활동은 사악한 감염에서 해방하고 진리와 은총의 원천인 그리스도께로, 즉 악마의 지배를 뒤엎어 죄의 다양스러운 악에서 보호하시는 그리스도께로 돌려온다. 따라서 사람들의 마음과 정신 안에 혹은 제 국민의 그 고유 의식이나 문화 안에 심어진 선한 것은 무엇이 발견되든 그것은 멸하지 않을 뿐만 아니라 오히려 하느님의 영광을 위해 또 악마를 부끄럽게 하고 인간을 행복케 하기 위해 광정(匡正)되고 높여지고 완성되는 것이다. 이렇게 하여 선교활동은 종말적 완성을 지향한다"(「선교교령」 9항). 또:

"그리스도 신자들이 그리스도께 대한 증거를 효과적으로 하기 위해서는 존경과 사랑을 가져 그 사람들과 연결되고 각자가 자기들이 살고 있는 인간사회의 구성원의 한 사람인 것을 인정하고 인간생활의 가지가지 교제와 교섭을 통하여 문화적·사회적 생활에 참여해야 한다. 또 그들의 민족적 및 종교적 전통과 친숙해져 그 안에 숨겨져 있는 말씀의 씨를 기쁨과 경의를 가지고 발견하도록 노력해야 한다. 이와 동시에 제 민족 사이에 일어나는 신대한 변혁에 유외하여 사람들이 현대세계의 지식과 기술에 너무 몰두하여 하느님께 관한 사정에서 소외되지 않도록 노력할 것이며, 더욱이 하느님으로부터 계시된 진리와 사랑에 대한 열망을 불러일으키도록 노력해야 한다. 그리스도 자신이 사람의 마음을

---

7. 보프, 앞의 책, 71.

깊이 통찰하시어 참된 인간적 대화를 통하사 그들을 신적 광명으로 인도하신 것과 같이 그리스도의 제자들도 그리스도의 영으로 충만하여 자기들과 같이 사는 사람들을 알고 그들과 통해야 한다. 이렇게 하여 성실하고 인내성있는 대화를 통해 관대하신 하느님께서 어떠한 부를 제 민족에게 부여하셨는지를 배우고 그 부를 복음의 빛에 의해 비추고 해방하여 구원주이신 하느님의 지배하에 되돌리도록 노력해야 한다"(「선교교령」 11항).

선교하는 인간은 하느님 때문에 각 문화를 존중하고, 여러 문화 속에서 하느님이 보여주신 표지들을 읽을 수 있어야 한다. 그래서 하느님과 교류하고 친교를 맺는 것처럼 그 문화와 교류하고 친교를 맺어야 한다. 보프는 이를 다음과 같이 말한다:

"만일 먼저 복음을 전달하고자 하고 문화의 생산력 및 그 문화에 속한 사람들의 실속에 뛰어들어 동고동락하지 않으면, 그 누구도 다른 사람에게 복음을 전달하지 못하고 그 어떤 문화도 다른 문화에게 복음을 전달하지 못한다. … 다른 문화에 동참하여 젖어야 하고 다른 문화에 속한 사람들의 삶의 방식과 의미를 발견해야 하고 다른 문화를 사랑해야 한다. 마지막으로 다른 문화와 연대해야 한다."[8] "인간 조건을 고스란히 당신 자신의 것으로 삼아 그 조건에 당신 자신을 합치시키신 아들처럼, 선교 및 복음화 역시 다른 문화를 자기 자신의 것으로 삼아 그 문화에 자기 자신을 합치시켜야 한다."[9]

"다른 문화와 연대한다는 것은 다른 문화와 한몸이 되는 것을 의미하고 다른 문화의 잠재력으로부터 출발하여 그 잠재력이 꽃필 수 있게 도와 주는 것"[10]을 의미하며, 그곳 사람들이 그들 문화 안에서 더욱 문화인이 될 수 있도록 협력하는 것을 의미한다. 따라서 그곳의 신앙이나 문화를 경시하면서 그러한 신앙이나 문화를 자기 종교(그리스도교, 문화)에 이르는 중간 과정 또는 극복되어야 할 어떤 것으로 생각하며 그들에게 개종을 끈질기게 강요한다면 선교는 그 의미를 잃고 말 것이다. 선교의 목적은 결코 그곳의 문화를 서구화된 그리스도

---

8. 보프, 앞의 책. 55.   9. 위의 책. 129.   10. 위의 책. 56.

교의 문화로 대체하는 데에 있지 않다. 서구화된 그리스도교가 전개되기 이전에 이미 그 문화 안에 하느님이 계셨다는 것을 안다면, 그래서 회개란 다름아닌 이 하느님께로 돌아서는 것임을 안다면, 그리스도인은 그곳 문화로 회개할 수 있는 자세로 선교에 임해야 할 것이다. "원주민은 그리스도교 메시지를 받아들일 때 자기네 감성을 상실할 필요가 없다. 오히려 원주민적인 것을 더 근본적으로 느끼고 그리스도교 신앙을 원주민적인 것을 활성화시키는 요소로서 체험할 수 있어야 될 것이다."[11]

　이렇게 볼 때 선교는 결코 어떤 민족, 문화, 종교에게 서구화된 그리스도교를 전하는 사업일 수 없다. 그리스도교를 수입·수출하는 사업일 수 없다. 선교는 민족의 종교와 전통 속에 서린 혼, 하느님이 심어 주신 영혼을 발견하도록 도와 주는 것이다. 그러기에 우리 한국에서의 그리스도 발견이 꼭 유럽식으로 전개될 필요는 없는 것이다. 우리가 한국 전체의 복음화를 원한다면 모든 한국인의 이마에 세례의 물을 퍼부으려고만 할 것이 아니라, 그래서 우리의 물 붓는 행위에 따라 하느님이 인간을 구원한다며 선포할 것이 아니라, 이 행위 이전에 하느님은 이미 우리 안에 계셨고 그리스도 또한 우리 안에 계시며, 성령도 이미 우리 안에 작용하여 왔음을 일깨워줌으로써 우리 안에 있는 삼위일체 하느님을 발견하도록 도와 주어야 하는 것이다. 우리의 핏속에 흐르고 있는 그리스도와 삼위일체 하느님을 발견하도록 해주어야 하는 것이다. 우리는 이 하느님 — 이 하느님의 구원의지와 하느님의 평화 — 을 믿으며, 이 하느님은 우리 그리스도교 종교 안에만 갇혀 살지 않는다는 것을 잘 알고 있다. 따라서 하느님이 모든 민족, 모든 인간 안에 계시다고 고백하는 것이 마치 하느님에 대한 모독인 것처럼 생각해서는 안되는 것이다. 어느 누가 하느님은 우리 그리스도인의 마음 안에만 머물러 있다고 주장할 수 있겠는가? 그러므로 문화의 인정과 그리스도교의 절대성을 양자택일의 문제로 삼는다는 것은 처음부터 오류인 것이다.

---

11. 위의 책, 130.

그러므로 선교사는 그 문화를 관상하는 관상가가 되어야 하고 신비가가 되어야 한다. 갖가지 허물로 얼룩진 역사 안에서 하느님이 현존하고 계심을 바라볼 수 있어야 한다. 그는 자기보다 항상 하느님이 그 문화 안에 먼저 와 계심을 알아야 한다.[12]

이런 면에서 서구의 선교사는 우리에게 많은 것을 반성케 하며, 아울러 우리가 이루어야 할 선교의 방향을 제시해 준다. 라틴아메리카나 아프리카에서의 선교 과정을 보면, 그리스도교가 그들의 대륙을 점령했다고 표현할 정도로 그들의 문화 전통은 잠식당했다. 이런 선교를 불교 · 힌두교 · 이슬람 · 도교 · 유교 등의 종교와 그 종교와 맥을 같이하는 문화의 긴 역사를 가진 아시아에 그대로 강요할 수는 없다. 라틴아메리카나 아프리카에서는 많은 사람들이 그리스도교와의 대화를 통해 그들이 지닌 의미와 감정을 잃었지만, 아시아에서는 그리스도교와의 만남을 통해 자의식이 오히려 더 강해지고 있다. 그러므로 아시아인들이 그들의 전통을 버리고 소위 — 서구화된 — 그리스도교로 회개할 것을 강요하고, 그들이 지금 처한 문화와 전통과 종교가 언젠가는 서구화된 그리스도교를 위해 버려야 할 것이라고 생각한다면, 그리고 그것이 — 그리스도교가 주장하듯이 — 하느님의 뜻으로 생각하고 이를 위해 선교하려 든다면, 이런 선교는 오히려 하느님에 대한 도전적 물음을 낳게 하는 것이다. "왜냐하면 그럴 경우 하느님은 왜 처음부터 이들 문화 민족을 세례주어 그리스도인으로 창조하지 않으시고 한낱 극복되어야 할 문화와 전통과 종교를 입은 민족으로 창조하신 것인가? 그리고 하느님은 왜 250만 년의 장구한 세월이 흐른 오늘에 와서 — 또는 반만 년의 유구한 역사가 흐른 오늘에 와서 — 소위 그리스도교 이전의 모든 민족의 전통과 문화를 하느님의 뜻을 거역한 것으로까지 여기려 하는가 하는 질문이 가능해지기 때문이다."[13] 마치 하느님을 받아들이듯이 한다.[14]

그러면 구체적으로 어떻게 할 것인가? 이에 그 대안을 제시하기 전에 몇 가지 질문을 던져 반성해 보고자 한다. 우리는 우리 문화와 대화를 하면서 우리

---

12. 위의 책 참조.   13. 제3부 ②.
14. 이제민, 『그리스도인이 먼저 선교』, 134 이하.

문화 안에서 하느님을 발견하려 하기보다는, 그래서 우리 문화에 대한 신학적 작업을 하려 하기보다는 서구의 수입된 그리스도교를 지나치게 강조함으로써 우리 문화 안에 있는 하느님을 — 그것이 본래 그리스도교의 하느님인데도 불구하고 — 이 문화와 결별시키려 하지는 않았는가? 그리고 그 결별을 회개로 보고 있는 것은 아닌가? 그리하여 회개는 더 이상 만남과 대화가 아니라 대결과 파괴의 양상으로 펼쳐지고 있는 것이 아닌가? 예컨대 우리는 우리 민족의 종교와 종교 심성을 너무 쉽게 미신화시키며 백안시하고 있는 것은 아닌가? 그래서 우리의 종교심을 이해하려고 하기보다는 "무속적이다", "기복적이다"라는 말로 경시하고 있는 것은 아닌가? 우리는 얼마나 소위 미신적이고 기복적인 이 인간들의 마음 속 깊은 곳에 도사리고 있는 구원에 대한 동경을 이해하려고 노력하고 있는가? 그리고 그 안에 계시는 하느님을 보려고 노력하였는가? 회개란 궁극적으로 하느님에게로의 회개만 있을진대 하느님과 결별한 회개란 그 자체로 모순일 수밖에 없는 것이다. 서민들의 마음 속에 있는 민족의 얼과 정신을 미신과 우상으로 몰며 경시하는 가운데서는 참다운 복음화가 이루어질 수 없다. "그것은 내 마음대로 복음을 소화한 유럽 문화의 확장 내지 이식이었고, 이미 잠식당하고 또 제약당하는 그러한 형태로 원주민의 문화적인 증언이 말살당하는 과정"[15]일 뿐이다. 우리 문화 안에서 우상숭배와 미신에 대항하여 싸우는 것도 중요하지만, 우리의 것을 미신화하는 소위 그리스도교의 오만과, 그리스도인 안에 도사리고 있는 우상숭배와 미신에 대항하여 싸워야 하는 것도 우리의 과제이다. 이미 이 민족 안에 와 계시는 하느님의 정신을 보지 못하고 이를 배척하는 것은 결과적으로 하느님을 배척하는 행위가 될 것이기 때문이다.

이런 면에서 우리는 지금 우리가 처한 선교 상황뿐 아니라 한국 천주교 초창기의 선교에 대해서도 신학적 반성을 하게 된다. 물론 외국인 선교사들이 어떤 면에서는 우리의 문화를 우리보다 더 사랑하고 인정하였다는 점을 잊을 수는 없다. 그러면서도 우리에게 궁극적으로 전수된 것은 결국 서구식 그리스도교,

---

15. 보프, 앞의 책, 45.

서양인의 모습을 한 하느님이 아닌가? 결국 그들의 의식 속에는 "그리스도교"는 오직 서구식 그리스도교다라는 의식이 강하게 자리잡고 있어 자기도 모르는 사이에 복음을 오직 한 가지 유럽식 표현과 동일시하였던 것은 아니었던가?

　복음은 결코 그 자체로 순수하게 존재하지 않는다. 항상 문화의 옷을 입고 있다. 계시와 복음이 서방 유다-그리스도교 문화에서 정형화되었다는 사실은 역으로 계시와 복음이 어느 특정 문화의 한 형태로만 제한되어 있지 않다는 것을 말해주는 것이기도 하다. 그러기에 우리는 복음이 서구에서 서방 유다-그리스도교식으로 표현된 것을 부정해서도 안된다. 그렇지만 또 한편 그 복음이 다른 문화권에서는 다르게 표현될 수 있다는 가능성도 인정해야 한다. 이를 우리가 인지한다면 선교는 결코 그리스도교의 한 문화적 표현을 다른 문화에 이식시키는 것이 아님을 알게 될 것이다.[16] 이 점이 우리 교회에서는 아직 충분히 신학적으로 반성되지 않고 있다. 이에 우리는 한국의 문화, 한국적, 더 한국적이 되어야 할 한국적인 것은 무엇인가를 다시 묻게 된다.

　이런 면에서 지금 우리에게 통례화되어 있는 서구식의 제의의 색깔, 미사예식(서고 앉음), 세례명 등이 우리의 정서를 대변하고 있는지에 대해서도 고려해 보아야 할 것이다. 가령 장례미사 때의 제의 색깔은 검정색이다. 그러나 우리 조상에게 슬픔을 나타내는 색은 검은색이라기보다 흰색이며, 또 색깔을 떠나 베옷이다. 미사 때 앉고 서는 것도 우리의 정적인 정서에는 맞지 않는다. 이에 몇 가지만을 예로 들어 살펴본다.

　빵과 포도주의 토착화: 미사 때 쓰는 빵과 포도주 표현은 우리에게 맞는가? 물론 우리는 그 당시의 유다 지방의 포도주와 빵의 성분을 분석하고 이를 그 당시의 문화를 되돌아보며 해석하여 그런 물에 그런 빵이 아니면 안된다고 말할 수도 있을 것이다. 그리고 미사 때의 빵과 술을 이해·설명시키는 과정에서 우리는 빵은 배부르게 하는 것이고, 술은 취하게 하여 기쁘게 하는 것이라고 보통 말들을 하지만 그 성체로서의 빵과 성혈로서의 포도주는 이를 넘어 모

---

16. 위의 책, 67 참조.

셔지고 있다. 미사 참례자의 수가 많아 편리에 따라 상징적으로 만든 빵, 이제는 더 이상 우리의 배를 불릴 수 없어 빵으로서의 기능을 상실한 제병을 그리스도의 몸이라고 신앙고백하는 것이 가능할진대, 하물며 한민족의 음식을 대변하는 정결한 음식인 밥을, 그리고 자식과 남편이 무사히 돌아오기를 바라며 두 손을 모으고 마음을 다하여 빌고자 떠올려 놓는 정한수, 조상에게 제사를 드리며 감사하는 마음으로 따라 바치는 술 한 잔을 제병과 미사주(酒, 水) 대신에 사용하는 것이 과연 그리스도교의 교리에 위배되는 것일까? 예수는 과연 이것들이 자기 몸이 아니라고, 자기 피가 아니라고 물리치실까? 그리스도는 누룩과 순수성이 시비되어 있는 서구적 취향인 빵과 포도주보다는 민족의 문화와 전통이 살아 있는 우리의 술(물)과 밥에 더 실존하는 것이 아닐까? 그러므로 예수가 한국 문화권 안에 태어났다면 어떤 빵(음식)을 들고 "이는 내 몸이다", 또 어떤 술을 들고 "이는 내 피다" 하셨을까 하고 묻는 것이 전혀 부당한 질문만은 아니다. 이런 점에서 보프의 다음 말은 새겨들을 필요가 있다: "예수님은 당신이 생명이심을 말하기 위해 지중해 문화의 기본 양식인 빵이라는 문화적 표지를 취하셨다. 만일 예수님이 중앙아메리카 문화 속에서 당신이 생명임을 말했더라면, 옥수수 혹은 만존카를 상징으로 취하셨을 것이다. 따라서 우리 사이에서 이루어지는 새로운 복음화는 신적인 신비를 표현하고 있는 우리 문화의 상징을 선택할 줄 아는 용기를 가져야 한다. 그렇게 하지 못할 경우, 우리는 항상 식민지화된 복음화 개념에 사로잡혀 있을 것이다."[17]

세례명의 토착화: 선교는 토착화 작업이다. 이런 면에서 우리에게 생소한 서구식 세례명은 그곳 문화의 존중이 절대 전제되어야 하는 선교의 과제를 이행하는 데에 문제를 던져준다. 한 사람이 이름을 바꾼다고 선교된 것은 아니지 않는가? 선교는 이름을 바꾸는 것이 아니다. 세례 때 세례명을 가지는 것은 새로 태어난다는 의미를 가지고 있는 교회의 좋은 전통이다. 그리고 그 세례명을 성인들의 이름으로 따는 것도 교회 전통이고 좋은 일이다. 그러나 그것이 꼭

---

17. 위의 책, 156.

우리에게 생소한 서구 성인들의 이름이어야 하는가? 에우세비오니, 스콜라스티카니, 크리소스토모니, 에두아르도니 하는 이름은 그야말로 외국어를 배우지 않은 사람에게는 발음하기조차 어려울 뿐만 아니라 우습게 들리기까지 한다. 그래도 이렇게 불리어야 하나? 물론 성인들의 삶을 기리고 그 본을 따라 살겠다는 뜻은 숭고하다. 그러나 이 이름들이 과연 우리들의 정서에 맞는가? 서양에서는 한 인간을 부르는 이름(Rufname)이 대개 성인들의 이름으로 불린다. 그러나 우리에게 세례명은 이름 외에 첨가되는 것으로 우리의 고유한 이름인 것은 아니다. 따라서 이런 서구식의 세례명은 오히려 우리 고유의 이름을 버리는 이름의 유럽화, 서구화를 의미하는 것이 되어버린다. 선교의 결과로 주어진 이름이 이렇게 우리의 정서와 사회 문화에 생소하다면 문제가 있다. 이런 면에서 사회가 우리에게 생소한 습관, 생소한 이름에 익숙해지기를 바랄 것이 아니라 우리가 우리 교회에 통용되는 수입된 이름의 습관을 바꾸어 사회에 적응하는 것이 우선되는 토착화의 과제일 것이다. 물론 이러한 문제제기에 대해서 이제는 우리도 한국 성인들의 이름으로 세례를 받게 되었으니 문제가 해결되지 않았느냐고 주장할 수도 있을 것이다. 그러나 그 이름, 예컨대 대건 안드레아, 효주 아녜스가 어디 한국 이름인가? 이중 이름으로 되어 있어 더욱 복잡한 인상을 줄 뿐이다. 성인은 한국인이지만 이름과 이름붙임은 여전히 서구식이다.

더군다나 지금 교회의 관용을 보면 세례명은 본래의 취지와는 달리 대개 교회 안에서만 불리어지고 있다. 세례는 새 사람으로 태어나기 위해 새 이름을 가진다는 것이 본래의 취지일진대 이 이름은 교회 안에서만이 아니라 교회 밖에서도 통용되어야 할 것이다. 즉, 나는 세례받은 자로 세상 안에서도 새 사람으로 살아야 하는 것이다. 그런데 이 세례명이 교회 안에서만 통용되고 사회 안에서는 낯선 이름이라면 문제가 있는 것이다. 또 교회의 신문·잡지 등을 보면 세례를 받은 평신도들은 대개 세례명으로 불리나 정작 세례를 준 성직자들은 거의 다 세속명으로 표기되어 있는 것을 본다. 즉, 평신도들에게 강조하는 바와는 달리 성직자들의 경우는 세례명보다 세속명으로 그가 누구인지 더 알려져 있다. 예컨대 "함 아우구스티누스" 하면 모르는 이가 많아도 "함세웅" 하면 그가 누구인지 안다. 이런 현상은 서구식 세례명이 우리 정서에 맞지 않는다는 것을 암시해 주는 것이 아닐까?

무엇보다도 세례는 새 사람으로 태어나게 하는 것이다. 따라서 세례받을 때에 세례받는 "본인"이 새로 태어나는 것이지 본인이 세례명의 성인으로 새로 태어나는 것은 아니다. 이런 면에서 세례는 본인의 이름으로 받는 것이 타당하다. 구원을 받아도 본인이 받고 구원에서 제외되어도 본인이다. 결코 다른 성인의 이름으로 구원을 받는 것은 아니다. 성인의 이름을 빌린 세례명이 세례자의 본명일 수는 결코 없다. 그것은 어디까지나 상징명이어야 할 것이다.

또 세례명이 꼭 어느 성인의 이름일 필요가 없다는 것은 우리가 지금 알고 있는 세례명에 사용되는 성인들의 이름이 많은 경우 그 성인들의 본래 이름이었다는 사실에서 잘 드러난다. 예컨대 베드로, 안드레아, 세실리아, 글라라 등은 그 본인의 이름이지 그들 이전에 살았던 다른 어느 성인의 이름이 아니라는 것이다. 베드로 이전에 또 다른 베드로 성인이 있었던 것이 아니다. 예수도 세례 때 다른 이름을 부여받지 않았고, 또 초대교회의 경우, 예컨대 에티오피아의 고관의 경우(사도 8,26-40 참조)도 그러하였다. 이런 면에서 세례는 본인의 이름으로 수여되는 것이 더 마땅하고, 그 다음 상징적인 의미를 살려서 다른 이름이 수여될 수 있다. 이 경우도 그 세례명이 꼭 성인의 이름에서 따올 필요는 없다. 이런 경우를 우리는 예수가 시몬에게 베드로(반석)라는 이름을 준 데서 볼 수 있다(물론 이 이름도 세례 때 부여받은 이름이 아니다). 우리의 정서와 습관에 맞는 세례명은 베드로보다는 그 의미를 살린 반석 등이 아닐까?

세례명을 이렇게 토착화할 때에 현행의 성직자 중심의 영명축일 행사를 벗어나서 전 신자(全信者) 중심으로 성인축일이 아닌 정말 그들이 새로 태어난 그들의 세례 일자에 맞추어 서로를 축하·기념하는 행사로도 확산될 수도 있을 것이다.

토착화는 구원을 위한 토착화이다. 부모로부터 물려받은 "자기의 이름"을 소중히 여기는 작업이 선행되어야 할 것이다. 이 이름까지 바꾸어 가면서 그리스도인일 필요는 없는 것이다.

교회 쇄신의 과제: 무엇보다도 교회 스스로가 토착화하는 교회, 선교하는 교회로 변형되어야 한다. 교회는 선교의 주체일 뿐만 아니라 그 대상이다. 선교(해야)하는 교회는 스스로 끊임없이 선교되어야 한다. 그러기에 교황 바오로 6세는 「현대의 복음 선교」에서 "교회는 항상 복음화가 되어야 할 필요가 있다"(15항)고 말하고, 남미의 푸에블라 주교회의는 "끊임없이 교회가 회개하도록 호소하고 촉구한다"(「푸에블라」 1147항).

교회가 선교하면서 "회개"를 요구한다면, 모든 인간이 자기에게로 돌아서기만을 바랄 것이 아니라, 스스로가 그들에게 돌아설 자세가 되어 있어야 한다. 그들이 하느님에게로 돌아서기만을 강요할 것이 아니라, 교회가 먼저 그들에게로 돌아서야 한다. 주님께로의 회개는 곧 가난한 이에게로의 돌아섬이다. 예수가 인간의 생명을 얻고 또 얻어 넘치게 하기 위해 그들에게 돌아섰던 것처럼(요한 10,10), 교회도 그렇게 해야 한다.

"선교사가 원주민 혹은 흑인에게 회개하고 나면, 그 다음에 원주민과 흑인이 주님에게로 회개"하게 될 것이다.[18] 이 회개는 구체적으로 지역교회의 발전 형성을 내포하고 있다. 소위 아래로부터의 교회론은 교회 안팎으로 일어나야 한다. 안으로는(ad intra) 성직자 중심에서 성직자와 평신도가 함께하는 신도 중심의 교회로, 로마 중심에서 지역교회 중심으로, 밖으로는(ad extra) 사회의 가난한 이를 중심으로 한 교회론을 말한다. 선교가 각 민족 문화의 고유한 언어에 고유한 문화의 교회를 목적으로 한다면 한국의 교회가 로마-유럽 교회와는 다를 수밖에 없으며, 또 로마는 로마 중심적 교회를 세계 지역교회에 강요할 수 없는 것이다. 그런데 한국교회의 실정을 보면 로마 교회보다 더 로마적인 분위기를 느끼게 한다. 그러므로 이를 극복하는 교회의 지역교회화는 선교의 과제인 것이다.[19]

---

18. 보프, 앞의 책, 142.   19. 제1부 **2** 참조.

4) 영성적 과제

　교회의 영성은 위에서 언급한 아래로부터의 교회론이 형성되는 데서 참되게 빚어진다. 그때 교회는 듣는 교회가 될 것이며, 선교는 사람들에게 그들이 사는 곳에서 하느님과 그리스도, 그리고 이웃들을 듣도록 도와 주는 일이 될 것이다. 선교는 "선포하는 것", "말하는 것"만이 아니라 "듣는 것"이기도 하다. 그리스도교는 "입의 종교"만이 아니라 "귀의 종교"이기도 한 까닭이다. "들을 귀 있는 자는 들을지어다." 선교는 사회 안에 있는 인간들의 마음, 민족의 마음, 자연의 마음, 그리고 그 마음들 안에 계시된 하느님의 소리를 듣도록 도와 주는 일이다. 그런 의미에서 선교사는 관상가와 신비가가 되어야 한다. 그러기 위해서는 그들이 먼저 들어야 한다. 이 "들음"을 우리는 예수에게서 볼 수 있다. 그는 듣는 존재였다. 하늘나라 복음을 선포하기 위하여 인간들의 신음소리를 들었다. 병자, 창녀, 세리 등 소외된 사람들의 음성을, 자기의 친구 라자로가 죽었을 때 그 죽음을 슬퍼하는 여동생 마리아의 비통한 마음을, 키 작은 자캐오가 지나가는 예수를 보려고 돌무화과나무 위에 올라갔을 때 그의 마음 속의 외침을 들었다. 듣는 가운데 예수는 그들과 함께할 수 있었고, 그들은 예수와 하나가 될 수 있었으며, 하늘나라가 가까이 왔음을 실제로 체험할 수 있었다. 예수는 또 대자연의 소리, 농부의 소리를 들었다. 이처럼 예수가 듣는 존재였다는 것은 그가 하느님 말씀과 하나였다는 데서 볼 수 있다. 예수 스스로 하느님 말씀이시다. 예수 스스로 인간이 들어야 할 하느님의 말씀인 것이다. 듣는 것 없이 입으로만 하는 선교는 자칫 인간에게 협박과 기만이 될 수 있다. "내" 말만을 전하기 때문이다.

　오늘날 우리 사회가 선교되어야 한다는 것은 그리스도인의 수가 적어서가 아니라 그리스도인이거나 비그리스도인이거나를 막론하고 사람들이 이 "들음"을 날로 잃어가고 있기 때문이라고 할 수 있다. 여기에 각 종교의 "입의 선교"도 한몫을 한다. "들음"을 잃을 때 사회 구석구석에는 자기의 소리만을 드러내려는 목소리로 시끄러울 수밖에 없다. 선교는 듣는 것이다. 우리는 "듣는 것"을 이 사회에 되찾아주어야 한다. 나는 얼마나 듣는 존재인가? 나는 내 주변의 비천한 인간들을 듣는가? 시대의 징표를 읽고 듣는가? 또 내 주변에 피어 있는 한 송이 꽃의 아름다움을 관조하면서 듣는가? 대자연의 소리, 우주의 소리를 듣는가? 그리고 마침내는 하느님의 속삭이는 소리를 듣는가? 이러한 들음이 선교의 과제가 아닐 수 없다. 그리스도교가 듣는 종교가 될 때 복음화된 이 땅, 이 민족을 대할 수 있을 것이다.

3. 맺는 말: 선교 — 삶의 발견

내가 소속되어 있는 마산교구에는 조그만 본당들이 많이 있다. 주일미사의 참여자 수가 갓난아기들을 포함하여 200명이 될까말까한 본당은 그래도 나은 편이고, 100명도 채 안되어 교구의 도움 없이는 본당신부의 생계도 꾸려나갈 수 없는 작은 본당들도 있다.

언젠가 그런 작은 본당에서 사목하고 있는 친구 신부를 찾아가 며칠을 보낸 적이 있다. 주일날과 평일 미사시간을 제외한 나머지 시간은 산간 절집처럼 조용하기만 한 본당이었다. 일손이 달리는 농촌에 위치한 본당이라 신자들이 낮에는 성당에 오고 싶어도 올 수 없고, 설혹 오더라도 본당신부는 그들에게 미안함을 느껴야 할 정도였다. 그러기에 본당신부는 신자더러 감히 성당에 나오라고 요구하지도 못한다. 그런 분위기를 느끼면서 왜 이런 곳에는 봉사하는 수녀님이 한 분도 없는 것일까 하는 생각이 들었다. 선교가 사람들을 성당으로 불러모아놓고 하느님의 말씀을 전하는 것이기 이전에 "가라. 그리고 그들에게 복음을 선포하라" 하신 예수의 말씀처럼 직접 사람들에게로 나아가 그들 삶의 현장에서, 그들의 삶과 문화 속에서 하느님과 예수를 체험하게 해주는 것일진대, 그런 곳이야말로 선교사가 파견되어야 할 곳이 아닐까 하는 생각이 들었기 때문이다. 그런데 정작 우리 나라에는 그런 곳에는 선교사가 파견되지 않는다. 그런 곳보다는 사람들이 더 많이 모여 있는 도시의 본당이 선교사가 더 할 일이 많다고 생각하기 때문이다. 그래서 그런 곳에서 이미 파견되었던 선교사도 더 시급한 곳을 위하여 불러들이는 형편이다. 이런 행정 조치를 이해하지 못하는 것은 아니다. 할 일이 많은 곳에 더 많은 사람을 보낸다는 것은 너무도 당연한 일이다. 그러나 다시 원점으로 돌아가 던져지는 질문은, 시골 본당에 사람(예비자)이 모여들지 않는다 하여 과연 거기에는 삶이 없는 것인가 하는 것이다. 예수가 "가라"고 하신다면 인간이 구체적으로 살고 있는 곳, 기쁨과 고통 속에 살고 있는 삶의 터전으로 가라고 하신 것이다. 여기서 우리는 우리 교회의 선교사업이 인간의 삶의 질이 아니라 성장 중심, 따라서 너무 양적 증가에만 치중하여 펼쳐지고 있음을 실감하게 된다. 선교의 장소는 결코 성당이나 성당의 교리실로 제한될 수 없는, 사람들이 구체적으로 살고 있는 삶의 터전이어야 한다. 그러기에 선교를 진정 잘 하려면 인간의 삶이 무시되고 버려진 곳, 외진 곳으로 우리의 시선을 돌려야 할 것이다. 나는 여러 신부님들이 이런 조그마한 시골 본당을 기피하는 경향을 알고 있다. 또 은경축과 금경축 또는 회갑 등을 앞둔 사제는 으레 도시의 큰 부자 본당으로 발령낸다는 것도 알고 있다. 안락한 생활 시설(냉온방 시설 등)이 보장되지 아니한 본당에는 자기의 딸들을 보내려 하지 않는 수도원 장상에 대해서도 종종 이야기를 듣는다. 자기의 딸들이 열악한 여건에서 고생하게 될 것을 안타깝게 생각하는 것은 이해할 수 있으나 그러한 열악한 여건을 고생이라고 생각하는 사람이 모든 것이 잘 갖추어진 본당에서 강조하는 "위하는 삶"에 대한 이야기는 얼마나 설득력이 있을까? 하늘나라가 가까이 왔다는 복음은 결코 이론일 수 없다. "소외되고 어려움에 처해 있는 사람들과 하나가 되라"는 복음의 실천이 결코 미담 정도의 "선행"에 그칠 수는 없다. 우리가 선교에 대해서 진정 생각한다면, 우리의 삶과 우리의 삶이 창출해 낸 문화, 우리의 삶이 복잡하게 얽혀 숨쉬는 사회에 관심을 가지지 않을 수 없다. 신자들이 애써 성당에 끌어모은 그 예비자들이 직접 삶을 꾸려나가고 있는 그 삶의 터전이 선교의 장소이어야 한다. 선교의 목적은 사람들을 제도화된 교회로 끌어모으는 것이 아니라 반대로 교회를 인간의 삶과 문화 속으로 침투시키는 데에 있다. 선교는 그야말로 하느님 때문에, 세상 때문에 세상으로 보내지는 것이고, 그들이 그들 삶의 터전에서 자기의 본모습을 발견하고 서로 사랑하고 평화스럽게 살도록 도와 주는 것이다. 선교는 결코 남을 "내"편으로 내 종교편으로 만드는 일일 수 없다. 그런 곳에서는 "나"와 "남"의 분열이 있을 뿐이다. 이는 선교의 본뜻이 아니다.

 우리가 선교를 이렇게 이해할 때 선교와 관련한 질문은 내가 몇 사람을 교회로 인도했는가보다는 나는 얼마나 선교되었으며 얼마만큼 교회적 삶을 살고 있는가, 나는 얼마만큼 내 민족 문화에 깊이 뿌리박고 있는가, 나는 얼마만큼 (불우한) 내 이웃의 삶 속에 침투되어 있는가 하는 물음들과 같은 선상에서 물을 수 있을 것이다. 그때 실제로 농어촌이나 도시 빈민을 위해서 또는 아직 선교되지 않은 이국의 인간들을 위해서 "가서" 일할 수 있는가 하는 물음들에 대한 실존적 답변도 할 수 있을 것이다. 선교는 "가는 것"이다. 이웃의 삶에로, 우리 모두의 삶에로 들어가는 것이다.

〈마무리〉

눈물 흘리는 반석:
본래의 참된 교회상

1. 어디서 교회의 참 모습을 발견할 수 있을 것인가?

오늘날 교회는 그 제도와 권위 때문에 많은 도전을 받고 있다. 그리하여 원래 교회의 모습은 어떠하였을까 하는 물음과 함께 원초 공동체로 돌아가려는 운동이 일기도 한다. 이런 운동의 근본 바탕에는 초대교회는 사랑의 공동체(아가페적 공동체), 나눔의 공동체, 자유의 공동체여서 어떠한 기구나 제도로부터도 구속을 받지 않았는데, 차츰 시간이 흐르면서 그리스도와의 인격적 만남인 신앙의 결단 대신에 교의(도그마)가 자리잡게 되었고, 사랑 대신에 법이, 영 대신에 직무와 제도가 자리잡게 되었다는 인식도 깔려 있다.

이런 주장이 전혀 그른 것은 아니지만 완전히 옳은 말도 아니다. 이 세상에는 순수 이상적 사회란 있을 수 없고 그런 사회란 역사상 있어본 적도 없었기 때문이며, 이런 논리는 교회에도 적용되기 때문이다. 교회는 현실을 떠난 순수 이상적 집단으로 존재해 본 적이 없었으며, 예수가 하느님 나라를 선포하면서 하느님 백성을 불러모으고 교회를 세우신 것은 이 백성을 인간 현실에서 끄집어 내어 하나의 이상향으로 옮겨놓기 위한 것이 아니었음은 너무나 자명하다.

예수 이후 원초 공동체도 흔히 많은 사람들이 생각하듯이 신앙과 사랑, 영과 성령의 선물에 의해 유지된 이상적 아가페 공동체는 아니었다. 이것은 사도 바울로가 많은 애착과 정열을 기울이며 세운 고린토 공동체의 모습을 보면 알 수 있다. 바울로가 보기에 이 공동체는 바울로파다, 아폴로파다, 베드로파다, 그리스도파다 하고 서로 다투며 온갖 당파로 사분오열된 공동체(1고린 1,11-13)

였다. 그뿐인가? 음행하는 자들은 물론 이를 모른 척 버려두고(1고린 5장), 신도들의 분쟁을 자신들끼리 해결하지도 못하고(1고린 6장), 자유를 오해하거나 남용하며, 주의 성찬에서 빵을 서로 많이 먹으려고 무례하게 굴고(1고린 11장), 또 예배하는 곳에서 무질서한 행동을 하는(1고린 14장) 등의 모습은 금전과 명예를 보호하고 권위를 남용하고 있다는 혐의로 거센 비판의 대상이 되고 있는 오늘날의 제도교회보다 조금도 나을 바가 없는 그런 공동체였다.

이로써 교회를 꿈을 버린 순수 현실적 사회 집단으로 간주해야 한다고 피력하는 것은 아니다. 오히려 교회와 함께 현실과 이상의 관계를 발견할 수 있어야 한다는 것을 주장하고자 함이다. 이 관계가 예수 강생의 의미이며 교회 설립의 목적이다. 교회의 원래 모습과 참 모습은 이런 현실적 관계를 직시할 때 비로소 보여진다. 교회가 지닌 이 현실적 관계의 의미를 우리는 제2차 바티칸 공의회의 교회의 모습에서 보게 된다. 제2차 바티칸 공의회는 안과 밖, 교의(이론)와 사목(실천)의 일치를 그 내용으로 하고 있기 때문이다.

2. 자성하는 교회: 제2차 바티칸 공의회의 교회

교회가 세상을 향하여 문을 열었다는 말은 제2차 바티칸 공의회 이후 하나의 유행어가 되었다. 그렇지만 제2차 바티칸 공의회가 "밖"을 향하여 교회의 문을 열 수 있었던 것은 이 공의회의 교회가 "안"을 들여다볼 수 있었기 때문임을 우리는 잊지 말아야 한다. 안을 들여다보지 못하고 자성(自省)할 줄 모르는 교회는 세상에 대해서 자신이 없고, 그래서 방어적일 수밖에 없다. 그러나 자성하는 교회는 대화적이다. 제2차 바티칸 공의회가 세상의 온갖 주의(主義, Ismen)들에 대해 방어적이고 논쟁적이며 교의적 자세를 보였던 종전의 트리엔트 공의회나 제1차 바티칸 공의회와는 달리 그 틀에서 벗어나 과감히 자신을 개방할 수 있었던 것도 자성할 수 있었기 때문이다.

이 공의회는 세상이 수많은 이데올로기의 형태로 또는 이데올로기의 세계관에 따라 존재하는 것이 아니라, 이들을 초월하여 구체적 인간이 살아가는 현실임을 깨달았다. 제2차 바티칸 공의회의 주제는 여러 이데올로기들 중의 어떤 한 주의(Ismus)가 아니라 인간 자체였으며, 그러기에 교회는 여러 이데올로기들 중의 어느 하나처럼 큰소리를 밖으로만 내어지르는 조직이나 기구가 아님을, 그래서 그 이념들에 대항하는 데 자신의 사명감이 있는 것이 아니라, 이를 초월하여 구체적 인간의 현실에 복음을 전하는 데 자신의 사명이 있음을 깨달을 수 있었다. 교회를 자기 삶의 근본과 빛으로 만나고 싶어하는 인간들은 이데올로기로 논쟁을 일삼는 인간들이 아니라, 구체적으로 현실을 살아가는 인간이다. 이 인간적이고 사목적인 면을 지나쳐서는 참 교회의 모습을 만나볼 수 없게 된다.

제2차 바티칸 공의회는 이렇게 자기 자신에 대한 반성에서 안과 밖의 조화(일치)를 이루며 참 모습을 제시할 수 있었으니, 이런 의미에서 자성은 제2차 바티칸 공의회의 원동력이었다. 공의회가 끝난 지 30년이 지나면서 "밖"을 향한 교회의 소리가 시들해진 느낌을 준다면 이것은 그만큼 자신을 향하여 외치는 교회의 소리가 왜소해진 때문이리라.

3. 반석 위에 세워진 눈물의 교회: 베드로의 교회

자성하는 교회는 그 모습 그대로 원초교회의 모습이었다. 이상과 꿈에만 젖어 있는 모습이 아니라 이상과 현실을 왕래하며 현실을 이해하고 현실을 구원하고자 하는, 그래서 고민하고, 그래서 약한 인간적 모습을 보이기도 하는(그리고 실제로 약한), 이것이 교회의 본래 모습이었다. 반석 위에 세워진 교회로 알려져 있는 베드로의 교회도 이런 교회였다. "사람들이 나를 누구라 합니까?", "그러면 여러분은 나를 누구라고 하겠습니까?" 하고 다그쳐 물으시는 예수의 질문에 "선생님은 살아 계신 하느님의 아들 그리스도이십니다" 하고 선뜻 대답하며 나선 사람은 바로 베드로였다(마태 16,14 이하). 예수는 이 고백을 받아들이셨고 "그대는 베드로(바위)입니다. 나는 이 반석 위에 내 교회를 세울 터인즉 …" 하고 말씀하시며 이 베드로 위에 교회를 세우신 것이다.

그러나 이렇게 말씀은 하셨지만 예수가 베드로에게 바라셨던 것은 어떤 "외적"인 고백이 아니었음이 분명하다. 그것은 예수가 "그대는 지금 그대 자신이 하고 있는 말이 무슨 말인지 모른다" 하시며 베드로를 당황하게 하고(마태 16,17) 즉시 함구령을 내린 데서 볼 수 있다(마르 8,30 참조). 예수가 베드로에게서 듣고 싶었던 것은 속마음에서 우러나오는 고백이었을 것이다. 이 일이 예수 부활 후 일어난다.

부활 후 티베리아 호숫가에서 예수는 베드로에게 묻는다(요한 21,15 이하). "당신은 이들보다 더 나를 사랑합니까?" "예, 주님, 제가 주님을 사랑하는 줄을 주님께서 아십니다." 그러나 이때의 베드로의 마음은 그 전에 자신에 차서 "예, 주님은 그리스도이십니다" 하고 고백하던 때와는 다르다. 어쩌면 베드로는 주님께 응답하면서 얼마 전 주님을 세 번씩이나 배반했던 일을, 법정에서 마주쳤던 주님의 그 눈길을, 그후 한없이 통곡의 눈물을 쏟았던 그때를, 그리고 자신의 이중 성격의 연약함을 생각했을지 모른다. 그리하여 그의 목소리는 움츠러들고 있었다.

그런데 주님은 이를 아시는지 두 번, 세 번씩이나 거듭 물으셨다. "당신은 나를 사랑합니까?" 어쩌면 예수는 세번 씩이나 자신을 배반했던 베드로를, 그때의 일을 기억하고 있는 것일까? 섭섭해진 베드로가 온갖 자존심을 꺾고 "주님, 주님께서 모든 것을 아십니다. 제가 주님을 사랑하는 줄을 주님께서 알고 계십니다" 하고 눈물로 호소한다. 이것은 고백이라기보다 호소, 고백보다 강한, 온 마음을 다해 부르짖는 애절한 호소였다. 이것은 베드로의 진심이었다.

주님은 이 베드로의 마음을 받아들이신다. 그리고 "내 양들을 먹여 기르시오" 하고 분부하신다. 교회의 과제, 즉 목자의 일(사목)이 베드로에게 주어지는 순간이다. 베드로가 목자가 되는 순간, 당당하게 고백하던 베드로가 겸허하게 순종하며 듣는 목자가 되는 순간, 제도적 베드로 교회에 인격적·사목적 과제가 주어지는 순간이다. 예수는 이렇게 눈물을 흘리며 자성하는 베드로 위에 당신의 교회를 세우시고, 그 위에 당신의 사목적 전권을 주신 것이다. 고백과 눈물, 반석과 눈물, 이것이 영구히 종말에까지 지속될 불변의 교회상이다.

4. 교회의 운명: 인간의 운명

이 고백과 눈물의 교회가 곧 온 인류가 희망과 구원을 걸고 있는 바로 그 교회라는 것은 그야말로 신비이다. 확신에 차 있는 인간만이 아니라 연약한 인간, 때로는 이중적인 성격을 지닌 거룩하지 못한 인간들로 구성된 교회가 인간의 구원을 담당한 확고부동의 거룩한 교회라는 것, 온갖 박해에도 사라지지 않고 오히려 더 널리 전파될 수 있었던 것 자체가 놀라운 신비였다. 초세기 교회 신도들은 이런 신비를 체험하였다. 그래서 그들은 이런 교회를 쉴새없이 변하며 다양한 모습을 보이는 달, 금세 기울었다 다시금 차오르는 달에 비유하였고, 이 교회가 밝은 시대뿐 아니라 무명과 죄악의 시대를 비춘다고 사색하였다. 또 교회의 모습을 신부(新婦)에 비기기도 했으니, 신앙하고 희망하고 사랑하고 순명하며 봉사하는 모습, "오소서" 하며 신랑(그리스도)을 기다리는 그 모습이 신부의 공동체와 같다는 것이다. 그런가 하면 교회를 순결한 창녀에 비유하기도 하였다.[1] 교회가 온갖 인간들로 구성되어, 더러는 죄인들의 집단, 더러는 창녀들의 집단처럼 보이나 그 속에 부숴지지 않는 순결한 모습을 간직하고 있는 때문일 것이다. 또 자기에게 맡겨진 생명을 보호하며 지켜주는 모습이 포근히 감싸주는 어머니의 모습과 같다 하여 교회를 어머니에 비유하기도 하였다. 치쁘리아노는 일찍이 교회를 어머니로 모시지 않는 사람은 하느님을 아버지로 모실 수 없다고 단언하기도 하였다.

교회는 또 배(船)에도 비유되었다. 온갖 풍상에 흔들리나 결코 가라앉지 않는 모습, 죄많은 현실에서 죄에 물들어 가라앉을 것 같으면서도 사라지지 않고, 그런 가운데서도 인간들에게 희망을 주며 목적지까지 안내하는 교회의 거룩한 모습, 변화무쌍한 흔들림과 위험 속에서도 목적지까지 안전하게 도달시켜 주리라는 확신과 기대가 교회를 배에 비유하게 한 것이다. 배로서의 교회의 모상은 온 생명체가 하나도 빠짐없이 모두 다 들어 있는 노아의 방주에도 비유되

---

1. 〈실마리〉 참조.

었다. 지저분한 모습. 그러나 그 밖에서는 생명도 구원도 기대할 수 없는 배, 교회는 그런 배와 같다는 것이다.

그러나 이렇게 비유된 교회가 콘스탄티누스 황제 이래 잠시 그 신비의 모습을 잃은 듯 보였다. 콘스탄티누스 전환으로 인해 여태까지 처해 있던 상황, 즉 박해받고 정치적 불법 집단으로 몰리던 시대에서 풀려나 정치적으로 해방된 자유로운 교회를 맞게 되고, 이제 그리스도교는 로마의 종교, 로마는 그리스도 왕국으로 변하게 되고, 교회의 경계는 세계의 경계가 되면서 종말론적 사고는 세상과 역사 안에 교회를 세우고 지상에 하느님 나라를 세운다는 이유로 뒷전으로 밀려나게 된 것이다.

세계와 교회가 이렇게 서로 뒤섞인 관계에서 세계를 하나의 제국으로 보는 동기가 그대로 교회의 모습을 그리는 데 적용되어, 교회는 이제 자신을 도그마로, 군주, 통치자, 황제로 이해하기에 이른다. 성직자와 평신도 사이가 마치 지배계급과 피지배계급처럼 양분되고, 제단(성직자)과 신도들 사이에 넘나들 수 없는 난간이 세워지게 되며, 교회 건축 양식도 승리와 지배의 상징으로 하늘을 찌를 듯 높이 치솟게 된다. 그리고 이교도인들에게 신앙을 요구하며 미처 마음이 따르지 않는 외형적인 입술의 고백만으로 신앙을 확장하였다. 그리고 교회는 순결한 창녀와 베드로의 눈물에서 보듯이 겸손과 신비의 교회가 아니라 세상과 백성에 대해 권력과 교만의 양상도 띠게 되었다.

물론 이것이 전(全) 교회사를 통해 나타난 교회의 전 모습은 아니었다. 겉으로 드러난 제국주의 교회상(像) 그 속살에는 여전히 가난하고 봉사하는 교회상, 수난받고 십자가에 처형당하신 예수에게서 찾는 교회상, 눈물을 보이며 목자의 권한을 부여받은 베드로의 교회상이 끊임없이 제시되어 있었으며, 제국주의 교회에 대한 비판과 함께 교회쇄신에 신선한 충동을 일으키는 운동은 그 근저에서 끊임없이 소용돌이치고 있었다. 무엇보다도 성인품 성인뿐 아니라 비성인품 성인들의 눈물과 자성은 항상 교회를 지탱하는 원동력이었다.

제2차 바티칸 공의회는 새삼 베드로의 눈물을 발견하였다. 교회 안팎의 인간의 내면 속에 고여 있던 이 눈물, "밖"만을 향하여 소리지르며 "안"을 잊었던 거만한 인간들의 마음 속에 고여 있었을 눈물, "안"만을 고수하다 "밖"과 단절한 채 때로는 "밖"을 죄악시하며 혼자만 사랑할 수 있는 양 살아가던 차갑고 "고고한" 인간들 속에서 메말라가던 눈물, 그 옛날 베드로가 흘리던 눈물, 그 눈물을 다시 흘릴 수 있게 된 것이다. 그리하여 눈물 흘리는 교회를 교회의 원래 모습, 참 모습으로 새삼 발견하게 된 것이다.

신뢰와 참회와 고백의 눈물을 흘리는 교회만이 반석 위에 세워진 교회, 예수 그리스도의 교회이다. 이런 눈물을 모르고서는 교회는 인간의 기쁨과 즐거움, 고통과 괴로움 등의 인간사와 함께할 수 없을 것이며, 또 그런 교회 안에서 인간은 자유로울 수 없을 것이다. 반대로 교회가 이러한 눈물을 흘릴 수 있을 때, 이 교회 안에서 인간은 자신의 사명을 알고 본분을 다하게 되며, 또 세상의 빛과 소금으로서 인간들의 변호인, 인간 존엄성의 옹호자, 인간 문제의 대변자가 될 수 있을 것이다. 뿐만 아니라 교회는 인간들에게 이질적 존재가 아닌 다정다감한 교회가 될 것이다.

우리는 교회의 역사를 뒤돌아보며, 또 교회가 처한 지금의 상황을 둘러보며 실망할 때가 많다. 그리고 성급하게 교회를 몰아붙일 때도 있다. 그러나 우리는 하느님께서 "그럼에도 불구하고" 이 세상과 인간을 신뢰하고 사랑하신 것처럼, 예수께서 "그럼에도 불구하고" 죄많고 연약한 베드로 위에 당신의 교회를 세우신 것처럼, 루가 복음의 아버지께서 "그럼에도 불구하고" 집 나간 둘째아들을 받아들이신 것처럼, "그럼에도 불구하고" 죄많은 교회를 신뢰하는 법을 배워야 한다. 어떻게 그럴 수가 있느냐고 우리는 질문할 수 있을 것이다. 그러나 이런 질문에 앞서 언제 한 번 나는 이 교회를 진정으로 신뢰하고 사랑하려고 노력하였는기고 반문해야 한다. 이 신뢰와 이 사랑에서 우리는 드디어 밝은 미래를 볼 수 있게 된다.

교회의 운명은 바로 인간들의 운명이다. 그러기에 인간의 운명은 교회의 운명에 달려 있다. 고백과 눈물을 아는 교회, 겸손한 교회, 이것이야말로 교회의 본래 모습이며, 그러기에 이 모습이야밀로 교회의 참 모습을 발견케 하는 가장 근본적인 요소이다. 교회에 대한 사랑이 없이는 인간을 진정으로 사랑할 수 없다. 교회에 대한 사랑은 인간에 대한 사랑이며 이 사랑은 하느님으로부터 온다. 공의회 폐막 30년이 되는 지금 교회는 얼마나 세상과 인간을 향하여 눈물을 흘리고 있는가? 아니면 눈물을 감추고 엄한 눈을 부라리며 보수를 향하여 되돌아가고 있지는 아니한지?